Sigrid Karin Amos · Wolfgang Meseth · Matthias Proske (Hrsg.)

Öffentliche Erziehung revisited

Sigrid Karin Amos
Wolfgang Meseth
Matthias Proske (Hrsg.)

Öffentliche Erziehung revisited

Erziehung, Politik und
Gesellschaft im Diskurs

VS VERLAG

Bibliografische Information der Deutschen Nationalbibliothek
Die Deutsche Nationalbibliothek verzeichnet diese Publikation in der
Deutschen Nationalbibliografie; detaillierte bibliografische Daten sind im Internet über
<http://dnb.d-nb.de> abrufbar.

1. Auflage 2011

Alle Rechte vorbehalten
© VS Verlag für Sozialwissenschaften | Springer Fachmedien Wiesbaden GmbH 2011

Lektorat: Stefanie Laux

VS Verlag für Sozialwissenschaften ist eine Marke von Springer Fachmedien.
Springer Fachmedien ist Teil der Fachverlagsgruppe Springer Science+Business Media.
www.vs-verlag.de

Umschlaggestaltung: KünkelLopka Medienentwicklung, Heidelberg
Gedruckt auf säurefreiem und chlorfrei gebleichtem Papier
Printed in Germany

ISBN 978-3-531-17061-9

Inhalt

Teil II: Öffentliche Erziehung und ihre gesellschaftlichen Umwelten

Teil III: Migration als Herausforderung öffentlicher Erziehung

7

Öffentliche Erziehung revisited – Eine Einleitung

Karin Amos/Wolfgang Meseth/Matthias Proske

Das Thema „Öffentliche Erziehung" fokussiert die gesellschaftliche Verortung von Schule, Unterricht und Bildung und greift damit eine der Schlüsselfragen erziehungswissenschaftlicher Reflexion auf. Es geht um den gesellschaftlichen Ort der Erziehung im Kontext der europäischen Aufklärung und der sozialen, ökonomischen, politischen und kulturellen Modernisierungsprozesse ab der zweiten Hälfte des 18. Jahrhunderts. Mit Blick auf den Entstehungszeitraum des Konzepts öffentlicher Erziehung konzentriert sich die pädagogische Diskussion über Erziehung und Bildung vor allem auf die wechselseitigen Bedingungsverhältnisse von Bildung, Öffentlichkeit, Demokratie und Modernisierung (vgl. Oelkers 1992a; Oelkers/Osterwalder/Rhyn 1998).

Einen funktionalen Ausgangspunkt für das Modell öffentlicher Erziehung bildet der grundlegende Wandel in der Bedeutung und in der Vermittlung von Wissen. Mit den wissenschaftlich, technisch und sozial bedingten Differenzierungsprozessen in modernen Gesellschaften geraten lebensweltlich verankerte und an die Familie gebundene Erziehungsmodelle an Komplexitätsgrenzen. Das Modell häuslicher Erziehung und Unterweisung, das durch die Autorität des Vaters konstituiert ist, kann die Vermittlung des neuen Wissens und der nun erwarteten Fertigkeiten nicht mehr garantieren. An seine Stelle tritt das Modell öffentlicher Erziehung. In etwas anders gelagerter Perspektive, die vor allem im makrosoziologischen Neo-Institutionalismus ausgearbeitet wurde, steht der konstitutive Zusammenhang zwischen dem Modell öffentlicher Erziehung und dem sich im Laufe des neunzehnten Jahrhunderts durchsetzenden Gesellschaftsmodell des Nationalstaats im Mittelpunkt (vgl. Meyer/Boli/Thomas/Ramirez 1997; Meyer 2005). Thematisiert wird hier der Zusammenhang zwischen Staat und Erziehung, den Wolfgang Mitter in der treffenden Bezeichnung der nationalen Bildungssouveränität (Mitter 2006; vgl. auch Wenning 1996) zum Ausdruck gebracht hat; eine Beziehung, die sich nicht zuletzt durch den Einfluss von inter- bzw. transnationalen Entwicklungen in einem grundlegenden Wandel befindet.

Will man die Genese öffentlicher Erziehung zu dem sozialen Repräsentationsmodell des Pädagogischen in der Moderne nicht nur in historischer Perspektive aufklären (vgl. Oelkers 1988), sondern verstehen, *wie* sich die Bedeutung und die Aufgabe öffentlicher Erziehung angesichts gegenwärtiger gesellschaftlicher Transformationsprozesse verändert, dann sind zwei Fragekomplexe weiter zu diskutieren:

(1) die Rechtfertigung des Modells öffentlicher Erziehung sowie
(2) das Problem der operativen Realisierung öffentlicher Erziehung

Ad 1

Zu den historisch sich wandelnden Formbildungen der Erziehung gehören konstitutiv jeweils spezifische Ordnungen ihrer Rechtfertigung, insofern es in der Erziehung immer um legitimierungsbedürftige Formen der Beeinflussungskommunikation und damit um Praktiken der Macht und der Regierung von Heranwachsenden geht. Rechtfertigungsordnungen behandeln Fragen, wie die nach der Autorisierung zu Erziehungsinterventionen oder die nach Regulation von Verantwortung im Erziehungsgeschehen. Sie legen dabei Grenzen zwischen unterschiedlichen Mächten der Erziehung der Gesellschaft fest, etwa der „political power" und der „paternal power", die John Locke in seinem „Second Treatise of Government" in den Blick nimmt (Locke 2003). Und sie definieren Rahmen der Legitimierbarkeit von Mitteln und Ziele der pädagogischen Einwirkung und Beeinflussung.

Bereits in der sich ab dem Ende des 18. Jahrhunderts etablierenden Rechtfertigungsordnung des Modells öffentlicher Erziehung spielt der Öffentlichkeitsbegriff als semantisches Kind der Aufklärung eine wichtige Rolle. In ihm drückt sich sowohl ein zentrales Kriterium der Legitimierung von Macht und Herrschaft wie auch der Konstitution von Vernunft und Rationalität aus. Die darin enthaltenen Ausschlüsse durch das „Andere der Vernunft" bleiben zunächst unreflektiert: Frauen, nicht-weiße Männer usw. (vgl. auch Foucault 1973).

Öffentlichkeit bezeichnet, gerade in ihrem Kompositum der öffentlichen Meinung, „die besondere politisch-moralische Qualität bürgerlichen Herrschaftsanspruchs im nachabsolutistischen Staat" (Hölscher 1984: Sp. 1136). Öffentlichkeit ist die Instanz, vor der sich Urteile und Entscheidungen zu Fragen der Moral, der Ästhetik, der Politik, aber auch der Erziehung zu bewähren haben. Die kritisch-normative Konnotation des Begriffs ist daran zu erkennen, dass mit dem Öffentlichkeitsanspruch die Erwartung ausgesprochen ist, pädagogische Praktiken aus den Arkanbereichen von häuslicher wie absolutistischer Erziehung zu lösen. Gleichwohl ist bereits in dieser ursprünglichen Rechtfertigungsordnung ein Konflikt zu erkennen, der das Modell öffentlicher Erziehung bis heute begleitet: die Kontroverse über die Rolle und Aufgabe des Staates in der Herausbildung des öffentlichen und in diesem Sinne modernen Erziehungswesens.

Öffentliche Erziehung wurde von Anfang an eng mit dem Staat assoziiert, was nicht nur die berühmte Formel des Allgemeinen Landrechts für die Preußi-

schen Staaten von 1794 dokumentiert, demzufolge „Schulen und Universitäten
(…) Veranstaltungen des Staates (sind), welche den Unterricht der Jugend in
nützlichen Kenntnissen und Wissenschaften zur Absicht haben". Die sich sowohl
im Preußischen Absolutismus wie auch in der französischen Republik durchset-
zende „Verstaatlichung" öffentlicher Erziehung bleibt ein kontinuierlicher Dis-
kussionspunkt. Für Montesquieu ist Erziehung konstitutiv eine Funktion des
„Gouvernement", wobei ihre Rechtfertigung mit der jeweiligen Gestalt der Regierung zusammenfällt, die monarchisch, despotisch oder republikanisch sein
kann (Oelkers 1988: 581). Nur im demokratischen und republikanischen Staat,
so Montesquieu weiter, können die „Gesetze der Erziehung" mit der politischen
Tugend eine moralische Qualität erreichen, die es erlaubt, diese zur öffentlichen
Aufgabe zu machen. Für Condorcet, der seinen berühmten Schulplan „Bericht
und Entwurf einer Verordnung über die allgemeine Organisation des öffentlichen
Unterrichtswesens" (1966) im Frühjahr 1792 der Gesetzgebenden Versammlung
in Paris vorträgt, ist die *instruction publique* in gleichem Maße eine Pflicht der
Gesellschaft gegenüber den Individuen wie ein Recht der Individuen gegenüber
der Gesellschaft. Die Rechtfertigung, die Condorcet für sein Modell der *instruction publique* entwirft, basiert im Kern auf zwei Säulen, einer Begrenzungsfigur
und einer Ermöglichungsfigur: Das Recht auf Beeinflussung ist begrenzt durch
das Recht des Individuums und Bürgers auf Unabhängigkeit. Hier vertritt Condorcet eine deutlich andere Position als Le Peletier im Konzept der *éducation
nationale*, für den die Notwendigkeit pädagogischer Einwirkung und Beeinflussung wesentlich mitbestimmt ist durch die Notwendigkeit, Ungleichheiten durch
soziale Integration auch qua Erziehung und Sozialisation zu begrenzen (vgl.
Hofer 1998: 36ff.). Positiv rechtfertigt Condorcet sein Modell öffentlicher Erziehung vor allem über den Status des Wissens, das der Didaktik der *instruction
publique* zugrunde liegt. Definitions- und Unterscheidungsmerkmal von Wissen,
so Condorcet, sei, dass es auf grundsätzlich öffentlichen Anerkennungsprozessen
beruhe (vgl. Osterwalder 1992: 162f.). Der Bezug auf öffentliche Anerkennung
unterscheidet Wissen von Meinungen, hinter denen Condorcet immer partikulare
Interessen bestimmter gesellschaftlicher Einflussgruppen insbesondere der Kir-
che vermutet. Die Öffentlichkeit von Wissen begrenzt auch die Funktion des
Staates in der Ermöglichung der *instruction publique*: „Institutionell kommt dem
Staat nur garantierende Funktion zu" (ebd.: 164). Die Bereitstellung finanzieller
Ressourcen geht mit dieser Funktion konform, die Beeinflussung der Inhalte
jedoch nicht. Der Weg der Etablierung eines öffentlichen Schulwesens in Preu-
ßen kann insofern als etatistischer gelten, als hier ein staatspädagogisches Verständnis öffentlicher Erziehung viel selbstverständlicher kommuniziert wurde
(vgl. Oelkers 1988: 585ff.). Legitimiert wurde die Verstaatlichung öffentlicher
Erziehung mit dem Argument, dass der Staat in der Lage sei, Erziehungseinrich-

tungen so zu organisieren, dass Bildung tatsächlich für alle Menschen allgemein und uneingeschränkt zugänglich wird. Das staatlich organisierte Schulsystem ist deshalb zum Erfolgsmodell geworden, so Oelkers weiter, weil es ihm zumindest in vielen Nationalstaaten, nicht aber in allen, gelungen sei, die gesellschaftlich immer drängendere „Funktion öffentlicher Bildung institutionell (zu) besetz(en)" (ebd.: 588). Jedoch ist diese Monopolisierung öffentlicher Erziehung durch den Staat gerade in Deutschland immer der Kritik der (reform-)pädagogischen Reflektion ausgesetzt gewesen (vgl. Brüggen 2004: 739). Zumal dieser Kritik mit dem Öffentlichkeitskonzept eine semantische Ressource zur Verfügung steht, die es geradezu verbietet, die Rechtfertigung von Erziehung, Bildung und Schule dem Staat alleine zu überlassen. Die Überzeugungskraft des staatlich garantierten Modells öffentlicher Erziehung wäre in diesem Sinne empirisch daran ablesbar, inwiefern es der Öffentlichkeit gelingt, selbst zu einem Medium der Beobachtung, der diskursiven Verständigung und letztlich auch der Kontrolle öffentlicher Erziehung zu werden.

Das Beispiel der Vereinigten Staaten von Amerika wiederum verdeutlicht, dass das Verhältnis öffentliche Erziehung zu Staat auch anders gelöst werden kann – besonders mit Blick auf die Rolle der Öffentlichkeit. So ist bei aller Bedeutungsschwere des aufgeklärten Öffentlichkeitsbegriffs nicht zu unterschlagen, dass das Modell staatlich organisierter Erziehung in Europa zunächst – und durch das Scheitern demokratischer Revolutionen länger als erwartet – vor allem auf die Erziehung von Untertanen zielte, was sich nicht zuletzt in einem gegliederten dem unterschiedlichen gesellschaftlichen Rang der Stände Rechnung tragenden Schulsystem niederschlug, während in den USA eher auf zivilgesellschaftliche Mitgliedschaft rekurriert wurde. Die Adaptationen des in den USA mit Interesse zur Kenntnis genommenen preußischen Elementarschulwesens sind hinsichtlich der gesellschaftlichen Einbettungen also durchaus von Interesse.

Wenn historisch betrachtet also gilt, dass moderner (National)Staat und öffentliche Erziehung in engem Zusammenhang stehen, so gilt mit Blick auf die aktuellen Entwicklungen gleichermaßen, dass sowohl der Nationalstaat als auch seine Erziehungssysteme neu „eingebettet" werden. Mit dem Wandel in den Umweltbeziehungen verändern sich auch Legitimation und operative Gestaltung der öffentlichen Erziehung. Mit der Umstellung sozialer Integration von Herkunft auf Zukunft im achtzehnten/neunzehnten Jahrhundert avanciert Leistung zu einem zentralen Kriterium für die soziale Platzanweisung von Personen. Einerseits ermöglicht das meritokratische Prinzip die Überschreitung der Grenzen eigener Herkunftsmilieus, die in der ständischen Gesellschaft noch geschlossen waren, andererseits verlangt es nach Institutionen, die über den Leistungsstand von Personen befinden. Diese Funktion übernimmt in der modernen Gesellschaft die öffentliche Schule. Durch Selektionsentscheidungen fungiert sie als sozialer

Platzanweiser mit verschiedenen, auch widersprüchlichen Aufgaben. Ihr wird die Funktion zugewiesen, durch die Erziehung der nachkommenden Generationen zu mündigen und leistungsfähigen Bürgern die politisch-soziale und ökonomische Integration der Gesellschaft zu gewährleisten. Zugleich rückt mit der normativen Orientierung an freien und gleichen Bürgern die Frage in den Fokus der Öffentlichkeit, wie der gerechte Zugang zu den staatlichen Bildungseinrichtungen als Bedingungen für ein selbstbestimmtes Leben des Individuums gewährleistet werden kann und gewährleistet werden soll. Weil der Zugang zu Wissen und Fertigkeiten in der modernen Gesellschaft die Bedingung für die politische, ökonomische, kulturelle und soziale Teilhabe bedeutet und die Distribution des gültigen Wissens unter staatlicher Aufsicht geschieht, werden Fragen der Gerechtigkeit zu einem beständigen Begleiter öffentlicher Erziehung. Die UNESCO spricht 1945 in ihrem Gründungsdokument von „full and equal opportunities for education for all"[1] und über fünfzig Jahre später im Jahre 2000 vom „right to education",[2] das in dieser allgemeinen Bestimmung zu einem international geteilten Wert in der (bildungs-)politischen Semantik geworden ist. Spätestens seit den Befunden der ersten PISA-Studie, die insbesondere in Deutschland eine signifikante Korrelation zwischen dem Kompetenzniveau und der sozialen Herkunft von Kindern festgestellt hatte, steht das Thema Bildungsgerechtigkeit ganz oben auf der Agenda bildungspolitischer Debatten (vgl. Giesinger 2007). Gestritten wird um die Ursachen von Bildungsdisparitäten sowie um die Strategien ihres Abbaus (vgl. Werner 2006; Becker/Lauterbach 2007; Büchner 2003), vor allem aber auch um die Legitimität verschiedener Prinzipien von (Bildungs-)gerechtigkeit (vgl. Giesinger 2007; Hellekamps 1998; Radtke 2006). Die öffentliche Präsenz des Themas Bildungsgerechtigkeit markiert die zentrale Bedeutung des Wertes Gerechtigkeit für das Selbstverständnis demokratisch verfasster Gemeinwesen, der zumindest so lange ein „essentially contested concept" (Gallie 1964), eine politisch umstrittene Kategorie bleiben wird, wie das Recht auf Freiheit und Gleichheit von Personen die „Rechtfertigungsordnung" der Demokratie normativ orientiert.

Im Zusammenhang mit dem Thema Bildungsungleichheit und mangelnder Bildungsgerechtigkeit lässt sich darauf verweisen, dass seit Mitte des zwanzigsten Jahrhunderts vor allem in reproduktionstheoretisch begründeten Perspektiven (vgl. Bowles/Gintis 1977; Bourdieu/Passeron 1979) die systematische Bevorzugung bzw. Benachteiligung bestimmter sozialer Gruppen untersucht wurde. Eine der aus dieser Beobachtung resultierenden Konsequenzen besteht in der Forderung nach einer veränderten Steuerung der Erziehungs-, vor allem der Schulsys-

---

1   http://portal.unesco.org/en/ev.php-URL_ID=15244&URL_DO=DO_TOPIC&URL_
      SECTION=201.html
2   http://www.unesco.org/education/information/wer/PDFeng/wholewer.PDF

teme. So wurde bereits in den sechziger Jahren die mangelnde Bildungsgerechtigkeit auch auf die Zähigkeit und Inflexibilität einer am bürokratischen administrativen Modell orientierten Steuerung zurückgeführt. Abhilfe, so argumentierten damals vor allem Bildungsökonomen, schaffe ein am Marktmodell orien-
tierter Wettbewerb zwischen öffentlichen und privaten Schulen mit der einhergehenden Kundenorientierung. Ökonomen wie Milton Friedman zählen mit
Programmen wie den Bildungsgutscheinen zu den frühen Verfechtern dieser
Umorientierung. International – und vor allem mit Blick auf Deutschland – blieben diese frühen Initiativen trotz der zeitgleichen ersten Konjunktur von Hu-
mankapitaltheorien und „wissensbasierter Ökonomie" relativ bedeutungslos.
Dies begann sich spätestens seit Mitte der neunziger Jahre grundlegend zu ändern. Inzwischen geht es auch nicht mehr allein um die Verhältnisfrage zwischen
staatlich verantworteter und privater Erziehung, sondern grundsätzlich um neue
Formen der Steuerung, die sich auch innerhalb der staatlichen Erziehung vom
bürokratischen Modell verabschieden. Das Schlüsselkonzept in diesem Zusammenhang lautet: ‚Educational Governance'.

Vor allem in der angelsächsischen Erziehungswissenschaft, in der Bil-
dungsadministration zu den etablierten Spezialisierungen zählt (vgl. Arnott/Raab
2000), ist ‚Governance' ein alteingeführter Begriff, der im Kern nichts anderes
als Steuerung bezeichnet. Diese Begriffsverwendung ist zu unterscheiden von
einer primär politik- und sozialwissenschaftlichen, in der es im Kern darum geht,
dass nicht mehr singulär der Staat die Regelung gesellschaftlicher Sachverhalte
verantwortet, sondern dass diese Regelungen von unterschiedlichen Akteurskonstellationen unter Rückgriff auf unterschiedliche Koordinationsformen und
auf unterschiedlichen Ebenen vorgenommen werden – unter Beteiligung des
Staates (vgl. Mayntz 2004; Benz 2004). Kurz gesagt: Es geht um neue Formen
des Regierens. Governance ist daher eher als Verbundbegriff (vgl. Schuppert
2006), denn als einheitliche Theorie zu bezeichnen und dient der Analyse unterschiedlicher Wissensbestände, Akteurskonstellationen und Entscheidungs-, bzw.
Steuerungsebenen. Dabei besteht Einigkeit darüber, dass es weniger um ‚top-
down' als vielmehr um eher netzwerkartige Strukturen geht, wobei damit nicht
in Abrede gestellt ist, dass hierarchische Gesichtspunkte durchaus noch eine
signifikante Rolle spielen. In jedem Falle sind es aber die komplexen Akteurs-
Wirkungs-Zusammenhänge und nicht die eher eindimensionalen, die im Mittelpunkt stehen. In diesem Sinne findet der Governance-Begriff inzwischen in der
international vergleichenden Erziehungswissenschaft bei der Erforschung bildungspolitischer Prozesse zunehmend Verwendung und setzt sich auch national
durch. Er verweist auf eine veränderte Perspektive mit Blick auf die beteiligten
Akteure, ihre Handlungspotentiale, die ihnen verfügbaren Instrumente und die
Handlungsebenen, die von transnationalen bis zu Einzelorganisationen reichen.

Mit Blick auf die nationale Verwendung im deutschsprachigen Raum ist vor allem auf die Arbeiten von Herbert Altrichter, Thomas Brüsemeister und Jochen Wissinger zu verweisen (2007). Es bleibt bei dem Grundbefund, dass das Verhältnis zwischen Schule und Politik als konfliktäres beschrieben wird, auch wenn von unilateraler Steuerung auf Handlungskoordination umgestellt wird.

Von den neuen Akteuren stehen vor allem die ökonomischen, bislang noch weniger die zivilgesellschaftlichen zur Diskussion. Es zeichnet sich aber ab, dass optimistischen Erwartungen, diese neuen Akteurskonstellationen bedeuteten automatisch auch mehr Beteiligung und Demokratie, eine Absage erteilt wird. Insgesamt werden vor allem zwei Modelle dieser neuen Regierungsformen diskutiert: das des evaluativen Staates und das des quasi-Marktmodells. Der auch unter dem Stichwort neo-liberale Umsteuerung beobachtete Wandel der Legitimation und Gestaltung öffentlicher Erziehungssysteme ist in den angloamerikanischen Ländern am stärksten erforscht und diskutiert. Mit Blick auf die hier in Rede stehende Frage nach der Rechtfertigung öffentlicher Erziehung lässt sich insgesamt festhalten, dass das Vertrauen in die Rechtmäßigkeit öffentlicher Bildung sowohl hinsichtlich der Effekte auf individuelle Bildungskarrieren als auch auf den Einsatz öffentlicher Ressourcen abnimmt. Sowohl marktförmige als auch evaluative Modelle versprechen Abhilfe. Etwas anders formuliert: Vertrauen ist gut, Evidenz ist besser und nirgends tritt die evidente Effektivität von Bildungssystemen deutlicher zutage als in ihrem *outcome*.

Die veränderte Einbettung betrifft auch die Frage nach den Adressaten öffentlicher Erziehung. Der schulische Umgang mit Migration hat gezeigt, dass innerhalb einer nationalstaatlichen Rahmung nur eingeschränkt angemessen auf gesellschaftliche Pluralisierung und Heterogenität geantwortet werden kann (vgl. Gomolla/Radtke 2002); dennoch bleibt die Aufgabe einer die einzelnen gesellschaftlichen Milieus übersteigenden Vorstellung einer Gesamtgesellschaft bestehen, da ohne diese Vorstellung Zielorientierungen wie Bildungsgerechtigkeit oder Chancengleichheit nicht mehr verbindlich formuliert und noch weniger auf ihre Realisierung geprüft und eingeklagt werden können. Insofern bleibt der Begriff der Öffentlichkeit unverzichtbar – auch wenn man die bereits angesprochenen Ausschlüsse, von denen der evidenteste der zwischen „öffentlich" und „privat" ist, in Rechnung stellt. Teilhabe an „Öffentlichkeit" ist nicht bedingungslos zu haben, wenn sich die Ausschließungsgrenzen auch im Laufe der Geschichte verschieben, etwa von der Geschlechtergrenze zur Grenze zwischen Einheimischen und Zugewanderten. „Umbettung" oder „neue Einbettung" von Erziehungssystemen, veränderte Relationen zwischen System und seinen Umwelten betreffen also sehr unterschiedliche Bereiche, bis hin zur Rolle einer emergenten transnationalen Ebene der Gestaltung und Regierung.

Dass die Rechtfertigung und die operative Realisierung öffentlicher Erziehung in einem wechselseitigen Bedingungsverhältnis stehen, wird in zeitdiagnostischer Perspektive vor allem an der gegenwärtig zu beobachtenden Transformation des Sozialen im Post-Wohlfahrtstaat sichtbar (vgl. Lessenich 2009: 159ff.). Ein Kennzeichen dieser Transformation ist nicht nur der „flexible Mensch" (Richard Sennett), der sich qua *life-long-learning* auf die öffentlich zirkulierenden Kompetenz- und Mobilitätserwartungen einzustellen hat. Luc Boltanski folgend lässt sich diese Transformation in operativer Hinsicht als eine neuartige Kultur der Aktivität beschreiben, die nicht auf ökonomische Bereiche beschränkt bleibt, sondern „ein allgemeines Muster dar(stellt), das sich auf zahlreiche andere Bereiche auszudehnen begonnen hat" (2007: 10). Diese gesellschaftliche Universalisierungs- und Normativierungsdynamik von Aktivität lässt auch die öffentliche Erziehung nicht unberührt. Insbesondere die individuelle Bereitschaft und moralische Verantwortung, sich auf als alternativlos vorgestellte pädagogische Erwartungen einzustellen, scheint nahezu alle Ebenen öffentlicher Erziehung zu durchdringen: Eltern haben sich gegenüber der öffentlichen Schule zu verpflichten, aktiv dazu beizutragen, dass ihre Kinder schulfähig werden und bleiben. Der Post-PISA-Diskurs konstruiert Lehrer als kompetente Classroom-Manager, die ihre Verantwortung für die Qualität des Unterrichts und den Lernerfolg der Schüler aktiv wahrnehmen. Und Schüler werden als „autonome Lerner" beschrieben, deren Lernleistung und Schulerfolg wesentlich von kognitiven Aktivierungsstrategien in der Gestaltung ihrer Lernumwelten abhänge. Deutlich ist zu erkennen, dass diese Aktivierungssemantik die operative Struktur pädagogischer Kommunikation verschiebt. Öffentliche Erziehung kann heute darauf vertrauen, dass ihre Adressaten um die Verantwortung wissen, die ihnen selbst für das Gelingen pädagogischer Bemühungen zukomme. Unter dem neo-sozialen Vorzeichen entgrenzter Verantwortung sind sie dies nicht sich selbst schuldig, sondern auch der Gesellschaft bzw. dem Staat als Träger öffentlicher Erziehung.

Ad 2

Die Resonanz und der Erfolg des Modells öffentlicher Erziehung hängt nicht unwesentlich damit zusammen, dass der „großen Aspiration" des pädagogischen Projekts der Moderne ein operatives Konzept von Erziehung zur Verfügung stand, das die Idee einer Einwirkung auf die Welt mit den Mitteln von Schule und Unterricht für realisierbar erscheinen lässt. Die Pädagogisierungsidee im Ausgang des 18. Jahrhunderts erst wirklich freisetzend, gründet diese Einwirkungsannahme, wie von Oelkers (1992b) gezeigt, auf der sensualistischen Prämisse der Führbarkeit und Regierbarkeit der Seelen der Heranwachsenden, die sich mit der christlich motivierten Vorstellung einer Verbesserung der Menschen verbindet. In diesem Sinne ist öffentliche Erziehung immer auch erziehender

Unterricht, nie nur Instruktion. Es wäre jedoch verkürzt anzunehmen, dass die operative Realisierung öffentlicher Erziehung allein davon abhinge, dass eine tragfähige Vorstellung darüber vorliegt, wie Erziehung und Unterricht wirken. Die Absicht, das Bewusstsein der Heranwachsenden pädagogisch zu beeinflussen, treibt ihrerseits die Frage nach der Legitimität der Mittel dieser Beeinflussung hervor. Durch die vom deutschen Idealismus und Neuhumanismus geprägte Selbstbeschreibung des Subjekts als freies und autonomes Wesen, die bis heute die Begründungsformen der deutschen Pädagogik prägt, formiert sich moderne Erziehung im Spannungsfeld von zweck- und wertrationalen Argumenten. Während es in zweckrationaler Perspektive um die Effektivierung der pädagogischen Mittel geht, rückt unter wertrationalen Gesichtspunkten die Frage nach der Legitimität dieser Mittel ins Zentrum der Reflexion. Den Interventionen des Lehrers werden ethische Grenzen gesetzt, die sich am Wohl des Schülers, seiner Autonomie und Selbsttätigkeit orientieren und die die operative Realisierung öffentlicher Erziehung normativ dirigieren. Öffentliche Erziehung etabliert sich als gesellschaftlicher Sinnbezirk mit einer eigenen Moral im Umgang mit und der Beeinflussung von Personen. Seinen prominenten Bezugspunkt findet die normative Selbstbegrenzung pädagogischer Mittel in der deutschsprachigen Pädagogik in der kantischen Unterscheidung von Freiheit und Zwang. Im 20. Jahrhundert ist das Verhältnis von Wert- und Zweckrationalität in der strukturanalytischen Professionstheorie profiliert ausbuchstabiert und auf das Feld der Pädagogik übertragen worden (vgl. Dewe/Ferchoff/Radtke 1992; Combe/Helsper 1996). Inwiefern sich diese Rechtfertigungsordnung öffentlicher Erziehung von normativen Ordnungen in (nationalen) Kontexten unterscheidet, die anderen Erziehungstraditionen folgen (vgl. Oelkers 2009), wäre international-vergleichend zu untersuchen. Interesssante Befunde liegen beispielsweise zur Dewey-Rezeption vor, die Thomas Popkewitz kompiliert hat (2005). So wird im Kontext der „Indigenisierung" Deweys zwar von verschiedenen Modernen gesprochen, gleichzeitig aber die Grundorientierung an: Staatsbürgerlichkeit, Demokratie, Individualismus, Gemeinwohl usw. beibehalten, allerdings länderspezifisch mit unterschiedlichen Bedeutungen versehen.

Neben die konzeptuelle Ermöglichung kausaler Wirkungsannahmen öffentlicher Erziehung und der Diskussion um die Legitimität ihrer Mittel tritt mit der Pädagogisierungsidee der Moderne auch eine Veränderung der Form des Unterrichts. Für diesen Formwandel ist die neuartige Bezugnahme auf die Unterrichtsöffentlichkeit ein, wenn nicht das entscheidende Merkmal, das den operativen Vollzug von Unterricht fortan kennzeichnet. In pädagogischer Kommunikation geht es darum, die Aufmerksamkeit für ein Thema herzustellen, die Bereitschaft bei Heranwachsenden zu wecken, sich auf dieses Thema im Modus kognitiver Auseinandersetzung einzulassen, es geht des Weiteren darum, die Themen in einer bestimmten methodischen Weise zu vermitteln und schließlich zu deren Aneignung durch die Schülerinnen und Schüler in bewertender Weise Stellung zu beziehen. Dies geschieht nicht mehr in abgeschirmten Studierstuben im Modus der Einzelunterweisung, über die von Zeit zu Zeit dem Auftraggeber Bericht gegeben wird. Sie realisiert sich auch immer weniger in Aulen, in denen Lehrende über Themen dozieren, ohne dass die Anwesenheit von Zuhörern Einfluss nähme auf den Modus der Kommunikation. Und auch die Form der seriellen Unterweisung Einzelner in größeren Schulzimmern verliert nach und nach an Bedeutung (vgl. Petrat 1979). An deren Stelle tritt eine Form des Unterrichts, die für die Kommunikation von Erziehen und Lernen neue Öffentlichkeiten und Sichtbarkeiten im Klassenzimmer etabliert, um so deren Wirksamkeit zu stärken. In dem Moment, wo Unterricht ein Interaktionssystem unter Anwesenden wird (vgl. Kieserling 1999: 110ff.), wird die Öffentlichkeit der Schulklasse selbst zu einem zentralen Medium der Initiierung und Darstellung von Lernprozessen.

In Interaktionssystemen erzeugt die Reflexivität von Wahrnehmung die Möglichkeit, dass die Wahrnehmung der Kommunikation von Erziehen und Lernen pädagogisch wirksam werden kann. Dies geschieht dadurch, dass im Zusammenunterricht eine Einbeziehung in das öffentliche Denken pädagogisch inszeniert wird, in der eben nicht nur die sich sichtbar Äußernden etwas lernen (können), sondern auch das Publikum dieser Inszenierung. Das Publikum kann beobachten, wie Wissen zur Sprache gebracht wird, es kann sehen, welche Verhaltensweisen und Argumentationen als richtig honoriert werden und wie mit Abweichung umgegangen wird.

Die Form des öffentlichen Zusammenunterrichts bringt zudem neue Formen der kommunikativen Adressierung, der damit einhergehenden sozialen Verhaltenserwartungen und der pädagogischen Vermittlung hervor. Den öffentlichen Zusammenunterricht kennzeichnet die Gleichzeitigkeit von generalisierter Adressierbarkeit und partikularer Adressierung in der Lehrer-Schüler-Kommunikation. Die Schulklasse erscheint als „Kollektivsingular" (Herzog 2002: 394). Der einzelne Schüler kann immer zum Adressaten von Vermittlungsbemühungen des Lehrers werden, wird es tatsächlich aber nur an wenigen Stellen, insofern die Form des Zusammenunterrichts darauf vertraut, dass mit der Kollektivadressierung der Klasse auch der einzelne Schüler seine Aufmerksamkeit auf das Unterrichtsgespräch richtet. Die Form der öffentlichen Unterrichtskommunikation etabliert in diesem Sinne bestimmte Erwartungen an das Verhalten der Schüler: Aufmerksamkeit für und Ausrichtung auf das Klassengespräch werden notwendig. Umgekehrt geht mit der Konzentrierung des pädagogischen Geschehens auf (nur) ein Gesprächszentrum die Erwartung an den Lehrer einher, alle anderen vermutlich noch stattfindenden Ereignisse, Gespräche und Personen im Blick zu behalten. Die Unterrichtsforschung zum Classroom-Management hat hierfür den paradoxen Begriff der Allgegenwärtigkeit erfunden (vgl. Kounin 1976), ein Attribut, das gewöhnlich nur Göttern vorbehalten wird. In historischer Perspektive zeigt sich sehr deutlich, dass mit der Erfindung dieser neuen Form des Unterrichts das Vermittlungsproblem sich ebenfalls in neuer Weise stellt. Es scheint kein Zufall zu sein, dass mit der Umorganisation der sozialen Gestalt des Unterrichts auch die Geburtsstunde des systematischen didaktisch-methodischen Denkens zusammenfällt. Erst in der modernen Form des Zusammenunterrichts wird die Vermittlungsfrage zum Problem, insofern vorher als gegeben betrachtetes Wissen sich nun in (didaktischen) „Stoff" verwandelt, d. h. in einen thematischen Vermittlungszusammenhang, den es in methodischer Hinsicht zu erschließen gilt.

In all diesen Veränderungen zeigt sich, dass Öffentlichkeit in operativer Hinsicht ein entscheidendes Merkmal wird, die Realisierung von Erziehung und Unterricht zu verstehen. Dieser Prozess ist mit der Erfindung der Form des öffentlichen Zusammenunterrichts, der heute häufig mit dem Etikett des Frontalunterrichts kritisiert wird, keineswegs abgeschlossen. Denn die pädagogisch oder/und sozial motivierten Umorganisationen der Gestalt des Unterrichts erzeugen immer auch neue Formen der Sichtbarkeit und Öffentlichkeit im Klassenzimmer, die wiederum mit Veränderungen der Kommunikationsformate, der Adressatenkonstruktionen und Vermittlungsformen, aber auch der Aushandlung ethischer Prinzipien der Kontrolle pädagogischer Interventionen einhergehen. Inwiefern aktuelle Diskussionen um Lebenslanges Lernen und die damit einhergehende Neujustierung der unterschiedlichen Formen des Wissenserwerbs, die unter den Stichworten: formale, non-formale und informelle Bildung firmieren, auch die etablierten Formen öffentlicher Erziehung irritieren, ist ebenfalls in diesem Kontext zu diskutieren. Zudem ist zu beachten, dass unter Bedingungen des verschärften Wettbewerbs von Individuen und Schulsystemen, auch der Bereich „im Schatten" öffentlicher Bildung an Bedeutung gewinnt, die in der internationalen Diskussion auch so bezeichnete „shadow education", die von Nachhilfe bis hin zu Mentoring und Patensystemen unterstützender, aber eben nicht-öffentlicher, Erziehung reicht.

Zu den Beiträgen des Bandes

Die im ersten Teil des Bandes versammelten Beiträge greifen die Fragen der operativen Realisierung und der ethischen Rechtfertigung öffentlicher Erziehung in zunächst grundsätzlicher Weise auf. *Sabine Reh* macht in ihrem Beitrag den geöffneten Grundschulunterricht zum Thema. Im pädagogischen Diskurs wird dieser als eine Antwort auf die Erwartung verstanden, durch individualisierende Lernumgebungen sowohl die Kompetenzentwicklung von Schülerinnen und Schülern zu fördern wie auch deren Heterogenität besser gerecht zu werden.

Sabine Reh interessiert sich nun weniger für die Frage, ob „Öffnung" den Erwartungen guten Grundschulunterrichts tatsächlich gerecht wird. Sie nimmt auf der Grundlage videobasierter Unterrichtsbeobachtungen vielmehr die veränderten Praktiken der pädagogischen Adressierung von Schülerinnen und Schülern in den Blick und fokussiert auf die damit einhergehende Sichtbarwerdung und Sichtbarmachung von Subjektpositionen. In ihrer Analyse rekonstruiert sie den geöffneten Grundschulunterricht als eine spezifische pädagogische Ordnung, in der die öffentliche Darstellung der „Schülerselbste" neue Qualität gewinnt – nämlich als selbstverständliche Erwartung von Individualität einerseits und als durch die Schule beobachtete, beurteilte und verglichene Individualität andererseits.

Oliver Hollstein greift in seinem Beitrag die von Niklas Luhmann und Karl-Eberhard Schorr angestoßene Diskussion um das Technologieproblem in der Erziehung auf. Sein Augenmerk richtet sich dabei auf die kritische Analyse erziehungswissenschaftlicher Lösungsvorschläge für das Technologieproblem, die Autoren wie Klaus Prange oder Heinz-Elmar Tenorth etwa im Konzept pädagogischer Formen sehen. Formen wie der Appell, die Belehrung oder die „Explosion", die Prange aus einer Re-Interpretation von Makarenkos berühmter „Ohrfeigenszene" rekonstruiert, oder Unterrichtsordnungen wie der Gruppenunterricht gelten in den Augen dieser Autoren als „soft technologies" der Erziehung. Ihnen werde eine pädagogische Eigenlogik zugeschrieben, die dafür sorge, dass sowohl ihre Pragmatik wie auch ihre Legitimität sich ablöse von der Kooperationsbereitschaft der Adressaten öffentlicher Erziehung. Oliver Hollstein sieht in dieser einseitigen Auflösung des Technologieproblems insofern eine Unterschreitung der modernen Rechtfertigungsordnung der Erziehung, als dass zumindest die Orientierung an der Autonomie und Zustimmungsbereitschaft der Zöglinge konstitutiver Teil eben dieses modernen Erziehungsverständnisses sei.

Jochen Kade rekonstruiert in seinem Beitrag Aufmerksamkeit als einen erziehungswissenschaftlichen Grundbegriff. Vor dem Hintergrund der Universalisierung und Entgrenzung des Pädagogischen in modernen Gesellschaften einerseits und der gleichzeitigen Unsicherheit und Begrenztheit pädagogischer Interventionen andererseits komme dem Aufmerksamkeitskonzept eine wichtige Scharnierfunktion zu, die Sphären von pädagogischer Kommunikation und individuellem Bewusstsein strukturell gegenseitig anschließbar zu halten. Mit Bezug auf neuere sozial- und kulturwissenschaftliche Konzepte sieht Jochen Kade die Leistung von Aufmerksamkeitskommunikation im Kontext pädagogischer Kommunikation vor allem darin, die Lücke zwischen Bewusstsein und Kommunikation zu schließen. Aufmerksamkeitskommunikation ist damit nicht mehr nur Ausgangspunkt öffentlicher Erziehungsanstrengungen (wie dies etwa didaktische

Strukturierungsmodelle nahelegen, die jeden Unterrichtsgang mit der Herstellung von Aufmerksamkeit beginnen lassen), sondern deren dauerhaftes Medium.

Eine der bedeutsamsten Veränderungen im bundesdeutschen System öffentlicher Erziehung nimmt *Fritz-Ulrich Kolbe* in seinem Beitrag in den Blick: die Einführung ganztägiger Schulangebote. Seine Analyse dieses Formwandels von Schule fällt ambivalent aus. Die Erweiterung des schulischen Angebots, die unter den Gesichtspunkten von Betreuung und Förderung möglicherweise Lerngewinne gerade für lernschwächere Schülerinnen und Schüler zeitigt und damit einer bildungspolitischen Rechtfertigungserwartung in der Nach-PISA-Zeit zu entsprechen sucht, ist in ihren Strukturmerkmalen im Wesentlichen eine Fortschreibung der Halbtagsschule geblieben. Reproduziert haben sich damit auch die problematischen Implikationen von Schule, so dass das Ganztagsschul*angebot* von Schülerinnen und Schülern häufig als fremdbestimmter *Zwang* erlebt wird. Die wahrgenommene Einschränkung von Partizipationsmöglichkeiten und von Spielräumen autonomen Handelns führe dann regelmäßig in den nur scheinbar freiwilligen Angeboten zu den gleichen Motivierungs- und Disziplinierungsproblemen wie in der herkömmlichen Form des Unterrichts. In Bezug auf eine mögliche Alternative zu diesem „Fortschreibungsmodell" von Ganztagsschule, nämlich die Öffnung der Angebote hin zu nicht-formalisierten, weniger didaktisch gerahmten Erfahrungsräumen für jugendliche Sozialisation plädiert Fritz-Ulrich Kolbe zunächst für eine genauere Untersuchung dieser Prozesse. Ähnlich wie in Sabine Rehs Analyse des geöffneten Grundschulunterrichts wäre auch hier zu prüfen, welche Subjektformierungen in solchen – um es paradox zu formulieren – schulisch vermittelten Selbst-Steuerungspraktiken möglicherweise mit angelegt sind.

Transformationsprozesse öffentlicher Erziehung lassen sich gegenwärtig nicht nur in der Schule beobachten. Auch die Universität ist zur Adresse eines grundlegenden Umwandlungsprozesses geworden, den Frank-Olaf Radtke als betriebswirtschaftliche Revolution von oben charakterisiert hat (vgl. Radtke 2008). Gegen Radtkes These einer außengeleiteten Ökonomisierung der Universität insistiert *Micha Brumlik* in seinem bildungshistorisch angelegten Beitrag darauf, dass die Koppelung von Wissenschafts-, Bildungs- und Wirtschaftsinteressen keineswegs etwas Neues für die deutsche Universität bedeute. In einer Relektüre von drei wirkungsmächtigen Autoren zur deutschen Universitätsgeschichte: Luther, Kant und Schelling, zeigt Micha Brumlik, dass diesen die Ausrichtung der Universität an einem „gouvernementalen Nutzkalkül" und an der funktionalen Verwaltung von Wissen durchaus bewusst war. Auf der Folie dieser bildungshistorischen Analyse plädiert Micha Brumlik dafür, die Quellen der Kritik an der Ökonomisierung der Universität nicht nur wissenssoziologisch anzulegen, sondern mit der unhintergehbaren Subjektivität derjenigen zu verknüpfen, die tatsächlich Wissenschaft betreiben.

Mit dem breiten Themenkomplex des Verhältnisses von nationalstaatlichen Erziehungssystemen, Umwelten, Inklusion/Exklusion und Steuerung ist der zweite Teil des Bandes befasst. Vor dem Hintergrund der oben dargelegten Ausführungen ließe sich formulieren, dass es im umfassenden Sinne um neue Formen des Regierens geht, um neue Verhandlungen zur Inklusion von Bevölkerungsgruppen, um neue Formen der kritischen Auseinandersetzung mit der immer noch äußerst bedeutsamen Form national verantworteter Gestaltung. Mit diesen Fragen befassen sich die Beiträge von Karen Körber und Krassimir Stojanov.

Karen Körber nutzt Debatten zu den kulturellen Aspekten der Globalisierung, vor allem das Konzept der Diaspora, um daraus eine neue Analyseperspektive zu gewinnen, die die Persistenz nationalstaatlicher Rahmungen deutlich machen. Sie tut dies am Beispiel der jüdischen Gemeinschaft in Deutschland. Sie zeigt, dass die Aushandlungsprozesse zwischen Einwanderern und Aufnahmegesellschaft keine symmetrischen sind, sondern durch rechtliche, politische und symbolische Ordnungsmuster der Zielgesellschaft vorstrukturiert sind, außerhalb derer nicht gehandelt werden kann. Darüber hinaus verdeutlicht sie, dass sich diese als gegeben vorauszusetzenden Strukturierungen auch auf die Dynamiken innerhalb der Diaspora-Gruppe auswirken, in diesem Falle die in Deutschland bereits etablierten Teile der jüdischen Gemeinschaft und die neu hinzu kommenden aus anderen gesellschaftlichen Kontexten und mit anderen Traditionen. Ihr Beispiel verdeutlicht, dass aufgrund der besonderen Stellung von „Religion" im öffentlichen deutschen Erziehungssystem, nämlich der weitgehenden Beschränkung auf die beiden großen christlichen Konfessionen und der damit verbundenen Rolle der beiden Kirchen einerseits und des Staates andererseits, wichtige Fragen in einer Teilöffentlichkeit, strukturell außerhalb der öffentlichen Schulen gelegen, innerhalb der jüdischen Gemeinschaft verhandelt werden. Von Karen Körbers Beitrag inspiriert ließe sich nach strukturellen Ähnlichkeiten zur islamischen *community* fragen. Das Thema des Islamunterrichts hat die bislang der „Öffentlichkeit" weitgehend verborgene Frage nach seinen Inhalten aufgeworfen. Anders gesagt: Gäbe es jüdischen Religionsunterricht an öffentlichen deutschen Schulen, müssten die Aushandlungsprozesse, die bislang nur innerhalb der jüdischen Gemeinschaft stattfinden, ebenfalls auch vor den Augen der gesamtgesellschaftlichen Öffentlichkeit ausgetragen werden.

Gita Steiner-Khamsi nimmt die Frage nach universalisierenden und universalisierten Elementen in der aktuellen bildungspolitischen Diskussion auf, allerdings in einem ganz anderen Zusammenhang. Ihr Kontext ist der Einfluss global zirkulierender Instrumente und Programme und die Frage nach der gesellschaftsspezifischen Ein- und Umarbeitung solcher globalen Phänomene. Sie nimmt dabei eine Fußnote von Frank-Olaf Radtke zum Anlass, um daran zu zeigen, welch eminent wichtige Funktion diese annehmen können, die gemeinhin doch lediglich die Belesenheit des Autors, der Autorin belegen sollen, also eher der Form wissenschaftlicher Konvention folgen als einen substantiellen Gehalt aufweisen. Nicht so die in Rede stehende Fußnote, die das gesamte Universum der Spannung zwischen *global talk* und lokalen Lösungserwartungen eröffnet. Wenn globale *benchmarks* die Antwort sind, was war dann eigentlich die Frage, so könnte das Anliegen ihres Beitrags reformuliert werden. Anders gesagt: auf welches Problem reagieren global zirkulierende Programme und Techniken? Mit Blick auf die Rolle von „Öffentlichkeit" wirft Gita Steiner-Khamsi eine sehr bedenkenswerte Frage auf: Konstituieren die ubiquitären, global zirkulierenden *policy talk* Elemente eine reale Öffentlichkeit oder eher so etwas wie ein Baudrillardsches Simulacrum? Eine virtuelle Welt der Bildungspolitikgestaltung? Um die Raummetapher zu bemühen: eine Foucaultsche Heterotopie?

Die Wirkung der globalen Ebene bleibt dennoch eine spürbare und auf die nationale Gestaltung deutlich Einfluss nehmende. Mit den Beziehungen der unterschiedlichen Ebenen beschäftigen sich daher auch die beiden anderen Beiträge dieses Teils. *Sally Tomlinson* untersucht den Zusammenhang zwischen ökonomischen Entwicklungen, Globalisierung und dem Umgang mit Minderheiten. Sie analysiert diese Relationen vor allem mit Blick auf die englische Gesellschaft. Der Nationalstaat ist, und dies zeigt gerade eine governance-theoretische Perspektive sehr deutlich – *alive and well*. Letztlich sind es, so wie bereits im Beitrag von Karen Körber und, in anderer Wendung, auch von Gita Steiner-Khamsi angesprochen, die nationalstaatlichen Ordnungsmuster, die darüber entscheiden, wie sich global zirkulierende Programme und Maßnahmen tatsächlich durchsetzen lassen und auswirken. Gerade die von Tomlinson nochmals angesprochene Migrationspolitik ist hierfür ein gutes Beispiel. Ihre Zusammenschau der Entwicklungen in den drei angesprochenen Bereichen Wirtschaft, Bildung und Migration zeigt die Interdependenzen auf. Die nationalstaatlich adaptierte globale Rahmung von Gesellschaft als am Paradigma der wissensbasierten Ökonomie orientiert legt mit Blick auf die „Governance" der Bildungssysteme eine deutlich *outcome*- und evidenzbasierte Orientierung nahe, bedeutet aber ebenso, dass Migration stärker im Kontext ökonomischer Prozesse nationalstaatlich reguliert wird.

Marcelo Parreira do Amaral stellt in seinem Beitrag die theoretischen Implikationen der bis zur transnationalen Ebene reichenden neuen Regierungsformen vor. Er kombiniert in seinen Überlegungen unterschiedliche Zugänge aus Makrosoziologie und politikwissenschaftlichen Konzepten aus dem Bereich der Internationalen Beziehungen. Die umfassende Analyse der maßgeblichen Ebenen bei der Gestaltung der Erziehungssysteme zeigt: Die Aktivitäten verlaufen nicht willkürlich und unkoordiniert, aber gleichzeitig ohne Masterplan oder wenige zentrale machtvolle Akteure. Dennoch entsteht im Zusammenwirken unterschiedlicher Akteurskonstellationen unter Einbringung verschiedener Instrumente zur Koordination ein neues Ordnungsmuster, das er als internationales Bildungsregime bezeichnet. Ein wichtiges Element dabei ist „Wissen" und damit schließt sich der Kreis: Ging es zu Beginn der Organisation öffentlicher Erziehung ebenfalls um Wissen, um den neuen komplexer gewordenen gesellschaftlichen Anforderungen Rechnung zu tragen, so steht auch heute Wissen im Zentrum, als strategische Ressource auf den unterschiedlichsten Ebenen mit dem Ziel, neue Subjektformationen hervorzubringen.

Mit dem Thema Erziehung und Migration rückt im dritten Teil des Bandes die Frage in den Fokus, wie das nationalstaatlich eingefasste Erziehungssystem mit der Herausforderung von Einwanderung umgeht. Die ersten drei Beiträge widmen sich aus unterschiedlichen, auch kontroversen Perspektiven dem Konzept der „Institutionellen Diskriminierung", das maßgeblich mit den Namen Frank-Olaf Radtke verbunden ist.

Der Beitrag von *Christian Imdorf* verfolgt die Frage, wie Ursachen ethnischer Bildungsdisparitäten am Übergang von der Grundschule in die Sekundarstufe I empirisch gehaltvoll untersucht werden können. Um die negativen Grundschulempfehlungen von Migrantenkindern zu interpretieren, schlägt er mit Bezug auf das Konzept der Institutionellen Diskriminierung (vgl. Gomolla/Radtke 2002) sowie in Anlehnung an die Moralsoziologie von Boltanski und Thévenot (2007) ein pragmatisches Organisationsmodell der schulischen Selektion vor. Während die Negativselektion von Migrantenkindern bislang vor allem im Lichte eines zweidimensionalen Verständnisses von Schule als Organisation und Milieu (Nohl 2007) untersucht und erklärt wurde, führt Christian Imdorf mit einer Heuristik unterschiedlicher „Schulwelten" Rechtfertigungsweisen schulischer Selektionsentscheidungen ein, die ihren normativen Bezugspunkt in verschiedenen, zum Teil auch widerstreitenden Gerechtigkeitsprinzipien finden und die im öffentlichen Diskurs mit den Themen Chancengleichheit, Allgemeinwohl, Effizienz oder Markt verknüpft sind. Bindet man den Beitrag auf das Thema des Bandes zurück, dann geht es hierbei auch um die Frage, inwiefern Öffentlichkeit und öffentliche Erziehung in Bezug auf die Rechtfertigung von Negativselektionen von Migrantenkindern aufeinander bezogen sind.

Während der Beitrag von Christian Imdorf die Heuristik der Untersuchungen zur institutioneller Diskriminierung differenziert, nimmt *Krassimir Stojanov* eine theoretisch-methodologische Relektüre des Konzeptes vor und fokussiert hier insbesondere die Rolle des Konstrukts der sprachlich-kulturellen Differenz. Stojanovs zentraler Ansatzpunkt ist dabei die Frage der Normativität. Er spricht

24

damit die zentrale Frage wissenschaftlicher Selbstverständnisse an: Wenn Sozialwissenschaft sich selbst die Aufgabe stellt, über gesellschaftliche Verhältnisse und „soziale Mechanismen" aufzuklären, vor allem im Kontext sozialer Benachteiligung und Exklusion, greift eine systemtheoretische Rahmung dann nicht zu kurz und wäre eine ideologiekritische Perspektive, die Wertungen ermöglicht, nicht konsequenter? Anders gesagt: Worin besteht der Unterschied zwischen der systemtheoretischen Perspektive auf sprachlich-kulturelle Differenz als einer gesellschaftlich verfügbaren Unterscheidung und einer normativen Perspektive, welche die Zurückweisung dieser Unterscheidung erlaubt. Mit Blick auf das Thema des Bandes geht es hierbei auch um die Frage nach der öffentlichen Erziehung als Forum oder als Tribunal, in dem zwischen legitimen und nicht-legitimen Formen der Beobachtung unterschieden werden kann.

Auch *Michael Bommes* behandelt in seinem Essay die Frage der Normativität des Konzepts der „Institutionellen Diskriminierung". Er vertritt allerdings die konträre Position zu Krassimir Stojanov. Während dieser das Fehlen einer normativen Perspektive kritisiert, sieht Michael Bommes das Problem umgekehrt in einem zuviel an Normativität. Die deskriptive Distanz zum Forschungsgegenstand, die das systemtheoretische Konzept beansprucht, werde nicht konsequent durchgehalten. Tendenziell würden Wertbezüge wie Chancengleichheit und Bildungsgerechtigkeit, die den Erwartungshorizont öffentlicher Erziehung repräsentieren, in die Untersuchungen zur „Institutionellen Diskriminierung" inkorporiert, so dass nicht hinreichend zwischen einer soziologischen Fremd- und einer pädagogischen bzw.- bildungspolitischen Selbstbeschreibung der normativen Ordnung des Integrationsdiskurses unterschieden werde. Erst eine soziologische Fremdbeschreibung, die das Potential der Systemtheorie ausschöpfe, mache auf die Unwahrscheinlichkeit der Herstellung von Chancengleichheit aufmerksam, der es darum zu tun ist, die Differenz von familialer Sozialisation und schulischen Lern – und Verhaltenserwartungen erfolgreich zu überbrücken; ein Anspruch, dessen Realisierung aufgrund heterogener familialer Konstellationen unwahrscheinlich ist und zugleich folgenreiche Ein- und Übergriffe in das System Familie mit sich bringt.

Patricia Stošić schlägt – ähnlich wie Christian Imdorf – eine Differenzierung bei der Untersuchung und Erklärung von Bildungsungleichheit vor. Der Blick ist hier jedoch nicht explizit auf das Konzept der „Institutionellen Diskriminierung", sondern auf die regionale Bildungsforschung und die dort gestellte Frage nach den Ursachen lokaler Bildungsdisparitäten gerichtet. Ausgemacht wird ein Mangel an theoretischer Konkretisierung der zumeist implizit bleibenden Raumkonzeptionen, weil sich diese auf territoriale und administrativ vordefinierte „Räume" beschränken und unbeleuchtet lassen, wie Räume sozial hergestellt werden oder welche Wirkung sie auch über konkrete Orte hinaus entfalten.

Mit Bezug auf die Raumkonzeption von Martina Löw (2001) verortet Patricia Stošić die Entstehung „lokaler Bildungsräume" in einem Wechselspiel von Struktur und Handlung. „Lokale Bildungsräume" werden dadurch einerseits als „MachtRäume" beobachtbar, die Handlungen strukturieren; andererseits können sie als „RaumMächte" sichtbar gemacht werden, in denen verschiedene Akteure an der sozialen Konstitution dieser Räume beteiligt sind. Freigelegt werden können in dieser Theorieperspektive informelle Strukturbildungen – was der Bildungsraum ist, lässt sich also nicht mehr alleine mit einem Blick auf die formale und lokale Schulstruktur erfassen. Vielmehr rücken lokal wirksame normative Ordnungen in den Fokus der Betrachtung, die an der Herausbildung lokaler Bildungsräume beteiligt sind und die einen ergänzenden theoretischen Blick auf die Ursache von Exklusionsrisiken für bestimmte Schülergruppen eröffnen.

Bildungsdisparitäten, aber auch Integrationsprobleme auf der operativen Ebene des Unterrichtens werden geläufig mit dem Verweis auf fehlende Sprachkompetenz begründet, wobei diese selbstverständlich in der Beherrschung der deutschen Sprache gesehen wird. Mit dem nationalstaatlich begründeten und durch die Organisation Schule gestützten Homogenitätskriterium „Sprache" erscheint das Phänomen der Mehrsprachigkeit für den Schulunterricht vielfach als Problem und wird folglich defizitär attribuiert, zumal dann, wenn sich Mehrsprachigkeit nicht als perfektes Sprechen von zwei oder mehreren Fremdsprachen zeigt. In Kontrast zum „monolingualen Habitus" (vgl. Gogolin 1994) als einer normativen Ordnung der nationalstaatlich verfassten Schule macht *Volker Hinnenkamp* auf lebensweltlich verankerte Mehrsprachigkeitsformen von Jugendlichen aufmerksam. An Transkripten der relativ neuen Kommunikationsform des Chattens werden in soziolinguistischer Perspektive hybride Sprachkonstellationen rekonstruiert. Diese richten den Blick auf Sprachkompetenzen der Sprecher, die im Horizont der einheitssprachlichen Erwartungen von Schule systematisch unbeleuchtet bleiben. Die empirische Erschließung sprachlicher Praxen gerade jenseits von schulischen ‚settings' macht in eindrücklicher Weise auf den präfigurativen Charakter der auf Einsprachigkeit eingestellten Organisation Schule aufmerksam.

Teilt man die Überlegung, dass die in der Öffentlichkeit verhandelte Frage nach den normativen Grundlagen des gesellschaftlichen Zusammenlebens auch in den Rechtfertigungsordnungen öffentlicher Erziehung resoniert, dann erscheint es für ein tiefer greifendes Verständnis des Wandels öffentlicher Erziehung ertragreich, nach semantischen Verschiebungen in der öffentlichen Auseinandersetzung um gesellschaftspolitisch relevante Themen zu fragen. Vor diesem Hintergrund analysiert *Thomas Kunz* die öffentliche Auseinandersetzung zum Thema Migration und weist hierbei auf wesentliche Veränderungen im Reden über Integration hin. Anknüpfend an das Foucaultsche Konzept des „Regimes" zeigt er an zentralen Diskursfragmenten auf, wie die in der Agenda 2010 etablierte Formel vom Fördern und Fordern Eingang in den Integrationsdiskurs gefunden hat. Mit ihr einher geht die Subjektivierung des Risikos sozialer und arbeitsmarkbezogener Integration. Im Kontext des Themas Migration gewinnt die Formel vom Fördern und Fordern eine besondere Form, insofern die Ablehnung von Integrationsangeboten als kulturell bedingte Integrationsunwilligkeit erscheint. Die Kategorie „Migrationshintergrund" gewinnt hierbei eine besondere attributive Bedeutung, weil mit ihr zwischen zugewanderten und nichtzugewanderten Personen unterschieden und die Gründe für die Integrationsunwilligkeit in ethnisch-kulturellen Unterschieden gesucht werden kann. Inwiefern diese Diskursverschiebung auch Einfluss auf die Rechtfertigungsordnung im Erziehungssystems hat und zum Beispiel die Begründung von negativen Grundschulempfehlungen von Migrantenkindern dirigiert, wäre – etwa mit Christian Imdorfs Heuristik – empirisch zu untersuchen.

Den in diesem Band diskutierten Themen ist gemeinsam, dass Frank-Olaf Radtke zu ihrer Beschreibung zentrale und folgenreiche Denkanstöße geliefert hat. Sein Insistieren darauf, die Eigenlogik der Erziehung nicht nur zu postulieren, sondern mit den wissenschaftlichen Mitteln theoretischer Analyse und empirischer Beobachtung aufzuklären, sein Interesse für die gegenseitigen Beobachtungs- und Beeinflussungsverhältnisse zwischen dem Erziehungssystem und anderen Teilsystemen der Gesellschaft, insbesondere der Politik und der Wirtschaft, sowie seine konzise Analyse des Umgangs mit Migration und Differenz in der Erziehung, die vor den Selbstmystifizierungen der Wohlmeinenden keinen Halt machte, ist den in diesem Band versammelten Autorinnen und Autoren Anregung und Aufregung zum Denken gewesen. Sie sind in unterschiedlicher Weise, an unterschiedlichen Orten und zu unterschiedlichen Zeiten Diskussionspartner eines Wissenschaftlers gewesen, für den theoretisches Interesse und empirische Neugier ebenso wichtig sind wie die intellektuelle Lust an der um Argumente ringenden Kontroverse. Die Herausgeber, die Autorinnen und Autoren und Birgit Fischer, die den Text dieses Buches in bewährter Weise eingerichtet hat, widmen diesen Band dem Kollegen, dem Anreger, Förderer und Freund Frank-Olaf Radtke zum 65. Geburtstag.

Literatur

Altrichter, Herbert/Brüsemeister, Thomas/Wissinger, Jochen (Hrsg.) (2007): Educational Governance. Handlungskoordination und Steuerung im Bildungssystem. Wiesbaden: Verlag für Sozialwissenschaften

Anweiler, Oskar/Mitter, Wolfgang (Hrsg.) (2006): Bildungssouveränität im Wandel, Bielefeld: Universität Bielefeld

Andresen, Sabine/Casale, Rita/Gabriel, Thomas/Horlacher, Rebekka/Larcher Klee, Sabina/Oelkers, Jürgen (Hrsg.) (2009): Handwörterbuch Erziehungswissenschaft. Weinheim/Basel: Beltz

Arnott, Margaret, A/Raab, Charles, D. (eds.) (2000): The Governance of Schooling. Comparative Studies of Devolved Management. London, New York, Routledge

Becker, Rolf/Lauterbach, Wolfgang (Hrsg.) (2007): Bildung als Privileg. Erklärungen und Befunde zu den Ursachen der Bildungsungleichheit. 2. aktualisierte Auflage. Wiesbaden: Verlag für Sozialwissenschaften

Benner, Dietrich/Oelkers, Jürgen (Hrsg) (2004): Historisches Wörterbuch der Pädagogik. Weinheim/Basel: Beltz

Benz, Arthur (Hrsg.) (2004): Governance – Regieren in komplexen Regelsystemen. Eine Einführung. Wiesbaden: Verlag für Sozialwissenschaften

Pierson, Christopher (1998): The New Governance of Education; The Conservatives and Education 1099-1997. In: Oxford Review of Education Vol. 24, 1. 1998. 131-142

Boltanski, Luc (2007): Leben als Projekt. Prekarität in der schönen neuen Netzwerkwelt. In: Polar 2. 2007. 7-13

Boltanski, Luc/Thévenot, Laurent (2007): Über die Rechtfertigung. Eine Soziologie der kritischen Urteilskraft. Hamburg: Hamburger Edition

Bourdieu, Pierre/Passeron, Jean-Claude (1979): Die Illusion der Chancengleichheit. Stuttgart: Klett

Bowles, Samuel/Gintis, Herbert (1976): Schooling in Capitalist America. Educational Reform and the Contradictions of Economic Life. New York: Basic Books

Brüggen, Friedhelm (2004): Öffentlichkeit. In: Benner et al. (2004): 724-749

Büchner, Peter (2003): Stichwort: Bildung und soziale Ungleichheit. In: Zeitschrift für Erziehungswissenschaften 6 (2003)1. 5-24

Combe, Arno/Helsper, Werner (1996): Pädagogische Professionalität. Untersuchungen zum Typus pädagogischen Handelns. Frankfurt am Main: Suhrkamp

Condorcet, Marie Jean Antoine Nicolas de Caritat Marquis de (1966): Allgemeine Organisation des öffentlichen Unterrichtswesens. Mit einer Einleitung von Heinz-Hermann Schepp. Weinheim: Beltz

Dewe, Bernd/Ferchoff, Wilfried/Radtke, Frank-Olaf (Hrsg.) (1992): Erziehen als Profession. Zur Logik professionellen Handelns in pädagogischen Feldern. Opladen: Leske+Budrich

Dörre, Klaus/Lessenich, Stephan/Rosa, Hartmut (2009): Soziologie – Kapitalismus – Kritik. Eine Debatte. Frankfurt am Main: Suhrkamp

Foucault, Michel (1973): Wahnsinn und Gesellschaft. Frankfurt am Main: Suhrkamp

Gallie, Walter Bryce (1964): „Essentially Contested Concepts". In: ders. Philosophy and the Historical Understanding, London: Chatto & Windus

Giesinger, Johannes (2007): Was heißt Bildungsgerechtigkeit? In: Zeitschrift für Pädagogik 53 (2007) 3. 362-381

Gogolin, Ingrid (1994): Der monolinguale Habitus der multilingualen Schule. Münster, New York: Waxmann

Gomolla, Mechthild/Radtke, Frank-Olaf (2002): Institutionelle Diskriminierung. Die Herstellung ethnischer Differenz in der Schule. Opladen: Leske+Budrich

Hellekamps, Stephanie (1998): Gerechtigkeit zwischen Freiheit und Gleichheit. Zum bildungstheoretischen Defizit in der Debatte zwischen Liberalen und Kommunitaristen. In: Zeitschrift für Erziehungswissenschaft. 1 (1998) 3. 379-394

Herzog, Walter (2002): Zeitgemäße Erziehung. Die Konstruktion pädagogischer Wirklichkeit. Weilerswist: Velbrueck: 391-411

Hofer, Ursula (1998): „Instruction publique" im französischen Modernisierungsdiskurs des 18. Jahrhunderts. In: Oelkers et al. (1998): 29-44

Hölscher, Lucian (1984): Öffentlichkeit. In: Ritter et al. (1984): Sp. 1134-1140

Ingrid Gogolin (1994): Der monolinguale Habitus der multilingualen Schule. Münster, New York: Waxmann

Kieserling, André (1999): Kommunikation unter Anwesenden. Studien über Interaktionssysteme. Frankfurt am Main: Suhrkamp

Kounin, Jacob, S. (1976): Techniken der Klassenführung. Bern: Huber (im amerik. Original 1970)

Lessenich, Stephan (2009): Mobilität und Kontrolle. Zur Dialektik der Aktivgesellschaft. In: Dörre et al. (2009): 126-177

Locke, John (2003): Two Treatises of Government. Edited by Peter Laslett. Cambridge u. a.: Cambridge University Press (14th Edition)

Löw, Martina (2001): Raumsoziologie. Frankfurt am Main: Suhrkamp

Luhmann, Niklas/Schorr, Karl Eberhard (Hrsg.) (1992): Zwischen Absicht und Person. Fragen an die Pädagogik. Frankfurt am Main: Suhrkamp

Mayntz, Renate (2004): Governance im Modernen Staat. In: Benz (2004): 65-76

Mitter, Wolfgang (2006): Bildungssouveränität und Schulträgerschaft in Europa in historisch-vergleichender Sicht. In: Anweiler et al (2006): 5-20

Meyer, John W./Boli, John/Ramirez, Francisco, O. (1997): World Society and the Nation State. In: American Journal of Sociology Vol. 103, 1. 1997. 144-181

Nohl, Arnd-Michael (2007): Kulturelle Vielfalt als Herausforderung für pädagogische Organisationen. In: Zeitschrift für Erziehungswissenschaft, 10 (2007) 1. 61-74

Oelkers, Jürgen (2009): Erziehung. In: Andresen et al. (2009): 248-262

Oelkers, Jürgen (Hrsg.) (1992a): Aufklärung, Bildung und Öffentlichkeit. Pädagogische Beiträge zur Moderne. Zeitschrift für Pädagogik. 28. Beiheft. Weinheim/Basel: Beltz

Oelkers, Jürgen (1992b): Seele und Demiurg: Zur historischen Genesis pädagogischer Wirkungsannahmen. In: Luhmann et al. (1992): 11-57

Oelkers, Jürgen (1988): Öffentlichkeit und Bildung: Ein künftiges Missverhältnis. In: Zeitschrift für Pädagogik 34 (1988) 5. 579-599

Oelkers, Jürgen/Osterwalder, Fritz/Rhyn; Heinz (Hrsg.) (1998): Bildung, Öffentlichkeit und Demokratie. Zeitschrift für Pädagogik. 38. Beiheft. Weinheim/Basel: Beltz

Osterwalder, Fritz (1992): Condorcet – Instruction publique und das Design der Pädagogik als öffentlich-rechtliche Wissenschaft. In: Oelkers (1992a): 157-193

Popkewitz, Thomas (Hrsg.) (2005): Inventing the Modern Self and John Dewey. Modernities and the Travelling Pragmatism in Education. New York: Palgrave Macmillan

Petrat, Gerhardt (1979): Schulunterricht. Seine Sozialgeschichte in Deutschland 1750-1850. München: Ehrenwirth

Radtke, Frank-Olaf (2006): Erziehung, Markt und Gerechtigkeit. In: Zeitschrift für Pädagogik 52 (2006) 1. 52-59

Radtke, Frank-Olaf (2008): Die außengeleitete Universität. In: WestEND. Neue Zeitschrift für Sozialforschung. 1/2008. 117-133

Ritter, Joachim/Gründer, Karlfried (Hrsg.) (1984): Historisches Wörterbuch der Philosophie. Band 6. Darmstadt: Wissenschaftliche Buchgesellschaft

Schuppert, Gunnar Folke (2006); Governance-Forschung: Vergewisserung über Stand und Entwicklungslinien. Baden-Baden: Nomos

Wenning, Norbert (1996): Die nationale Schule. Öffentliche Erziehung im Nationalstaat. Münster: Waxmann

Werner, Georg (2006): Soziale Ungleichheit im Bildungssystem. Eine empirisch-theoretische Bestandsaufnahme. Konstanz: UVK

Teil I

Ermöglichungsformen und Rechtfertigungsordnungen öffentlicher Erziehung

Individualisierung und Öffentlichkeit

Lern-Räume und Subjektivationsprozesse im geöffneten Grundschulunterricht

Sabine Reh

„Im Laufe des 20. Jahrhunderts gewann die Forderung nach Individualisierung im Unterricht sowohl durch das politische Streben nach gesellschaftlicher Chancengleichheit in der Schule als auch durch lehr-lernpsychologische Erkenntnisse an Relevanz. Der Aufbau von individualisierenden Lernumgebungen, welche auf eine hohe Verstehensintensität und auf die Selbststeuerung der Lernenden ausgerichtet sind, entspricht dem aktuellen Erkenntnisstand der Lehr-Lernpsychologie (...) In der (Unterrichts-)Forschung besteht ein breiter Konsens in Bezug auf die Bedeutung der individualisierenden Unterrichtsgestaltung für den Aufbau der fachlichen und überfachlichen Kompetenzen" (Reusser 2007: 3f.).

Wenn im pädagogischen Diskurs derzeit etwas unbestritten scheint, dann ist es die Auffassung, dass ein individualisierender Unterricht gut sei – einer, in dem es eine „binnendifferenzierende" Passung gibt zwischen individuellen (Lern-) Bedürfnissen und Lernangeboten. Trautmann/Wischer (2008) haben herausgearbeitet und dargestellt, dass dem Diktum einer besseren Förderung des Einzelnen durch binnendifferenzierenden, individualisierenden Unterricht im pädagogischen Diskurs kaum zu widersprechen ist.

Will man nun aber nicht dabei stehen bleiben, die Forderung nach Individualisierung im Diskurs historisch und ideologiekritisch nachzuzeichnen, wie es Trautmann/Wischer überzeugend getan haben, sondern möchte weitergehend diskutieren, warum Individualisierung so vielversprechend erscheint und tatsächlich eine historische Tendenz der Unterrichts- bzw. Schulentwicklung darstellt (vgl. Kolbe/Reh 2008), scheint es nötig, Prozesse der Individualisierung empirisch zu rekonstruieren. Jenseits der Frage, welcher ‚Output' im Sinne definierter Kompetenzzuwächse auf Seiten der Schüler und Schülerinnen (vgl. kritisch dazu Radtke 2009) in dieser Form des Unterrichts produziert wird, muss dafür grundlegend analysiert werden, wie in pädagogischen Praktiken der Individualisierung ein bestimmtes Subjekt, ein solches, das selbständig lernen und Kompetenzen erwerben will und kann, konstituiert wird – mit anderen Worten: Was an diesem Unterricht modern ist.

Der Prozess, in dem spezifisch formierte Subjekte – auch das Kompetenzen erwerbende, selbständig lernende Subjekt (vgl. Rabenstein 2007; Rabenstein/Reh 2009; Rabenstein 2010) – geschaffen werden, wird üblicherweise Sozialisation genannt. Im Begriff und in der Vorstellung von Sozialisation ist zumeist jedoch nahe gelegt (vgl. kritisch Schäfer 2000), dass ein schon vorhandenes, dem Prozess vorgängiges Subjekt Objekte internalisiert und Normen – z. B. Normen selbständigen Arbeitens – verinnerlicht. Butler (vgl. z. B. 2001) schlägt demgegenüber vor, unter dem Begriff der Subjektivation (vgl. die erziehungswissenschaftliche Rezeption bei Ricken 2004, 2007) ein paradoxales, immer ambivalentes und performatives Anerkennungs-Geschehen (vgl. Ricken 2009) zu erfassen, in dem wiederholt das Subjekt durch soziale Normen gebildet wird. In diesem Geschehen, so schreibt sie, „bilden soziale Normen die Bedingung und Struktur des Subjekts, die Bedingung seines Erscheinens" (so Butler im Interview mit Bublitz, Bublitz 2002: 126-127). Voraussetzung dafür, überhaupt Subjekt zu werden, bzw. zu sein, ist die Anerkennung durch den anderen; dieser Anerkennung liegt ein Rahmen voraus, der festlegt, wer „als Subjekt der Anerkennung in Frage kommt", der „Normen für den Akt der Anerkennung" bietet (Butler 2003: 32). Die oben gestellte Frage ließe sich mithin also präzisieren: In welcher Weise entstehen und prozessieren im individualisierenden Unterricht bestimmte Normen, „Normen der Anerkennbarkeit" eines Subjekts, die eben gleichzeitig „Bedingungen und Strukturen" seines Erscheinens darstellen.

Eine Möglichkeit der Individualisierung im Unterricht bietet das in der Gegenwart zu großem Erfolg gekommene Setting der Planarbeit (Reusser 2007), z. B. in Form der bekannten Wochenplanarbeit der Grundschulen (vgl. z. B. Huschke 1976; Bönsch/Schittko 1979; Vaupel 1995; Huschke 1996; Claussen 1997; empirisch Naujok 2000; Kucharz/Wagener 2007; Wagener 2007; Huf 2006; Hartinger 2006; auch die Überblickdarstellungen zur Erforschung des Offenen Unterrichts bei Lipowsky 1999; Hanke 2001, 2007). Erkennbar wird nun sowohl in den programmatischen Äußerungen zu diesem Setting wie auch in den ethnographischen Fall-Beschreibungen und den Berichten über Ergebnisse der empirischen Lehr-Lernforschung, dass Individualisierung im Unterricht für diesen – als Unterricht – eine strukturelle Herausforderung bedeutet. Wird, historisch-genealogisch betrachtet, Unterricht als ein Interaktionssystem verstanden (vgl. Caruso 2008), das in der Form eines bestimmten Gespräches eine Gruppe von Gleichen als Öffentlichkeit konstituiert, wird deutlich, dass sich hier zwei unterschiedliche, möglicherweise gegensätzliche normative Anforderungen – die im Hinblick auf Subjektivationsprozesse bedeutsam werden können – gegenüber stehen: Einerseits gilt es – im Sinne der reformerischen pädagogischen Programmatik – den Einzelnen besonders zu behandeln und andererseits – im Sinne der Anforderungen eines funktional ausdifferenzierten, modernen Erziehungssystems (vgl. Luhmann 2002; Adick 1992) – die Gleichheit der Schüler als Schüler zu erzeugen und zu gewährleisten.

In vier Schritten möchte ich die Frage nach der Konstituierung des lernenden, Kompetenzen selbständig erwerbenden Subjekts im individualisierenden Unterricht versuchen zu beantworten. Zunächst soll unter Rückgriff auf einen bestimmten Begriff von Öffentlichkeit dargestellt werden, wie die Öffentlichkeit der Lerngruppe im Klassenraum verstanden werden kann und wie darin – unter Rückgriff auf Goffman – der Einzelne sich positioniert und bewegt (1). In den folgenden drei Schritten wird an einem Fallbeispiel untersucht, wie ein materialer Lern-Raum, der „pädagogische Großraum" (Göhlich 1993) einer jahrgangsübergreifenden Grundschul-Lerngruppe gestaltet ist, wie er in dieser spezifischen Gestaltung Voraussetzung der individualisierenden pädagogischen Angebote wird (2), und wie hier differenzierte Lern-Räume in der individualisierenden Adressierung der Einzelnen und ihrer Positionierungen zueinander entstehen (3). Schließlich wird im letzten Schritt die zusätzliche Schaffung von Teilöffentlichkeiten und Öffentlichkeit im pädagogischen Gespräch mit Gruppen und mit der ganzen Gruppe skizziert und zu den individualisierenden Praktiken ins Verhältnis gesetzt (4), um in einem Fazit die öffentliche Ordnung eines individualisierenden Grundschulunterrichts als Ordnung einer spezifischen Form der Subjektivation charakterisieren zu können.

Die im Folgenden dargelegten Erkenntnisse beruhen auf videographischen Beobachtungen zweier jahrgangsübergreifender Lerngruppen einer Ganztagsgrundschule, die in neu und großzügig gestalteten Lernräumen als jahrgangsgemischte Gruppen mit Plänen, vor allem mit dem Wochenplan, arbeiten (vgl. Reh/Labede 2009, 2010). Die Videoaufnahmen entstanden im Rahmen des Forschungsprojektes zur Lernkulturentwicklung in Ganztagsschulen zwischen 2005 und 2009 (vgl. Kolbe/Reh u. a. 2008 und 2009).

1   Individualisierung in der Öffentlichkeit

Unter dem Begriff ‚öffentlich' und ‚Öffentlichkeit' kann in Rückgriff auf unterschiedliche Theorieentwürfe und disziplinäre Kontexte Unterschiedliches verstanden werden. So bezeichnet einmal ‚öffentlich' im Gegensatz zu ‚privat', aber auch zu ‚familiär' einen abgegrenzten sozialen Handlungsbereich mit einem spezifischen normativen Charakter. Zum zweiten bezeichnet ‚öffentlich' im Gegensatz zu ‚geheim' oder ‚vertraulich' eine (unterschiedlich) freie Zugänglichkeit von zu beobachtenden Erscheinungen, von Kommunikation und Wissen. Öffentlichkeit in einem dritten, emphatischen, Sinne dient auch dazu, ein Kollektiv mit bestimmter Kommunikationsstruktur, in der sich eine Art ‚öffentliche

Meinung' bildet oder bilden kann, zu beschreiben. Eine solche Öffentlichkeit wird geschaffen durch Kommunikation unter Akteuren, die aus ihren privaten Lebenskreisen heraustreten, um sich über Angelegenheiten von allgemeinem Interesse zu verständigen. Unterstellt wird hier, dass Gleichheit der und Reziprozität unter den Beteiligten herrscht und zudem eine generelle Offenheit für Themen und Beiträge besteht. Die Beteiligten, das Publikum, sind in der Lage, alle wichtigen Fragen kompetent und sachangemessen zu behandeln. Die normativen Prinzipien einer solchermaßen politisch verstandenen Form von Öffentlichkeit sind Gleichheit, Offenheit und Diskursivität (vgl. Peters 2007: 56).

Der hier im Folgenden genutzte Begriff von Öffentlichkeit kennzeichnet Übergänge zwischen einer analytischen Konzeption von Öffentlichkeit, die empirisch beschreibbar ist, und einem politischen Anspruch, der mit dem Begriff der Öffentlichkeit verbunden wird, unabhängig davon, inwieweit diese Form von Öffentlichkeit identisch ist mit einem bestimmten Begriff von Demokratie – ob sie prinzipiell und unter welchen Bedingungen möglich ist, ob sie nur ein handlungsleitendes Prinzip darstellt oder gegenwärtig verfällt. Öffentlichkeit dient hier also einerseits als Charakterisierung der Kommunikations- und Kooperationsstruktur eines Kollektivs, einer Klasse oder Lerngruppe, weil und insofern eine prinzipielle Beobachtbarkeit und Zugänglichkeit aller Angelegenheiten und Dinge der einzelnen Schüler und Schülerinnen durch die Lehrperson und wiederum eine Beobachtbarkeit ihrer Aktionen durch alle anderen im Raum Anwesenden gegeben sind. In diesem Sinne kann von einer „Öffentlichkeit des Klassenraumes" gesprochen werden, wie es etwa in seinen ethnographischen Studien auch Kalthoff tut (vgl. Kalthoff 2000). Die gegenseitige Beobachtbarkeit unterstützt aber zudem Verhandelbarkeit und Diskursivität des Anspruchs auf Gleichheit aller bzw. gleiche Behandlung aller als Schüler und Schülerinnen.

Goffman hat sich in verschiedenen Essays und an verschiedenen Orten (vgl. u. a. Goffmann 1975, 1982, 1986) mit der Frage beschäftigt, welches die prinzipiellen Regeln einer Ordnung sind, die er – so wie auch hier vorgeschlagen – im Sinne von Sichtbarkeit und Zugänglichkeit „öffentlich" nennt und in der Kopräsenz herrscht. Zu solchen Grundregeln gehören „Verkehrsregeln" – Regeln, wie die Einzelnen sich fortbewegen und dieses mit anderen Einzelnen koordinieren – und solche Regeln, die die Partizipation der Einheiten an sozialen Ereignissen, ein „Miteinander", ordnen (vgl. Goffman 1982: 43).

Zentral für das Verhältnis der Einzelnen zueinander bei Kopräsenz, für die Regulierung von Nähe, sind das Anrecht auf Ansprüche und auf Versuche, Ansprüche angesichts von Angriffen zu verteidigen. Vorrangig und vor allem bestehen Ansprüche des Einzelnen auf eigene Territorien und Reservate. Goffman unterscheidet den *persönlichen Raum*, den Raum, der das Individuum überall umgibt, die *Box*, also den abgegrenzten Raum, auf den nur zeitlich begrenzt, aber durchaus auch bei Abwesenheit Anspruch erhoben wird, den *Benutzungsraum*, auf den aufgrund instrumenteller Erfordernisse Anspruch erhoben wird, die *Reihenposition* (die Ordnung, nach der ein Ansprucherhebender in einer bestimmten Situation ein bestimmtes Gut in Relation zu anderen und deren Ansprüchen erhält), die *Hülle*, die den Körper schützt, *Besitzterritorien*, also Gegenstände, die als identisch mit dem Selbst des Besitzers, betrachtet werden, ihn umgeben und zuletzt *Informations-* und *Gesprächsreservate*.

Im öffentlichen Raum bewegen sich Einzelne und treffen aufeinander; es gibt hierbei im Agieren von Ansprüchen, Angriffen und Verteidigungen der Territorien und Reservate Möglichkeit und Notwendigkeit der Darstellung und Aufführung von Besonderheit. Es kann hier – vor allem wenn die Einzelnen miteinander lange oder immer wieder im gleichen Raum sind – zum Entwurf und zur Zuschreibung von Geschichten individueller Aufführungen und Gestaltungen verschiedener Positionierungen kommen, die auf der Basis unterscheidender Merkmale, z. B. solcher wie dem Namen und der äußeren Erscheinung basieren (vgl. Goffman 1982: 256). Im „unmittelbaren physischen Kontakt" miteinander, in der „Öffentlichkeit körperlich konstituierter Wesen" (Butler 2003: 45-46), im Umgang mit den unterschiedlichen Territorien und Reservaten des Selbst, in ihrer Markierung, ihrer Achtung, aber gerade auch in der Übertretung, der Verletzung und Verteidigung von Territorien setzen sich zudem die Einzelnen in ein Verhältnis zu sich selbst, etwa zu sich als mit Orten und Plätzen unterschiedlich stark identifiziert, zu sich als jemandem, dem ein spezifischer Einfluss auf eigene und andere territoriale Ansprüche zugestanden ist (vgl. Goffman 1982: 94-95) und schließlich zu sich als einem Wesen, das sich gerade aufgrund seiner Körperlichkeit als den anderen ausgesetzt und verletzbar erfahren kann.

In diesem Sinne hängen – so kann vermutet werden – Individualisierung und Schaffung einer spezifischen Lerngruppen-Öffentlichkeit in geöffneten Unterrichtsformen gerade im Hinblick auf die Charakteristik, auf „Bedingungen und Strukturen" von Subjektivationsprozessen eng zusammen.

2   Geöffneter Schul-Raum: Kästen, Zettel, Plätze und Namen

Die durch Abriss von Wänden in der beobachteten Schule neu geschaffenen, jeweils 400 qm großen freien, durch keinerlei Wände unterteilten Flächen bieten jeweils Platz für drei jahrgangsübergreifend arbeitende Lerngruppen mit insgesamt ca. 70 Schülern und Schülerinnen (vgl. Reh/Rabenstein/Fritzsche 2010; Reh/Kolbe 2009; vgl. auch Reh/Labede 2009, 2010), durchschnittlich also mehr Platz für den Einzelnen als vor dem Umbau. Der Eintrittsbereich – ohne Teppichboden – ist mit einer Küchenzeile und Küchenmobiliar und mit beweglichen

Möbeln, z. B. Garderobenwagen ausgestattet. Von hier aus sind rückwärtig durch eine Tür Toilettenräume zu betreten und es eröffnet sich der Blick auf eine große Fläche, die z. B. gemeinsamen Veranstaltungen oder Aufführungen aller drei Lerngruppen der Etage dient. Hieran nun grenzen Lerngruppenflächen mit weiteren, beweglichen Möbel, die gleichzeitig verschieden nutzbare Sitz- und Stauräume darstellen. Komplettiert wird dieses durch Spiel- und Entspannungslandschaften, die wiederum aufgrund des Einbaus verschiedener Podeste in einsehbare Zonen aufgeteilt sind. Es gibt keinen extra „Lehrertisch", keine Tafel, sondern *white boards* und *flip charts*. Ähnlich beschreibt schon Kemnitz die sozusagen klassisch-reformpädagogische Konzeption einer neuen Raumordnung (vgl. Kemnitz 2001: 51). Allerdings ist – und das schränkt im konkreten Fall nicht nur Sicht- und Hörbarkeit ein – zum Treppenhaus hin das Lernatelier mit Wand und schwerer Glastür abgeschlossen. Da zudem eine Zone als Eingangs-, also als Übergangsbereich gestaltet ist, betreten die Akteure hier eine innerhalb des Schulgebäudes abgeschlossene Einheit und nicht einen in jeder Hinsicht offenen Raum.

Der große Raum des Lernateliers erweitert gegenüber dem älteren Klassenraum zunächst und grundlegend Sichtbarkeit. Sie wird in der Nutzung allerdings mit Hilfe auffälliger, teilweise beweglicher Möbel wieder beschränkt. Regale und Schränke werden genutzt, um Bereiche voneinander abzugrenzen; sie lassen Achsen von Sichtbarkeit entstehen, indem sie gleichzeitig den Blick lenken und einschränken, wenn z. B. nur noch schmale Wege zwischen zwei Regalen bestehen. Im Zusammenwirken mit Ansammlungen von Tischen und Stühlen, von Podesten und Fensterbänken werden so auch kleinere Räume im Raum und Möglichkeiten geschaffen, Plätze als Bühnen oder zum Verstecken und zum Zurückziehen zu gebrauchen. Bemerkenswert ist also, dass die durch Transparenz und hohe akustische Durchlässigkeit gekennzeichnete Offenheit des Raumes „in seinem Gebrauch" schnell wieder eingeschränkt wurde. In Äußerungen der Lehrerinnen wurde im hier vorgestellten Fall deutlich, dass sie das Lernatelier unterteilen in ein Innen und Außen; so wird die gemeinsam von allen genutzte Fläche im Gegensatz zu den eher von den jeweiligen Lerngruppen genutzten als „draußen" bezeichnet (vgl. Breuer 2010). Die Verkleinerung des Sicht-Raumes kann in jede Richtung und allen Personen gegenüber disziplinierend wirken, aber sie schafft doch auch je spezifisch Möglichkeiten für alle, sich Blicken zu entziehen oder sich auf besondere Weise zu zeigen – etwa lesend oben auf einem fahrbaren Möbel oder gemütlich auf einer Liege, halb versteckt hinter einem Vorhang.

Überall in den Bereichen der einzelnen Lerngruppen sind in den Regalen, Schränken und Podesten unterschiedliche Behältnisse, unterschiedliche Kästen und Schubfächer untergebracht, in denen verschiedene Materialien und Papiere,

Hefte und Bücher aufbewahrt werden. *White Boards*, Magnettafeln und Pinwände sind beschrieben und bemalt, mit Magneten und mit Zetteln bedeckt. An den Wänden, die die Etage nach außen abgrenzen, hängen verschiedene Plakate und Bilder. Auffällig ist, an wie vielen Stellen die Namen der Schüler und Schülerinnen aufgeschrieben sind und wo überall der Name eines Einzelnen zu lesen steht, wie oft man die geschriebenen Namen der Schüler und Schülerinnen im Raum findet:

- Die Bügel an der Garderobe tragen Namensschilder.
- An den Fächern, in die die Schultaschen für den Schultag platziert werden, sind Namensschilder befestigt sind.
- Jedes Kind hat ein eigenes Fach für seine Materialien, auf denen jeweils auch Namensschilder angebracht sind.
- Auf den Wochenplänen, die zu Beginn der Woche auf einem halbhohen Regal für alle offen zugänglich ausgelegt sind, stehen jeweils die Namen der Schüler und Schülerinnen.
- An der „Hilfetafel" – einer Magnettafel – sind Kärtchen mit den Namen, so dass die Schüler und Schülerinnen ihr Kärtchen in einer Reihenfolge platzieren können, um anzuzeigen, dass sie Hilfe benötigen.
- Arbeitsblätter und Arbeitshefte, auf denen der Name geschrieben steht, liegen an verschiedenen Stellen des Raumes, werden hier abgelegt, „zwischengelagert", um etwa einen bestimmten Status der Bearbeitung, anzuzeigen, bevor sie irgendwann im Kästchen des jeweiligen Schülers oder der jeweiligen Schülerin „verschwinden".
- Auf den im Lernraum untergebrachten drei Computern haben die Schüler und Schülerinnen jeweils eigene accounts für die Lernsoftware; sie loggen sich mit dem eigenen Namen ein, um am gespeicherten Bearbeitungsstand weiter zu machen.
- Es gibt ein Tagebuch, in dem die Kinder die abwechselnd von jeweils einem geschriebenen Berichte über den Tag mit ihrem Namen unterzeichnen. Das Tagebuch liegt entweder im Lernraum, nachmittags wird es manchmal auch von einem Schüler oder einer Schülerin mit nach Hause genommen, um dort den Text zu schreiben.
- Zum Zeitpunkt der Aufnahmen hängt ein Plakat in der Klasse, auf dem die Handabdrücke einzelner Schüler mit Fingerfarben zu sehen sind; darunter stehen Namen. Es handelt sich dabei um ein Geschenk derjenigen Schüler und Schülerinnen, die die Lerngruppe verlassen haben, um zu den Größeren zu gehen.
- An verschiedenen Stellen des Raumes ist Platz für Anschläge. Da stehen nicht die Namen aller Schüler, aber u. U. einzelner, indem zu dem Schüler oder der Schülerin Hinweise/Informationen gegeben werden, so z. B. über

die im Notfall eines stark allergiekranken Schülers vorzunehmenden Maßnahmen.

- An der Innenseite des „Lehrerschrankes" – eines Schrankes, in dem die Lehrerin Materialien unterbringt, die nicht für alle einsehbar sein sollen, stehen Listen mit Schülernamen derjenigen, die gerade ein bestimmtes Amt ausführen und Listen, auf denen steht, wer bestimmte Dinge, bestimmte Aufgaben schon erledigt hat. Vorausgesetzt wird damit, dass die Schüler und Schülerinnen selbst ihre Ämter und Aufgaben kennen; auch wenn diese Materialien durch Unterbringung im Schrank einen besonderen, nicht öffentlichen Status erhalten, werden sie tatsächlich von den Kindern bei Bedarf eingesehen.

Das Lernatelier ist in dieser Weise ein Ort, an dem es vielfältigste Möglichkeiten gibt, die Namen der einzelnen Schüler anzubringen. Immer wieder sind die Kinder als Mitglieder der Lerngruppe angesprochen, aufgerufen. Das wird gewissermaßen permanent – nicht mündlich, aber schriftlich – wiederholt. Damit verbunden ist eine Sichtbarkeit der Aufgaben, Arbeitsaufträge bzw. der Erledigung der Arbeitsaufträge für alle Kinder. Die Arbeit des Einzelnen hinterlässt im Raum Spuren, die die Lerngeschichten im Raum mehr oder weniger zugänglich, vor allem aber auch öffentlich sichtbar machen.

Zusätzlich zu den markierten Plätzen, an denen die Schüler und Schülerinnen etwas von sich lagern dürfen, ihre Kästen, ihre Schultaschenfächer, ihre Bügel usw., bringen die Kinder eigene Gegenstände mit. Das geschieht zum einen nach Aufforderungen der Lehrerin, etwas von zu Hause, von sich mitzubringen, was zu didaktischen Zwecken eingesetzt wird bzw. eingesetzt werden kann. Aber es geschieht auch unabhängig davon. So etwa konnte beobachtet werden, wie eine Schülerin eine Plastiktüte mitbrachte, in der etwas Eigenes war, das sie der Lehrerin zu Beginn des Unterrichtstages – aber auch neben der Freundin nur noch dieser – gezeigt hatte. Die Plastiktüte gab sie während des gesamten Schultages nicht aus der Hand und trug sie immer mit sich herum.

An den Sitzplätzen, an den Tischen, sind keine Namen angebracht, Plätze sind nicht mit Namenskärtchen markiert. Es gibt offensichtlich aber sehr wohl bestimmte Plätze an den Gruppentischen, die dem Einzelnen zugeordnet sind – wie üblicherweise in Klassenräumen ohne durch Namensschilder gekennzeichnet zu sein. Im Fachunterricht, z. B. im Fach Kunst, werden diese Plätze eingenommen. Diese Plätze können aber während der hier „Lernzeiten" genannten Wochenplanarbeit gewechselt und verlassen werden; die Schüler und Schülerinnen können an verschiedenen Orten sitzen bzw. arbeiten. Es gibt also nicht eigentlich Plätze für den Einzelnen, die stabil sind, an denen man immer fraglos sich aufhalten kann, an denen man immer seinen Körper platzieren kann. Es wird den Schülern und Schülerinnen zugetraut und überantwortet, dass sie u. U. um

Plätze, um Territorien, in eine Auseinandersetzung treten, darauf Ansprüche erheben und, wenn sie wollen, Ansprüche in Frage stellen und verteidigen.

Man könnte also sagen, dass erst ein Arrangement des geöffneten Unterrichts in der Öffentlichkeit des „pädagogischen Großraumes", nämlich Wahl- und Entscheidungsmöglichkeiten zu haben, sich bewegen und andere treffen zu können, verstärkt dazu führt, immer wieder verschiedene körperliche Positionierungen zueinander einnehmen und sich darstellen zu müssen. Hier kann nicht nur, hier muss fast zwangsläufig eine „persönliche Identität" im Sinne einer zugeschriebenen, besonderen Geschichte der Einnahme verschiedener Positionen als Schüler und Schülerinnen entstehen. Im öffentlichen Raum des Lernateliers werden viele Gelegenheiten geschaffen, den einzelnen Schüler als Einzelnen zu kennzeichnen, anzurufen, sichtbar zu machen und seine – z. T. selbst erzählte – und selbst aufgeführte Geschichte als Entwicklung zu dokumentieren – unterhalb der zusätzlich existierenden, offiziellen Schulakte.

3 Differenzierte Lern-Räume durch individualisierende Adressierungen

Die Lehrerin der hier beobachteten und beschriebenen Lerngruppe schafft jeden Tag und immer wieder neu durch verschiedene Praktiken und in unterschiedlicher Weise differenzierte Lern-Räume für die Schüler und Schülerinnen. Diese Räume werden hergestellt, indem die Schüler und Schülerinnen auf eine bestimmte Art angesprochen, adressiert werden. Fragen kann man: Als wer werden sie an einem bestimmten Ort oder Platz angesprochen und zu wem werden sie durch die Ansprache gemacht (vgl. zu Adressierungspraktiken auch Rabenstein 2010)?

Zu diesen Praktiken gehören in dieser Lerngruppe vor allem folgende, immer wieder beobachtete:

- Die morgendliche Begrüßung der nacheinander ankommenden Schüler und Schülerinnen nimmt die Lehrerin für jeden jeweils extra vor.
- Die Beschäftigung mit den Arbeitsmaterialien und anderen Dingen, die die Kinder für die Arbeit benötigen und die Bereitstellung, die Präparierung der Arbeitsplätze bzw. von Arbeitsplätzen beansprucht Zeit der Lehrerin. So wird etwa der Raum vorbereitet, indem die Lehrerin die Stühle vom Tisch nimmt oder dem einen Kind etwas Spezielles, ein Heft z. B., auf den Platz legt.
- Eine direkte Ansprache bestimmter Kinder im Hinblick auf die Arbeitsmaterialien und Voraussetzungen zum Arbeiten. Gleichzeitig steht die Lehrerin auch bereit als Ansprechpartnerin für das, was die Kinder fragen oder zeigen wollen.

- Die Organisation der Bewegung der Kinder an andere Orte, z. B. die Frage oder die Erinnerung an das Frühstück, das in der Mensa eingenommen werden könne, die „Entlassung" der Kinder zum Frühstück.
- Die Schlichtung von Konflikten, etwa die Aufforderung an einzelne Kinder, sich pädagogisch zu verhalten, dem Anderen Lernen und Möglichkeiten zu lernen zuzugestehen.
- Das mit einzelnen Schülern und Schülerinnen geführte Gespräch über ihre Arbeit – z. T. auf Anfrage der Schüler und Schülerinnen, z. T. auf Grund eigener Einschätzung von Bedürftigkeit oder Notwendigkeit.
- Die Organisation von Evaluation und von Übergängen zu einer neuen Aufgabe. So fragt die Lehrerin Schüler, wo sie arbeiten möchten, wenn sie sich nicht selbst etwas suchen. Die Lehrerin räumt u. U. Platz ein, räumt Plätze auf.
- Das mehrmals am Tag stattfindende Aufräumen des offenen Lernraumes, indem die unsortiert, etwa auf dem Boden herumliegenden Artefakte, in der Mitte des Raumes gesammelt werden und sich dann die darum herum sitzenden Kinder zu diesen Gegenständen bekennen und um sie kümmern müssen.

Die Lehrerin befasst sich während der Wochenplanarbeit mit vielen Schülern und Schülerinnen und tut dieses mit den je Einzelnen unterschiedlich lange und auf unterschiedliche Weise. Am Ende der „Lernzeit" hat die Lehrerin zumeist mit allen Kindern Kontakt gehabt, hat mit den Einzelnen aber unterschiedlich oft und unterschiedlich lange gesprochen. Mit dieser Möglichkeit sind aber gleichzeitig auch viele Gelegenheiten der „Nicht-Achtung" des Einzelnen gegeben: Vergisst oder verpasst die Lehrerin es z. B., jemanden ausdrücklich zu begrüßen, in Empfang zu nehmen, anzusprechen, kann das immer auch als Zurückweisung des Einzelnen gelesen werden. Das ist jeden Tag neu riskant.

Diese Ansprachen sind zudem auch im Inhalt und in der Form der Adressierung sehr unterschiedlich, sehr differenzierend, wie in der folgenden kurzen Geschichte einer Situation während der morgendlichen Begrüßungsszene mit einigen Erstklässlern aus der jahrgangsübergreifenden Lerngruppe gezeigt werden kann:

Nachdem die Lehrerin an der Garderobe im offenen Eingangsbereich der Etage stehend einem Schüler die Hand geschüttelt hat, wundert sie sich über einen herumstehenden Ranzen: „Und hier, wessen Tasche steht hier?" Ein Schüler antwortet, indem er den Namen des Schülers nennt, der die Tasche stehen ließ. Die Lehrerin schaut zu, wie der mit ausgezogenen Turnschuhen in der Hand den Schulranzen etwas näher zu sich heran rückt und sitzend vor der Ablage für die Schuhe schließlich entdecken muss, dass seine Hausschuhe kaputt sind. Er hält die Innensohle hoch – wie als Beweis. Die Lehrerin kommt nun zu ihm, hockt sich ebenfalls hin und untersucht die Schuhe: „Weißt du was, ich denke sollte Mama dir neue Schuhe kaufen", fasst sie das Ergebnis der Inspektion zusammen. Nun kommt, während der Schüler noch antwortet, eine Schülerin zu den beiden, hockt sich auch nieder und bittet die Lehrerin, ihre Trinkflasche zu öffnen. Das versucht diese, als ein weiterer Schüler vorbeikommt und sich zu den dreien gesellt, indem er stehen bleibt und von oben auf die Gruppe schaut: „Frau Baum, Frau Baum, kann ich ein bisschen in – er nennt ein Heft – arbeiten. Frau Baum antwortet auch ihm freundlich und zugewandt: „kannst du gerne machen. Ich hab' dir aber auch etwas anderes hingelegt, da liegen, guten Morgen" – sie begrüßt ein anderes Kind – „Zootiere, die könntest du in dein Heft einkleben und dazu schreiben, wie die heißen". Auf seine Rückfrage nach dem Heft, in das er die Eintragungen machen soll, antwortet sie: „in das ABC-Heft". Dann geht der Schüler und die Lehrerin fragt die Schülerin, auf ihre Flasche schauend: „Was hast du denn gemacht? Geschüttelt. Geschüttelt und geschüttelt", während sie nun versucht, die Flasche zu öffnen und kurz von einer vorbeikommenden Lehrerin ein wenig aufgezogen wird, Frau Baum brauche wohl eine Dusche des aus der Flasche herausspritzenden Getränkes. Der Schüler mit dem kaputten Hausschuh verharrt an seinem Platz, so als würde er warten und schaut zu, was die Lehrerin mit der Flasche macht. Nun ist diese geöffnet und die Schülerin bekommt sie zurück gereicht. Fast alle sind gegangen; es bleibt der neben seinem Ranzen sitzende Schüler. Als die Lehrerin sich diesem wieder zuwendet, murmelt sie, während sie das abgerissene Teil vom Hausschuh in der Hand hält, „stecken wir das in die Schultasche" und tut das Teil in den Ranzen: „und heute nimmste die Schuhe mit nach Hause". Der Schüler zeigt ihr an seinem Ranzen etwas ganz anderes, die Lehrerin geht darauf ein, schaut sich das, was er monierte, am Ranzen an, stellt dabei schon die Turnschuhe des Jungen in das Regal an ihren Platz, schließt nachdrücklich den Ranzen und ist darauf bedacht, diese Situation mit dem Schüler zu beenden.

Während also dem einen Kind nahe gelegt wird, daran zu denken, wie es sich für seinen Schultag präparieren will, fragt der Andere – schon „mit Hausschuhen an" und Arbeitsmaterial in der Hand –, ob er etwas Spezielles arbeiten soll. Er scheint zu wissen, was eigentlich jetzt für ihn an der Reihe ist. Diesem erklärt sie, welche schulische und sachlich anspruchsvolle Aufgabe er, auf Grund ihres Angebotes, machen könne, während sie gleichzeitig für den anderen Vorbereitungen dafür trifft, dass er in der Schule zu arbeiten beginnen kann und richtig ausgestattet ist. Die Lehrerin stellt dem einen frei – belässt es offensichtlich in seiner Entscheidung – was er tut: das, was er wollte, oder vielleicht etwas Anspruchsvolleres. Die Schülerin hat ein sehr konkretes Hilfeanliegen, das die Lehrerin erfüllt, nicht ohne die Schülerin als eine kleine Quatschmacherin zu adressieren, und verlässt die Szene, als ihr Anliegen erfüllt ist. Gerade die Gleichzeitigkeit der unterschiedlichen Angebote, die darin erfolgenden Adressierungen und die räumlichen Positionierungen – der auf dem Boden wartende Schüler, der von oben und im Vorbeigehen auf das Geschehen schauende Schüler: er ist auf dem Weg – erzeugt Differenzen zueinander. Tatsächlich hatte die

Lehrerin reagiert auf die Ansprachen, die Adressierungen der Schüler: Der eine der beiden hat ihr etwas gezeigt – das aber übrigens nur, weil sie gefragt hatte, wem der Ranzen gehöre, also, wer nicht aufgeräumt habe, und weil sie da stehen geblieben war. Dieser Schüler re-adressiert die Lehrerin als sich um die Voraussetzungen kümmernde und sich für seine Materialien Interessierende, während der zweite sie unterstellt als diejenige, die sich nicht nur interessiert für seine Arbeit, sondern dazu auch eine qualifizierte Begutachtung geben kann oder sogar muss. Im Wechselspiel mit den unterschiedlichen Adressierungen durch die Schüler bestätigt und konstituiert die Lehrerin die drei jeweils – sie re-adressierend. Es wird für jeden ein besonderer Lern-Raum geschaffen, in dem diese sich in dieser Situation als Spezifische erfahren können. Einer erfährt sich als derjenige, um dessen Lernvoraussetzungen die Lehrerin sich kümmert, den sie ausdrücklich mit einem Auftrag versieht, der Mutter etwas mitzuteilen. Damit er das nicht vergisst, gibt sie eine Erinnerungshilfe: Wenn er nicht dran denkt, es doch vergisst, sehen er oder die Mutter vielleicht das abgerissene Stück Sohle, wenn sie das nächste Mal in den Schulranzen schauen. Die Lehrerin konstituiert in dieser Ansprache den Schüler – mindestens indirekt – als einen Vergesslichen. Der andere kann sich erfahren als einer, dem etwas zugetraut wird, der eine andere Aufgaben machen kann: Für dich habe ich extra etwas herausgesucht, was jetzt nur du bearbeitest – du als derjenige, von dem ich glaube, dass er es tun kann. Die dargestellten besonderen Adressierungen können je differenzierender sein, je offener bzw. größer der Raum bzw. je vielfältiger die im und durch den Raum gemachten Angebote und Plätze sind.

In Praktiken und in den hier sich vollziehenden Adressierungen und Re-Adressierungen werden, wie das Beispiel zeigt, Relationen geschaffen – Relationen von sich zueinander positionierenden Körpern im Umgang miteinander und mit Artefakten. Die Relationen entstehen in einem konkreten Arrangement, weil das Geschehen zeitlich und räumlich nah, in einem öffentlichen Raum der Sichtbarkeit, stattfindet – so ließe sich das mit Schatzki beschreiben (vgl. zum praxistheoretischen Begriff von Praktiken und Ordnung: Schatzki 1996, 2002). Solche Relationen sind zunächst nicht notwendig hierarchisch aufgeladen; die Lehrerin hier etwa verzichtet auf direkte vergleichende Bewertungen der Schüler und Schülerinnen; sie verhält sich durchaus einen je besonderen Wert des Einzelnen anerkennend. Relationieren ist nicht gleichbedeutend mit hierarchisieren.

Wenn nun allerdings die Öffentlichkeit des Geschehens in der Lerngruppe gleichzeitig den Anspruch auf Anerkennung der Schüler und Schülerinnen als solcher, also als in gewisser Weise Gleicher, transportiert und gleichzeitig die Differenzen in der Erfüllung der Aufgaben eines Schülers oder einer Schülerin sichtbar macht, findet eine Art schulischer „Kontamination" der aufgeführten Differenzen statt. Schulische Wertmaßstäbe gewinnen ihre Bedeutung in der

Öffentlichkeit der wiederholten Aufführung pädagogischer Praktiken im Großraum, indem die erzeugten Differenzen als Normen von Anerkennbarkeit des Einzelnen – z. B. als eines gut organisiert Arbeitenden und eines Vergesslichen – einen schulisch schätzbaren Wert gewinnen.

4 Teilöffentlichkeiten und Öffentlichkeit der Lerngruppe

Dieses geschieht etwa, indem es neben dem individualisierenden Setting der Planarbeit die Fokussierung auf ein gemeinsames, fachlich-sachliches Gespräch gibt, auf eine Gesprächsgemeinschaft und darin auf eine abstrakte Gleichheit. Das geschieht im beobachteten Fall der Lerngruppe vor allen Dingen im Morgenkreis und in weiterführenden Kreisgesprächen. Abgesehen von diesen sind kaum „öffentliche" Ansprachen, also gemeinsame Ansprachen der Schüler und Schülerinnen durch die Lehrerin zu beobachten. Zwischen der individualisierenden Planarbeit auf der einen Seite und der Öffentlichkeit des Gruppengespräches im Morgenkreis auf der anderen Seite gibt es zudem verschiedene Übergänge, die so etwas wie „Teilöffentlichkeiten" bilden. Praktiken, mit denen diese Übergänge von Teilöffentlichkeiten und die Gesprächs-Öffentlichkeit der ganzen Gruppe selbst gestaltet werden, sind unterschiedliche:

- Es werden von der Lehrerin Gruppen in der großen Gruppe, z. B. Fördergruppen, zusammen gestellt, die anschließend temporär bestehen. So wird einmal beispielsweise eine Gruppe ins Leben gerufen, nachdem die Lehrerin im großen Teppich-Sitzkreis mit allen Schülern und Schülerinnen Zahlenreihen hatte bilden lassen. Sie bittet verschiedene Kinder, in einem kleineren Kreis bei ihr auf dem Teppich sitzen zu bleiben. Eine Schülerin fragt nun, angekrabbelt kommend, ob sie auch mitmachen dürfe. In ihren Erwartungen enttäuscht – sie verlässt die Gruppe frühzeitig – wird hier der Übergangscharakter deutlich: eine spezifische Aufmerksamkeit als Einzelne zu bekommen und gleichzeitig damit Teil einer Gruppe zu werden, an die gleiche schulische Anforderungen gerichtet werden.
- Der Morgenkreis wird konstituiert. Mit Geduld und Zeit – oder auch unter Verschwendung von Zeit – wird von der Lehrerin abgewartet, bis die Schüler und Schülerinnen einen Kreis gebildet haben.
- Die Begrüßung aller durch alle. Auffällig ist, dass sich dann, wenn der Kreis endlich gebildet ist, alle gemeinsam sprechend begrüßen. Das ist merkwürdig und auffällig, weil sich ja tatsächlich alle schon gesehen haben und die Lehrerin wie die Gastgeberin einer Feier auch schon alle begrüßt hatte. Man heißt sich gegenseitig willkommen, so wie am Familien-Mittagstisch man sich Appetit wünscht. Strukturell kann – darauf ist schon

mehrfach hingewiesen worden (vgl. zur Familienöffentlichkeit und zu Familienritualen Audehm/Zirfas 2001; zum Morgenkreis Heinzel 2001) die Situation des Morgenkreises mit einer familialen Situation verglichen werden. In der Familie ist es die am Mittagstisch entstehende Familienöffentlichkeit, die erst die Familie als Gemeinschaft stiftet.

- Die Kinder organisieren das Gespräch im Morgenkreis nach einem allen Beteiligten bekannten Schema selbst. Hier wird – das scheint eine der Funktionen zu sein – das gemeinsame Gespräch über eine Sache eingeübt (vgl. Reh 2003). Die Art, wie hier Gespräche geführt werden, scheint ritualisiert. Beobachtet werden kann, wie die Kinder immer wieder die strukturell gleichen Fragen stellen.

- Die Lehrerin mischt sich ein, wenn sie findet, dass etwas falsch ist, eine falsche Information nicht richtig gestellt wird. Und die Lehrerin führt vor, wie man den Gleichfluss des Unterrichts unterbricht, um eine ernsthafte Frage zur Sache zu stellen. So stellt sie in einem Gespräch über Wörter, die mit einem Z beginnen, als es sich ergibt, die Frage nach einer Zecke: was wissen die Schüler darüber. Sie stellt hier vor, wie aus dem Interesse an der Sache eine „echte Frage" wird und wie sich aus dieser eine Art „Exkurs" entwickelt (vgl. Wenzl 2009). Von einem der Schüler wird diese Art, den Übergang vom Persönlichen zum Öffentlichen, zu einem fachlich-unpersönlichen Gespräch und umgekehrt zu gestalten, indem Dinge von zu Hause mitgebracht werden, gleichzeitig karikiert, indem er fragt, ob er eine „Kuschelzecke" mitbringen solle.

Anders als in der Teilöffentlichkeit der Förder- und anderer kleinerer Gruppen können im Morgenkreis prinzipiell alle alle anderen als ganze Körper sehen. Das gilt, auch wenn die „Eiförmigkeit" des Sitzkreises auf dem Fußboden, das Lümmeln und die ein wenig die Reihe durchbrechende Sitzform – mal sitzt einer weiter zurück, mal einer weiter vor – diese Sichtbarkeit partiell immer wieder in Frage stellt. Damit ist Aufmerksamkeit auf ein gemeinsames Geschehen gefordert. Das ist die Form, wie hier Öffentlichkeit produziert wird. Gefordert scheint, dass alle auf ein- und dieselbe Sache aufmerksam sind und sie so als gemeinsame Situation konstituieren. Im oben schon angeführten Beispiel war zu beobachten, wie die Schüler genau diese Aufmerksamkeit zumindest nicht die ganze Zeit leisten und wie sie sich gegenseitig auffordern, ermahnen oder ein Vergehen dagegen melden. Diese Situation steigert Öffentlichkeit – sie ist nicht Sichtbarkeit und Notwendigkeit der Regulierung sich frei bewegender Körper, sondern Koordination einer größeren Gruppe in der Etablierung einer gemeinsamen Aufmerksamkeitsrichtung, nicht eines gemeinsamen Interesses, sondern eines Interesses für die Interessen der anderen bzw. des Anderen. Die Gleichheit der Schüler ist hier die derjenigen, die sich für etwas – auch je und gerade Unterschiedliches – interessieren können, die sich aber gerade darin – als nur überhaupt an irgendwelchen Dingen Interessierte – als Gleiche anzuerkennen haben.

5 Fazit

Geöffneter Unterricht als individualisierender ist eine pädagogische Ordnung, die den Einzelnen als einen spezifisch Einzelnen in vielerlei Hinsicht gesteigert sichtbar und das heißt auch in der Gemeinschaft der Lerngruppe als besonderen Einzelnen öffentlich macht. Der individualisierende Unterricht zwingt die Einzelnen immer wieder, sich zueinander – auch und tatsächlich körperlich – zu positionieren und produziert damit in einer Geschichte von Positionierungen und Aufführungen individuelle Besonderheit, die sich der Einzelne selbst und die ihm andere zuschreiben. Individualisierender Unterricht bringt diese Wirkungen allerdings erst im pädagogischen Großraum (und in der Ganztagsschule) wirklich zur Geltung, weil hier – das konnte gezeigt werden – explizite und ausgeprägte Formen von Körperlichkeit im Raum Bedeutung gewinnen. Im geöffneten Unterricht des pädagogischen Großraumes muss jeder sich immer wieder auf ganz unterschiedlichen Bühnen, teilweise auch sehr „persönlich", unter Nutzung aller möglichen Artefakte und Dinge präsentieren, jeder wird ausgestellt und für jeden wird – unabhängig von der Qualität seiner Leistungen – eine Lern-Geschichte dokumentiert.

Die Steigerung individueller Besonderheit unterscheidet die individualisierenden Verfahrensweisen und deren Ubiquität im pädagogischen Großraum des geöffneten Unterrichts von den durchaus auch individualisierenden Momenten des „Frontalunterrichts" – schließlich hat auch in der traditionellen Schule am Ende seiner Schulzeit jeder Schüler ein eigenes und anderes Abschlusszeugnis. Bis heute findet traditioneller Unterricht oft als Plenums-Gespräch oder in eher sitzender, gleichförmiger Bearbeitung von gleichen Aufgaben durch den Einzelnen statt. Individualisierende Momente im Unterricht sind weniger deutlich als Ausdrucksformen gewichtiger Körper – und gleichzeitig integraler Bestandteil des Unterrichts – sichtbar; sie sind kleiner, minimaler, heimlicher: Markierungen auf den Tischen, unter den Tischen, offiziell vielleicht einmal ein Bild aus dem Kunstunterricht. Aber auch dabei bleibt die Ausstellung der Namen – sofern es sich nicht um Spitzenleistungen bestimmter Schüler oder Schülerinnen dreht – weniger bedeutend. Kaum etwas im Raum, nicht im Klassenraum und nicht im Flur, ist durch Namen gekennzeichnet; die Kleiderhaken sind sowenig individuell zugewiesen wie es namentlich gekennzeichnete Behältnisse für individuelle Dinge gibt – unter dem Tisch, eben fast versteckt, können persönliche Dinge vielleicht aufbewahrt, aber nicht vor dem Zugriff anderer geschützt werden.

Sitzorte sind zugewiesen und unter den Mitgliedern der Klasse kann es darum im Unterricht eigentlich keine Territorialkämpfe geben.

Mit dem Versuch einer didaktischen Verabschiedung vom „Durchschnittsschüler" im individualisierenden Unterricht wird eine ohnehin beobachtbare Tendenz zu einem immer formaleren Verständnis von Lernen (vgl. Meyer-Drawe 2008) und immer abstrakteren Anforderungen an die Schüler und Schülerinnen verstärkt. Es geht immer weniger darum, eine bestimmte Aufgabe zu lösen als vielmehr darum, überhaupt unterschiedliche Aufgaben zu erfüllen und dafür sich in Tätigkeiten zweiter Ordnung zu üben – nicht nur das Lernen zu lernen, sondern auch das Organisieren eines Bearbeitungsprozesses zu organisieren. Individuelle Besonderheit ist nicht nur zugestanden, sondern gar gefordert und sie wird in der modernen universalistischen Schule zugleich bestätigt und konstituiert als notwendig zu vergleichende. Didaktisch betrachtet kann Individualisierung einerseits heißen, alle können je nach Neigungen, Interessen und Vermögen ganz unterschiedliche Themen bearbeiten, und andererseits, dass einem vermeintlichen Stand des Individuums angemessene Angebote gemacht werden. Damit allerdings muss auch der Vergleichsmaßstab für die gesteigert darstellbare Individualität notgedrungen formaler werden. Das Maß, mit dem nun gemessen wird, ist die abstrakte, nicht qualitative – für jeden anders empfundene – Zeit. Wenn es in reformpädagogischer Tradition heißt, die Schule müsse jedem in seiner Art zu lernen und in seinem Lern-Tempo gerecht werden, kann am Ende nur noch unterschieden werden danach, wer länger gebraucht hat, etwas zu lernen als ein anderer. Die Durchsetzung eines schulischen, d.h. also die Durchsetzung überhaupt eines Bewertungsmaßstabes und spezifischer Hierarchisierungen in einer Ordnung des individualisierenden Unterrichts ist gleichbedeutend mit voranschreitender Formalisierung und Abstraktion von Anforderungen an diejenigen, die die Schule besuchen. Steigerung individueller Besonderheit einerseits und Abstraktheit des schulisches Anspruches und Maßstabes sind zwei Seiten einer Medaille.

Literatur

Adick, Christel (1992): Die Universalisierung der modernen Schule. Eine theoretische Problemskizze zur Erklärung der weltweiten Verbreitung der modernen Schule in den letzten 200 Jahren mit Fallstudien aus Westafrika. München: Schöningh

Audehm, Kathrin/Zirfas, Jörg (2001): Familie als ritueller Lebensraum. In: Wulf et al. (2001): 37-116

Bilstein, Johannes/Ecarius, Jutta (Hrsg.) (2009): Standardisierung - Kanonisierung. Erziehungswissenschaftliche Reflexionen. Wiesbaden: VS Verlag für Sozialwissenschaften

Böhme, Jeanette (Hrsg.) (2009): Schularchitektur im interdisziplinären Diskurs. Territorialisierungskrise und Gestaltungsperspektiven des schulischen Bildungsraums. Wiesbaden: VS Verlag für Sozialwissenschaften

Bönsch, Manfred/Schittko, Klaus (Hrsg.) (1979): Offener Unterricht. Curriculare, kommunikative und unterrichtsorganisatorische Aspekte. Hannover: Schroedel

Boer, Heike de/Deckert-Peaceman, Heike (Hrsg.) (2009): Kinder in der Schule. Zwischen Gleichaltrigenkultur und schulischer Ordnung. Wiesbaden: VS Verlag für Sozialwissenschaften

Breuer, Anne (2010): Wie Lehrer(innen) und Erzieher(innen) zusammenarbeiten. Teams an ganztägigen Grundschulen. In: Die Grundschulzeitschrift 24. Nr. 235/236. 2010. 20-23

Brinkmann, Erika/Kruse, Noebert/Osburg, Claudia (Hrsg.) (2003): Kinder schreiben und lesen. Beobachten – Verstehen – Lehren. Freiburg im Breisgau: Fillibach

Bublitz, Hannelore (2010): Judith Butler zur Einführung. Hamburg: Junius

Burk, Karlheinz./de Boer, Heike/Heinzel, Friederike (Hrsg.) (2007): Lehren und Lernen in jahrgangsgemischten und entwicklungsheterogenen Klassen/Lerngruppen. Frankfurt am Main: Grundschulverband

Butler, Judith (2001): Psyche der Macht. Frankfurt am Main: Suhrkamp

Butler, Judith (2003): Kritik der ethischen Gewalt. Frankfurt am Main: Suhrkamp

Caruso, Marcelo (2008): Der unterrichtsorganisierte Übergang zur modernen Elementarschule. Die Rezeption des wechselseitigen Unterrichts aus England im Vergleich (Deutsche Staaten – Spanien, ca. 1808-1868). Berlin: Habilitationsschrift Humboldt-Universität

Claussen, Claus (1997): Unterrichten mit Wochenplänen. Kinder zur Selbständigkeit begleiten. Weinheim und Basel: Beltz

Goffman, Erving (1975): Stigma. Über Techniken der Bewältigung beschädigter Identität. Frankfurt am Main: Suhrkamp

Goffman, Erving (1982): Das Individuum im öffentlichen Austausch. Mikrostudien zur öffentlichen Ordnung. Frankfurt am Main: Suhrkamp

Goffman, Erving (1986): Interaktionsrituale. Über Verhalten in direkter Kommunikation. Frankfurt am Main: Suhrkamp

Göhlich, Michael (1993): Die pädagogische Umgebung. Eine Geschichte des Schulraums seit dem Mittelalter. Weinheim, Basel: Deutscher Studien-Verlag

Hanke, Petra (2001): Forschungen zur inneren Reform der Grundschule am Beispiel der Öffnung des Unterrichts in der Grundschule. In: Rossbach et al. (2001): 46-62

Hanke, Petra (2007): Jahrgangsübergreifender Unterricht in der Grundschule. Konzepte, Befunde und Forschungsperspektiven. In: Burk et al. (2007): 309-324

Hartinger, Andreas (2006): Interesse durch Öffnung des Unterrichts – wodurch? In: Unterrichtswissenschaft, Jg. 34. Heft 3. 2006. 272-288

Heinzel, Friederike (2001): Kinder im Kreis. Kreisgespräche in der Grundschule als Sozialisationssituation. Halle-Wittenberg: Habilitationsschrift

Huf, Christina (2006): Didaktische Arrangements aus der Perspektive von SchulanfängerInnen. Eine ethnographische Feldstudie über Alltagspraktiken, Deutungsmuster und Handlungsperspektiven von SchülerInnen der Eingangsstufe der Bielefelder Laborschule. Bad Heilbrunn: Klinkhardt

Huschke, Peter (1982): Wochenplan-Unterricht – Entwicklung, Adaption, Evaluation, Kritik eines Unterrichtskonzepts und Perspektiven für seine Weiterentwicklung. In: Klafki et al. (1982): 200-277

Huschke, Peter (1996): Grundlagen des Wochenplanunterrichts. Von der Entdeckung der Langsamkeit. Weinheim: Beltz

Kalthoff, Herbert (2000): „Wunderbar, richtig". Zur Praxis mündlichen Bewertens im Unterricht. In: Zeitschrift für Erziehungswissenschaft Jg. 3. Heft 3. 2000. 429-446

Kammler, Clemens/Parr, Rolf (Hrsg.) (2007): Michel Foucault in den Kulturwissenschaften. Eine Bestandsaufnahme. Heidelberg: Synchron

Kemnitz, Heidemarie (2001): „Pädagogische" Architektur? Zur Gestaltung des pädagogischen Raums. In: Die Deutsche Schule, Jg. 93. Heft 1. 2001. 46-57

Klafki, Wolfgang u. a. (1982): Schulnahe Curriculumentwicklung und Handlungsforschung. Weinheim/Basel: Beltz

Kolbe, Fritz-Ulrich/Reh, Sabine (2008): Der Erfolg der Ganztagsschule – reformpädagogische Ideen, pädagogische Praktiken der Individualisierung und politische Konstellationen. In: Widersprüche. Jg. 28. Heft 110. 2008. 39-54

Kolbe, Fritz-Ulrich/Reh, Sabine (2009): Adressierung und Aktionsofferten. Möglichkeiten und Grenzen der Bearbeitung der Differenz von Aneignen und Vermitteln in pädagogischen Praktiken von Ganztagsschulen; Zwischenergebnisse aus dem Projekt „Lernkultur- und Unterrichtsentwicklung an Ganztagsschulen" (LUGS). In: Stecher et al. (2009): 168-187

Kolbe, Fritz-Ulrich/Reh, Sabine u. a. (2008): Lernkultur: Überlegungen zu einer kulturwissenschaftlichen Grundlegung qualitativer Unterrichtsforschung. In: Zeitschrift für Erziehungswissenschaft, Jg. 11. Heft 1. 2008. 125-143

Kolbe, Fritz-Ulrich/Reh, Sabine u. a. (Hrsg.) (2009): Ganztagsschule als symbolische Konstruktion. Fallanalysen zu Legitimationsdiskursen in schultheoretischer Perspektive. Wiesbaden: VS Verlag für Sozialwissenschaften

Kucharz, Diemut/Wagener, Matthea (2007): Jahrgangsübergreifendes Lernen. Eine empirische Studie zu Lernen, Leistung und Interaktion von Kindern in der Schuleingangsphase. Baltmannsweiler: Schneider Hohengehren

Lipowsky, Frank (1999): Offene Lernsituationen im Grundschulunterricht. Eine empirische Studie zur Lernzeitnutzung von Grundschülern mit unterschiedlicher Konzentrationsfähigkeit. Frankfurt am Main u. a.: Peter Lang

Luhmann, Niklas (2002): Das Erziehungssystem der Gesellschaft. Frankfurt am Main: Suhrkamp

Meyer, Meinert A./Prenzel, Manfred/Hellekamps, Stephanie (Hrsg.) (2008): Perspektiven der Didaktik. Wiesbaden: VS Verlag für Sozialwissenschaften (Zeitschrift für Erziehungswissenschaft, Sonderheft 9)

Meyer-Drawe, Käte (2008): Diskurse des Lernens. München: Wilhelm Fink

Naujok, Natascha (2000): Schülerkooperation im Rahmen von Wochenplanunterricht. Analyse von Unterrichtsausschnitten aus der Grundschule. Weinheim: Deutscher Studien-Verlag

Peters, Bernhard (2007): Der Sinn von Öffentlichkeit. Mit einem Vorwort von Jürgen Habermas. Frankfurt am Main: Suhrkamp

Rabenstein, Kerstin/Reh, Sabine (Hrsg.) (2007): Kooperatives und selbständiges Arbeiten von Schülern. Zur Qualitätsentwicklung von Unterricht. Wiesbaden: VS Verlag für Sozialwissenschaften

Rabenstein, Kerstin (2007): Das Leitbild des selbständigen Schülers. In: Rabenstein et al. (2007): 39-60

Rabenstein, Kerstin/Reh, Sabine (2009): Die pädagogische Normalisierung der „selbständigen Schülerin" und die Pathologisierung des „Unaufmerksamen". Eine diskursanalytische Skizze. In: Bilstein et al. (2009): 159-180

Rabenstein, Kerstin (2010): Individuelle Förderung im Wochenplanunterricht: Subjektivationsprozesse von Schülern zwischen Hilfesuche und Selbständigkeitsanforderungen. In: sozialer sinn. 2010. Heft 2. (im Druck)

Radtke, Frank-Olaf (2009): Evidenzbasierte Steuerung. Der Aufmarsch der Manager im Erziehungssystem. In: Tippelt (2009): 157-180

Reh, Sabine (2003): Fall-Arbeit im Seminar: Kreisgespräche und Erzählen. In: Brinkmann et al. (2003): 217-232

Reh, Sabine/Kolbe, Fritz-Ulrich (2009): Grenzverschiebungen: Diskurse und Praktiken in Ganztagsschulen. In: Böhme (2009): 102-118

Reh, Sabine/Labede, Julia (2009): Soziale Ordnung im Wochenplanunterricht. In: Boer et al. (2009): 159-176

Reh, Sabine/Labede, Julia (2010): Lernkultur an einer Ganztagsschule – Pädagogische Praktiken zwischen Familialität und schulischer Arbeitsorientierung. Opladen und Farmington Hills: Barbara Budrich

Reh, Sabine/Rabenstein, Kerstin/Fritzsche, Bettina (2010): Learning Spaces without Boundaries? Territories, power and how schools order learning. In: Social and Cultural Geography: Special Edition: 'Embodied dimensions and dynamics of education spaces'. (im Erscheinen)

Reusser, Kurt (2007): Adaptiver Unterricht mit Arbeitsplänen. Zürich: Pädagogisches Institut

Ricken, Norbert/Rieger-Ladich, Markus (Hrsg.) (2004): Michel Foucault: Pädagogische Lektüren. Wiesbaden: VS Verlag für Sozialwissenschaften

Ricken, Norbert (2004): Die Macht der Macht – Rückfragen an Michel Foucault. In: Ricken et al. (2004): 119-143

Ricken, Norbert (2007): Von der Kritik der Disziplinarmacht zum Problem der Subjektivation. Zur erziehungswissenschaftlichen Rezeption Michel Foucaults. In: Kammler et al. (2007): 157-176

Ricken, Norbert/Röhr, Henning/Ruhloff, Jörg/Schaller, Klaus (Hrsg.) (2009): Umlernen. München: Wilhelm Fink

Ricken, Norbert (2009): Über Anerkennung – Spuren einer anderen Subjektivität. In: Ricken et al. (2009): 75-92

Rossbach, Hans-Günther/Czerwenka, Kurt/Nölle, Karin (Hrsg.) (2001): Jahrbuch Grundschulforschung. Band 4: Forschung zu Lehr- und Lernkonzepten für die Grundschule. Opladen: Leske+Budrich

Schäfer, Alfred (2000): Vermittlung und Alterität. Zur Problematik von Sozialisationstheorien. Opladen: Leske+Budrich

Schatzki, Theodore R. (1996): Social practices. A Wittgensteinian approach to human activity and the social. Cambridge: Cambridge University Press

Schatzki, Theodore R. (2002): The site of the social. A philosophical account of the constitution of social life and change. University Park: Pennsylvania State University Press

Stecher, Ludwig/Allemann-Ghionda, Cristina/Helsper, Werner/Klieme, Eckhard (Hrsg.) (2009): Ganztägige Bildung und Betreuung. Weinheim u. a.: Beltz (Zeitschrift für Pädagogik, Beiheft 54)

Tippelt, Rudolf (Hrsg.) (2009): Steuerung durch Indikatoren. Opladen/Farmington Hills: Barbara Budrich

Trautmann, Matthias/Wischer, Beate (2008): Das Konzept der Inneren Differenzierung – eine vergleichende Analyse der Diskussion der 1970er Jahre mit dem aktuellen Heterogenitätsdiskurs. In: Meyer et al. (2008): 159-172

Vaupel, Dieter (1995): Das Wochenplanbuch für die Sekundarstufe. Schritte zum selbständigen Lernen. Weinheim u. a.: Beltz

Wagener, Matthea (2007): Gegenseitiges Helfen im altersgemischter Unterricht. In: Burk et al. (2007): 124-133

Wenzl, Tom (2009): „Eine Frage" – zur interaktionslogischen Stellung von Schülerfragen im Unterricht. Drübeck: Vortragsmanuskript

Wulf, Christoph u. a. (2001): Das Soziale als Ritual. Zur performativen Bildung von Gemeinschaften. Opladen: Leske+Budrich

Das Technologieproblem der Erziehung revisited
Überlegungen zur Wiederaufnahme eines vieldiskutierten Themas

Oliver Hollstein

„Folgt man meinen Argumenten, dann gibt es keinen Grund, der Metaphorik (...) des Technologiedefizits weiterhin zu frönen". Diese Bemerkung stammt von Heinz Elmar Tenorth (2006: 583f.) und stellt den vorläufigen Endpunkt eines Argumentationsstranges dar, der Ende der 1970er Jahre von Niklas Luhmann und Karl Eberhard Schorr angestoßen und seitdem von mehreren Erziehungswissenschaftlern weiter vorangetrieben wurde. Das Technologiedefizit der Erziehung – ein seit dem Ende des 19. Jahrhunderts vielfach diskutierter Topos der Disziplin – ist Tenorth zufolge nichts anderes als eine irreführende Metapher, die man getrost ‚ad acta' legen kann. Eine solch selbstbewusste Verabschiedung eines wesentlichen Bestandteils der pädagogischen Tradition macht stutzig und provoziert die Frage, warum plötzlich die Gründe verschwunden sein sollen, sich mit dem Technologieproblem der Erziehung weiterhin zu beschäftigen.

Um Tenorths Vorstoß angemessen einordnen zu können, muss man zunächst noch einmal kurz an das Problem erinnern, das die pädagogische Tradition zur Behauptung eines Technologiedefizits der Erziehung geführt hatte: Der Erzieher hat bestimmte Erziehungsabsichten und damit stellt sich die Frage, wie er seinen Zögling dazu bringen kann, sich diesen Absichten gemäß zu verhalten. Man möchte einwirken, aber man weiß nicht, wie man es machen soll. Denkbar wäre natürlich, dass man den zu Erziehenden durch Zwang oder durch den Einsatz von Geldmitteln zu einer kurzfristigen Verhaltensänderung bewegen kann, aber von Erziehung wird man in solchen Fällen nicht sprechen wollen. Erst wenn es gelingt, den Heranwachsenden zur freiwilligen Einsicht in das ‚Richtige' zu bewegen, ist dem Ziel, das mit der Erziehung in seiner modernen Form verbunden wird, Genüge getan.

Es hat dann in der Geschichte der Pädagogik nicht wenige Versuche gegeben, dieses Problem durch den Einsatz von sozialwissenschaftlicher Forschung – genauer durch psychologische oder sozialpsychologische Forschung – in den Griff zu bekommen. So wird bereits in der Aufklärungspädagogik der Erzieher als eine Art Uhrmacher dargestellt, dem es aufgrund seines anthropologischpsychologischen Wissens möglich sein soll, in das Gedankengetriebe des Zöglings einzugreifen (vgl. Helsper 2000: 17). Die Reihe solcher Versuche lässt sich bis in unsere Tage fortsetzen. So stellte etwa die experimentelle Pädagogik an der Wende zum 20. Jahrhundert in Aussicht, dass man anhand von gemessenen Ermüdungskurven die Konzeption von Lesefibeln und Stundenplänen verbessern könne (vgl. Benner 1978: 137ff.) und Wolfgang Brezinka (1971) war am Ende der 1960er Jahre nach der Rezeption der amerikanischen Sozialpsychologie guter Hoffnung, eine Pädagogik als Wissenschaft auf den Weg bringen zu können, die sich in wenigen Jahren von einer ‚Kunstlehre' in eine „technologische Wissenschaft" (ebd.: 32) transformieren werde.

Die traditionelle Diskussion um das Technologiedefizit der Erziehung entwickelte sich dann vor allem als *kritische Reaktion* auf diese gerade genannten Versuche. Es war die sogenannte geisteswissenschaftliche Pädagogik, die in Auseinandersetzung mit der experimentellen Pädagogik eines Ernst Meumanns oder Wilhelm August Lays ein Nachdenken über das Technologieproblem etabliert hat, von der die Diskussion bis zum heutigen Tage geprägt wird. Dabei war es nicht so sehr das offenkundige Scheitern dieser auf psychologischer Forschung basierenden Verbesserung des Schulunterrichts, das Nohl, Spranger, Litt und andere zum Ausgangspunkt ihrer Kritik machten. Vordringlich reagierte man mit moralisch-praktischen Argumenten: Selbst wenn es gelänge, das Technologieproblem durch psychologische Forschung in den Griff zu bekommen, liefe doch eine jede Erziehungstechnik dem ambitionierten Ziel der modernen Erziehung zuwider. Dem Pädagogen kann es unter der Bedingung der entwickelten Moderne nicht mehr nur um die bloße Enkulturation der nachwachsenden Generation in eine bereits bestehende Gesellschaft gehen, sondern er muss – so paradox das klingen mag – auf Freiheit einwirken, um zum selbstverantwortlichen Handeln zu erziehen. Würde der Erzieher demgegenüber versuchen, das Kind ohne dessen freiwilliger Zustimmung zu verändern, dann wird dem – wie es Theodor Litt (1921/1964) einmal ausgedrückt hat – „Eigenrecht des zu Erziehenden Gewalt" (ebd.: 93) angetan.

Gegenüber dieser traditionellen Behandlung des Technologieproblems stellt der von Niklas Luhmann und Karl Eberhard Schorr 1979 erstmals in der Zeitschrift für Pädagogik veröffentlichte Aufsatz „Das Technologiedefizit der Erziehung und die Pädagogik" eine Art Zäsur dar. Zunächst konstatieren die beiden Autoren in Übereinstimmung mit der pädagogischen Tradition ein Technologiedefizit der Erziehung. Wenn man sich mit systemtheoretischen Theoriemitteln klarmache, wie scheiterungsanfällig der Versuch sei, ein psychisches System mit Hilfe von Kommunikation nachhaltig zu verändern, dann werde deutlich, dass die diesbezüglichen psychologischen Theorieangebote dem Phänomen in seiner Komplexität nicht gerecht würden. Nach dieser Bestätigung der Tradition stellen

Luhmann und Schorr dann aber eine Frage, die die nachfolgende Diskussion nachhaltig beeinflusst hat: wie ist es zu erklären, dass trotz eines offensichtlichen Technologiedefizits weiterhin erzogen wird? Obwohl das kausale Einwirken auf Freiheit unmöglich ist, werde Erziehung doch tagtäglich praktiziert und zeitige Effekte, die mit der Evolution der modernen Gesellschaft anscheinend kompatibel sind. Offenbar verfügt die Erziehung – so die Vermutung von Luhmann und Schorr (1979/1982) – über bestimmte Formen einer „Technologieersatztechnologie" (ebd.: 21), mit der sie die ihr gestellte Aufgabe so erledigen kann, dass man ihren Betrieb – trotz aller Klagen – nicht einstellt.

Es war dieser Hinweis auf die den Erziehungsalltag strukturierenden Technologieersatztechnologien, der in der Folgezeit sowohl von Heinz Elmar Tenorth als auch von Klaus Prange (1986, 2003, 2006) aufgegriffen und weiter entwickelt wurde. Nach der Ansicht der beiden zuletzt genannten Autoren lassen sich bestimmte ‚soziale Figuren' oder ‚Formen' benennen, die die Erziehungspraxis hervorgebracht hat, und derer sich ein Pädagoge bei der Planung zukünftiger Erziehungsprozesse bedienen kann. Behauptet ist damit nicht, dass diese Formen bei dem zu Erziehenden die intendierten Wirkungen kausal herbeiführen können. Vielmehr werden diese Formen als Bedingung der Möglichkeit pädagogischen Handelns begriffen, die den Rahmen abstecken, in dem die nachwachsende Generation auf spezifische Weise beeinflusst wird. „Die Form erzieht" so hat Prange (2003) diese Erziehungstheorie einmal prägnant auf den Begriff gebracht.

Sieht man sich diese in den 1980er und 1990er Jahren vollziehende Theorieentwicklung aber etwas genauer an, dann lassen sich aber einige signifikante Veränderungen zu dem von Luhmann und Schorr lancierten Projekt identifizieren. Während Luhmann und Schorr aus einer erziehungs*soziologischen* Perspektive für eine in Zukunft noch zu leistende Erforschung unterschiedlicher Technologieersatztechnologien plädieren, sind Tenorth und Prange mit der Neufassung des Technologieproblems sehr viel *pädagogisch-pragmatischer* umgegangen. Prange und Tenorth geht es nicht nur um die analytisch-distanzierte Rekonstruktion der in der Erziehungswirklichkeit vorfindbaren pädagogischen Formen, sondern um die normativ-prospektive Bestimmung einer gelingenden pädagogischen Praxis.[1] Um diesen Übergang vom Sein zum Sollen zu begründen, werden in der von Prange und Tenorth vertretenen Theorie pädagogischer Formen einige

---

[1] Der von Luhmann und Schorr eingeschlagene Weg wurde von anderen Erziehungswissenschaftlern fortgesetzt, die sich die erziehungssoziologische Analyse pädagogischer Kommunikation zur Aufgabe gemacht haben. In meist qualitativ orientierten Untersuchungen werden die typischen Formbildungen unterschiedlicher pädagogischer Praxen rekonstruiert. Von einer prospektiven Wendung ihrer Forschungsergebnisse sieht diese Forschungsrichtung – anders als Tenorth und Prange – allerdings dezidiert ab (vgl. Proske 2003; Kade 2004; Kade/Seitter 2007; Meseth/Proske/Radtke 2008).

typische Topoi des modernen Erziehungsdenkens außer Kraft gesetzt, so dass ihre Position eine ganz bestimmte pädagogische Kontur erhält.

Um die pädagogischen Implikate der Position von Tenorth und Prange herauszuarbeiten, möchte ich zunächst noch einmal an die Konsequenzen erinnern, die die pädagogische Tradition aus ihrer Kritik einer Technisierung der Erziehung gezogen hatte (1). Dieser Strang eines *antinomiesensiblen Erziehungsdenkens* wird heute vor allem in Werner Helspers (2004) strukturtheoretisch-rekonstruktiven Theorie des Lehrerhandelns fortgeführt. Der antinomiesensiblen Behandlung des Technologieproblems kann dann eine *Theorie pädagogischer Formen* entgegengestellt werden. Die Genese wie auch die Anwendung solcher pädagogischer Formen werde ich an einer von Prange vorgelegten Reinterpretation der berühmten ‚Ohrfeigenszene' veranschaulichen, die sich in Makarenkos pädagogischem Poem „Der Weg ins Leben" findet (2). Mit der hier vorgeführten Rekonstruktion zweier unterschiedlicher Positionen zur Frage einer pädagogischen Technik soll schließlich gezeigt werden, dass sich die unterschiedliche Behandlung des Technologieproblems auf zwei *pädagogische Grundpositionen* zurückführen lässt (3). Die Diskussion zwischen diesen beiden Grundpositionen anzuregen und zuzuspitzen, haben sich die folgenden Ausführungen zum Ziel gesetzt.

1   Der ‚Umgang mit' als ‚Lösung' des Technologieproblems

Ein erstes Nachdenken über die Technisierbarkeit von Erziehungsprozessen lässt sich zwar bis zu Augustinus zurückverfolgen und bei Kant findet sich die in diesem Zusammenhang viel zitierte Problemformel: ‚Wie kultiviere ich die Freiheit bei dem Zwange' (vgl. Scheunpflug 2004). Ich überspringe diese frühen Thematisierungen und beginne meine Darstellung im Jahr 1933 mit Herman Nohls „Theorie der Bildung". Nohls Ausführungen bieten sich im vorliegenden Zusammenhang vor allem deshalb an, weil in seiner Theorie des pädagogischen Bezugs – anders als bei Augustinus und Kant – bereits das gesamte begriffliche Inventar zu finden ist, das dann in der Folgezeit in immer neuen Varianten miteinander kombiniert wird.

Ausgangspunkt von Nohls Überlegungen zum Technologieproblem bildet seine Auseinandersetzung mit einer technikaffinen Form pädagogischer Forschung. Wie oben bereits erwähnt waren es die Arbeiten der experimentellen Pädagogik, an denen Nohl seine Überlegungen zum Technologieproblem entwickelt hat (vgl. ebd.: 112ff.). Seiner Meinung nach hängt diese psychologisch inspirierte Forschung einer allzu einfachen Vorstellung von der Machbarkeit der Erziehung an. Die Seele des Kindes sei „kein gleichgültiger Mechanismus, den man nur kennen muss, um auf ihm spielen zu können" (ebd.: 115). Vielmehr entwickle sich das geistige Leben des Kindes immer wieder neu in der Auseinandersetzung mit den zeitbedingten Inhalten einer Kultur und nur im Hinblick auf diese Inhalte könne der Erzieher das Kind verstehen. „Darum", so Nohl weiter, „ist Erziehen keine Technik, sondern eine geschichtliche Kulturhandlung" (ebd.: 117), die nur gelingt, wenn sich der Pädagoge verstehend in das Kind einfühlt und ihm auf der Basis dieses Verständnisses die zu vermittelnden Kulturinhalte nahebringt.

Entlang der von Wilhelm Dilthey (1894/1924) im Anschluss an Gustav Droysen populär gemachten Unterscheidung von Erklären und Verstehen (vgl. ebd.: 168ff.) lehnt Nohl (1933/1949) die Durchführung von statistischen ‚Massenuntersuchungen' ab. Denn diese Untersuchungen bezögen sich nur auf einen Durchschnittswert und versagen deshalb vor dem „Du, das das lebendige Objekt der pädagogischen Einwirkung ist" (ebd.: 115). Die Pädagogik habe die ihr adäquate Methode demgegenüber im Verstehen des Kindes. Wie hat man sich aber diese Methode des Verstehens vorzustellen? Eine ausgearbeitete Theorie pädagogischen Verstehens findet man bei Nohl – anders als in machen Darstellungen in der Nohlliteratur suggeriert wird (vgl. etwa Bollnow 1982) – nicht. Was sich bei ihm allerdings findet, sind einige Bausteine einer pädagogischen ‚Kunstlehre', aus denen man zumindest in Umrissen erschließen kann, wie man sich das von Nohl geforderte pädagogische Verstehen vorzustellen hat.

Zunächst stößt man auf einen Argumentationsschritt, der dann auch in der Diskussion nach dem zweiten Weltkrieg immer wieder auftaucht. Nohl entwirft ein Bild der modernen Gesellschaft, die in unterschiedliche ‚Kulturfunktionen' oder ‚Sphären' aufgeteilt ist – eine Vorstellung von Gesellschaft mithin, die bereits in Diltheys (1883/1966) „Einleitung in die Geisteswissenschaften" zu finden ist (vgl. ebd.: 49ff.) und die Alois Hahn (1999) mit Luhmanns Konzeption der funktionalen Differenzierung der modernen Gesellschaft analog gesetzt hat (vgl. auch Thiel 2006). Neben dem Recht, der Wirtschaft, der Kunst, der Wissenschaft hat sich die Erziehung Nohl (1933/1949) zufolge allmählich als eine autonome Kulturfunktion etabliert. Wesentliches Kennzeichen dieser Kulturfunktion ist die erstmals von Rousseau auf den Begriff gebrachte „Erkenntnis vom Eigenwert der kindlichen Lebensstufe" (ebd.: 126). Seitdem sich diese Einsicht mit einiger Breitenwirkung durchgesetzt habe, sei das Kind mehr als nur das willenlose Geschöpf, das nach den Vorstellungen der Erwachsenengeneration geformt wird. Es hat nun – wie Nohl in Anlehnung an die bekannte kantische Formulierung schreibt – „seinen „Zweck in sich selbst" (ebd.: 127). Für den Pädagogen folgt daraus, dass er seine Aufgabe „ehe er sie im Namen der objektiven Ziele nimmt, im Namen des Kindes verstehen" (ebd.) muss.

Nohl ist sich allerdings darüber im Klaren, dass die Erziehung als eine Kulturfunktion der modernen Gesellschaft nur eine „relative Selbständigkeit" (ebd.: 124) genießt. Jedes Bildungsziel wird zwar im ‚Namen' des Kindes bewertet, aber ihre Ziele bezieht die Pädagogik aus der jeweils vorherrschenden Kultur. Der Erzieher hat nicht nur für das Eigenrecht des Kindes einzutreten, sondern er muss zudem dafür Sorge tragen, dass die „'Bücher leben' und die Kultur spontane Bildung wird" (ebd.). Aus dieser doppelten Referenz der Erziehung – auf das Kind einerseits und auf die Kultur andererseits – ergibt sich für Nohl die „Grundantinomie des pädagogischen Lebens" (ebd.: 127), die sich seiner Meinung nach exemplarisch in der Familie verkörpert. Während sich die Mutter in die verstecktesten Regungen ihres Kindes einfühlt, vertritt der Vater einen Standpunkt, der über das Kind hinausreicht. Er repräsentiert die gesellschaftliche Ordnung und fordert im Namen der herrschenden Kultur von seinem Kind, dass es sich an bestimmte Normen hält und gewisse Verhaltensstandards übernimmt. Entlang dieser antinomischen Struktur der familialen Erziehung entwirft Nohl dann die Haltung des Berufserziehers:

> „Das Verhältnis des Erziehers zum Kind ist immer doppelt bestimmt: von der Liebe zu ihm in seiner Wirklichkeit und von der Liebe zu seinem Ziel, dem Ideal des Kindes. (...) So fordert die pädagogische Liebe Einfühlung in das Kind und seine Aufgaben, in die Möglichkeiten seiner Bildsamkeit, immer im Hinblick auf sein vollendetes Leben. Der Unterschied zur rein naturhaften Mutterliebe wie zu dem Stolz des Vaters auf die Leistungen des Sohnes ist deutlich, realistisches Sehen und idealistisches Wollen sind hier auf das innigste verbunden" (ebd.: 135f.).

Der letzte Satz des Zitats macht deutlich, dass Nohl die Tätigkeit des Berufserziehers von dem Erziehungsgeschehen in der Familie unterschieden wissen will. Die Haltung des Berufserziehers ist nicht mehr durch die rein naturhafte Mutterliebe und die unreflektierte Strenge des Vaters bestimmt. Vielmehr soll der Berufserzieher in sich ein realistisches – und man kann hinzufügen – auf Wissenschaft gestütztes *Sehen* und ein an explizit gemachten Bildungsidealen orientiertes *Wollen* vereinigen. Durch dieses spezifisch pädagogische Sehen und Wollen habitualisiert der Berufserzieher in sich eine Art ‚doppeltes Mandat', das er zu einem Ausgleich bringen muss.

Nach dem zweiten Weltkrieg werden die Probleme, die Nohl in den zitierten Passagen seiner Theorie der Bildung behandelt, zunehmend entlang des Großthemas „Pädagogische Professionalität" diskutiert. Zentral für die deutschsprachige Diskussion war in diesem Zusammenhang der 1959 erstmals veröffentlichte Aufsatz die „Schulklasse als soziales System" von Talcott Parsons (1959/1968). Ohne dass Parsons auf das Technologieproblem zu sprechen kommt, finden sich auch bei ihm einige der von Nohl verwendeten Argumentationsfiguren. Auch für Parsons stellt die, wie er schreibt „formale(n) Erziehung" (ebd.: 166) in Schulklassen ein Teilsystem einer funktional differenzierten Gesellschaft dar. Den Beitrag, die die Schule für die anderen Teilsysteme erbringt, differenziert Parsons entlang der Begriffe von Selektion und Sozialisation. Selektion meint – wie Parsons (1959/1968) in kühler funktionalistischer Diktion schreibt – die „menschlichen Ressourcen innerhalb der Rollenstruktur der Erwachsenengesellschaft zu verteilen" (ebd.: 162). Sozialisation wird dagegen als die Herstellung der Bereitschaft bestimmt, die es dem zukünftigen Erwachsenen ermöglichen soll, seine Berufsrolle engagiert und verantwortungsvoll auszufüllen. Um dieser Sozialisationsfunktion gerecht zu werden, muss die Schule auf die motivationalen Grundlagen der nachwachsenden Generation zugreifen und damit stellt sich auch Parsons das aus der pädagogischen Tradition hinlänglich bekannte Problem des Einwirkens auf die Freiheit des Zöglings.

Parsons löst dieses Problem, indem er die schulische Sozialisation sowohl als Fortführung als auch als Spezifikation früher familiärer Identifizierungsprozesse begreift. Während sich die Familienmitglieder als ‚ganze' Menschen adressieren, hat es die Grundschullehrerin – die für Parsons idealtypisch den Lehrberuf repräsentiert – immer mit mehreren Schülern zu tun, die sie nach schultypischen Leistungsmaßstäben beurteilen muss. Demgegenüber werde von einer Mutter erwartet, dass sie ihr Kind auch unabhängig von dessen erbrachten Leistungen liebt und sich bedingungslos für die Befriedigung seiner Bedürfnisse einsetzt. Obwohl die Lehrerin mit ihren Schülern keine Beziehung aufbauen kann, die derjenigen zwischen Mutter und Kind vergleichbar wäre, gibt es nach Parsons (1959/1968) aber ganz bestimmte Situationen, in denen sie auf den Schüler als ‚ganzen Menschen' – gleichsam ‚pseudo-familial' – eingehen muss. Dieser Fall tritt ein, wenn der Schüler in eine Lernkrise gerät. Nun muss die Lehrerin die Härte des Selektionssystems im Hinblick auf den Einzelfall abmildern und „Nachsicht für die Schwierigkeiten und Bedürfnisse des Kindes" (ebd.: 180) walten lassen. Parsons beschreibt die Rolle der Grundschullehrerin – ähnlich wie Nohl diejenige des Berufserziehers – antinomisch, wofür bei ihm der schöne Begriffs der „Quasi-Mütterlichkeit" (ebd.; im Original: „quasi-motherliness") steht. ‚Quasi-mütterlich' ist die Lehrerin deshalb, weil sie sich aufgrund der Struktur der schulischen Interaktionsbeziehung nicht mehr in jeder Situation auf das je einzelne Kind in seiner unverwechselbaren Persönlichkeit einlassen kann. Sie kann dem Kind keine Mutter mehr sein; nur im Fall einer Lernkrise muss sie ein Verständnis für das Kind als ganzer Person aufbringen.

Die weitere Diskussion um die pädagogische Professionalität wurde dann nicht unerheblich von Ulrich Oevermanns (1996) Parsonsrezeption beeinflusst. Analog zu dem Begriff der Quasi-Mütterlichkeit begreift Oevermann pädagogisches Handeln als das Ausbalancieren von diffusen (familialen) und spezifischen (rollenförmigen) Anteilen (vgl. ebd.: 148). Im erziehungswissenschaftlichen

Kontext ist dieser Strang der Professionalisierungstheorie dann vor allem von Werner Helsper (1996, 2000, 2004) fortgeführt worden. Pädagogisches Handeln – so legt Helsper (2000) fest – muss sich einerseits an den Bedürfnissen der zu Erziehenden orientieren, denn der Zögling ist zu achten, als derjenige, „der er noch nicht ist, sondern allererst vermittels eigener Selbsttätigkeit wird" (ebd.: 20). Zu dieser Selbständigkeit gelangt der zu Erziehende aber nur, wenn er von seinem Erzieher mit Aufgaben konfrontiert wird, die ihn zum Lernen anregen (vgl. ebd.). Pädagogische Eingriffe in die Lebenswelt von Kindern haben sich also zum einen an der Lebensrealität des Kindes zu orientieren und müssen andererseits den Edukandus in eine krisenauslösende Lernsituation versetzen. Sehr viel radikaler als seine theoretischen Vorläufer macht Helsper in seinen Arbeiten deutlich, dass sich die antinomische Struktur des pädagogischen Handelns nicht nach einer Seite hin auflösen lässt, sondern konstitutiv für die Arbeit des Erziehers ist. Weder die verständnisvolle Verschmelzung mit dem Kind noch die kühl distanzierte Bewertung seiner schulischen Leistungen kann den Pädagogen aus der antinomischen Struktur seiner Berufsaufgabe befreien, sondern er muss mit den konstitutiven Widersprüchen seines Handlungsfeldes *umgehen* lernen. Damit wird das Ausbalancieren von strukturellen Antinomien zu einer pädagogisch-normativen Forderung und repräsentiert eine der beiden Lösungen, die das pädagogische Denken in Auseinandersetzung mit dem Technologieproblem hervorgebracht hat.

2   Die Neuformulierung des Problems: Die Form erzieht

Wie eingangs bereits berichtet, haben Luhmann und Schorr mit ihrer Frage nach den unterschiedlichen ‚Technologieersatztechnologien' der Diskussion um das Technologieproblem eine völlig neue Wendung gegeben. Wie hat man sich nun aber solche Technologieersatztechnologien vorzustellen? Im Jahr 1979 geben die beiden Autoren auf diese Frage noch eine reichlich abstrakte und eher tastende Antwort. Genannt wird einmal das spezifische Rollenverhältnis, das den Schulunterricht strukturiert. Der Lehrer ist auf die Vermittlung von Wissen und die Evaluation des angeeigneten Wissens festgelegt, während die Schüler auf das Lernen von Stoff verwiesen werden. Diese Asymmetrie in der Sozialdimension wird organisatorisch gestützt und durchgesetzt, und das obwohl beide Parteien, wie Luhmann/Schorr (1979/1982) schreiben, auf einer „tieferliegenden Ebene (...) voneinander abhängig" (ebd.: 21) sind. Zudem wird in der Zeitdimension ein verbindlicher Rahmen festsetzt, in dessen Grenzen gelernt und gearbeitet werden soll, obwohl bekannt ist, dass Kinder außerhalb dieser Zeiten in Familie und Peergroup sehr viel mehr und nachhaltiger lernen (vgl. ebd.). Schließlich wird in der Sachdimension die korrekte Aneignung eines hoch spezifischen Wissens kontrolliert, von dem man weiß, dass es außerhalb der Schule weitgehend unbrauchbar ist. Alle diese Formen werden trotz ihrer unübersehbaren Defizite beibehalten, weil die Schule anscheinend eine Form der Personenbeeinflussung bereitstellt, die dem sozio-kulturellen Entwicklungstand der funktional differenzierten Gesellschaft genügt.

Weitaus präziser als Luhmann und Schorr hat dann Klaus Prange sowohl die Rekonstruktion als auch die Begründung einer solchen pädagogischen Ersatztechnik in einer Abhandlung zum Problem des pädagogischen Verstehens erörtert. Anders aber als bei Nohl meint der Terminus des Verstehens bei ihm nicht eine antinomische Bewegung, in der der Pädagoge zwischen dem Einfühlen in das Kind und der Auslegung der für eine bestimmte Kultur verbindlichen Bildungsideale hin und her pendelt. Vielmehr soll sich Prange zufolge aus dem Verstehen einer bestimmten Erziehungssituation eine Form destillieren lassen, wie in Zukunft erzogen werden kann.[2] Um diesen Übergang vom Sein zum Sollen zu begründen, führt Prange (1986) eine Theoriefigur ein, die er den „gegliederten Zusammenhang des Verstehens" (ebd.: 251) nennt. Damit ist gemeint, dass das unreflektierte Verstehen, das sich tagtäglich in der pädagogischen Handlungspraxis intuitiv vollzieht, durch eine handlungsentlastete verstehende Reflexion ausdrücklich gemacht werden kann. Aus dieser verstehenden Durchdringung einer einmaligen Erziehungssituation soll sich schließlich eine „Figur des Lernens und Erziehens" (ebd.: 261) gewinnen lassen, die die Erziehung auch in der Zukunft anleiten können soll.[3]

Vorgeführt wird diese Form des pädagogischen Verstehens an der vielzitierten ‚Ohrfeigenszene' aus Makarenkos Buch „Der Weg ins Leben". Makarenko (1928/1958) bekommt im September 1920 vom Leiter des Volksbildungsamtes der Ukraine den Auftrag, am Rande eines abgelegenen Dorfes eine Erziehungs-

---

2   Prange wird damit der hermeneutischen Diskussion im 20. Jahrhundert weitaus besser gerecht als es Nohl mit der von ihm vertretenen Einfühlungstheorie des Verstehens überhaupt leisten kann. Sieht man von einigen wenigen Ausnahmen ab (vgl. Scarbath 1992), dann hat sich mittlerweile auch in der erziehungswissenschaftlichen Diskussion die Einsicht durchgesetzt, dass das Verstehen als Einfühlen in den Gegenüber theoretisch nur unzureichend gefasst wird. Meist wird darauf hingewiesen, dass eine solche „Nachvollzugshermeneutik" (Oevermann 1995) nur wenig „wissenschaftliche Dignität" (Prange 1983: 150) beanspruchen könne und mittlerweile „veraltet" (ebd.) sei. Im hier vorliegenden Zusammenhang können die Probleme, die mit dem Thema des pädagogischen Verstehen verbunden sind, nicht in der ihnen gebührenden Detailliertheit behandelt werden (vgl. dazu Hollstein 2009). Statt dessen sollen in der vorliegenden Abhandlung die pädagogischen Konsequenzen thematisiert werden, die aus dem Technologiedefizit der Erziehung gezogen wurden.

3   Prange beschreibt sein Vorhaben folgendermaßen: „Die These ist, dass es einen gegliederten Zusammenhang des Verstehens gibt, der von dem elementaren Verstehen in erzieherischen Situationen über die Besinnung auf solche Situationen bis zu einem Bild der Erziehung reicht, nach dem wieder erzogen werden soll" (ebd.: 251).

kolonie für jugendliche Rechtsbrecher zu gründen. Nach der Oktoberrevolution will man straffällig gewordene Jugendliche nicht mehr – wie noch zur Zeit des Zaren – in Zuchthäusern und Straflagern internieren, sondern Makarenko wird aufgefordert, aus den ihm überantworteten Jugendlichen den neuen Menschen der Sowjetgesellschaft zu formen (vgl. ebd.: 11). Die Mittel, die ihm für die Bewältigung dieser Aufgabe von Seiten der Regierung zur Verfügung gestellt werden, sind allerdings äußerst knapp bemessen. Die Häuser, in denen er seine Erziehungskolonie errichten soll, verfügen weder über Fenster noch Mobiliar. In wochenlanger Arbeit gelingt es Makarenko schließlich, die Gebäude wieder bewohnbar zu machen. Ebenso mühsam gestaltet sich die Suche nach Erziehern, die an der Erschaffung des ‚neuen Menschen' mitarbeiten wollen. Anfang Dezember, nach zwei Monaten harter Arbeit, ist es schließlich so weit. Makarenko hat zwei Erzieherinnen, eine Köchin und einen Hausmeister für sein Vorhaben gewinnen können und die Kolonie erwartet die Ankunft der ersten sechs Jugendlichen.

Die Angekommenen werden von Makarenko mit einer eigens vorbereiteten Rede begrüßt, die aber offenbar wenig Eindruck macht. Statt Makarenko zuzuhören, inspizieren die Jugendlichen die primitiven Bettgestelle und beginnen sich über die bescheidene Einrichtung der Erziehungskolonie lustig zu machen. Dieser mangelnde Respekt gegenüber Makarenko und seinen Mitarbeitern setzt sich in den nächsten Tagen nicht nur fort, sondern steigert sich bis zum unverhohlenen Spott. Die Lage spitzt sich in der Folgezeit noch dramatisch zu, als die Jugendlichen dazu übergehen, die Bauern der Umgebung auszurauben, so dass die Bestohlenen Makarenko anflehen, das Treiben seiner Jugendlichen zu unterbinden. Vor dem Hintergrund dieser Ereignisse kommt es zu der Szene, die den Ausgangspunkt von Pranges Überlegungen bildet:

> „An einem Wintermorgen hieß ich Sadorow in den Wald gehen und Holz für die Küche hacken. Ich vernahm die übliche frechfröhliche Antwort: ‚Geh doch selber hacken, ihr seid ja genug Leute hier!' Es war das erstemal, daß mich ein Zögling mit ‚Du' anredete. In einem Anfall von Wut über die erlittene Beleidigung, aufgepeitscht bis an die Grenze der Verzweifelung und Raserei durch all die vorhergehenden Monate, holte ich aus und schlug Sadorow ins Gesicht. Ich traf ihn schwer, er konnte sich nicht halten und fiel gegen den Ofen. Ich schlug zum zweiten Male zu, packte ihn am Kragen, riß ihn hoch und versetzte ihm einen dritten Schlag. Plötzlich sah ich, daß er furchtbar erschrocken war. Kreidebleich setzte er hastig mit zitternden Händen seine Mütze auf, nahm sie wieder ab und setzte sie wieder auf. Wahrscheinlich hätte ich ihn noch weiter geprügelt, aber er flüsterte leise stöhnend: ‚Verzeihen Sie, Anton Semjonowitsch...'" (ebd.: 21f./vgl. Prange 1986: 256f.).[4]

---

4   Dieser und die beiden folgenden Ausschnitte halten sich an die Textauswahl, die Prange vorgenommen hat.

Diese Situation markiert einen Wendepunkt. Makarenko kann die Jugendlichen nach dieser Auseinandersetzung dazu bewegen, mit ihm gemeinsam in den Wald zu gehen, um das benötigte Holz zu holen. Doch trotz seines Erziehungserfolgs gerät er über diese Szene ins Grübeln. Es plagen ihn Gewissensbisse und er versucht, sich das Verhalten der Jugendlichen zu erklären. Zu einer dieser nachträglichen Vergegenwärtigungen gehört dann die zweite Passage, auf die sich Prange (1986) in seiner Interpretation bezieht und die er mit der „Nachbereitung" (ebd.: 259) einer Unterrichtsstunde durch einen Lehrer vergleicht:

> „Sadorow war stärker als ich. Mit einem Hieb hätte er mich zum Krüppel machen können. Er kennt keine Furcht, und auch Burun und die anderen haben vor nichts Angst. In der ganzen Geschichte sehen sie nicht die Schläge, sie sehen nur den Zornesausbruch eines Menschen. Außerdem wissen sie ganz genau, daß ich auch ohne Schläge ausgekommen wäre; ich hätte Sadorow als unverbesserlich der Kommission zurückschicken und ihnen viele große Unannehmlichkeiten bereiten können. Aber ich tat es nicht. Ich beging eine für mich gefährliche Tat, handelte aber wie ein Mensch und nicht wie ein Formalist. (...) Und dann sehen die Jungens, daß wir viel für sie arbeiten. Es sind doch Menschen. Das ist wichtig" (ebd.: 26/vgl. Prange 1986: 260).

Mit dieser Reflexion Makarenkos endet Pranges Darstellung des Falls. Zur Vervollständigung seiner Überlegungen zieht er noch einen Vortrag hinzu, den Makarenko (1961) zehn Jahre nach der Veröffentlichung seines ‚pädagogischen Poems' im Jahr 1938 gehalten hat und in dem eine Erziehungsfigur vorgestellt wird, die Makarenko als „Explosion" (ebd.: 159) bezeichnet. In dieser Erziehungsfigur soll dann – so jedenfalls Pranges Deutung – die Erfahrung, die Makarenko in seiner Auseinandersetzung mit Sadorow gemacht hat, in verdichteter Weise zum Ausdruck kommen. Diese Erziehungsfigur bildet den Ziel- und Endpunkt des gegliederten Zusammenhangs des Verstehens, der im Folgenden kurz dargestellt werden soll.

Das erste Glied dieses Zusammenhangs ist die Szene, in der sich Makarenko auf Sadorow stürzt und die Prange als „Grundsituation" (ebd.: 259) bezeichnet. Die beiden Protagonisten praktizieren dort eine Form unbewussten Verstehens, die Prange als eine Art intuitives Können fasst (vgl. ebd.: 265). In dieser Situation schreiben die beiden Akteure ihrem Gegenüber unter Handlungsdruck Motive zu, aus denen sie dann ihre Reaktionen errechnen. Die zweite Stufe des gegliederten Zusammenhangs sieht Prange in Makarenkos handlungsentlasteter Besinnung, die er, wie bereits erwähnt, als Nachbereitung bezeichnet. In dieser Nachbereitung fragt sich Makarenko, warum Sadorow auf seinen Angriff mit einer Bitte um Verzeihung und nicht mit körperlicher Gegenwehr reagiert hat („Sadorow war stärker als ich. Mit einem Hieb hätte er mich zum Krüppel machen können"). Makarenko wird – so Prange – gleichsam zum Leser eines Textes, den er zwar selbst mitproduziert hat, den er nun aber aus der Perspektive der Jugendlichen zu lesen versucht (vgl. ebd.: 260). Diese Form des Verstehens ist nun nicht mehr ein intuitives Können, denn Makarenko spekuliert darüber, welche Motive Sadorow zum Einlenken gebracht haben könnten.

Weil sich das Verstehen Makarenkos in der Nachbereitung aber ausschließlich auf die Motive seiner Zöglinge richtet, versteht er gleichsam nur die ,Hälfte' des handelnd hervorgebrachten Textes. Sein eigenes Handeln kommt bei dieser Form des Verstehens erst gar nicht in den Blick. Diese Einseitigkeit soll nun auf der dritten Stufe des gegliederten Zusammenhangs überwunden werden. Diese dritte Stufe findet sich allerdings nicht mehr in Makarenkos Text, so dass sie als eine stellvertretende Deutung Pranges gelesen werden muss. Damit Makarenko aus seiner Nachbereitung einen pädagogischen Nutzen ziehen kann, müsste er – das jedenfalls legt ihm sein Berater Prange nahe – zunächst nach funktional äquivalenten Erziehungsfiguren suchen, von denen man sich eine vergleichbare Verhaltensänderung bei Sadorow versprechen könnte. So wäre es beispielsweise denkbar, dass Makarenko einen moralischen Appell an seine Jugendlichen gerichtet hätte. Ebenso könnte man sich vorstellen, dass er ein weiteres Mal resigniert den Raum verlassen hätte, in der Hoffnung, die Jugendlichen zu beschämen. Er hätte zudem versuchen können, seinen Zöglingen den Wert der gemeinsamen Arbeit zu erklären oder es wäre möglich gewesen, Sadorow und seinen Kumpanen ein Tauschgeschäft vorzuschlagen, etwa nach dem Motto: wenn ihr in den Wald geht und Holz hackt, dann bekommt ihr eine bestimmte Vergünstigung (vgl. ebd.: 264f.). Die Vergegenwärtigung solcher gedankenexperimentell entworfener Szenen, die als Erziehungsfiguren unter den Namen ,Appell', ,Resignation', ,Belehrung' und ,Verhandlung' bereits bekannt sind, eröffnen dann nach Prange eine Art Raum, in dem nach einer Figur gesucht werden kann, die das was in der ,Grundsituation' zwischen Makarenko und Sadorow passiert ist, in vergleichbarer Weise auf den Begriff bringt. Eine solche Figur soll Makarenko dann in dem bereits erwähnten Vortrag aus dem Jahr 1938 gefunden haben. Dort schreibt Makarenko:

> „Explosionen nenne ich das Auf-die-Spitze-treiben des Konflikts, den Zustand, in dem es bereits keine Möglichkeit mehr geben kann, weder für eine Evolution, noch einen Wettstreit zwischen Persönlichkeiten und Gesellschaft, in dem hart auf hart die Frage gestellt wird: Entweder Mitglied der Gesellschaft zu werden oder aus ihr auszuscheiden. Die letzte Grenze, der äußerste Konflikt kann in den verschiedensten Formen zum Ausdruck kommen: als Beschluß des Kollektivs, als Zorn, Verurteilung, Boykott oder Abscheu im Kollektiv. Es ist wichtig, daß alle diese Formen nachhaltig sind, daß sie den Eindruck äußersten Widerstandes der Gesellschaft hervorrufen (...). Von äußerster Wichtigkeit ist jedoch, daß diese Äußerungen von gesellschaftlichen oder persönlichen Emotionen abgeleitet werden, daß sie nicht einfach papierene Formeln sind" (Makarenko 1961: 160f./Prange 1986: 263f.).

Die eigentliche Pointe von Pranges (1986) Re-Interpretation der ‚Ohrfeigensze-ne' liegt nun darin, dass seiner Meinung nach die Erziehungsfigur der ‚Explosion' als eine „Technik der Explosion" (ebd.: 263) in zukünftigen Erziehungssituationen abermals zum Einsatz gebracht werden kann. Mit der Figur der ‚Explosion' habe Makarenko eine „Regel" (ebd.) gefunden, nach der zukünftige pädagogische Situationen gestaltet werden können.[5] Von hier aus wird nun auch die eigentliche Funktion des gegliederten Zusammenhangs des Verstehens deutlich. Sind bestimmte Erziehungssituationen erst einmal zu den Figuren von ‚Appell', ‚Resignation', ‚Belehrung', ‚Verhandlung' und nun auch ‚Explosion' verdichtet worden, dann können diese Formen von ihrem je spezifischen Entstehungskontext abgelöst werden und führen in Zukunft als Techniken pädagogischen Handelns eine Art ‚Eigenleben'. Man wird nicht zu weit gehen, wenn man die Konsequenz, die von Prange aus dieser Re-interpretation gezogen wird, auf die folgende Formel bringt: Schläge können unter Umständen erziehungsförderlich wirken[6] und damit kann Gewalt in das Arsenal zugelassener Erziehungsmittel aufgenommen werden. Dieser einigermaßen gewagte Schluss, den Prange aus der von Makarenko überlieferten Szene zieht, wird offenbar auch von Tenorth (2006) geteilt, wenn er in einer Abhandlung zum Problem der Professionalität von Lehrkräften anmerkt:

„(...) selbst die Anwendung körperlicher Gewalt kann gelegentlich pädagogisch höchst förderlich sein, wie man bei Makarenko lernen kann" (ebd.: 589).

Die Aufnahme der Gewalt in das Arsenal approbierter Erziehungsmittel soll im hier vorliegenden Zusammenhang nicht vorschnell moralisch verurteilt werden.

---

5   Die dritte Stufe des gegliederten Zusammenhangs des Verstehens erläutert Prange dann auch folgendermaßen: „Hier nun geht es nicht mehr darum, eine bestimmte unwiederholbare Situation gleichsam exemplarisch auszuwerten, sondern der Gedanke wendet sich zurück, und es wird eine Regel aufgestellt, wie überhaupt pädagogische Situationen zu behandeln und zu erzeugen sind. Die Interpretation wird normativ: wenn ein Subjekt erzogen werden soll, dann ist eine Lage herzustellen, in der ein Konflikt ‚auf die Spitze getrieben wird', so daß eine Entscheidung unausweichlich fällig wird" (ebd.: 264).

6   In einer jüngeren Abhandlung zum pädagogischen Verstehen hat sich Prange (2006) mit der Frage auseinandergesetzt, welchen Wirkungsgrad die von ihm propagierten pädagogischen Techniken beanspruchen können. Im Sinne des von Luhmann und Schorr geprägten Begriffs der Technologieersatztechnologie greift Prange davon aus, dass man es bei pädagogischen Techniken ähnlich wie bei Wahlreden oder Theateraufführungen mit einer „soft technology" (ebd.: 141) zu tun habe. Diese Formen einer ‚soft technology' werden von ihm dann dezidiert von einer ‚hard technology' wie beispielsweise der Reparatur eines Automotors unterschieden. Anders als solche Eingriffe in Kausalzusammenhänge können pädagogische Techniken die mit ihnen beabsichtigten Effekte nicht kausal herbeiführen. Die Erziehungsfigur der Explosion wäre in diesem Sinne – so seltsam das klingen mag – eine ‚weiche' Technologie, die bestimmte Wirkungen bei einem zu Erziehenden hervorrufen kann, aber nicht muss (vgl. zu dieser Diskussion um den Wirkungsgrad pädagogischer Techniken auch die Arbeiten von Terhart 1987 und Tenorth 1999).

Vielmehr kann dieser Argumentationsschritt auf eine signifikante Eigentümlichkeit der Theorie pädagogischer Formen aufmerksam machen. Im Zusammenhang einer Abhandlung zur *„Paradoxe(n) Technologie"* (Tenorth 2002: 79; Herv. im Orig.) hat Tenorth diesen Aspekt präzise herausgearbeitet. Mit paradoxen Technologien meint Tenorth Lernformen, die er meist der Tradition der Reformpädagogik entnimmt. Ähnlich wie Luhmann und Schorr unterscheidet Tenorth diese Lernformen entlang der Sozial-, der Sach- und der Zeitdimension. Die für die Reformpädagogik typische Form der Gruppenbildung wird genauso als eine pädagogische Technik verstanden, wie die Strukturierung der Schulzeit und die Gliederung der Lerngegenstände.[7] Über die Tradition der Reformpädagogik geht Tenorth dann allerdings hinaus, wenn er die Applikation dieser Schemata von der Zustimmung der beteiligten Akteure entkoppeln will. Nach seinem Dafürhalten gewinnen die zuletzt genannten Erziehungsformen eine *„Eigenlogik"* (ebd.: 85; Herv. im Orig.), die sich *„trotz anderer, ja konträrer Intentionen der pädagogischen Akteure"* (ebd.; Herv. im Orig.) durchsetzen und verselbständigen können.[8]

Vor dem Hintergrund dieser Überlegung gewinnt Pranges Rede von einer ‚Technik der Explosion' erst ihre volle provokative Sprengkraft. Um diese Provokation würdigen zu können, kann man sich noch einmal vergegenwärtigen, warum die ‚Ohrfeigenszene' in der pädagogischen Literatur so oft behandelt und diskutiert wird. Den Auftakt dieser Szene bildet ja ein pädagogischer ‚faux pas'. Makarenko verliert die Fassung und stürzt sich wutentbrannt auf seinen Zögling – und dieses ‚aus der Rolle fallen' löst dann auch die Zweifel und Skrupel aus, die ihn dazu bringen, diese Szene einer Nachbereitung zu unterziehen. Nun führt aber in diesem speziellen Fall gerade eine pädagogisch höchst fragwürdige Handlung – das gewalttätige Ausagieren von Wut – bei Sadorow zu einem Bekehrungserlebnis. Aus dem Saulus wird ein Paulus und Sadorows Entschuldigung zeigt, dass in dem Jugendlichen etwas vor sich gegangen ist. Hier sind offenbar zwei Menschen ‚aneinander geraten' und deshalb gilt die ‚Ohrfeigenszene' Hans Thiersch (2009) als ein Paradebeispiel für das, was man pädagogische Authentizität nennen könnte. Makarenko hat sich in seinem Wutausbruch

---

7   Tenorth beschreibt die reformpädagogischen Techniken folgendermaßen: „Die Ordnung des Schullebens vom Morgenkreis bis zur Lietzschen Kapelle am Abend (...) der Rhythmisierung der Woche, des Jahres, der Schulzeit und der gesamten pädagogischen Zeit (...) der Ordnung des Unterrichts von den Sozialformen der Gruppenbildung, in der Thematisierung von ‚Individuum und Gemeinschaft', von Gruppe und Person, in der Kritik von Clique, Masse und Haufen (...) in der Strukturierung der Themen, Lernanlässe und -gegenstände" (ebd.: 81f.).

8   Im Zusammenhang liest sich dieser Argumentationsschritt bei Tenorth folgendermaßen: „Meine letzte These über die paradoxe Technologie knüpft hier an, sie mag die am meisten provozierende sein, denn sie behauptet nicht allein die Eigenlogik der Form, sondern die Eigenlogik der Form trotz anderer, ja trotz konträrer Intentionen der pädagogischen Akteure – sei es aus der Profession oder im Alltag und in der Öffentlichkeit" (ebd.: 85).

als ein betreff- und verletzbarer Mensch gezeigt und so bei Sadorow eine authentische *Zustimmung* zu dem Projekt der solidarischen Arbeit in einer Landkommune erzeugt. Im Anschluss an die Szene kommt es dann auch zu dem gemeinsamen Holzhacken, das Makarenko hoffen lässt, seine Jugendlichen seien nun auf dem besten Wege, zu dem neuen sowjetischen Menschen zu werden. Man kann also davon sprechen, dass hier eine pädagogisch äußerst fragwürdige Handlung durch die plötzliche Zustimmung des Zöglings gleichsam im Nachhinein ‚geheilt' wird. Geht man dagegen wie Prange und Tenorth davon aus, dass die Erziehungsformen wie Appell, Resignation, Explosion oder Verhandlung sich von der je konkreten Situation ablösen lassen und dass sie sich – wie Tenorth schreibt – trotz konträrer Intentionen der pädagogischen Akteure durchsetzen, dann wäre die Zustimmung Sadorows zu der Maßnahme seines Erziehers entbehrlich.

3 Erziehung in der Klosterschule oder Führung der Führungen

Mit der vorangegangenen Gegenüberstellung der beiden hier in Rede stehenden Diskussionsstränge sollten die grundbegrifflichen ‚Schnitte' deutlich gemacht werden, die den beiden Positionen zugrunde liegen. Der antinomiesensible Umgang mit dem Technologieproblem hält daran fest, dass der Pädagoge sich mit einem in eine Lernkrise geratenen Educandus als einem unverwechselbaren Einzelfall zu befassen hat. Die Forderung, den Zögling als ein einzigartiges Individuum zu verstehen und anzuerkennen, ist gleichsam der ‚Platzhalter', der in diesem Strang der Professionalisierungstheorie das unverwechselbare Subjekt vertritt, ohne das die moderne pädagogische Semantik so schwer auszukommen scheint. Auch die berufsmäßig organisierte öffentliche Erziehung muss dieser Richtung pädagogischen Denkens zufolge an bestimmten Punkten des Erziehungsprozesses den Educandus gleichsam ‚pseudo-familial' als ‚ganzen Menschen' adressieren.

Dagegen lehnt die Theorie pädagogischer Formen eine vergleichbare Einzelfallorientierung ab. Das zeigt sich unter anderem prägnant in den Ausführungen, in denen sich Tenorth (2006) entlang seiner Theorie pädagogischer Formen Gedanken über die Gütekriterien der Professionalität von Lehrern macht. Seiner Meinung nach ist die Orientierung des pädagogischen Handelns am ‚ganzen Menschen' in der Organisation Schule ohnehin nicht zu realisieren. Schüler werden in diesem Kontext nicht als ‚ganze Personen' adressiert, denn Schülersein ist nach Tenorth einem Beruf vergleichbar, in dem sich der Schüler auf das Lernen des angebotenen Stoffs beschränken könne und zudem ein Recht darauf habe, mit Fragen nach der eigenen Person nicht belästigt zu werden (vgl. ebd.:

585). Diese soziologisch informierte Beschreibung des ‚Schülerjobs' wird von Tenorth dann – genauso wie bei Prange – pädagogisch-normativ gewendet, wenn er fordert, die Arbeit in der Schule von übersteigerten Erziehungsambitionen freizuhalten und auf die Kernaufgabe des „Lernen(s) (ebd.: 586) als der „erwünschten Aktivitätsform" (ebd.) zu beschränken. Folgerichtig ist der Lehrer für Tenorth auch kein Erzieher mehr, der die noch un-sozialisierten Schülersubjekte mit den Selektionsnotwendigkeiten des Schulunterrichts vertraut machen muss, sondern die zentrale Kompetenz des Lehrerhandelns wird in der Fähigkeit gesehen „Lernsequenzen ergebnisbezogen zu organisieren" (ebd.: 585). Erziehung wird damit nicht mehr als ein absichtsvoller Beeinflussungsversuch gesehen, sondern im Anschluss an Herbarts Wort vom „erziehenden Unterricht" als eine eher mitlaufende Sozialisationsleistung der Organisation Schule gefasst (vgl. ebd.).

Offen bleibt bei diesem theoretischen ‚design' aber, wie ein Lehrer auf Disziplinprobleme reagieren kann und die Herstellung der schulspezifischen Aufmerksamkeit leisten soll. In diesem Sinne hat Werner Helsper (2007) mit Bezug auf die von Tenorths Überlegungen inspirierten Ausführungen von Jürgen Baumert und Mareike Kunter (2006) davon gesprochen, dass die Theorie pädagogischer Formen von einem „schulisch voll sozialisierte(n), routinisierte(n) gymnasialen Oberstufenschüler" (ebd.: 575) ausgeht. Gerade weil diese sogenannten ‚Sekundärtugenden' in Tenorths Überlegungen zu einer gelingenden Lehrerprofessionalität nicht vorkommen, kann Pranges Re-Interpretation der ‚Ohrfeigenszene' als ‚Prüfstein' dienen, an dem sich die problematischen Konsequenzen einer Theorie pädagogischer Formen in aller Deutlichkeit zeigen. Einen ersten Hinweis auf diese problematischen Konsequenzen findet sich bereits in dem Text von Makarenko (1928/1958) selbst, wobei die betreffende Passage von Prange bezeichnenderweise nicht zitiert wird. Es ist Makarenkos Kollegin Lidja Petrowna, die Makarenkos ‚neue' Erziehungsmethode fundamental in Frage stellt:

„Von den Erzieherinnen verurteilte mich offen und bestimmt Lidja Petrowna. Noch am gleichen Abend setzte sie mir zu; den Kopf auf beide Fäuste gestützt, sagte sie: ‚Sie haben also schon eine Methode gefunden? Wie früher in der Klosterschule, ja?' ‚Lassen Sie mich in Frieden, Lidotschka.' ‚Nein, sagen Sie mir, bleibt es nun beim In-die-Fresse-Schlagen? Darf ich auch – oder dürfen nur Sie?'" (ebd.: 25).

Gewalt als Mittel der Erziehung wird Lidja Petrowna zufolge allenfalls noch in einer Klosterschule verwendet und man wird hinzufügen können: zur Hervorbringung des ‚neuen sozialistischen Menschen' wird dieses Erziehungsmittel vermutlich nicht taugen. Anders als die Erziehungsfiguren von ‚Appell', ‚Überzeugung' und ‚Resignation' wird der Einsatz von Gewalt vermutlich nur in seltenen Fällen zur Einsicht in die Notwendigkeit der solidarischen Arbeit in einer

Landkommune führen. Während mit ‚Appellen' und ‚Überzeugungsversuchen' dem Zögling die Entscheidung über Annahme und Ablehnung des Kommunikationsangebots noch zu einem guten Stück selbst überlassen bleibt, sind mit Schlägen oder Geldzahlungen Folgeprobleme verbunden, die das mit der modernen Erziehung verbundene Projekt ‚ad absurdum' führen können. Der systematische Einsatz von Gewalt und Geld müsste bei Makarenko unweigerlich zu dem Verdacht führen, dass sich seine Jugendlichen nur deshalb an der Arbeit in der Kolonie beteiligen, weil sie Gratifikationen erhalten oder Sanktionen vermeiden wollen. Um aber seiner ambitionierten erzieherischen Absicht gerecht zu werden, muss Makarenko seine Jugendlichen zur freiwilligen Einsicht in den Wert solidarischer Arbeit in einer Landkommune bringen. Schläge widersprechen seinem Vorhaben deshalb nicht in erster Linie aus moralischen Gründen, sondern sie gefährden das in sich antinomische Projekt der modernen Erziehung: obwohl die Jugendlichen nicht freiwillig an Makarenkos Erziehungskolonie teilnehmen, sollen sie trotz des latent anwesenden Zwangs zur Einsicht in die Notwendigkeit solidarischer Arbeit gebracht werden.

Die Überlegung, die man den Äußerungen von Lidja Petrowna entnehmen kann, stimmt mit einer Argumentation überein, die an anderer Stelle gegen das autoritätsgestützte Exerzieren pädagogischer Formen vorgetragen worden ist. In seiner Auseinandersetzung mit den pädagogischen Vorstellungen Bernhard Buebs (2006) weist Frank Olaf Radtke (2007) darauf hin, dass das mehr oder weniger ‚willige' Mitvollziehen pädagogischer Rituale der Komplexität des Problems der modernen Erziehung nicht gerecht wird.[9] Moderne Erziehung verdiene das Adjektiv ‚modern' nur dann, wenn sie dem Heranwachsenden zumutet, „sich selbst ein Urteil zu bilden" (ebd.: 205). Eine solche Urteilsbildung erreiche man aber nicht durch den mitunter erzwungenen Mitvollzug pädagogischer Formen. Anders als in einer Einsozialisation in pädagogische Formen – wie sie in dem Eliteinternat ‚Salem' oder in einer ‚Klosterschule' praktiziert wird – soll das der modernen Gesellschaft angemessene pädagogische Handeln Radtke zufolge

---

9   In Buebs Buch „Lob der Disziplin" finden sich Passagen, die direkt aus Tenorths Texten entnommen sein könnten. Auch Bueb – der vor seiner Karriere als Autor von Erziehungsratgebern das Eliteinternat ‚Salem' leitete – preist die heilsame Funktion von Ritualen, deren Vollzug seiner Meinung nach ebenfalls nicht von der Zustimmung der Erzogenen ‚gedeckt' sein muss: „Internate sind Fundgruben für Rituale, der Morgenlauf vor dem Frühstück in Salem, die Morgenansprache, eine tägliche, fünfzehn Minuten dauernde Schulversammlung, der stark ritualisierte Ablauf der Mahlzeiten, also das Aufstehen und Stillwerden zu Beginn, die stille Phase, die Ansagen; zu Beginn jeder Unterrichtsstunde stehen die Schüler auf und werden ruhig. (...) Die Ritualisierung der Zeiteinteilung, der Formen der Begegnung, der Formen des Essens, auch der Formen des Abschiednehmens entlastet Kinder und Jugendliche davon, jedes Mal neu nachzudenken, ob, wie oder wann etwas zu tun ist" (ebd.: 97). Immerhin schließt Bueb – anders als Prange und Tenorth – den Einsatz von Gewalt explizit aus seiner Erziehungskonzeption aus (vgl. ebd.: 121).

eine Form der ‚Selbstregierung' vermitteln, die die Heranwachsenden auf das Leben als mündige Staatsbürger vorbereitet (vgl. ebd.: 221). Da man sich in der modernen Gesellschaft, so Radtke mit Bezug auf Michel Foucault, immer weniger auf die Steuerung durch unmittelbare Gewalt verlassen kann, wird in dieser Gesellschaftsformation versucht, eine Form der Selbstregierung zu implementieren, die Foucault einmal eine „Führung der Führungen" (ebd.) genannt hat. Eine solche „Führung der Führungen" lasse sich aber nicht mit Gewalt herbeizwingen, sondern kann nur vermittelt über die freiwillige Zustimmung der zu Erziehenden erreicht werden.[10] Voraussetzung einer ‚Erziehung zur Mündigkeit' ist demnach „die Zustimmungsbereitschaft der zu regierenden bzw. der zu erziehenden Menschen (...) zu erlangen" (ebd.: 206). Wendet man diese Argumentation auf die ‚Ohrfeigenszene' an, dann bedeutet dies: nur wenn Sadorow den Einsatz von Gewalt durch sein Einlenken ratifiziert, lässt sich der Wutausbruch Makarenkos als eine dem Projekt der modernen Erziehung förderliche Maßnahme begreifen.

Ich hatte meine Ausführungen mit einem Zitat begonnen. Folge man seinen Argumenten – so Tenorth – dann gebe es keinen Grund, der Metapher vom Technologiedefizit weiterhin zu frönen. Diese Behauptung ist zwar nicht falsch, allerdings beruht Tenorths Argumentation auf Prämissen, die innerhalb der Disziplin vermutlich kaum auf ungeteilte Zustimmung stoßen. Wenn man wie Tenorth im Anschluss an die Luhmannsche Systemtheorie davon ausgeht, dass der Zögling als ganze Person in einer Theorie pädagogischer Formen nicht mehr vorkommen kann, dann wird die von Luhmann initiierte soziologische Beschreibung pädagogischer Kommunikation vereinseitigt ausgelegt und für einen bestimmten pädagogischen Zweck funktionalisiert. Tenorth bekommt damit alle Versuche, die auf die direkte Beeinflussung der Heranwachsenden abzielen – und die doch in pädagogischen Situationen immer wieder kommunikativ vollzogen werden – in ihrer spezifischen Riskanz entweder erst gar nicht in den Blick oder er empfiehlt dem Professionellen zu ihrer Behandlung eine äußerst fragwürdige ‚Technik der Explosion' – eine Technik mithin, die den Anspruch, der mit der Erziehung in seiner modernen Form verbunden ist, eklatant unterschreitet.

Ob demgegenüber Erziehungstheorien, die von einer antinomischen Grundstruktur der Erziehung ausgehen, die Probleme, die mit diesem Kernbereich pädagogischen Handelns verbunden sind, angemessen fassen können, scheint ebenfalls zweifelhaft zu sein. Der Hinweis auf eine Sozialbeziehung, in der sich der Lehrer emphatisch in einen in eine Lernkrise geratenen Zögling einfühlt, ist

---

10 So heißt es bei Radtke: „Wenn versucht würde, mit Zwang oder Gewalt das Handeln des anderen zu determinieren, (...) wäre dies gleichbedeutend mit dem Versuch, fremdes Handeln durch eigenes Handeln ersetzen zu wollen. Damit käme man auf dem Weg zur effektiven ‚Führung der Führungen' nicht weit" (ebd.: 223).

nicht mehr als eine Metapher, die zudem auf einen Begriff des Verstehens rekurriert, dessen wissenschaftliche Dignität mittlerweile massiv bestritten wird. Während Tenorth und Prange mit der Ausrichtung ihrer Theorie am Lernbegriff alle genuin erzieherischen Aspekte des Lehrerhandelns vernachlässigen, behilft sich die Gegenseite mit einem Modell familialer Erziehung, das auf den Fall öffentlich verantworteter Erziehung kaum bruchlos übertragen werden kann.

In einer solchen Situation, in der sich zwei pädagogische Positionen unversöhnlich gegenüberstehen, wird man mit theoretischen Erörterungen vermutlich nicht weiter kommen. Ein Vorschlag, mit dem das Lernpotential beider Seiten unter Umständen gesteigert werden könnte, wurde von Radtke und seinen Mitarbeitern Wolfgang Meseth und Matthias Proske (2008) in einem bislang noch unveröffentlichten Vortrag gemacht. Mit Verweis auf eine empirische Studie, in der die schulische Verhandlung der Themen Nationalsozialismus/Holocaust sowie Multikulturalismus/Rassismus untersucht wurde, weisen Radtke und seine Mitarbeiter darauf hin, dass die Grenze zwischen der ‚ganzen Person' des Schülers und seinem ‚Schülerjob' keineswegs so einfach zu ziehen ist, wie es von Tenorth in einigen Nebensätzen mehr behauptet als begründet wird (vgl. ebd.: 7). Selbst in Unterrichtsphasen, in denen kognitive Lernprozesse im Vordergrund zu stehen scheinen, kommt es nach Mitteilung der Vortragenden zu mitunter massiven Disziplinierungsmaßnahmen und entsprechenden Gegenreaktionen auf Seiten der Schüler. Nimmt man die Luhmannsche Systemtheorie als eine soziologische Methode ernst, dann gälte es auch diejenigen kommunikativen Formen zu erforschen, mit denen im Unterricht eine moralisch-disziplinierende Beeinflussung von Schülern realisiert wird. Zudem könnte in einer solchen Untersuchung gezeigt werden, ob der Pädagoge seine Schüler im Fall einer Lernkrise in ihrer biographisch-lebensweltlichen Prägung anerkennt und ernst nimmt oder ob er sich auf die von Seiten der Schulorganisation zur Verfügung gestellten Sanktionsmittel verlässt.

Literatur

Baumert, Jürgen/Kunter, Mareike (2006): Stichwort: Professionelle Kompetenz von Lehrkräften. In: Zeitschrift für Erziehungswissenschaft, 9. Jg., 2006. 469-520
Becker-Lenz, Roland/Busse, Stefan/Ehlert, Gudrun/Müller, Silke (Hrsg.) (2009): Professionalität in der sozialen Arbeit. Standpunkte, Kontroversen, Perspektiven, Wiesbaden: VS Verlag für Sozialwissenschaften
Benner, Dietrich (1978): Hauptströmungen der Erziehungswissenschaft. Eine Systematik traditioneller und moderner Theorien. München: Beltz
Böhm, Winfried. (Hrsg.) (2002): Pädagogik – wozu und für wen? Stuttgart: Klett-Cotta

Bollnow, Otto Friedrich (1982): Studien zur Hermeneutik. Band I: Zur Philosophie der Geisteswissenschaften. Freiburg: Albers

Bollnow, Otto Friedrich (1982): Über einen Satz Diltheys. In: Ders. (1982): 155-177

Brezinka, Wolfgang (1971): Von der Pädagogik zur Erziehungswissenschaft. Eine Einführung in die Metatheorie der Erziehung. Weinheim: Beltz

Brumlik, Micha (Hrsg.) (2007): Vom Missbrauch der Disziplin. Antworten der Wissenschaft auf Bernhard Bueb. Weinheim und Basel: Beltz

Bueb, Bernhard (2006): Lob der Disziplin. Eine Streitschrift. Berlin: List

Combe, Arno/Helper, Werner (Hrsg.) (1996): Pädagogische Professionalität. Untersuchungen zum Typus pädagogischen Handelns. Frankfurt am Main: Suhrkamp

Dilthey, Wilhelm (1883/1966): Einleitung in die Geisteswissenschaften. Versuch einer Grundlegung für das Studium der Gesellschaft und der Geschichte. Gesammelte Schriften. Bd. I. Stuttgart und Göttingen: Vandenhoeck & Ruprecht

Dilthey, Wilhelm (1894/1924): Gesammelte Schriften V. Band. Die geistige Welt. Einleitung in die Philosophie des Lebens. Erste Hälfte. Abhandlungen zur Grundlegung der Geisteswissenschaften, Leipzig und Berlin: Teubner

Dilthey, Wilhelm (1894/1924): Ideen über eine beschreibende und zergliedernde Psychologie. In: Dilthey (1894/1924): 139-240

Fuhr, Thomas/Schultheis, Klaudia (Hrsg.) (1999): Zur Sache der Pädagogik. Untersuchungen zum Gegenstand der allgemeinen Erziehungswissenschaft. Bad Heilbrunn: Klinkhardt

Gaus, Detlev/Uhle, Reinhard (Hrsg.) (2006): Wie verstehen Pädagogen? Begriff und Methode des Verstehens in der Erziehungswissenschaft. Wiesbaden: VS Verlag für Sozialwissenschaften

Hahn, Alois (1999): Die Systemtheorie Wilhelm Diltheys. In: Berliner Journal für Soziologie. Jg. 9. H. 1. 1999. 5-24

Helper, Werner (1996): Antinomien des Lehrerhandelns in modernisierten pädagogischen Kulturen. In: Combe et al. (1996): 521-569

Helper, Werner (2000): Pädagogisches Handeln in den Antinomien der Moderne. In: Krüger et al. (2000): 15-34

Helper, Werner (2004): Antinomien, Widersprüche, Paradoxien: Lehrerarbeit – ein unmögliches Geschäft? Eine strukturtheoretisch-rekonstruktive Perspektive auf das Lehrerhandeln. In: Koch-Priewe et al. (2004): 49-98

Helper, Werner (2007): Eine Antwort auf Jürgen Baumerts und Mareike Kunters Kritik am strukturtheoretischen Professionsansatz. In: Zeitschrift für Erziehungswissenschaft Jg. 10. H. 4. 2007. 567-579

Hollstein, Oliver (2009): Vom Verstehen zur Verständigung. Die erziehungswissenschaftliche Beobachtung einer pädagogischen Denkform. (unveröffentlichte Dissertation) Frankfurt am Main

Jung, Thomas/Müller-Doohm, Stefan (Hrsg.) (1995): ‚Wirklichkeit' im Deutungsprozeß. Verstehen und Methoden in den Kultur- und Sozialwissenschaften. Frankfurt am Main: Suhrkamp

Kade, Jochen (2004): Erziehung als pädagogische Kommunikation. In: Lenzen (2004): 199-232

Kade, Jochen/Seitter, Wolfgang (Hrsg.) (2007): Umgang mit Wissen. Recherchen zur Empirie des Pädagogischen. 2 Bd., Opladen: Barbara Budrich

Koch-Priewe, Barbara/Kolbe, Fritz-Ulrich/Wildt, Johannes (Hrsg.) (2004): Grundlagenforschung und mikrodidaktische Reformansätze zur Lehrerbildung Bad Heilbrunn: Julius Klinkhardt

Krüger, Heinz-Hermann/Helsper, Werner (Hrsg.) (2000): Einführung in die Grundbegriffe und Grundfragen der Erziehungswissenschaft. Opladen: Barbara Budrich

Lenzen, Dieter (Hrsg.) (2004): Irritationen des Erziehungssystems. Pädagogische Resonanzen auf Niklas Luhmann. Frankfurt am Main: Suhrkamp

Litt, Theodor (1921/1964): Führen oder Wachsenlassen. Eine Erörterung des Pädagogischen Grundproblems. Stuttgart: Klett

Litt, Theodor (1921/1964): Das Wesen des pädagogischen Denkens. In: Litt (1921/1964): 83-109

Luhmann, Niklas/Schorr, Karl Eberhard (Hrsg.) (1979/1982): Zwischen Technologie und Selbstreferenz. Fragen an die Pädagogik. Frankfurt am Main: Suhrkamp

Luhmann, Niklas/Schorr, Karl Eberhard (1979/1982): Das Technologiedefizit der Erziehung und die Pädagogik. In: Luhmann et al. (1979/1982): 11-40

Luhmann, Niklas/Schorr, Karl Eberhard (Hrsg.) (1986): Zwischen Intransparenz und Verstehen. Fragen an die Pädagogik. Frankfurt am Main: Suhrkamp

Makarenko, Anton Semjonowitsch (1928/1958): Der Weg ins Leben. Ein pädagogisches Poem. Berlin: Aufbau Verlag

Makarenko, Anton Semjonowitsch (1961): Ausgewählte pädagogische Schriften. Paderborn: Schöningh

Meseth, Wolfgang/Proske, Matthias/Radtke, Frank-Olaf (2008): Formen der Ermöglichung von Erziehung zwischen Zweck und Wertrationalität. Unveröffentlichter Vortrag auf der Tagung der DGfE-Kommission „Professionsforschung und Lehrerbildung", Gießen 19-20. September 2008

Nittel, Dieter/Seitter, Wolfgang (Hrsg.) (2003): Die Bildung des Erwachsenen. Erziehungs- und Sozialwissenschaftliche Zugänge. Bielefeld: Bertelsmann

Nohl, Herman (1933/1949): Die Pädagogische Bewegung in Deutschland und ihre Theorie. Frankfurt am Main: Schulte-Bulmke

Oelkers, Jürgen/Tenorth, Heinz-Elmar (Hrsg.) (1987): Pädagogik, Erziehungswissenschaft und Systemtheorie. Weinheim: Beltz

Oevermann, Ulrich (1995): Die objektive Hermeneutik als unverzichtbare methodologische Grundlage für die Analyse von Subjektivität. Zugleich eine Kritik der Tiefenhermeneutik. In: Jung et al. (1995): 106-189

Oevermann, Ulrich (1996): Theoretische Skizze einer revidierten Theorie professionalisierten Handelns. In: Combe et al. (1996): 70-182

Parsons, Talcott (1959/1968): Sozialstruktur und Persönlichkeit. Frankfurt am Main: Luchterhand

Parsons, Talcott (1959/1968): Die Schulklasse als soziales System. In: Parsons (1959/1968): 161-193

Prange, Klaus (1983): Bauformen des Unterrichts. Eine Didaktik für Lehrer. Bad Heilbrunn: Klinkhardt

Prange, Klaus (1986): Selbstreferenz in pädagogischen Situationen. In: Luhmann et al. (1986): 247-275

Prange, Klaus (2003): Die Form erzieht. In: Tenorth et al. (2003): 23-34

Prange, Klaus (2006): Zeig mir, was du meinst! Anmerkungen zur Didaktik des Verstehens. In: Gaus et al. (2006): 141-154

Proske, Matthias (2003): Pädagogische Kommunikation in der Form Schulunterricht. In: Nittel et al. (2003): 143-164

Radtke, Frank-Olaf (2007): Wiederaufrüstung im Lager der Erwachsenen: Bernhard Buebs Schwarze Pädagogik für das 21. Jahrhundert. In: Brumlik (2007): 204-242

Scarbath, Horst (1992): Träume vom guten Lehrer. Sozialisationsprobleme und dialogisch-förderndes Verstehen in Erziehung und Unterricht, Donauwörth: Auer

Scarbath, Horst (1992): Was ist pädagogisches Verstehen? In: Scarbath (1992): 53-71

Scheunpflug, Annette (2004): Das Technologiedefizit. Nachdenken über Unterricht aus systemspezifischer Perspektive. In: Lenzen (2004): 65-87

Tenorth, Heinz-Elmar (1999): Technologiedefizit in der Pädagogik? Zur Kritik eines Mißverständnisses. In: Fuhr et al. (1999): 252-266

Tenorth, Heinz-Elmar (2002): Apologie einer paradoxen Technologie – über den Status und Funktion von 'Pädagogik'. In: Böhm (2002): 70-100

Tenorth, Heinz-Elmar (2003) (Hrsg.): Form der Bildung – Bildung der Form. Weinheim u. a.: Beltz

Tenorth, Heinz-Elmar (2006): Professionalität im Lehrerberuf. Ratlosigkeit der Theorie, gelingende Praxis. In: Zeitschrift für Erziehungswissenschaft 9 Jg., H. 4. 2006. 580-597

Terhart, Ewald (1987): Verstehen in erzieherischen Prozessen. Pädagogische Traditionen und systemtheoretische Rekonstruktionen. In: Oelkers et al. (1987): 259-284

Thiel, Felicitas (2006): Die Etablierung der akademischen Pädagogik als Reflexionstheorie des Erziehungssystems. Ein anderer Blick auf die ‚Erfolgsgeschichte' der geisteswissenschaftlichen Pädagogik. In: Zeitschrift für Erziehungswissenschaft H. 1. 2006. 81-96

Thiersch, Hans (2009): Authentizität. In: Becker-Lenz et al. (2009): 239-254

Aufmerksamkeitskommunikation
Zu einem erziehungswissenschaftlichen Grundbegriff

Jochen Kade

1 Einleitung

In modernen Gesellschaften werden Erziehungs- und Bildungsprozesse nicht vornehmlich nur insoweit zum Thema, als sie in pädagogischen Einrichtungen unter professioneller Betreuung stattfinden. Nach der im Kontext der Bildungsreform der 1960er und 70er Jahre forcierten Engführung des erziehungswissenschaftlichen Blicks auf diesen Institutionenkomplex ist inzwischen unter dem Stichwort „Entgrenzung des Pädagogischen" (vgl. Lüders/Kade/Hornstein 2010) auf der Basis einer Vielzahl von empirischen Studien (vgl. etwa Kade/Seitter 2007a) der Blick für eine gesellschaftsweite Expansion pädagogischer Denk- und Handlungsmuster auch jenseits pädagogischer Verantwortlichkeiten erheblich geschärft worden. Bildungspolitisch haben sich diese Beobachtungen zu einer Weitung des Panoramas der Institutionalisierungsformen von Erziehung und Bildung in einem Programm des Lebenslangen Lernens verdichtet, dessen Spannweite vom formalen über das nonformale bis zum informellen Lernen reicht (vgl. Commission of the European Communities 2000).

Die Konturen dieses breiten Spektrums von Institutionalisierungsformen des Pädagogischen in einem professionell und organisatorisch entgrenzten Raum sind insgesamt zu unscharf geworden, als dass sie mit den traditionellen erziehungswissenschaftlichen Grundbegrifflichkeiten wie insbesondere Erziehung und Bildung, die von scharfen Grenzen zwischen der Sphäre des Pädagogischen und der der Gesellschaft ausgehen, noch differenziert genug beschrieben werden könnten. Diesen Begrifflichkeiten fehlt es damit an einem ausreichenden theoretischen Auflösungsvermögen für die Beobachtung eines Formenwandels des Pädagogischen in einer reflexiv gewordenen Moderne (vgl. Beck/Lau 2004). Im Anschluss an einen systemtheoretisch, wenn auch nicht initiierten, so doch verstärkten kommunikationstheoretischen Paradigmenwechsel in den Sozialwissenschaften (vgl. Stichweh 2006) ist daher auf dem Weg einer „(Selbst-) Aufklärung der Erziehungswissenschaft" (vgl. Kade 2007) als ein empirisch geschmeidigerer Grundbegriff der der (pädagogischen) Kommunikation entfaltet worden (vgl. Kade/Seitter 2003a; Proske 2003). So wie ‚Bildung', aber anders als ‚Erziehung' ist (pädagogische) Kommunikation ein Übergangsbegriff, der zwischen Erziehung und Gesellschaft, den Extremen eindeutiger, reiner sozialer Realitäten, den Fokus auf eine breit aufgespannte und mehrdeutige gesellschaftliche Mitte abhebt, deren pädagogische Strukturierung zwischen Freigabe und Bindung der Aneignung, zwischen Selbsteinwirkung und Fremdeinwirkung, zwischen Selbstbindung und externer Bindung, zwischen pädagogischer Kommunikation und Selbstbeobachtung sowie zwischen Freiwilligkeit und Zwang oszilliert (vgl. Kade/Seitter 2009).[1] Der Grund für diese Universalisierung des Pädagogischen liegt darin, dass den Menschen beinahe jeglichen Alters in dynamischen modernen Gesellschaften mit ungewissen Zukünften in gesteigertem Maße zugemutet wird, ihr Wissen und ihre Wertorientierungen kontinuierlich zu erneuern sowie sich als Person flexibel zu verändern. In diesem Kontext ist pädagogisch strukturierte Kommunikation ein Medium, das die sozial verantwortete Einwirkung auf die Aneignung von gesellschaftlich verfügbarem Wissen und Werten unter den Bedingungen gesteigerter individueller Erwartungen gesellschaftsweit, wenn auch nicht technologisch gesichert, so doch kommunikativ wahrscheinlicher gemacht, ermöglicht. Es wäre zu riskant, wenn die Erwartungen, dass Menschen tendenziell permanent lernen und zur Veränderung ihrer Person bereit sind, in Zeiten tief greifender sozialer, kulturell-biographischer und ökonomischer Umbruchprozesse dem Zufall, der Willkür individuell pluraler Entscheidungen überlassen würden. Der Preis der Universalisierung des Pädagogischen, d. h. der Steigerung der Reichweite pädagogischer Wissens- und Werteerwartungen, ist eine Schwächung der Durchgriffskraft pädagogischer Strukturierungen. Der Begriff der pädagogischen Kommunikation ist insofern gesellschaftlichen Verhältnissen gemäß, in denen die Riskanz von Erziehung und Bildung unübersehbar wird, in denen also nicht nur ihr Erfolg als in hohem Maße ungesichert erscheint, sondern auch das Bewusstsein für ihre unbeabsichtigten Nebenfolgen wächst.[2]

Das hinter dem Spannungsverhältnis von pädagogischen Vermittlungspraktiken und individuellen Aneignungsweisen stehende Auseinanderdriften von Gesellschaft und Individuum ist nicht nur ein innerhalb der Sphäre des Pädagogischen unter den Bedingungen seiner Universalisierung zu beobachtendes Phänomen. Es ist ein allgemeines Problem in modernen Gesellschaften, eine der Signaturen der Moderne. Systemtheoretisch ist die Differenz zwischen Individuum und Gesellschaft näher mit der grundsätzlichen Unterscheidung zwischen Kommunikation und Bewusstsein beleuchtet worden. Die Sphären der gesellschaftlichen Kommunikationen und des individuellen Bewusstseins sind operativ

---

1   Zur erkenntnistheoretischen und empirischen Votierung für Mehrdeutigkeit anstelle von eindeutigen Ordnungen vgl. Bonß 1998.
2   Zum Theorem der unbeabsichtigten Nebenfolgen vgl. Beck/Bonß/Lau 2004.

nicht für einander zugänglich. Das bedeutet einerseits, dass mit ihrer zunehmenden Abkopplung voneinander die Autonomie der beiden Sphären steigt, mithin die Freiheit der Selbst- und Ausgestaltung der Aneignung von Welt. Damit verbunden entwickelt sich aber auch eine Vielzahl von strukturellen Verknüpfungen zwischen beiden Sphären, die ein gänzliches Auseinanderfallen verhindern. Die gegenüber dem frühen 19. Jahrhundert erheblich wachsende Bedeutung, die das Konzept der Aufmerksamkeit seit den 1990er Jahren mit neuen Akzentuierungen wieder in den verschiedensten Sparten des wissenschaftlichen Diskurses bekommen hat, ist Symptom dieser problematisch gewordenen Verknüpfung von Individuum und Gesellschaft, von Bewusstsein und Kommunikation.

Bis 1930 war ‚Aufmerksamkeit' noch in den Handbüchern der Pädagogik durchweg mit meist längeren Artikeln vertreten, die Aufmerksamkeit sowohl phänomenologisch als auch theoretisch in den Blick nahmen; und zwar als didaktisch relevante Kategorie und als Ziel von Erziehung. Diese Gewichtigkeit der Aufmerksamkeitskategorie konnte sich insbesondere auf Fröbel, Pestalozzi und Herbart berufen. Insbesondere aber stand sie im Zusammenhang der Verwissenschaftlichung der Pädagogik als experimentelle naturwissenschaftliche Psychologie. Theoretisch war sie vorbereitet durch die Wundt'sche Zusammenführung des Apperzeptionskonzeptes mit dem voluntaristischen und emotionalen Konzept von Aufmerksamkeit. „Die Verbindung von Willens-, Gefühls- und Auffassungsaspekt führte zu ihrer (d. i. Aufmerksamkeit; JK) Deutung als zentrale kognitive Funktion" (Neumann 1971: Sp. 643). Aufmerksamkeit wurde als innere Willenshandlung begriffen. Bezeichnet war damit ein kognitiver Prozess, durch den ein wahrgenommener Inhalt in den inneren Blickpunkt des Bewusstseins eintritt und dieses zur Erhöhung des Klarheitsgrades dieses Inhaltes führt (vgl. ebd.).

Diese Prominenz hat der Aufmerksamkeitsbegriff in der neueren Erziehungswissenschaft nicht behalten. Zugleich haben sich die Konzepte und Kontexte zur Beschreibung und zum Begreifen des Phänomens der Aufmerksamkeit geändert. Unter dem Einfluss der erziehungswissenschaftlich-pädagogischen Absetzung von der experimentell-analytischen empirischen Psychologie und der geisteswissenschaftlichen (Neu-)Orientierung an Ganzheitlichkeit wurde Aufmerksamkeit in den 1950er Jahren nicht psychologisch, sondern anthropologisch begründet und später dann in dieser Perspektive als Argument gegen technologisch ausgerichtete Machbarkeitsvorstellungen von Unterricht gebracht (vgl. etwa Rumpf 2005). In den 1970er und 1980er Jahren aber spielte der Aufmerksamkeitsbegriff in den Erziehungswissenschaften schließlich keine zentrale Rolle mehr. In den Handbüchern kommt er nur marginal vor, wenn überhaupt. Die elfbändige Enzyklopädie Erziehungswissenschaft führt für ihn nur im Register eine Eintragung auf, die auf einen Artikel über Didaktik verweist. An die Stelle des Aufmerksamkeitsbegriffs ist nunmehr der Interessenbegriff getreten, also demgegenüber insbesondere der Blick für hinter der Aufmerksamkeit stehende gesellschaftliche Faktoren individueller Inhaltsgerichtetheit (vgl. Grotlüschen 2010; Kade 1979). Weiter verwendet wird der Aufmerksamkeitsbegriff seit den 1970er Jahren nur noch in der kognitionstheoretisch orientierten Psychologie, die allerdings anders als noch zu Beginn des 20. Jahrhunderts nunmehr über eigene Diskurszusammenhänge, abgeschottet von den Erziehungswissenschaften, verfügt (vgl. Neumann/Sanders 1996).

Dieser Beitrag rekonstruiert Aufmerksamkeit als erziehungswissenschaftlichen Grundbegriff. Vor dem Hintergrund der seit den 1990er Jahren laufenden sozialwissenschaftlichen Diskussion zum Thema Aufmerksamkeit und Gesellschaft wird Aufmerksamkeit als Kommunikation rekonstruiert. Es wird gezeigt, dass damit ein erziehungswissenschaftlicher Theorierahmen eröffnet wird, der neuere Entwicklungen im Feld der Pädagogik begreifbar macht und es erlaubt, unterschiedliche pädagogische Phänomene in ihrem Zusammenhang zu sehen. Ich werde zunächst die Grundbestimmungen des Aufmerksamkeitsbegriffs erläutern, dann darauf bezogen die Facetten des gegenwärtigen Aufmerksamkeitsdiskurses umreißen, um schließlich vor diesem Hintergrund das Konzept der Aufmerksamkeitskommunikation, das einen sozial ausgelegten Aufmerksamkeitsbegriff an die Bewusstseinsebene bindet, im Kontext von Erziehung und Bildung zu entfalten. Damit wird übergegangen von Aufmerksamkeit als Wahrnehmungsphänomen zu Aufmerksamkeit als Kommunikationsphänomen, also der Frage, worauf die Kommunikation ihre Aufmerksamkeit richtet. Aufmerksamkeit ist damit nicht mehr wesentlich der „Anfang von Bildung" (Hegel 1970: 249), sondern Medium, in dem Bildung, wenn auch nicht zwangsläufig, sich entwickeln kann.

2 Der Aufmerksamkeitsdiskurs

2.1 Grundbestimmungen von Aufmerksamkeit

Aufmerksamkeit bezeichnet einen Zustand oder eine Aktivität des Bewusstseins. Sie ist eine Form der Wahrnehmung, die auf etwas Bestimmtes gerichtet ist, wobei es sich nicht notwendig um eine bewusste Wahrnehmung handeln muss. Aufmerksamkeit meint ein erhöhtes Bewusstsein von einem fokussierten Wahrnehmungsbereich. Insofern ist sie eine Grundvoraussetzung kognitiver Prozesse. Zugleich ist sie aber auch eine basale Form menschlicher Zuwendung zur Welt. In dieser Hinsicht ist Aufmerksamkeit nichts anderes als das „phänomenale Korrelat des Sachverhalts, dass ein Subjekt es mit einer Welt zu tun hat, die seinen

Informationsbedarf überfordert und überflutet" (Blumenberg 2002: 188). In einem „gedachten Feld zugleich gegenwärtiger Gegenstände kann das Bewußtsein immer nur eines erfassen und intentional an diesem verweilen, alles andere zum Hintergrund abdrängend" (ebd.: 198). Aufmerksamkeit ist dabei eine „Form der Freiheit". Sie setzt ein Subjekt voraus, das in Distanz zur Welt steht und daher auswählen muss und kann, in was und mit welcher Intensität es die „Energien seines Bewusstseins" (ebd.: 183) investiert. Ablenkung ist das „Gegenphänomen der Aufmerksamkeit" (ebd.: 199). Sie ist Aufmerksamkeit durch das, was „außerhalb ihrer intendierten Konstanz" liegt. In dem Maße, in dem in modernen Gesellschaften die „Konkurrenz um die Zuwendung disponibler Wahrnehmung mit der Steigerung von Reizen statt mit der Verfeinerung von Aufmerksamkeit ausgetragen" wird (ebd.: 184), wird die „Rivalität der Aufmerksamkeit" (ebd.: 192) zu einem sie bedrohenden Problem. Insofern Aufmerksamkeit für eine Sache oder Person immer einschließt, dass die Wahrnehmung auf anderes nicht gerichtet ist, schließt sie immer die Abstraktion von anderem, damit „negative Aufmerksamkeit" (Kant 1960: 802), Nicht-Aufmerksamkeit ein. Gleichgültigkeit und Indifferenz bezeichnen mithin Zustände, die die Abhängigkeit der Aufmerksamkeit von der Nichtaufmerksamkeit im Blick behalten. Die „Normallage unseres Wahrnehmens ist Gleichgültigkeit gegenüber den allermeisten Gegebenheiten" (Hahn 2001: 29).

Der gegenwärtige, durchaus nicht marginale sozialwissenschaftliche Diskurs zum Thema Aufmerksamkeit kristallisiert an diesen Grundbestimmungen. Es geht um die Frage der Bindung der Wahrnehmung und insofern um das Thema Fixierung und Konzentration; es geht um die Frage der Wahl des fokussierten Gegenstands aus einem Wahrnehmungsfeld und insofern um das Thema Selektion; und es geht um das Thema der Steuerung und insofern um die Unterscheidung zwischen selbst- und fremdbestimmter Aufmerksamkeit. Letztlich geht es also in unterschiedlichen Akzentuierungen um die Frage, wer auf was wie die Aufmerksamkeit von wem richtet.

2.2 Aufmerksamkeit zwischen konzentrierter und zerstreuter Wahrnehmung, zwischen fremd- und selbstbestimmter Wahrnehmung

Die Geburt des modernen Aufmerksamkeitsbegriffs liegt in der zweiten Hälfte des 19. Jahrhunderts – so Jonathan Crary (2002) in einer kulturgeschichtlichen Studie über die Entwicklung der Wahrnehmung im Kontext neu entstehender visueller Technologien. Die forcierte Entwicklung kapitalistischer Industriegesellschaften führt zu grundlegenden Veränderungen im Feld der Wahrnehmung und, damit verbunden, der modernen Subjektivität. Das Brüchigwerden traditioneller sozialer Festlegungen der Wahrnehmung schafft den Raum für eine Neubestimmung des Wahrnehmungsfeldes. Insofern geht es um die Neuformierung von Subjektivität. Dies führt zu einem ersten Höhepunkt der Beschäftigung mit dem Thema der Aufmerksamkeit. Der wissenschaftliche Diskurs reflektiert einen von institutionellen Machtstrategien und individuellem Widerstand geprägten sozialen Kampf, in dem es um die Bestimmung dessen geht, worauf sich Aufmerksamkeit und Wahrnehmung der Individuen richten sollen.

In der Psychologie geht es unter dem Stichwort ‚Aufmerksamkeit' insbesondere um die Steuerung des Bewusstseins und im Speziellen der Wahrnehmung auf Grund von Erfordernissen der kapitalistischen Produktion durch Institutionen gesellschaftlicher Kontrolle sowie um die sich in dieser Zeit entwickelnden neuen massenkulturellen Formen der Unterhaltung. Aus der Sicht der Psychologie ist die Zerstreuung der Wahrnehmung der Gegensatz zur Aufmerksamkeit. Die psychologische Diskussion orientiert sich hierbei an der von der kapitalistischen Produktion geforderten Leistung der Konzentration auf die Arbeitsaufgaben. Im Zusammenhang der Mechanisierung und Spezialisierung der Arbeitsabläufe stellt Unaufmerksamkeit ein ernstes Problem dar. Gegenläufig, komplementär dazu wird auch ein mit der wachsenden Disziplinierung der Subjektivität zugleich aufkommendes gesteigertes Bedürfnis nach zerstreuter Aufmerksamkeit durch ein vermehrtes Aufkommen von Zerstreuung erlaubendem Massenspektakel bedient. Gegenüber diesem an der Idee leistungsorientierter und steuerbarer Subjektivität orientierten psychologischen Aufmerksamkeitsbegriff steht in der Philosophie ein Begriff von Aufmerksamkeit im Mittelpunkt, der sich an der Selbstbestimmung der Individuen über ihr Bewusstsein und ihre Wahrnehmung orientiert. Er setzt sich vor allem von kapitalistisch-ökonomischen Machbarkeitsvisionen ab, die die Psychologie noch einmal verstärkt. In dieser Sicht ist Aufmerksamkeit ein kritischer Begriff, der gegen Prozesse der gesellschaftlichen Vereinnahmung von Subjektivität im Zeichen wachsender ökonomischer Strategien der Disziplinierung gerichtet ist. Entsprechend hebt Aufmerksamkeit nicht auf Konzentration im Sinne der Verengung des Wahrnehmungsfeldes ab, sondern auf eher tranceartige Zustände, auf Unaufmerksamkeit, auf wachtraumähnliche Wahrnehmungen. Zerstreuung wird in diesem Theoriehorizont somit positiv gesehen. Sie ist – so Crary – eine Form der Verweigerung gegenüber dem gesellschaftlichen Zwang, sich auf etwas Spezifisches zu konzentrieren, damit zur Verengung der Wahrnehmung. Aber es geht nicht nur um das Thema der Selektivität von Aufmerksamkeit. Zugleich wird aus dieser Sicht die Fremdbestimmung der gesellschaftlichen Festlegung der Wahrnehmung im Zeichen von Aufmerksamkeitsforderungen betont.

Gegenbewegungen zu dieser fremdbestimmten Einengung des menschlichen Wahrnehmungsfeldes findet Crary in den Veränderungen des Sehens, wie sie sich im Bereich der bildenden Kunst zeigen. Er zeichnet an Bildern von Eduard Manet (1879), George Seurat (1887/8) und Paul Cézanne (1900) die in der Übergangszeit der zweiten Hälfte des 19. Jahrhunderts verdichtet zu beobachtende Dynamik der Auflösung und Bindung des Wahrnehmungsfeldes der Subjekte als Abfolge von drei Modellen der „Aufmerksamkeitspraxis" (ebd.: 226) nach. Eduard Manet steht noch für den Traum einer „Befreiung des Sehens" (ebd.: 21) von den Imperativen der Standardisierung der Aufmerksamkeit, wie sie mit den neuen Techniken repetitiven industriellen Machens von Bildern und damit der Wahrnehmung verbunden sind. Dagegen wird die Form einer instinktiven, unwillkürlichen Aufmerksamkeit gesetzt. Georges Seurats Werk ist dann bereits untrennbar mit den Konsequenzen der sich im 19. Jahrhundert herausbildenden naturwissenschaftlich-technischen Modelle subjektiven Sehens verbunden, nach denen Wahrnehmung ein Prozess ist, der aus „distinkten physikalischen Ereignissen" in der Zeit besteht. Wenn das Sehen prinzipiell eine Dauer hat, es also kein punktuelles, zeitloses Wahrnehmungsereignis ist, verlieren sowohl das Bild als auch der Betrachter ihre „stabile Identität" (ebd.: 128f.). Indes ist Seurats Werk – wie Crary analysiert – durch eine tief greifende Ambivalenz gekennzeichnet. In ihm zeigt sich einerseits eine „unerbittliche Durchdringung der ästhetischen Sphäre durch rationalistische Prozeduren", andererseits aber auch das Bemühen, diesen Zwängen durch Wirkungen von „magischer oder quasi revelatorischer Qualität zu entkommen" (ebd.: 127). Seurats Bilder oszillieren zwischen dem „Ideal einer atemporalen Fixierung der Aufmerksamkeit und einer unwiderruflichen Streuung der Wahrnehmung" (ebd.). Sie halten den Betrachter in der „Schwebe zwischen der Unterwerfung unter seine empirischen Operationen und der Antizipation einer lichterfüllten Verschmelzung all dessen, was in ihm unversöhnt" (ebd.: 224) ist. Cézannes Werk schließlich geht noch einen Schritt weiter. Es geht nunmehr darum, sich der Instabilität der Wahrnehmung selbst zu stellen und sich in ihr aufzuhalten, nicht aber zu versuchen, den flüchtigen Anschein der Welt noch einmal quasi registrierend festzuhalten. Aufmerksamkeit wird damit zum Teil eines „dynamischen Kontinuums", in welchem sie sich „unvermeidlich in einen zerstreuten Zustand auflöst" (ebd.: 230). Zu den ersten Opfern dieser für Cézanne charakteristischen „Aufmerksamkeits-Umschulung" gehörte „jedwede Annahme einer perzeptuellen Konstanz" (ebd.). Mit den entstehenden Industrien des Spektakels hat diese Malerei – so Crary – gemein, dass ein stabiles, punktuelles Wahrnehmungsmodell sich in ihr als unhaltbar erweist. Cézanne zielt auf ein quasi nicht-menschliches, dessen monadische Grenzen überwindendes Sehen, das mit einer „unmöglichen Aufmerksamkeit" blicken können sollte, ein Auge ohne Zwänge" (ebd.: 283). Aufmerksamkeit wird damit nicht mehr als selbstverständlich gegeben vorausgesetzt, sondern sie wird sich selber zum Gegenstand. In diesem Sinne spricht Crary von Cézannes „unermüdlicher Aufmerksamkeit auf die Aufmerksamkeit selbst". Sie soll zur „Überwindung der verwalteten Wahrnehmung der spektakulären Kultur" führen, in welcher die „Aufmerksamkeit auf alles aufmerken soll, nur nicht auf sich selbst" (ebd.). Indem Aufmerksamkeit selbstreferentiell wird, kommt eine Entwicklung der Aufmerksamkeitspraxis im späten 19. Jahrhundert zu einem Abschluss, deren Bogen vom desorientierten, fremdbestimmten zum autonomem Sehen auf einem gestiegenen Reflexions- und technischen Niveau reicht, von Aufmerksamkeit als passivem Vermögen zu Aufmerksamkeit als Ergebnis willentlicher Aktivität unter den Bedingungen radikaler Depersonalisierung der schöpferischen Kräfte der Wahrnehmung.

2.3 Komplementariat von Gedächtniskultur und Aufmerksamkeitskultur

Aleida Assmanns (2002) kulturtheoretische Überlegungen zum Wandel der Erinnerungskultur können als lockere Fortschreibung von Crarys Studie gelesen werden. Sie analysieren die Entwicklung des wahrnehmenden Bewusstseins am Ende des 20. Jahrhunderts unter den Bedingungen neuer Kommunikationstechnologien und Speichermedien, insbesondere des Internets. In diesem Zusammenhang bekommt Aufmerksamkeit als Moment der Fixierung von sinnhaftem Wissen eine neue Bedeutung.

Assmanns Analyse ist historisch angelegt. Dem durch neue Informations- und Kommunikationstechnologien bestimmten und insbesondere durch das Internet geprägten elektronischen Zeitalter wird das Zeitalter des Buchdrucks gegenübergestellt. Mit diesem Übergang – so Assmanns These – wandelt sich die Gedächtniskultur zu einer Aufmerksamkeitskultur. „Gedächtnis und Aufmerksamkeit stehen für unterschiedliche Strategien, mit denen man im typographischen und elektronischen Zeitalter auf die explosionsartige Vermehrung von Wissen und Information reagiert" (ebd.) Assmann geht von der Annahme einer durch Mündlichkeit geprägten sprachlichen Kommunikation aus. Diese ist durch die unmittelbare Verknüpfung von Sprecher, Information und Hörer gekennzeichnet. Durch den sich mit dem Buchdruck durchsetzenden Gebrauch der Schrift, also den Übergang von Mündlichkeit zur (Druck-)Schriftlichkeit, löst sich indes die enge Kopplung von Verfasser, Text und Leser auf und die Information verselbständigt sich als Text gegenüber dem Sprechenden und Hörenden. Die Dyade wechselseitiger Kommunikation wird zerstört und an ihre Stelle tritt eine „zerdehnte Kommunikationssituation" (ebd.). Es entsteht nunmehr die Utopie der zeitlichen Ausweitung des Kommunikationshorizontes und der Ermöglichung von Interaktion in einem ganz neuen „virtuellen Zeit-Raum über Jahrhunderte und Jahrtausende hinweg" (ebd.). Es entsteht so etwas wie die Utopie eines zeitlosen Dauergesprächs im Medium des Buches. „An der Bibliothekstür vollzieht sich die Verwandlung und Läuterung des historischen Individuums zum überhistorischen Leser und Gesprächspartner" (ebd.). Diese Utopie verliert mit dem elektronischen Zeitalter ihre mediale Grundlage. An die Stelle der Überwindung der Zeit tritt nunmehr die Überwindung des Raums. Nicht mehr das diachrone Gespräch ist die Utopie. Was das Internet schafft, ist vielmehr ein „Kommunikationsraum synchroner Gegenwart". Das elektronische Zeitalter verspricht Kommunikation in einem „globalen Hier und ubiquitären Jetzt" (ebd.).

Diese immense Erweiterung des Kommunikationsraums durch den Übergang von der mündlichen zu Buch- und Internetkommunikation ist nun indes mit einer erheblichen Einbuße an Stabilität verbunden. Assmann arbeitet heraus, wie sich im Übergang vom Zeitalter der Mündlichkeit zu dem der Schriftlichkeit die Strategien der Herstellung von Dauerhaftigkeit und Festigkeit des Kommunizierten ändern. Das Zeitalter der (Buch-)Schriftlichkeit kennzeichnet, dass die Stabilität von Informationen einerseits auf ihrer Autonomisierung als Text basiert, andererseits auf der Kanonisierung von Texten. Die Schattenseite dieser kulturellen Stabilisierungsstrategie sind Erfahrungen der „Erstarrung von Zeichen in Texten und der Gefahr einer entfremdeten Externalisierung von Wissen" (ebd.).

Das elektronische Zeitalter kennzeichnet nunmehr eine Beschleunigung von Daten und das ununterbrochene Fließen eines unkontrollierten Informationsstromes. Es verflüchtigt sich nunmehr – wie Assmann am Chatroom als prägnanten Fall pointiert – jeder „Anspruch auf Dauer und Ewigkeit … in den Raum ephemerer Flüchtigkeit" (ebd.). Der diachrone Dialog wird zum „interaktiven Schwatzen" (ebd.). Aufmerksamkeit wird deswegen zum Leitbegriff des neuen Medienzeitalters. Durch die Verdichtung, Konzentration und Kumulation von Aufmerksamkeit soll dem Kommunikationsfluss Festigkeit und Stabilität gegeben werden. Aufmerksamkeit wird in diesem Sinne zur Form, in der Dauerhaftigkeit unter den Bedingungen des Fließens der Kommunikation realisiert wird. „Was die Kanonisierung für das Druckzeitalter leistet, leistet die quantitative Verdichtung von Aufmerksamkeit für das Internet". Sie ist „statistisch messbar" und wird zum „Gegenstand kontinuierlicher Selbstbeobachtung" (ebd.). Von diesen Aufmerksamkeitsverdichtungen kann allerdings nur eine zumindest andere Art von Stabilität erwartet werden als die, welche etwa der Kanon im Zeitalter der Buchkultur erbringen konnte. Assmann bezeichnet die emergierenden neuen Stabilitäten metaphorisch als eine Art „Strudel" im Informationsfluss. Sie sind temporär und „können jederzeit explodieren, weil ihnen der Rückhalt einer materiellen Fixierung und institutionellen Sicherung fehlt" (ebd.). Aufmerksamkeit als Strategie der Stabilisierung von Kommunikation bleibt mithin in hohem Maße anfällig für Turbulenzen. Daher ist nicht zu erwarten, dass die Verdichtung medialer Aufmerksamkeit die stabilisierenden Leistungen des Gedächtnisses vollkommen verdrängen wird. Gedächtnis und Aufmerksamkeit werden somit zu komplementären Strategien, mit denen man „im typographischen und elektronischen Zeitalter auf die explosionsartige Vermehrung von Wissen und Information reagiert" (ebd.).

2.4 Aufmerksamkeit als knappe Ressource

Wie Aleidas Assmanns Arbeiten zum Wandel der Erinnerungskultur so schreiben auch Georg Francks Arbeiten zur Ökonomie der Aufmerksamkeit (vgl. Franck 2007)[3] die Studie von Jonathan Crary zum Wandel der Aufmerksamkeit in modernen Gesellschaften in zeitdiagnostischer Perspektive fort. Ging es dieser in einer eher historisch-rekonstruktiven Perspektive um den Prozess der Entstehung des Themas Aufmerksamkeit in modernen Gesellschaften im späten 19. Jahrhundert, wobei der Akzent auf der Diagnose eines kulturellen Wandels der Wahrnehmung lag, so sind Francks Arbeiten gegenwartsdiagnostisch angelegt. Ihr Fokus ist die entwickelte kapitalistische Gesellschaft. In dieser wird Aufmerksamkeit nunmehr – so Francks wohl überzogene These – zur zentralen ökonomischen Kategorie, die in dieser Hinsicht an die Stelle des Geldes tritt. Aufmerksamkeit bekommt damit einen neuen Status. Sie ist nicht mehr (nur) ein Zustand der Wahrnehmung, sondern sie wird zur einer Kategorie der Beobachtung und damit als solche zur ökonomischen Ressource.

Franck geht davon aus, dass Aufmerksamkeit in der heutigen Gesellschaft den Status einer „grundsätzlich knappen Ressource" (2007: 50) bekommt. Sie verdrängt das Geld als bisher dominierendes knappes Gut. Knappheit darf dabei nicht mit Mangel verwechselt werden. Während Mangel sich auf das Fehlen lebenswichtiger Mittel der Bedürfnisbefriedigung bezieht, bezeichnet Knappheit die „Asymmetrie zwischen der Verfügbarkeit einer Sache und ihren Verwendungsmöglichkeiten" (ebd.). Knappheit wächst daher mit der Fülle der Angebote zur Verwendung. Auch wenn Geld noch das wichtigste Mittel zur Abstimmung von Verfügbarkeit und Verwendung ist, so läuft Aufmerksamkeit – so Franck – diesem zunehmend den „Rang des wichtigsten Rationalisierungsmittels" ab. Denn sie übertrifft das Geld an Universalität. Zugleich ist die „Verfügbarkeit schärfer begrenzt" (ebd.). Als knappes Gut verliert Aufmerksamkeit ihre Beiläufigkeit, ihren nur ephemeren, anderes begleitenden Charakter. Sie wird zu einem eigenen Gegenstand der Reflexion und Bearbeitung und insofern der Aufmerk-

---

3 Die Theorie der Ökonomie der Aufmerksamkeit wurde später zu einer Theorie des Mentalen Kapitalismus ausgearbeitet, der durch einen scharfen Gegensatz zwischen Beachteten und Unbeachteten geprägt ist. In ihm verwandelt sich der öffentliche Raum zunehmend in eine gigantische Werbefläche für Produkte aller Art (vgl. Franck 2005).

samkeit. Sie wird somit selbstreferentiell. Sie nicht mehr (bloß) Mittel zum Zweck, sondern wird als Selbstzweck betrachtet (ebd.: 69).

Dabei entwickeln sich in der Gesellschaft feldspezifisch unterschiedliche Strategien der Bearbeitung von Aufmerksamkeit. Aufmerksamkeitserzeugung und Aufmerksamkeitsmanagement gewinnen an Bedeutung. Franck nennt drei Bereiche, in denen sich eine solche Entwicklung beobachten lässt. Zunächst geht es um das Phänomen des individuellen und organisationalen Aufmerksamkeitsmanagements angesichts eines – im Kern technologisch bedingten – exponentiellen Anwachsens der Informationsflut in einer dadurch gekennzeichneten Informationsgesellschaft. Aufmerksamkeit wird knapp auf Grund eines Übermaßes an Informationen und Anwendungsmöglichkeiten des Wissens. Der zweite Bereich, in dem Aufmerksamkeit als knapp erfahren wird und als solche behandelt wird, ist die Ökonomie. Knapp wird Aufmerksamkeit hier auf Grund eines Übermaßes an Waren, genauer: an Werbung für die zu verkaufenden Waren. Der dritte Bereich, in dem Aufmerksamkeit als knapp erfahren wird, ist der der Individuen. Knappheit der Aufmerksamkeit bedeutet hier ein individuell erfahrenes Defizit an Beachtung.

Im Mittelpunkt von Francks Arbeiten zur Ökonomie der Aufmerksamkeit steht der Bereich der Werbung. Es geht also zunächst um einen markt- und marketingbezogenen Begriff von Aufmerksamkeit. In dieser Zuschneidung wird Aufmerksamkeit zum Zentralbegriff einer neu sich herausbildenden Gesellschaftsformation. Sie nennt Franck in Abgrenzung vom monetären den mentalen Kapitalismus. Der zentrale Ort in dieser Gesellschaft ist nicht die Produktion, sondern der Markt. Auf ihm stehen aber nicht mehr der Verkauf von Waren im Vordergrund, sondern das Bemühen, sich der „Seelen der Menschen zu bemächtigen", wie Franck etwas pathetisch formuliert. Es geht um die Formierung von Subjektivität, insbesondere also des dafür konstitutiven Bewusstseins durch Werbung. Ihre „hybride Aufgabe" ist es, „Konsumenten zum Blickfang herzurichten" (ebd.: 72). Zwar geht es auch auf diesen Märkten um die Ermittlung der zahlungsbereiten Nachfrage. Aber bezahlt wird nicht mehr mit Geld, sondern mit Aufmerksamkeit. Aufmerksamkeit wird dabei in Besucherzahlen, Einschaltquoten, Umfragewerten, Auflagen, Reichweiten gemessen. Der „Kampf um Beachtung nimmt eine systematische, professionell versierte, technisch gut gerüstete, über die Existenz als Anbieter entscheidende Form an" (2005: 8). Voraussetzung für dieses Aufmerksamkeitsmanagement ist die Auflösung qualitativer in quantitative Differenzen. Aufmerksamkeit wird so auf ihre reine Quantität reduziert. Sie ist mithin gleichgültig gegenüber jeder inhaltlichen Bestimmtheit.

Ihre gesellschaftsdiagnostische Dimension bekommt Francks These von der Knappheit der Aufmerksamkeit dadurch, dass er sie nicht nur auf den Bereich der Ökonomie bezieht, sondern als universelles Prinzip der Gesellschaft begründet. In dieser Perspektive geht es nicht nur um Aufmerksamkeit für zu verkaufende Waren bei möglichen Käufern. Es geht auch – unter den Bedingungen vereinzelter, autonomer Individuen und einem Marktmodell ihrer Vergesellschaftung – um die Erzeugung von Aufmerksamkeit für die eigene Person bei anderen. Dies mögen Individuen oder auch Organisationen sein, von denen man emotional und bzw. oder ökonomisch abhängig ist. Aufmerksamkeit wird damit zum Lebensprinzip jedes Einzelnen. Ihre Herstellung wird unter den sozialen Bedingungen radikalisierter Individualität zum zentralen Merkmal der Lebensführung. Für ihre Gestaltung ist tendenziell jeder darauf angewiesen, bei anderen und auch in der (Medien-)Öffentlichkeit um Aufmerksamkeit für sich zu kämpfen. Die beständige Sorge um Aufmerksamkeit wird zum Modus, über den Individuen im Leben anderer präsent werden. Es geht also unter dem Stichwort Aufmerksamkeit nicht mehr um eine inhaltliche Spezifizierung des eigenen Bewusstseins, sondern darum, in das sonst nicht zugängliche Bewusstsein anderer einzudringen, sich in diesem gleichsam einzunisten. Aufmerksamkeit wird damit zu einer neuen Form von Sozialität, die es unter der Bedingung monadischer Individualität herzustellen gilt. „Der mentale Kapitalismus hat Zugriff auf das Selbst der Subjekte und verteilt die Chancen glückender Identität". In diesem Sinne spricht Franck vom „Elend der Selbstwertschätzung" (2005: 14). Diese Aufmerksamkeit entzieht sich jedoch zu großen Teilen der individuellen Verfügbarkeit. Sie wird zunehmend gesellschaftlich bewirtschaftet. Dies geschieht – wie Franck eindrucksvoll detailliert – bevorzugt in der Medienöffentlichkeit. Dabei gibt es einen deutlichen Bruch zwischen den sozialen Klassen. Er „verläuft zwischen den Besitzern des kulturellen und sozialen Kapitals, das mehr Beachtung beschert, als man ausgeben kann, und den Habenichtsen, denen nur die Beachtung untereinander bleibt" (ebd.).[4] Werbung wird in diesem Zusammenhang „symptomatisch für den Erregungszustand einer Gesellschaft, in der das Streben nach sozialer Geltung das Streben nach materiellem Wohlstand überrundet hat"(ebd.: 15). Es ist Ausdruck dieser Entwicklung, dass es bei den Selbstdarstellungen im Internet vielfach so aussieht, als ob man sich ständig irgendwo bewerben würde. An Aufmerksamkeit wird ihr sozialer Aspekt akzentuiert. Es geht vornehmlich um die Selektion aus konkurrierenden Aufmerksamkeitsattraktoren.

Vor diesem zeitdiagnostischen Hintergrund entwirft Franck nun eine „Ethik der Aufmerksamkeit". In ihrem Zusammenhang kommt der Aspekt der Steuerung ins Spiel. Franck macht ein Plädoyer für einen Übergang von einem öko-

---

4 In den sog. Neuen sozialen Netzwerken wie etwa ‚Facebook' könnte man dazu gegenläufige Bewegungen der Symmetrisierung von Aufmerksamkeitssuche und -gabe identifizieren. Man würde dann aber ihre ökonomische (Aus-)Nutzung, die sicher erst am Anfang steht und entsprechend an Sichtbarkeit und Prägekraft gewinnt, allzu gering schätzen.

nomischen Umgang mit (vornehmlich) fremder Aufmerksamkeit zu einem ökologischen Umgang mit der (eigenen) Aufmerksamkeit. Er schließt dazu vor allem an die Erfahrungen der Knappheit von Aufmerksamkeit im Kontext des für
moderne Gesellschaften kennzeichnenden Überflusses an Informationen an. Mit
dem Übergang von einem ökonomischen zu einem ökologischen Umgang mit
Aufmerksamkeit verbindet Franck dabei eine zweifache Umorientierung. Zum
einen geht es um die Verschiebung des Aufmerksamkeitsproblems von einem
Problem der Bearbeitung und Erzeugung fremder Aufmerksamkeit, seien dies
nun potentielle Kunden oder ein applaudierendes Publikum, zu einem veränderten Bezug auf die eigene Aufmerksamkeit. Zum anderen geht es um eine inhaltliche Neuorientierung, nämlich den Übergang von einer quantifizierenden
Tauschwertorientierung zu einer lebensbezogenen qualitativen Orientierung an
Gebrauchswerten. Dieser Übergang setzt – und das ist die analytische Pointe der
„Ökonomie der Aufmerksamkeit" – die Verselbständigung der Aufmerksamkeit
als Aufmerksamkeit gegenüber den Lebensvollzügen voraus, in deren Kontext
sie bislang selbstverständlich, unbemerkt und unreflektiert mitgelaufen ist. Insofern liegt die Perspektive der Gesellschaft für Franck in einem „Unterwegs zur
Selbstaufmerksamkeit" (Franck 2007: 237, vgl. auch S. 57f.), die sich auch von
den für die gegenwärtige Gesellschaft kennzeichnenden Aufmerksamkeitszumu-
tungen emanzipiert.

2.5 Aufmerksamkeit als Beobachtung

Die Aufmerksamkeit für eine Sache schließt immer die Nicht-Aufmerksamkeit
für alles andere ein. Im Lichte der vorangehend erläuterten Positionen im Aufmerksamkeitsdiskurs erscheint Nicht-Aufmerksamkeit, sofern sie überhaupt in
den Blick gerät, als Unaufmerksamkeit. Am Phänomen der Nicht-
Aufmerksamkeit wird also das Defizitäre betont. Um einer solchen normativen
Engführung zu entgehen, wird von Alois Hahn (2001) ein Blickwechsel vorgenommen. Er gründet seine Überlegungen zum Thema Aufmerksamkeit auf ein
Dual, die Unterscheidung aufmerksam/nicht-aufmerksam. Dieser Ausgangspunkt
hält die Abhängigkeit der Aufmerksamkeit von der Nichtaufmerksamkeit grundsätzlich im Blick. Nicht-Aufmerksamkeit erscheint somit als Gleichgültigkeit
und Indifferenz. Dabei ist die „Normallage unseres Wahrnehmens … Gleichgültigkeit gegenüber den allermeisten Gegebenheiten" (ebd.: 29).[5] Allerdings darf
man diese Normallage nicht zu einem quasi natürlichen Verhältnis zur Welt
stilisieren. Nicht nur die Aufmerksamkeit ist als etwas Hergestelltes zu betrachten, es gibt auch „Schwellen der Abschaltung von Aufmerksamkeit". Sie werden

---

5   Zu einem Verständnis von Indifferenz als Freiheit vgl. Scholz 1982.

durch natürliche Sinnesorgane aufgerichtet und resultieren aus einer „Kombination von sozialer Normierung, Gewohnheitsbildung und Systemgeschichte" (ebd.: 30). Aus dem grundlegenden Zusammenhang von Aufmerksamkeit und Nicht-Aufmerksamkeit ergibt sich, dass die Mitteilung von Aufmerksamkeit die (nichtausdrückliche) Mitteilung von Nicht-Aufmerksamkeit einschließt. In diesem Sinne spricht Hahn davon, dass „Schärfungen und Drosselung" der Aufmerksamkeit gelernt werden müssen (ebd.). Für berufliche Spezialisierungen etwa sind „virtuose Formen des Hinsehenkönnens" grundlegend, während die funktionale Ausdifferenzierung von gesellschaftlichen Funktionssystemen „generalisierte Fähigkeiten des Wegsehenkönnens" voraussetzt, damit eine „habitualisierte Indifferenz" (ebd.). Diese Entdämonisierung der Nicht-Aufmerksamkeit wird durch den Gedanken ermöglicht, dass die „Sinnwahl" durch Steuerung der Aufmerksamkeit zwar eine „Engführung unser Weltzugewandtheit" darstellt, dass sie aber den nicht wahrgenommenen Rest nicht „vernichtet", sondern ihn vielmehr als „offenen Raum zukünftiger Zuwendungen von Aufmerksamkeit bereithält" (ebd.: 29). Aufmerksamkeit hat also einen Zeitindex. Ihr temporärer Charakter kann sich etwa in pädagogischen Feldern darin zeigen, dass sich hier vielfältige Formen der von „Augenblick zu Augenblick wechselnden Zuwendung" von Aufmerksamkeit/Nicht-Aufmerksamkeit entwickelt haben (ebd.).[6]

Aufmerksamkeit entsteht dort, wo Neues oder Noch-nie-Gesehenes wahrgenommen wird, von dem das Bewusstsein fasziniert wird: „Unwahrscheinliche Gestaltungen" (ebd: 31) etwa durch Verfremdungen von Inhalten, durch dramatische Zuspitzungen, generell auch durch Abwechslung. Die Mechanismen, Aufmerksamkeit zu erzeugen, wandeln sich historisch. Die „Erschöpfung der Reizkapazität" führt beispielsweise zu vermehrten didaktischen Innovationen und Experimenten (ebd.: 39).

Aufmerksamkeit ist aber nicht nur als Resultat spezieller operativer Arrangements zu begreifen. Der „gesellschaftliche Normalfall" ist vielmehr – so Hahn (2001: 47) – die „direkte Regelung der Aufmerksamkeit selbst" durch Normen – früher etwa auch Klugheits- und Tugendlehren, heute auch durch die ökonomisch imprägnierte Regel erfolgreicher Lebensführung (vgl. etwa Franck 2005). Und insbesondere Massenmedien schaffen Orientierungen und Verbindlichkeiten durch die „Bündelung und Fokussierung von Aufmerksamkeiten" (Nolda 2002: 160), die einem sagen, worauf man aufmerksam sein soll und worauf nicht. Diesen Bezug auf Aufmerksamkeit begründet Hahn mit der Ausdifferenzierung der Gesellschaft in Subsysteme, die zugleich „Konkurrenten legitimer Aufmerksamkeit" (ebd.: 48) sind. Dies führt auch zu einer Verschiebung des Begriffs von Aufmerksamkeit selber. Er bezeichnet in dieser Perspektive nicht

---

6   Vgl. dazu im besonderen Markowitz 1986.

mehr die „Bindung von Bewusstseinsenergie", sondern wird nunmehr zu einer spezifischen Form des „beobachtenden und kontrollierenden Engagements überhaupt". Nicht Wahrnehmung ist der Bezugspunkt von Aufmerksamkeit, sondern Erwartung, genauer: die Erwartung von Aufmerksamkeit. Aufmerksamkeit meint dann z.B. die „systematische Kontrolle bestimmter empirischer Ereignisse unter dem Aspekt, ob sie gegebenen Erwartungen entsprechen oder nicht" (ebd.). Gedacht werden kann etwa an Schulabschlüsse.

Während in der Tradition der Phänomenologie Husserls das Bewusstsein mit den Basisoperationen Denken und Wahrnehmen das einzige Subjekt von „Aufmerksamkeitszuwendungen" ist, gilt – so Hahn – diese Einschränkung aus der Sicht einer Theorie gesellschaftlicher Ausdifferenzierung nicht mehr. In diesem Theoriehorizont werden auch soziale Systeme mit ihrer Basisoperation Kommunikation als sinnverarbeitende und damit als Aufmerksamkeiten erzeugende Systeme begriffen. Damit kommt ein neuer Typus von Aufmerksamkeit(szuwendung) in den Blick, den Hahn als „normierende Aufmerksamkeit" bezeichnet. Ihr Thema ist nicht die Festlegung von Wahrnehmung, sondern die von Aufmerksamkeit, spezifischer: die Überprüfung durch Beobachtung, ob erwartete Aufmerksamkeit als gegeben angenommen werden kann, und dadurch das Insistieren auf einer normierenden Aufmerksamkeit.

Dieser neue Typ von Aufmerksamkeit – so Hahns These – orientiert sich nur noch in seltenen Fällen an wahrgenommenen, direkt gesehenen oder miterlebten Aufmerksamkeitsereignissen, sondern vor allem an Daten. Die „Moderne hat in allen Funktionsbereichen spezielle seismographische Institutionalisierungen der Überwachung etabliert, die als legitimierte Generatoren sozialer Aufmerksamkeit fungieren" (ebd., 49). Sofern Normalität erwartet wird, erzeugt Aufmerksamkeit immer neue Abweichungen von der Normalität und bestätigt deren Gültigkeit damit zugleich. „Solche Orientierungen vitaler Aufmerksamkeiten an Kurvenverläufen waren nicht möglich, bevor es nicht Institutionen der Statistik, Volksbefragung und der permanenten Datenerhebung in allen Bereichen gab". Seit es diese gibt, werden „institutionalisierte Veranstaltungen zur Messung von Normalität die dominanten Aufmerksamkeitsgeneratoren unserer Gesellschaft" (ebd.: 51). Und daran ist etwa auch die Erziehungswissenschaft, mit unterschiedlichem, historisch wechselndem Erfolg, beteiligt.

Der zentrale gesellschaftliche Ort, an dem die allgemeine Aufmerksamkeit institutionalisiert ist, ist dabei die Öffentlichkeit. Hahn sieht in ihr den „Generator für gesamtgesellschaftliche Aufmerksamkeit" (ebd.). Sie ist der „symbolische Ort universeller Aufmerksamkeitsverpflichtung" (ebd.: 54), wobei „je nach unterstellter Zuhörer-, Leser- oder Zuschauergemeinde" unterschiedliche „Aufmerksamkeitskontexte" gegeben sind (ebd.). Sie ist auch der Ort, der Nicht-

Etablierten, aber etwa auch der Werbung, die Chance bietet, für ihre Themen Aufmerksamkeit zu erzeugen.

3 Aufmerksamkeitskommunikation im Kontext von pädagogischer Kommunikation

3.1 Pädagogik und Aufmerksamkeit

Der vorangehend dargestellt sozialwissenschaftlich-philosophische Aufmerksamkeitsdiskurs behandelt das Thema Aufmerksamkeit nicht nur facettenreich und systematisch breit ausgelegt. Der Diskurs läuft auch auf einen Fluchtpunkt zu, in dem die unterschiedlichen Zugänge zum Thema Aufmerksamkeit zumindest locker zusammenlaufen. Sie teilen weithin eine Beobachtung über dessen neuere Entwicklung, nämlich dass Aufmerksamkeit selbstreferentiell wird, indem sie sich von den Inhalten ablöst, auf die sie zunächst gerichtet ist. Es entsteht in diesem Sinne gewissermaßen Aufmerksamkeit *sans phrase*. Aus kommunikationstheoretischem Blickwinkel betrachtet emergiert damit eine Kommunikationsform, deren Inhalt Aufmerksamkeit selber ist.[7] Sie ist in diesem Diskurs zum einen auf das individuelle Bewusstsein bezogen, zum anderen aber richtet sie sich als Beobachtung auf die Ebene der Kommunikation.

Erziehung und Bildung hat es in vielfältiger Weise mit den vorangehend dargestellten Facetten von Aufmerksamkeit zu tun, mithin mit den Problemen der Fokussierung von Wahrnehmung, insofern der Selektion, der dauerhaften Bindung von Wahrnehmung, insofern der Fokussierung, und der Strukturierung von Wahrnehmung, insofern der Steuerung. Dabei geht es vordringlich um das Problem der Aufmerksamkeit ihrer Adressaten. Und insofern geht es vor allem um Herstellung, Erhalt und Lenkung der Aufmerksamkeit. Als notwendige Bedingung des Gelingens von Erziehungs- und Bildungsprozessen setzen diese voraus, dass die Adressaten für das vermittelte Wissen offen und aufmerksam sind. Durch Aufmerksamkeit wird der „innere Sinn von uns selbst affiziert" (Kant 1956: 152). Ihre Thematisierung geht von einem Defizit aus. Aufmerksamkeit wird zum Problem, das auf Lösung drängt. Dabei lassen sich gegenwärtig insbesondere medizinische von pädagogischen Lösungsstrategien unterscheiden.

Ein prominentes Beispiel für medizinische Diskurse, oft in pädagogischem Gewand, ist die Vielzahl der gegenwärtig auf die einzelnen Schülerbewusstseine

---

7 Vgl. auch Waldenfels (2004) Beobachtung über eine Verschiebung der Aufmerksamkeit vom Gegenstand auf den Adressaten am Fall der Werbung. Die „Werbung für etwas" geht unmittelbar über in eine „Werbung um die Aufmerksamkeit selbst".

fokussierten Diagnosen bezüglich eines sog. ADS-Syndroms. Mit ihnen werden die Ursachen für problematische Kommunikationsverläufe im Unterricht quasi externalisiert.[8] Die mit entsprechenden Therapievorschlägen verbundenen Diagnosen von Aufmerksamkeitsdefiziten pathologisieren Kinder und Jugendliche, indem sie ihnen die Verantwortung für Fehlentwicklungen zurechnen. Sie abstrahieren von der prinzipiellen Möglichkeit pädagogisch legitimierbarer individuell-inhaltlicher Festlegungen dessen, worauf sich die Aufmerksamkeit richtet, das aber ja durchaus auch von schulisch, etwa curricular vorgegebenen Inhaltserwartungen abweichen kann. Aus der Sicht eines medizinisch pathologisierenden Diskurses werden darin störende Ablenkungen der Aufmerksamkeit gesehen. Ein solcher Umgang mit individueller Aufmerksamkeit ist auf die Beobachtung möglicher Abweichungen von sozialen Normen gepolt. Im Gewande medizinischer, auf statistisch objektivierten Daten basierender Diskurse findet letztlich ein kommunikativ nicht zugänglicher, machtdurchsetzter Diskurs sozialer Nichtanerkennung von individuellem Eigensinn statt, unter Ausblendung aller Bedeutungen, die die Bildung individueller Bewusstseine für Prozesse soziokultureller Evolution immer auch haben.

Pädagogische Strategien des Umgangs mit dem Problem fehlender, zu geringer oder falscher Aufmerksamkeit stehen vor allem in der Perspektive von Didaktik und Methodik. Da gerade unter den Bedingungen nicht-freiwilliger Teilnahme wie etwa in der Schule die Aufmerksamkeit von Schülern für die dortigen inhaltlichen und sozialen Vermittlungserwartungen nicht selbstverständlich gegeben ist, hat die Pädagogik ein reiches Arsenal von Methoden entwickelt, um das Bewusstsein der Adressaten in ausreichendem Maßen und nachhaltig für die Vermittlungsinhalte zu faszinieren (vgl. Prange/Strobel-Eisele 2006). Dies kann eher mit interaktiven oder mit organisationalen Methoden, etwa der Zeit- und Raumgestaltung, geschehen. Die Mittel der Aufmerksamkeitserzeugung reichen vom themenbezogenen Zeigen über mediale Visualisierungen und gekonnte sprachliche oder nonverbale Selbstdarstellungen von Pädagogen bis zu eher instrumentellen Strategien der Inszenierung von Animationen, die sich am Unterhaltungsspektakel, an Marktgeschrei und an den neueren Formen der Eventkultur orientieren, wie etwa Talkshows oder Bildungsveranstaltungen in Gestalt von Ratespielen, in denen es um Millionengewinne geht. Dabei kann das Augenmerk direkt auf die Aufmerksamkeitserzeugung gerichtet werden oder eher negativ orientiert sein, z. B. durch Abschirmung gegen drohende Ablenkungen, etwa durch räumliche, zeitliche oder soziale Isolierungsstrategien. Bescheidene Zurückhaltung ist dabei ebenso möglich wie aggressives, marke-

---

8 Wenn man in der Suchmaschine Google oder im Katalog einer großen Bibliothek unter dem Stichwort ‚Aufmerksamkeit' sucht, findet man vor allem, und das in großer Zahl, Literatur zu diesem Thema.

tingversiertes Buhlen um Aufmerksamkeit. Weil diese erwartet wird, reicht es nicht aus, dass die Adressaten pädagogischer Kommunikation aufmerksam sind, sie müssen ihre Aufmerksamkeit im jeweiligen pädagogischen Feld auch wahrnehmbar machen oder gar kommunizieren. Diese ist indes nicht daran gebunden, dass jemand aufmerksam ist. Aufmerksamkeit kann dem Lehrenden auch, z. B. durch eine auf einen Tafelanschrieb gerichteten Blick, kommuniziert werden, ohne dass diese auch tatsächlich wirklich auf den Tafelanschrieb gerichtet wäre.[9] Aber Aufmerksamkeit wird nicht nur von den Adressaten von Erziehung und Bildung erwartet. Sie wird auch von den wie auch immer handelnden Pädagogen verlangt. Sie müssen aufmerksam sein auf das, was sie vermitteln, auf die Vermittlungsmethoden, auf ihre Adressaten, auf sich selbst und – im Falle von gruppenförmiger pädagogischer Kommunikation – auf das gesamte Gruppengeschehen, also auch auf die Schüler, Teilnehmer, Klienten, auf die sie gerade nicht ihre Aufmerksamkeit richten.[10] Und schließlich wird inzwischen auch Erziehung und Bildung selber vermehrt zum Gegenstand der Aufmerksamkeit. Nunmehr allerdings nicht mehr von Pädagogen, sondern von externen Akteuren, wie den Leitungen von Bildungseinrichtungen oder bildungspolitischen und massenmedialen Institutionen. Ihre zur Beobachtung werdende Aufmerksamkeit auf Erziehung und Bildung hat die Form von meist kontinuierlichen Evaluationen, die mit Erwartungen der Legitimation und Verbesserung verbunden sind (vgl. Kuper 2005).

3.2 Formen der Aufmerksamkeitskommunikation

Diesem hier in großen Strichen resümierten Spektrum der Thematisierung von Erziehung und Bildung unter Aufmerksamkeitsaspekten (vgl. ausführlicher Dinkelaker 2010) liegt ebenso wie dem vorangehend dargestellten sozialwissenschaftlich-philosophischen Aufmerksamkeitsdiskurs eine Unterscheidung von zwei Aufmerksamkeitsbegriffen zugrunde. Auf der einen Seite steht ein Verständnis von Aufmerksamkeit, dass diese als eine Form von individueller Wahrnehmung fasst. Aufmerksamkeit ist die Form, in der das Bewusstsein nach außen gerichtet ist, insofern fremdreferentiell prozessiert. Auf der anderen Seite steht ein Verständnis von Aufmerksamkeit, das diese als eine Form der Beobachtung

---

9   Zu einer modernitätstheoretischen Relativierung von Aufmerksamkeits- und Konzentrationserwartungen durch eine positive Sicht auf zerstreute Aufmerksamkeit in pädagogischen Kontexten vgl. Sigrid Nolda 2002 und aus ästhetischer Sicht Jonathan Crary 2002.

10 Für diesen Komplex, der heute unter dem Begriff ,classroom-management' diskutiert wird, haben Jürgen Markowitz (1986) und unter Bezug auf ihn Bernhard Koring (2007) ein feingliedriges, empirienahes Modell entwickelt.

begreift. Und insofern ist Aufmerksamkeit nicht ein Moment des Bewusstseins, sondern der Kommunikation.

Beide Verständnissen von Aufmerksamkeit lassen sich im Rahmen eines kommunikationstheoretisch konzeptualisierten Begriffs von Erziehung und Bildung, der das Konzept der pädagogischen Kommunikation in den Mittelpunkt stellt (vgl. Kade/Seitter 2007a; Kade 2007), als Aufmerksamkeitskommunikation systematisch zusammenführen und näher bestimmen. In diesem Rahmen lassen sich zunächst analog zur pädagogischen Kommunikation vier Grundformen der Aufmerksamkeitskommunikation differenzieren. Diese hat ihren Ausgangspunkt darin, dass pädagogische Kommunikation immer Personen voraussetzt, die für das ihnen vermittelte Wissen aufmerksam sind. Soweit diese Aufmerksamkeit in der Kommunikation nicht als ein Problem reflektiert wird, auf das mit der Vermittlung von Wissen in besonderer Weise reagiert wird, soweit also Wissen vermittelt wird unter Absehung von einer selbstverständlich, im Verantwortungsbereich der Adressaten immer mitlaufenden Aufmerksamkeit, handelt es sich um *einfache Aufmerksamkeitskommunikation*. Ihr Kennzeichen ist die kommunikative Nichtberücksichtigung individueller Aufmerksamkeiten, damit deren Freigabe. Ob und in welcher Ausdeutung Aufmerksamkeit für das vermittelte Wissen besteht, bleibt in personal-interaktiven Kontexten den Schülern, Teilnehmern und Klienten freigestellt, in medialen Kontexten den Zuhörern, Zuschauern oder Lesern überlassen. Über die Aufmerksamkeit kann mithin individuell autonom und damit plural entschieden werden. Der Bezug auf Aufmerksamkeit findet in diesem Fall nur aus der Beobachterperspektive statt.

Soweit die Beobachtung der Aufmerksamkeit aber selber eine Operationsweise pädagogischer Kommunikation ist, handelt es sich um einen Fall *aufmerksamkeitsfokussierter Kommunikation*. Während die unterschiedlichen Formen der unscheinbar mitlaufenden personalen und medialen Kommunikation auf die Freigabe der Aufmerksamkeit setzen, ist aufmerksamkeitsfokussierte Kommunikation dadurch gekennzeichnet, dass sich die Vermittlungsakteure für Probleme der Aufmerksamkeit interessieren. Dies schließt ein, dass die – aus der Perspektive der Wissensvermittlung – 'richtige' Aufmerksamkeit auch überprüft wird. Anlässe aufmerksamkeitsfokussierter Kommunikation finden sich etwa dort, wo die Adressaten von Bildungs- und Erziehungsangeboten nicht selbstverständlich auf das ihnen vermittelte Wissen als lebenslaufrelevantes, daher für sie verbindliches Wissen aufmerksam sind. Die Vermittler von Wissen versuchen daher die von ihnen implizierte Relevanzbehauptung nicht nur argumentativ, sondern unter Inanspruchnahme einer 'Überzeugungsmacht' durchzusetzen, die auf einer als Wissensgefälle gedeuteten immer mitlaufenden sozialen Asymmetrie gründet.

Um *pädagogische Aufmerksamkeitskommunikation* im engeren Sinne handelt es sich dann, wenn eine Aufmerksamkeitserwartung im Zusammenhang der

Wissensvermittlung an eine Person nicht nur wahrnehmbar ist, sondern auch mit mehr oder weniger großer Intensität kommuniziert wird, und zwar unterscheidbar von der Wissenskommunikation, gleichwohl aber nicht losgelöst von ihr. Dies geschieht insbesondere dergestalt, dass zusammen mit der (aufmerksamkeitsbezogenen) Vermittlung von Wissen der Adressat als unter Aufmerksamkeitsaspekten defizitär konstruiert wird und diese Defizitkonstruktion als Kern einer personbezogenen Aufmerksamkeitserwartung kommuniziert wird. In dieser Hinsicht steht nicht die Mitteilung von Adressaten unbekanntem Wissen im Vordergrund, also der Informationsaspekt von Kommunikation, sondern die Mitteilung von Erwartungen auf Aufmerksamkeit, welche als für die Person bedeutsam vermittelt wird, aber dieser zunächst noch mangelt. Es wird kommuniziert, dass es nicht beliebig ist, ob und wie die adressierte Person für ein vermitteltes Wissen aufmerksam ist. Es wird in diesem Fall also nicht nur eine Aufmerksamkeitserwartung kommuniziert, sondern darüber hinaus noch eine Erwartung an den pädagogischen Adressaten, seinen bisherigen Aufmerksamkeitsfokus zu verändern.

Dabei ist Aufmerksamkeitskommunikation grundsätzlich mit der Überprüfung der Aufmerksamkeit verbunden, diese kann mitlaufend oder in einem eigenen Kommunikationsakt geschehen. Werden die Ergebnisse der Überprüfung von Aufmerksamkeit dokumentiert und bescheinigt, z. B. in den teilweise immer noch bestehenden Kopfnoten von Schulzeugnissen, geht es primär nicht länger um die Kommunikation von Aufmerksamkeit *an* Personen, sondern um die Kommunikation *über* die Aufmerksamkeit von Personen mithilfe von Zertifikaten. Thema dieser Kommunikation ist die Hervorbringung und Mitteilung von Wissen über die Aufmerksamkeit, die Adressaten von pädagogischer Kommunikation erworben haben und über die sie nunmehr verfügen. Zertifizierungen sind nicht nur Ausdruck einer Verschiebung individueller, aber auch institutioneller und gesellschaftlicher Aufmerksamkeit von den Wissensinhalten weg zur Aufmerksamkeitserwartung und zur Beobachtung, ob sie erfüllt worden ist.[11] Diese Verschiebung wirkt auch steuernd bzw. zumindest strukturierend zurück auf eine inhaltsgerichtete Aufmerksamkeit. Erzeugt werden dadurch spezifische Inhaltspräferenzen, in dem Sinne etwa, dass nur gelernt wird, was später auch geprüft und zertifiziert wird.

---

11   Vgl. gegenlaufend dazu auch – wie oben ausgeführt – Francks Plädoyer für eine Verschiebung von einer Ökonomie zu einer Ökologie der Aufmerksamkeit (2009).

3.3 Überbrückung der Aufmerksamkeitslücke zwischen Bewusstsein und Kommunikation

Die besondere Bedeutung der Aufmerksamkeitskommunikation in allen diesen Formen ergibt sich daraus, dass damit die für pädagogische Kommunikation unverzichtbare Bindung sozialer Praktiken an die Individuen als ihre Adressaten in den Mittelpunkt gerückt wird. Um deren Veränderung geht es ja letztendlich immer,[12] auch wenn die operativ nicht zu überwindende Kluft zwischen der Kommunikationsebene einerseits, auf der sich Erziehung und Bildung abspielen, und der Bewusstseinsebene andererseits eine Verschiebung von *pädagogischer* Kommunikation zu pädagogischer *Kommunikation* wiederholt als theoretische Lösung nahe gelegt hat.[13] Erziehung hat es „grundsätzlich immer mit einer doppelten Systemreferenz zu tun. Sie bezieht sich immer auf personale Systeme und auf ein soziales System zugleich" (Vanderstraeten 2006: 106). Mit dem Auseinanderdriften dieser beiden Ebenen gewinnen Prozesse der Strukturbildung sozialer Kommunikation ebenso an Autonomie wie die Prozesse der Bildung individueller Bewusstseine, in denen je spezifische Weltverhältnisse emergieren.

Mit dieser Steigerung wechselseitiger Autonomie geht aber zugleich die Notwendigkeit der Entwicklung von leistungsfähigen Formen der sozialen Kopplung von Kommunikations- und Bewusstseinsebene einher. Aufmerksamkeitskommunikation beschreibt eine solche Form der Kommunikation. Sie überbrückt deren Kluft zur Ebene individueller Bewusstseine insofern, als sie ein Medium ist, in dem Individuen die inhaltliche Gerichtetheit ihrer Wahrnehmungen außerhalb ihrer Grenzen sichtbar machen können, sie sich zurechnen und damit zugleich die soziale Verantwortung dafür übernehmen können, aber auch müssen. Es kann nicht erwartet werden, dass die Kluft zwischen der Ebene der Prozessierung individueller Bewusstseine und der Ebene der (Wissens-)Kommunikation damit verschwindet. Aufmerksamkeitskommunikation kann mithin das Problem der Unabhängigkeit nicht lösen, das sich aus der prinzipiellen Autonomie individuellen Bewusstseins gegenüber dem Fortgang pädagogischer Kommunikation ergibt. Sie kann ihm nur eine Verlaufsform durch eine Stärkung der strukturellen Bindungskräfte zwischen beiden Ebenen geben. Sie fokussiert eine Form der Kopplung, die es zu verstehen erlaubt, wie das, was operativ unmöglich ist, empirisch gleichwohl mit gewisser Wahrscheinlichkeit stattfinden kann und stattfindet.

Die Aufmerksamkeit, die das Agieren auf der Ebene der Aufmerksamkeitskommunikation gegenwärtig (wieder) im sozialwissenschaftlich-kulturellen

---

12 Vgl. in diesem Sinne auch insistierend Luhmann 2002: 46f.

13 Vgl. unter Bezug auf die Debatte zum Technologiedefizit der Pädagogik der frühen 1980er Jahre Proske/Radtke 2007.

Diskurs findet, spricht dafür, dass (fehlende bzw. unzureichende) Aufmerksamkeit in der Tat ein äußerst virulentes Problem von Erziehung und Bildung darstellt, und zwar nicht nur in schulischen Unterrichtskontexten, sondern wahrscheinlich noch mehr unter den Bedingungen medial universalisierter pädagogischer Verhältnisse. Insofern ist die Entfaltung des Begriffs der Aufmerksamkeitskommunikation sowohl ein Symptom eines pädagogischen Problems als auch eine Chiffre für die Erwartung seiner Lösung. Zur differenzierten Analyse des pädagogisch unumgänglichen Werbens um individuelle Aufmerksamkeit wird man daher stärker als bisher von normativen Engführungen von Aufmerksamkeitserwartungen absehen bzw. sie zumindest einklammern müssen. Stattdessen wird man vor dem Hintergrund eines facettenreichen Aufmerksamkeitsdiskurses in den Sozialwissenschaften in Zukunft stärker differenzieren müssen, zunächst zwischen unterschiedlichen Formen von Aufmerksamkeitskommunikation und dann – in normativer Perspektive – zwischen inhaltlich fragiler, sozial prekärer und zeitlich diskontinuierlicher, damit zwischen problematischer, changierend-zerstreuter und vorgespielt-behaupteter Aufmerksamkeit. Eine Antwort auf die Steigerung der Komplexität des Problems der Aufmerksamkeit ist dabei eine zunehmend zu beobachtende Tendenz der Selbstreferentialität. Aufmerksamkeitskommunikation wird selbstbezüglich. Auf der individuell-biographischen Ebene nimmt sie die Gestalt lebenslanger Selbstaufmerksamkeit an, auf der Ebene von Interaktion die Gestalt einer die Kommunikation begleitenden Selbstbeobachtung und auf der gesellschaftlichen Ebene die Gestalt von Zertifikaten und Evaluationen.[14] Man kann in solchen Entwicklungen im Feld von Bildung und Erziehung eine Steigerung ihrer Rationalität sehen, aber auch eine Tendenz der Entpädagogisierung pädagogischer Kommunikation als Folge davon, dass sie auf breiter Ebene von Aufmerksamkeitskommunikationen dominiert wird.[15]

---

14 Vgl. zur Selbstbeobachtung als Grenzform pädagogischer Kommunikation Kade/Seitter 2009, zur sozial erwarteten Selbstbeobachtung als Strukturmerkmal Lebenslangen Lernens Kade/Seitter 2007c und zur Selbstpädagogisierung Kade 2006.

15 Zum Verhältnis von Aufmerksamkeit und Anerkennung vgl. Seel 2007, insbes.: 177f.: „In ihrem Kern ist (im Orig. gesperrt) sie (=Anerkennung) Aufmerksamkeit".

Literatur

Aderhold, J./Kranz, O. (Hrsg.) (2007): Intention und Funktion. Probleme der Vermittlung psychischer und sozialer Systeme. Wiesbaden: VS Verlag für Sozialwissenschaften

Assmann, A. (2002): Druckerpresse und Internet – von einer Gedächtniskultur zu einer Aufmerksamkeitskultur. Zugänglich über http://www.uni-konstanz.de/paech2002/zdm/beitrg/Assmann.html

Assmann, A. (2009): Erinnerungsräume: Formen und Wandlungen des kulturellen Gedächtnisses. München: Beck

Assmann, A./Assmann, J. (Hrsg.) (2001): Aufmerksamkeiten. Reihe: Archäologie der literarischen Kommunikation 7. München: Fink

Beck, U./Lau, Chr. (Hrsg.) (2004): Entgrenzung und Entscheidung. Frankfurt am Main: Suhrkamp

Beck, U./Bonß, W./Lau, Chr. (2004): Entgrenzung erzwingt Entscheidung: Was ist neu an der Theorie reflexiver Modernisierung? In: Beck (2004): 13-61

Berdelmann, K./Fuhr, Th. (Hrsg.) (2009): Operative Pädagogik. Grundlegung, Anschlüsse, Diskussion. Paderborn: Schöningh

Blumenberg, H. (2002): Zu den Sachen und zurück. Aus dem Nachlass herausgegeben von M. Sommer. Frankfurt am Main: Suhrkamp

Blumenberg, H. (2002): Auffallen und Aufmerken. In: Ders. (2002): 182-206

Bonß, W. (1998): Uneindeutigkeit, Unsicherheit, Pluralisierung. In: Merkur 52, H. 9/10, Sonderheft: Postmoderne. Eine Bilanz. 1998. 968-947

Commission of the European Communities (2000): A Memorandum on Lifelong Learning: Towards the learning society. Luxemburg

Crary, J. (2002): Aufmerksamkeit. Wahrnehmung und moderne Kultur. Frankfurt am Main: Suhrkamp

Dinkelaker, J. (2009): Pädagogisches Handeln und Pädagogische Kommunikation. Analyse des Verhältnisses zweier Operationsweisen. In: Berdelmann et al. (2009): 135-150

Dinkelaker, J. (2010): Aufmerksamkeit. In: Kade, J./Helsper, W././Lüders, Ch./ Egloff, B./ Radtke, F.-O./Thole, W. (Hrsg.) (2010): Grundwissen Erziehungswissenschaft – 30 Antworten. Stuttgart u.a: Kohlhammer. (im Erscheinen)

Ehrenspeck, Y./Lenzen, D. (Hrsg.) (2006): Beobachtungen des Erziehungssystems. Wiesbaden: VS Verlag für Sozialwissenschaften

Forst, R./Hartmann, M./Jaeggi, R./Saar, M. (Hrsg.) (2009): Sozialphilosophie und Kritik. Axel Honneth zum 60. Geburtstag. Frankfurt am Main: Suhrkamp

Franck, G. (2007): Ökonomie der Aufmerksamkeit. München: Hanser (zuerst 1998)

Franck, G. (2005): Mentaler Kapitalismus. Eine politische Ökonomie des Geistes. München: Hanser

Göhlich, M./Wulf, Chr./Zirfas, J. (Hrsg.) (2007): Pädagogische Theorien des Lernens. Weinheim und Basel: Beltz

Grotlüschen, A. (2010): Erneuerte Interessentheorie. Vom Zusammenspiel pragmatischer und habitueller Achsen bei der Genese von Interessen und Widerständen. Wiesbaden: VS Verlag für Sozialwissenschaften

Hahn, A. (2001): Aufmerksamkeit. In: Assmann et al. (2001): 25-56

Hegel, G.W.F. (1970): Enzyklopädie der philosophischen Wissenschaften im Grundriss. Dritter Teil: Die Philosophie des Geistes. Mit mündlichen Zusätzen. Frankfurt am Main: Suhrkamp. Erstauflage 1830. (= Werke in zwanzig Bänden. Bd. 10; Redaktion Eva Moldenhauer und Karl-Markus Michel)

Helsper, W./Hörster, R./Kade, J. (Hrsg.) (2003): Ungewissheit. Pädagogische Felder im Modernisierungsprozess. Weilerswist: Velbrück Wissenschaft

Kade, J. (1979): Eine pädagogische Theorie des Interesses – ein Weg zur Lösung von Erziehungsproblemen? Eine Auseinandersetzung mit dem Ansatz von H. Schiefele, K. Haußer und G. Schneider. In: Zeitschrift für Pädagogik 25, H. 4. 1979: 595-602

Kade, J. (2006): Lebenslauf – Netzwerk – Selbstpädagogisierung. Zum Zusammenhang von Medienentwicklung und institutioneller Strukturbildung bei der Ausdifferenzierung eines Funktionssystems für Erziehung. In: Ehrenspeck et al. (2006): 13-25

Kade, J. (2007): (Selbst-)Aufklärung der Erziehungswissenschaft: Von ‚Erziehung' zur ‚pädagogischen Kommunikation'. In: Kraft (2007): 83-100

Kade, J./Seitter, W. (2003a): Von der Wissensvermittlung zur pädagogischen Kommunikation. Theoretische Perspektiven und empirische Befunde. In: Zeitschrift für Erziehungswissenschaft 6, H. 4. (2003a): 602-617

Kade, J./Seitter, W. (2003b): Jenseits des Goldstandards. Über Erziehung und Bildung unter den Bedingungen von Nicht-Wissen, Ungewissheit, Risiko und Vertrauen. In: Helsper et al. (2003): 50-72

Kade, J./Seitter, W. (2007a): Umgang mit Wissen. Recherchen zur Empirie des Pädagogischen. Band 1: Pädagogische Kommunikation; Band 2: Pädagogisches Wissen. Opladen & Farmington Hills: Barbara Budrich

Kade, J./Seitter, W. (2007b): Offensichtlich unsichtbar. Die Pädagogisierung des Umgangs mit Wissen im Kontext des lebenslangen Lernens. In: Zeitschrift für Erziehungswissenschaft 10, H. 2. 2007. 181-198

Kade, J./Seitter, W. (2007c): Lebenslanges Lernen. In: Göhlich et al. (2007): 133-141

Kade, J./Seitter/W. (2009): Zwischen Entinstitutionalisierung und Reinstitutionalisierung. Zum Wandel von Formen der Strukturierung des Lernens im Erwachsenenalter. In: Lange et al. (2009): 389-407

Kant, I. (1956): Kritik der reinen Vernunft I. Wiesbaden: Insel. Erstauflage 1781. (=Werke III, hrsg. v. Wilhelm Weischedel)

Kant, I. (1960): Versuch, den Begriff der negativen Größen in die Weltweisheit einzuführen. In: Ders.: Vorkritische Schriften bis 1768. Wiesbaden: Insel (1960): 779-819 (= Werke II, hrsg. v. Wilhelm Weischedel)

Koring, B. (2007): Pädagogische Orientierung, Orientierung der Pädagogik: Überlegungen zu den Grundformen pädagogischer Orientierung. In: Aderhold et al. (2007): 123-139

Kraft, V. (Hrsg.) (2007): Zwischen Reflexion, Funktion und Leistung: Fragen an die Erziehungswissenschaft. Bad Heilbrunn: Klinkhardt

Krüger, H.-H./Helsper, W. (2010): Einführung in Grundbegriffe und Grundfragen der Erziehungswissenschaft. Opladen, 9. Auflage: Barbara Budrich

Kuper, H. (2005). Evaluation im Bildungssystem. Stuttgart: Kohlhammer (= Grundriss der Pädagogik/Erziehungswissenschaft. Bd. 25)

Lange, U./Rahn, S./Seitter, W./Körzel, R. (Hrsg.) (2009): Steuerungsprobleme im Bildungswesen. Wiesbaden: VS Verlag für Sozialwissenschaften

Lüders, Ch./Kade, J./Hornstein, W. (2010): Entgrenzung des Pädagogischen. In: Krüger et al. (2010): 223-232

Luhmann, N. (2002): Das Erziehungssystem der Gesellschaft. Frankfurt am Main: Suhrkamp

Markowitz, J. (1986): Verhalten im Systemkontext: Zum Begriff des sozialen Epigramms. Diskutiert am Beispiel des Schulunterrichts. Frankfurt am Main: Suhrkamp

Meseth, W./Proske, M./Radtke, F.-O. (Hrsg.) (2004): Schule und Nationalsozialismus. Anspruch und Grenzen des Geschichtsunterrichts, Frankfurt/New York: Campus

Neumann, O. (1971): Aufmerksamkeit. In: Historisches Wörterbuch der Philosophie. Herausgegeben von J. Ritter. Bd. 1. Basel: Schwabe & Co: Sp. 635-645

Neumann, O./Sanders, A. F. (Hrsg.) (1996): Aufmerksamkeit. Göttingen: Hogrefe. (= Enzyklopädie der Psychologie: Kognition. Bd. 2)

Nittel, D./Seitter, W. (Hrsg.) (2003): Die Bildung des Erwachsenen. Erziehungs- und sozialwissenschaftliche Zugänge. Bielefeld: Bertelsmann

Nolda, S. (2002): Pädagogik und Medien. Stuttgart: Kohlhammer. (= Grundriss der Pädagogik/Erziehungswissenschaft. Bd. 15)

Nolda, S. (2005): Zerstreute Bildung. Mediale Vermittlungen von Bildungswissen. Bielefeld: Bertelsmann

Prange, K./Strobel-Eisele, G. (2006): Formen des pädagogischen Handelns. Eine Einführung. Stuttgart u. a: Kohlhammer

Proske, M. (2003): Pädagogische Kommunikation in der Form Schulunterricht. In: Nittel et al. (2003): 143-164

Proske, M./Radtke, F.O. (2007): Der Umgang mit den Paradoxien politisch-moralischer Erziehung. Eine vergleichende Untersuchung in zwei Institutionalisierungsformen pädagogischer Kommunikation: „Unterricht" und „außerschulische Jugendbildung". Abschlussbericht des DFG-Projekts. Zugänglich über http://www.uni-frankfurt.de/fb/fb04/forschung/paradoxien.html

Rumpf, M. (2004): Von der Belehrung zur Aufmerksamkeit? Zur Leistungsfähigkeit des Schulfachs Geschichte. In: Meseth et al. (2004): 147-157

Scholz, F. (1982): Freiheit als Indifferenz. Frankfurt am Main: Suhrkamp

Seel, M. (2009): Anerkennung und Aufmerksamkeit. In: Forst et al. (2009): 157-178

Stichweh, R. (2006): Die Universität in der Wissensgesellschaft: Wissensbegriffe und Umweltbeziehungen der modernen Universität. In: Soziale Systeme 12, H. 1. 2006. 33-53

Vanderstraeten, R. (2006): Die Unwahrscheinlichkeit der pädagogischen Kommunikation. In: Ehrenspeck et al. (2006): 95-112

Waldenfels, B. (2004): Phänomenologie der Aufmerksamkeit. Frankfurt am Main: Suhrkamp

Institutionalisierung ganztägiger Schulangebote
Eine Entgrenzung von Schule?

Fritz-Ulrich Kolbe

Der vorliegende Band über zeitgemäße Bildung rückt mit guten Gründen die Frage der Gestaltung ganztägiger Schulangebote mit in den Mittelpunkt. Ihre Entwicklung und Implementierung stellt erziehungswissenschaftlich wie bildungspolitisch eine Herausforderung dar. Vor dem Hintergrund des Forschungsstandes zu bildungstheoretischen und sozialtheoretischen Überlegungen kann es dabei nur um eine Modellvariante – einer integrierten Ganztagsbildung gehen –, die unterschiedliche Bildungssphären von Schule und außerschulischen Angeboten für die Aneignung von Kindern und Jugendlichen miteinander verbindet. Es stellt sich also die Frage, wie ein Konzept aussehen muss, damit dieses die institutionell unterschiedlichen Bildungsformen und Erfahrungsräume zusammenführt. Dies soll im Folgenden im Anschluss an Befunde der ersten (neueren) wissenschaftlichen Begleitung der Einführung ganztägiger Schulangebote[1] diskutiert werden.

Im ersten Teil werden verschiedene Grundstrukturen der Angebotsgestaltung herausgestellt, die nach den Befunden problemerzeugend wirken können, oder aber Ansätze transformierter Strukturen für erweiterte schulische Angebote darstellen. Der zweite Teil bietet strukturtheoretische Interpretationen zum Schülersein in ganztägigen Angeboten. Anschließend werden im dritten Teil Forschungsdesiderate markiert, und im vierten Teil als schultheoretischer Ausblick mögliche Optionen der Institutionalisierung aus professionalisierungstheoretischer und sozialisationstheoretischer Sicht erläutert.

Es kann zwar kein Zweifel daran bestehen, dass der Einführung von Ganztagsschule als Schritt der Bildungsreform eine eigene Leistung zugesprochen werden muss. Kinder aus marginalisierten Familien und von Alleinerziehenden profitieren von erweiterter Betreuung und Förderung, und zu Teilen entstehen Lerngewinne durch ‚andere', schülerorientierte Lernweisen. Die Befunde zeigen aber ein als ambivalent einzuschätzendes Bild, weil gleichzeitig vielfach die dafür erforderlichen Strukturen kaum oder

---

1 Die Einführung von „Ganztagsschule in neuer Form" in Rheinland-Pfalz.

erst in Ansätzen entwickelt wurden und Wunschvorstellungen verstärkter (Leistungs-)Förderung sich so bislang nicht schlicht bestätigen. Im Folgenden wird die These vertreten, dass ganztägigen Schulangeboten nur dann ein pädagogisch produktiver Charakter zukommt, wenn nicht nur eine organisatorische Ausdehnung von Schule und eine Inklusion von Lebenszeit vorgenommen und vollzogen wird, sondern eine spezifischere Entgrenzung von Schule durch ein Angebot an offeneren Erfahrungsräumen. Eine schlichte Fortschreibung tradierter schulischer Strukturen, Arrangements und Handlungsmuster, insbesondere für die neuen Angebotsteile, führt zu gravierenden Problemen, vor allem zu einem erhöhten Bedarf an Disziplinierung.

1 Das doppelte Gesicht der Reform: Fortgesetzte Verwendung bekannter schulisch-unterrichtlicher pädagogischer Strukturen oder Ansätze zur Strukturtransformation

Die Ergebnisse verweisen bei einem Teil der rekonstruierten Angebotsstrukturen auf Umsetzungsprobleme, und dieser Befund stützt die erwähnte theoretische Annahme, dass ganztägige Schulangebote „unterschiedliche Erfahrungsräume zusammenführen müssen",[2] soll das Angebot nicht gravierende Probleme erzeugen.

1.1 Entwicklungsprozess und Angebotsmerkmale

In der Bezugsstudie (siehe Kolbe 2005) wurden einmal in Einzelfallrekonstruktion die Entwicklungsprozesse einzelner Schulen untersucht, indem der Arbeitsprozess des lokalen Entwicklungsteams rekonstruiert wurde. Konstitutiv dafür waren Argumentationsmuster im Entwicklungsprozess, Orientierungsmuster der jeweiligen Schulkultur, Kooperationsstrukturen und die Struktur des Entwicklungsproduktes „ganztägiges Schulangebot" nach der Beschreibung seiner Art und Wirkungen durch die Professionellen. Hinzu kamen Interaktionsanalysen in den Angeboten.

Außerdem wurden zweitens über Befragungen der LehrerInnen und SchülerInnen Beschreibungen und Einstellungen zum Angebot und seinen Wirkungen erhoben (vgl. Kolbe et al. 2003). Zu diesem Zweck wurden die –

---

2   Kade/Seitter 2003 arbeiten im Kontrast zu schulunterrichtlichen Interaktionsstrukturen am empirischen Material einen Basisbegriff pädagogischer Kommunikation in offenen Erfahrungsräumen heraus, dessen materiale Grundlage produktive Bezugnahmen für schulische Entgrenzung ermöglicht.

vorwiegend additiv organisierten – Angebote grob nach unterrichtsbezogenen Ergänzungen (einschließlich Hausaufgaben und Fördermaßnahmen), Arbeitsgemeinschaften/Projekten und weniger vorstrukturierten Abschnitten wie Mittagessen oder Freizeitphasen typisiert.

Für „unterrichtsbezogene Ergänzungen" konnten in den Rekonstruktionen folgende Merkmale als entscheidend herausgearbeitet werden: Tragfähige Dimensionen sind einmal der Umfang der Kontrolle im Gegensatz zur gewährten Freiwilligkeit und außerdem die Intensität des Förderungscharakters nach der Intensität der Zuwendung und dem Ausmaß der Auseinandersetzung mit dem Verstehensproblem der SchülerInnen durch die LehrerInnen. Für die Erfahrungsqualität auf der Schülerseite lassen sich die Dimension der Beziehungserfahrungen mit Lehrern und Schülern im jeweiligen Arbeitsarrangement und außerdem die Dimension der dort möglichen Sachaneignung ausweisen.

Für den Angebotsbereich „Arbeitsgemeinschaften/Projekte" erweisen sich als tragfähige Dimensionen die Art der inhaltlichen Gestaltung bzw. der Sachbezug, dann die Dimension der den Schülern zugestandenen Freiräume selbständigen Handelns bzw. das Ausmaß der Steuerung des Geschehens durch die Anbieter. Außerdem spielt die Dimension verschieden strukturierter Lehrer-Schüler-Beziehungen eine Rolle und schließlich die Dimension unterschiedlicher Bewährungsanforderungen an die TeilnehmerInnen. Für die Schülerperspektive lassen sich darüber hinaus die Dimension der Art der Sachaneignung und diejenige der Interaktionsstruktur mit Lehrern und Schülern herausstellen.

Die Untersuchungsergebnisse erlauben es in ihrer Verbindung deshalb, über die Charakterisierung des Angebotes hinaus auch durch die Beteiligten konstruierte Wirkungszusammenhänge zwischen Angebotsgestaltung und den dadurch eröffneten Möglichkeiten für Schülerinnen herauszuarbeiten. Auf dieser Basis ist es auch möglich, typisierend Angebotsweisen zu unterscheiden, die eher bereits vorhandene pädagogische Strukturen im erweiternden Angebot reproduzieren, und sie gegenüber Ansätzen zu transformierten Strukturen der Arrangements und der Interaktion abzugrenzen.

1.2 Tendenzen der Befunde

Auch wenn Ansätze zur Strukturtransformation dokumentierbar sind, so überwiegen doch Angebotsweisen, die bereits vorhandene pädagogische Strukturen reproduzieren. Zu dieser ‚Fortschreibung' führt eine Verkettung von Problemen: Schon die Entscheidungsfindung für den Entwicklungsprozess, dann aber auch die Kooperationskultur bei Konzeptentwicklung und Umsetzung ist vielfach noch nicht so entfaltet, dass die Anforderungen an die Reflexivität des gemeinsamen Vorgehens weiter gehend bewältigt werden können. Mangels breiterer Erarbeitung pädagogischer Ziele dominiert zudem der organisatorische Blick der Schulleitungen den Entwicklungsprozess, welcher mit organisatorischen Kategorien und Strukturen der bislang vorhandenen Schulorganisation operiert. In der Folge entsteht eine Tendenz zur Individualisierung der Probleme mit der Vorbereitung und Durchführung neuer Angebote, und sie führt eher zur Fortschreibung der bekannten und erprobten Praxis, als dazu, die Krise durch die Entwicklung neuer Routinen zu bewältigen.

Deshalb sind Angebotsentwicklung und Durchführung bislang eher geprägt von der Fortschreibung der vorhandenen spezifischen Lernkultur und ihrer professionellen Orientierungsmuster. Inhaltlich dominieren dem Halbtagsangebot gegenüber kompensatorische Elemente dessen, was dort nicht möglich ist. ‚Anderes Lernen' aber im Sinne selbständigeren Arbeitens, im Sinne eines anderen Lebensweltbezuges der Inhalte, ganzheitlichen Lernens und anders akzentuierter Lehrer-Schüler-Beziehungen stehen nicht im Vordergrund.

Für den Angebotsbereich „Hausaufgaben/unterrichtsbezogene Ergänzungen" arbeiten die pädagogischen Akteure teils mit strikter, teils mit abgeschwächter Fremdbestimmung durch Kontrolle. Dokumentiert wurden weiter einerseits Versuche, einen stärkeren Einzelfallbezug zu realisieren, andererseits aber auch schwächere Formen bis hin zum Verzicht auf ein individuelles Eingehen. Die Akteure sorgen erst teilweise für ein thematisch erweitertes Angebot der Sachaneignung, und schließlich sind ansatzweise ermutigende Erfahrungen mit dem eigenen Lernvermögen dokumentiert, die ermöglicht wurden – im Gegensatz zu fürsorglich-disziplinierender Haltung oder schlichter Kontrolle. Das Amalgam von Reformansätzen und reproduktiven Deutungen zeigt sich hier deutlich: Einerseits findet sich die Vorstellung von einer durch die Verpflichtung zur Übung erreichten Leistungssteigerung. Andererseits lässt sich durchaus ein Verständnis von Förderung rekonstruieren, welches durch ein individualisiertes, sachbezogenes Angebot und Impulse zum „Lernen des Lernens" zu Stande kommt.

Der Anschlussoption verstärkter Kontrolle traditioneller Hausaufgaben und einer Beschränkung auf Aufsicht steht demnach auch die Anschlussoption gegenüber, neue Möglichkeiten auszuschöpfen. Die Möglichkeiten reichen bis zum Pol, das Angebotselement Hausaufgaben durch die Integration von Übungen in den normalen Unterricht und die ergänzende Einführung von Förderstunden zu ersetzen. Auch für Zwischenformen zeigen sich in den Analysen aber individuelle Handlungsspielräume eigenständiger Gestaltung, die es ermöglichen, die Selbstverantwortung der Lernenden herauszufordern, wenn LehrerInnen diese zugleich einfordern. Das Handlungsrepertoire der Akteure lässt sich – nach der Rekonstruktion von Interaktionsszenen – über Hilfe und Unterstützung bis hin zu breiterer Sacherklärung und einer Interaktion erweitern, die Selbständigkeit hervorlockt.

Als Hypothese ist zu prüfen, ob auf dieser Basis ein weniger durch die Interaktion mit Pädagogen strukturierter Erfahrungsraum möglich wird, in dem SchülerInnen selbst gestalten lernen. Als Gelingensbedingung ist damit allerdings verbunden, dass – bei unveränderter Relevanz der Hausaufgaben – die Anforderungen für die SchülerInnen nicht nur transparent und verbindlich zu gestalten sind, sondern Arbeitsergebnisse am Ende auch verbindlich sind. Außerdem gerät ohne personales Verhältnis zu einer Bezugsperson, der es gelingt, stellvertretend deutend zur Übernahme von Selbstverantwortung herauszufordern, die Pflichtübung in von Schule organisierter Form leicht zur Zwangsveranstaltung.

Für den Angebotsbereich von Arbeitsgemeinschaften/Projekten sind, neben strukturreproduktiven Momenten, Reformtendenzen für alle Strukturdimensionen dieses Angebotes strukturell angelegt.

Im Hinblick auf Aneignungsmöglichkeiten und Sachbezug bieten sich auch ‚ganzheitliche‘ Lernarrangements und motivierende Themenzuschnitte und Aktivitäten an. So entstehen zwei Anschlussoptionen. Auf der einen Seite liegen die geschilderten Möglichkeiten in der Linie der Optimierung von Unterricht, und das pädagogische Durchweben von Bereichen, die davon vorher nicht berührt waren, beinhaltet immer auch die Gefahr einer Überformung. Dies kontrastiert deutlich mit einer anderen Anschlussoption. Bei diesem Vorgehen entsteht die Chance, weniger organisatorisch präformierte und durch pädagogische Intervention begrenzte, offenere Lernräume hervorzubringen. Als Hypothese ist zu prüfen, ob hier eine bislang noch ungenutzte Chance besteht, dem Förderangebot unter Bedingungen potenzieller Freiwilligkeit einen eigenen Sinn zu verleihen, indem es für SchülerInnen erkennbar zur eigenen Befähigung beiträgt.

Bei den Bewährungsanforderungen wird offensichtlich, dass bei der Festlegung von Arbeitszielen und Erwartungen an die SchülerInnen ein wie auch immer verstandener Lerngewinn für diese unmittelbar erkennbar sein muss und bislang erst bei kleineren Teilen der Angebote vorliegt. Eine Anschlussoption für die Angebotsentwicklung läge darin, dass SchülerInnen auch die Projektdurchführung gemeinsam mit den Unterrichtenden leisteten.

In der Dimension Selbsttätigkeit gegenüber tendenziell fremdbestimmtem Handeln reicht die Varianz bis hin zu starker Beeinflussung der Angebotsdurchführung durch die SchülerInnen. Eine erste Option zu einem intensiveren Arbeitsbündnis besteht im Versuch, im Sinne eines intensiven Einzelfallbezugs und daran anknüpfendem methodisch-didaktischen Handelns zu arbeiten – was durch die Organisation allerdings nicht gestützt wird. Eine zweite Option liegt darin, die didaktisch eingegrenzte Kommunikation mäeutischer Art aufzulösen, zu Gunsten offen organisierter Interaktionsverhältnisse zwischen Lernenden, die nur situativ pädagogische Kommunikationsformen aufweisen. Die Anschlussoptionen verweisen gleichermaßen auch auf den Pol geringerer Interaktionsstrukturierung durch das didaktische Format des Unterrichts und auf die Organisation eines Rahmens für offenere Erfahrungsräume – und weniger auf den Pol der Optimierung von Unterricht. Als Hypothese ist zu prüfen, ob diese Entwicklung auf einen offenen, nur teilweise von pädagogischer Interaktion durchzogenen Erfahrungsraum hinausläuft.

Hinsichtlich der Beziehungen von LehrerInnen und SchülerInnen zeigen Rekonstruktionen auch einen spezifischeren pädagogischen Bezug auf die individuelle Person, der erforderliche Distanz mit mehr Nähe verbindet. Das stellt eine reformpädagogische Anschlussoption dar. Eine weitere ist diese: Potenziell können Erfahrungsräume entstehen, die dadurch ‚offener‘ werden, indem die Interaktion in den tradierten Lehrer-Schüler-Rollen strukturell erweitert wird und das Interaktionsgeschehen weniger rollenbasiert ausfällt. Die rekonstruierten Ausformungen der Interaktion LehrerInnen–SchülerInnen bergen für die SchülerInnen Spielräume, die eigene Person stärker einzubringen als sonst. Wo dadurch substanziell neue Erfahrungen der SchülerInnen mit sich selbst möglich werden, können SchülerInnen sich nicht nur als zum Lernen Verpflichtete wahrnehmen, sondern ermutigende Erfahrungen der Eigenständigkeit und des eigenen Lernvermögens kennen lernen. Teilweise entstehen zwischen SchülerInnen auch innovative Beziehungen in der Peer-Kooperation. Dort werden beispielsweise Regeln thematisierbar und aushandelbar, die das Geschehen in der Klasse oder Lerngruppe prägen. Als Hypothese ist zu prüfen, ob Professionelle für solche Gelegenheiten lediglich einen Handlungsrahmen als Abstützung zu organisieren haben – um keine weitere Interaktionsstrukturierung vorzunehmen.

2 Die Gefahr der Marginalisierung der Schülerinnen, Motivations-, Kontroll- und Sanktionsprobleme und erkennbare Handlungsspielräume

Die bislang quantitativ vorherrschende Tendenz, Ganztagsschule mittels aus der Halbtagsschule übertragener Vorstellungen und pädagogischer Muster zu konzipieren und durchzuführen, führt zu vielfältigen Folgeproblemen für die Kinder und Jugendlichen im Schulalltag, die in den Daten breit dokumentiert wurden.

Die Einführung von Ganztagsschule in neuer Form stellt jedenfalls eine Ausdehnung von Schule gegenüber anderen Bereichen jugendlicher Lebenswelt dar, im Besonderen gegenüber sozialen Freiräumen der Eigengestaltung von Aufwachsensprozessen mit Gleichaltrigen wie der Sphäre der Peer-Kultur, welche unstrittig eine große Bedeutung für die Entwicklung sozialen Verstehens und für die der eigenen Subjektivität besitzt. Deshalb muss das Interesse auch den Freiräumen autonomen Handelns bzw. einem angemessenen Setzen von Regeln und Grenzen gelten, die den SchülerInnen neu zugestanden werden und die, entwicklungspsychologisch betrachtet, Voraussetzung für die Entwicklung von Selbständigkeit und Selbstverantwortlichkeit sind.

Ein additives Ganztagsschulangebot besitzt für SchülerInnen im Grunde genommen freiwilligen Charakter, und allein dadurch ergeben sich wesentliche Unterschiede zur Halbtagsschule mit Schulpflicht und deren Konsequenzen für die Praxis. Die Fortschreibung halbtagsschulspezifischer Organisations- und Handlungsstrukturen blendet diese Unterschiede aus. Daraus entstehen eigene Problemlagen für SchülerInnen und LehrerInnen.

Erstens entstand ein gravierender Motivationsmangel auf Schülerseite: Mangels der Beteiligung an der Angebotsentwicklung gewinnt das Angebot in seinen Inhalten noch zu wenig den erforderlichen Alltagsweltbezug und eine Nähe zu ihren Interessen und Bedürfnissen. Ein selbstbestimmtes Agieren und Entscheiden über die Teilnahme an Angeboten ist zu oft noch eingeschränkt, vielmehr herrschen Zwänge wie in der Halbtagsschule, und weder in der Dimension selbstbestimmten Lernens noch mit Blick auf dadurch veränderte Beziehungen zwischen LehrerInnen und SchülerInnen unterscheidet sich das Ganztagsangebot. Das freiwillig eingegangene Engagement gilt zu häufig einer Verlängerung von Schule mit tendenziell den gleichen Zwängen und einer vergleichbaren Fremdbestimmtheit.

Zweitens entstanden gravierende Aufsichtsschwierigkeiten, einer lückenlosen Kontrolle wegen.

Drittens beklagen viele KollegInnen das Fehlen von Sanktionsmöglichkeiten der Disziplinierung. Die Chance zu einem auf Freiwilligkeit gegründeten pädagogischen Arbeitsbündnis wurde nicht erkannt, sondern als destruktives Moment beklagt.

Viertens wird die Peer-Kultur durch diese Umstrukturierung jugendlicher Erfahrungsräume geschwächt, und ihre entwicklungsförderlichen Potenziale kommen weniger zum Tragen.

Kurz zusammengefasst: Die Fortschreibung halbtagsschulspezifischer Strukturen bringt für die Lernenden im Ganztagsangebot bislang noch Zwänge und ein zu hohes Maß an Fremdbestimmung hervor und verhindert Beteiligung in einem freiwilligen Bereich, in dem diese Merkmale gerade nicht in größerem Ausmaß vorkommen dürften. Demotivierung, Desinteresse, mangelnde Leistungsbereitschaft in den Projekten sind die Folge. Den Lehrern fordert diese Konstellation ab, notwendige Kontroll- und Sanktionsmechanismen und die Verregelung zu verstärken. Es besteht hier die Gefahr, dass ein Teufelskreis von sich wechselseitig verstärkender Opposition und von Zwang und Kontrolle entsteht, weil Partizipationsmöglichkeiten und Spielräume autonomen Handelns für SchülerInnen eingeschränkt werden. Ganztagsschule gerät dann in die Gefahr, die pädagogisch professionelle, alles entscheidende Leistung zu verfehlen, nämlich Spielräume von Autonomie zu gewähren und gleichzeitig Verbindlichkeit und Kontrolle zuzumuten. Mehr noch: Sie gerät in die Gefahr, dieses Problem professionellen pädagogischen Handelns noch zu verschärfen, und damit aktuelle Tendenzen der Modernisierungsprozesse von Jugend noch zu verstärken, statt vermittelnd zu wirken.

Außerdem lassen sich die Rekonstruktionsergebnisse strukturtheoretisch interpretieren. Auf der Basis der erarbeiteten konstitutiven Dimensionen lassen sich verschiedene Ausformungen des Angebotes so in ihren Differenzen unterscheiden, dass weitere, nicht ausgeschöpfte Handlungsmöglichkeiten und Alternativen deutlich werden.

In der Frage der Angebotsgestaltung nach Inhalten und Handlungsformen für SchülerInnen liegen die Möglichkeiten erstens zwischen den Polen des Lernens als Wissensvermittlung und Selbstdisziplinierung einerseits und Lernen als ganzheitlichem und selbstbestimmtem Aneignungsprozess andererseits; zweitens zwischen Erziehung als Schutz und Disziplinierung einerseits und Erziehung als prospektiv deutendem Gewähren von Freiräumen im Aufwachsen andererseits; drittens zwischen Förderung als Defizitkompensation einerseits und Förderung als subjektsensible Anregung individueller Lern- und Entwicklungspotenziale andererseits. Struktur-reproduzierende wie transformierende Angebote müssen sich in diesem Spannungsfeld bewähren.

3 Desiderate der Ganztagsschulforschung

Eine Entgrenzung des Schulischen zeichnet sich in zweierlei Hinsicht ab: in der Konfiguration der Sozialisationsinstanzen und in der Veränderung der Organisation selbst. Es handelt sich um eine Ausweitung des Schulischen in der Sozialisation und Lebenswelt von Kindern und Jugendlichen und in der Haupttendenz um eine Verallgemeinerung von Schule als Unterrichtssystem. Zu prüfen ist deshalb, inwiefern diese Veränderung die Zuständigkeit von Schule und der pädagogischen Beziehungen erweitert, gerade wenn Schulangebote auf die jugendliche Lebenswelt und Lebenszeit ausgreifen und die Zuständigkeit pädagogisch Professioneller verändern. Zum anderen und gleichzeitig kann Schule systematisches Unterrichten noch ausdehnen und verallgemeinern, zugleich können die Angebote auch zu einer innerschulischen Diversifizierung führen. Zwei schultheoretische Hypothesen sind deshalb für die weitere Analyse zentral:

Das Ausgreifen auf bislang nicht schulische Erfahrungsräume von Aktivitäten in der Gruppe der Gleichaltrigen lässt sich in einer ersten Perspektive als Übergriff des Systems Schule auf die Lebenswelt Jugendlicher deuten. Das wäre dann der Fall, wenn damit eine ungebrochene Fortsetzung und Erweiterung von Unterricht und der traditionell damit verknüpften intergenerativen Beziehungen verbunden wäre, Prozesse des Aufwachsens unterlägen dann einer verschärften Verschulung (Krüger 1996).

Als zweite Hypothese deuten demgegenüber die Anschlussoptionen die Rekonstruktionsergebnisse an, aber auch die Möglichkeit einer anderen Entgrenzung des Lehrerhandelns, die eigene Eigenschaften aufweist. Es ist näher zu prüfen, ob sich erstens ein zu Teilen eigener, extracurricularer Sachbezug (auf traditionell schulisch nicht behandelte Gegenstände und Wissen) mit zweitens stärkeren Freiräumen selbständigen und selbstverantwortlichen Handelns der Lernenden verbindet und mit Bewährungsanforderungen jenseits schulischer Leistungsnachweise über Wissensbestände und messbare Fähigkeiten nach Lehrplan. Hinzu kommt eine – ein Arbeitsbündnis im Sinne von Oevermann (1996) antizipierende – Beziehungsstruktur über unterrichtsspezifisches Rollenhandeln hinaus, nämlich in einer Verbindung von Sachautorität und pädagogischem Bezug auf die Person Lernender und ihr Übernehmen von Selbstverantwortung.

Empirisch sind für diese andere Art von Entgrenzung gegenwärtig zwei Versuche zu unterscheiden und als doppelte Hypothese zu prüfen: Einmal der Versuch im Sinne der reformpädagogischen Tradition, einen Einzelfallbezug stellvertretender Krisenbewältigung im Lernen auf Einzelne mittels einer Kombination von geschlossener Kommunikationssequenz mit hoher Kommunikationsdichte und einem individuell-spezifischen Einfordern von

Selbständigkeit in der Sequenz durch einen engen Bezug auf die einzelne Schülerperson hervorzubringen. Zum anderen finden sich aber auch Ansätze zu Arbeitsbeziehungen ohne ständig hohe Kommunikationsdichte und ohne hohe Lehrer-Interaktionssteuerung, verbunden mit nur punktuell dialogischen Abschnitten mit pädagogischem Bezug in einer Rolle als Erwachsener mit Kompetenzvorsprung, aber jenseits der unterrichtsspezifischen Lehrerrolle. Neue Beziehungsformen zu SchülerInnen und neue Aneignungsarrangements verweisen auf eine mögliche Erweiterung von Erfahrungsräumen, welche weniger dicht pädagogisch durchstrukturiert sind und neue Kommunikationsstrukturen zulassen. Alltagsweltliche, pädagogische und nicht pädagogische Kommunikationsmuster verbinden sich dann. Auf diese Weise gewinnen vormals außerschulische und nicht pädagogisch strukturierte Interaktionsprozesse in ihrer Sozialisationsfunktion und Entwicklungsrelevanz an Bedeutung, ohne dass es zu einer bloßen Überformung oder Kolonialisierung jugendlicher Lebenswelt kommt. In allen Bereichen von Ganztagsschule stellt diese – nicht übergriffige – Entgrenzung des Lehrerhandelns eine Option dar.

4 Schultheoretischer Ausblick: Hypothesen zur Institutionalisierung aus professionalisierungs- und sozialisationstheoretischer Sicht

Die Befunde machen, schultheoretisch betrachtet, deshalb eine weitere Klärung erforderlich, wie ein pädagogisches Handlungsfeld tendenziell „offenerer Erfahrungsräume" einzuschätzen ist. Damit sind weitere Forschungsdesiderate erkennbar: Sind diese noch als Möglichkeit professionellen pädagogischen Handelns zu verstehen? Dabei ist besonders zu berücksichtigen, dass sich pädagogisches Handeln dann zuerst auf die Organisationstätigkeit für diese Erfahrungsräume bezieht und damit Organisation als Teil von Professionalität für ein Gelingen auch offensichtlich von zentraler Bedeutung ist.

Um die damit aufgeworfenen Forschungsfragen zu konkretisieren, werden exemplarisch am Beispiel strukturtheoretischer Professionalisierungstheorie und Sozialisationstheorie abschließend mögliche Hypothesen und Optionen der Theoriebildung benannt, die durch weitere Forschung zu prüfen sind. Dabei werden die offeneren Erfahrungsräume näher beschrieben, indem mit elaborierteren Begriffen ausgeführt wird, was die Befunde gleichzeitig an Transformationsimpulsen dokumentieren – exemplarisch in ‚Terms' dieser Konzeptualisierung. Dann lässt sich der Erfahrungsraum nach seinen Gegenstandsmerkmalen näher charakterisieren, und es lässt sich jeweils fragen, was als reale Entwicklungsmöglichkeit antizipierbar ist, welche mit den Impulsen verbunden sein könnte.

4.1 Desiderat: Optionen der Institutionalisierung

Dokumentiert sind auch Impulse für eine Transformation der Interaktionsstrukturen im freiwilligen Angebotsbereich derart, dass sie Prägung durch LehrerInnen und ihre Interaktionsstrukturierung entscheidend abschwächen: Die Merkmale freier Projektangebote/Arbeitsgemeinschaften wie extracurricularer Sachbezug, weitreichende Freiräume selbständigen Handelns, veränderte Bewährungsanforderungen und veränderte Beziehungsstrukturen zwischen Unterrichtenden/Angebotsdurchführenden und den SchülerInnen, denen komplementär aus Schülerperspektive ein stärkerer Lebensweltbezug und eigendynamische Kooperationsmöglichkeiten unter Gleichaltrigen entsprechen, können die schulspezifischen Merkmale der Institutionalisierung pädagogischen Handelns und pädagogischer Kommunikation dort entscheidend abschwächen. Unterrichtliche Wissensvermittlung ist demgegenüber stärker interaktionsstrukturierend organisiert und abgestützt, beispielsweise über Lehrplan, Fachdidaktik und Methodisierung von Intervention und Interaktion.

Demgegenüber führen die veränderten Merkmale zu einer geringeren Vorstrukturierung von Kommunikation und Interaktion. Die pädagogische Absicht eines Projektangebotes bedingt weniger stark das Wissen, das dort erarbeitet werden kann. Was eigens zum Gegenstand von Vermittlung wird, kann sich demgegenüber nochmals unterscheiden. Vor allem aber sind die Aneignungsprozesse in dem Umfang, in dem Freiräume und andere Bewährungsanforderungen wesentlich werden, weniger eingeschränkt durch die Vermittlungsbemühungen als im ,Setting' des Unterrichts. Außerdem sind deshalb auch die Formen, Aneignungsprozesse einzufordern und zu überprüfen, dass (überhaupt) Aneignungsprozesse stattfanden, nicht wie im Unterricht eng gekoppelt an die unterrichtliche Wissensvermittlung.

Diese kommunikative Öffnung beispielsweise des Erfahrungsraumes „Projektangebot" könnte dennoch eine gehaltvolle pädagogische Kommunikation erlauben (s. Fußnote 2). Die gemeinsame Erarbeitung von Weltwissen könnte auch hier mit einem Zusammenhang von reflektierter pädagogischer Absicht, aneignungsbezogener Wissensvermittlung und einer Überprüfung, dass eigene Arbeitsprodukte entstanden, verknüpft werden.

Gegenüber tradiertem Schulunterricht ist die Institutionalisierung durch verbindliche, interventions- und interaktionsstrukturierende Muster des Deutens und Handelns und Interaktionsarrangements, welche neben der Einhaltung der Organisationsregeln und -bedingungen auch eine Krisenbewältigung ermöglichen, dann zwar entscheidend abgeschwächt. Das bedeutet allerdings nicht, dass durch eine Institutionalisierung anderer Art nicht ebenfalls Vorstrukturierungen und Bezugspunkte für pädagogische Kommunikation geschaffen werden könnten.

Auch ohne lehrerzentrierte kollektive Interaktionsstrukturierung kann ein Zusammenhang von reflektierter pädagogischer Absicht, aneignungsbezogener Wissensvermittlung und einer Überprüfung, dass eigene Arbeitsprodukte entstanden, hergestellt werden: Selbständiges Handeln in einem Erfahrungsraum, der Ziel und Art der Auseinandersetzung mit Realität in die Verfügung der SchülerInnen stellt, kann durch eine entsprechende organisatorische Rahmung für „Projekte" eine Vorstrukturierung erhalten, die Aneignungsprozesse möglich macht. Aneignungsbezogene Wissensvermittlung durch LehrerInnen ist auch auf Abruf und damit als eine mögliche Interaktionsvariante denkbar. „LeiterInnen" in Projekten können allerdings auch lediglich so agieren, dass sie pädagogische Kommunikation ermöglichen, Anknüpfungspunkte dafür offen halten, beispielsweise durch den Verweis auf Entwicklungsperspektiven. Und Aneignungsprozesse und ihre Überprüfung sind nicht nur als Teil jeder pädagogischen Kommunikationssequenz nach dem Vorbild von Unterricht denkbar. Pädagogische Kommunikation (und Aneignung als Moment auf der Seite ihrer TeilnehmerInnen) kann vielmehr auch als ein raumzeitlich offener und selbstbezüglicher Zusammenhang von Kommunikationsprozessen gedacht werden – was man in Projekten lernt, kann sich an unterschiedlichen Stellen des weiteren gemeinsamen Kooperationsprozesses zeigen. Man muss allerdings Aneignung und ihr Einfordern im Gesamt des gemeinsamen Kommunikationsprozesses beobachtbar machen – und das erfordert organisatorische Maßnahmen anderer Art als Leistungstests, nämlich Anlässe sozialen Handelns im Rahmen der gemeinsamen Kooperation. Offene Erfahrungsräume müssten sich, so lässt sich antizipieren, durch netzwerkartige Verknüpfung von pädagogischer Kommunikation an verschiedenen Orten erweiterter Erfahrungsräume ganztägiger Schulangebote auszeichnen, die sich wechselseitig beeinflusst und vorantreibt.

Nachdem deutlich wurde, dass für die Beeinflussung offener Erfahrungsräume durch pädagogische Akteure der Organisation zentrale Bedeutung zukäme – angesichts des verringerten Einflusses durch lehrerzentrierte Interaktionsstrukturierung –, führt die Frage nach der mit offenen Erfahrungsräumen verbundenen Option zwangläufig auf die Frage nach organisatorischen Anschlussoptionen.

Das ‚Setting' offener Angebote impliziert im Rahmen ganztägiger Schulangebote eine Vorstrukturierung: Anbietern kommt die Aufgabe zu, bezüglich der Handlungsoptionen der TeilnehmerInnen Rahmenregeln für Entscheidungsprozesse zur Koordinierung des Handelns hervorzubringen. Außerdem sind durch Vorstrukturierung die Verknüpfungspunkte zwischen Projektaktivitäten und dem Gesamtzusammenhang schulischer Kooperation im gemeinsamen Schulleben anzulegen, um zu ermöglichen, dass ein Netz von Anlässen zur weiteren Aneignung des Erarbeiteten und seiner Überprüfung entstehen kann. Darüber hinaus weist das ,Setting' offener Angebote implizit Projektleitenden eine Handlungsweise zu, die bei Intervention ein weniger musterhaftes Agieren erforderlich und möglich macht. Dies setzt einerseits die Erarbeitung neuer Sachexpertise voraus, andererseits eine Befähigung zum sensiblen Fallbezug.

Insofern besteht ein spezifischer Bedarf an Organisation, der näher zu klären ist. Als Hypothese kann nach dem Forschungsstand formuliert werden, dass dieser nur dadurch zu decken ist, dass ein Deutungszusammenhang gemeinsam geteilter Schulkultur hervorgebracht wird (und besteht) (Helsper et al. 2001), der künftig ein Mehr an „Entscheiden" der LehrerInnen erlaubt im Sinn der Operation der Festlegung von Handlungen auf der Basis organisatorischer Regeln. Außerdem ist er – nach der neueren Schulentwicklungsforschung zu urteilen – nur mittels der kollektiven Entwicklungsarbeit mit KollegInnen (Arnold et al. 2000; Reh 2004) zu bewältigen: das heißt, mittels durchführungsbezogener Kommunikation zwischen Professionellen im Medium der durchführungsbezogenen Teamkooperation zu decken.

4.2 Desiderat: Optionen der pädagogischen Akteure

Welche Optionen pädagogischer Akteure zeichnen sich nach dieser Charakterisierung nun vor dem Hintergrund eines strukturtheoretischen Verständnisses pädagogischer Professionalität (Oevermann 1996, 2002; Helsper 2002) ab und welche Aspekte sind künftig näher zu rekonstruieren?[3]

Dieses Verständnis bestimmt pädagogisches Handeln als stellvertretende Krisenbewältigung im Entwicklungsprozess, die durch die AkteurInnen

---

3   Die Ausführung von Optionen dient dem Generieren von Forschungsfragen und bleibt durch die vorausgesetzten Bezugstheorien normativ, solange diese Theorien nicht empirisch rekonstruiert wurden. Die Weiterentwicklung des professionalisierungstheoretischen Modells im Antinomienkonzept des Lehrerhandelns kann hier herangezogen werden, weil es zu Teilen bereits als rekonstruiert gelten darf (vgl. zum Überblick Helsper 2002). Anderenfalls steht die Formulierung von Forschungsfragen unter Vorbehalt. Das gilt beispielsweise für ein weniger ,professionszentriertes' Konzept pädagogischer Interaktion, das im Kontrast dazu die Arbeiten von Kade/Seitter (vgl. dies. 2003) nahe legen.

bei der Wissens- und Normenvermittlung hervorgebracht werden kann (Oevermann 2002). Den Kern des Verhältnisses zwischen Pädagogen und Lernenden bildet danach ein spezifisches Arbeitsbündnis, das auf Freiwilligkeit aufbauen muss und eine Selbstverpflichtung beider Seiten erfordert, die als Grundstruktur erst eine Kooperation bei der Lösung des Vermittlungs- und Entwicklungsproblems erlaubt. Das pädagogische Handeln folgt dabei dem Grundprinzip „stellvertretender Deutung des latenten Sinnes der aktuellen Interaktion" (Oevermann 1996: 157) und beruht darauf, im Handeln gegenüber Lernenden eine widersprüchliche Einheit von Fallverstehen und Verwendung allgemeinen Regelwissens herzustellen. Für den Aufbau eigenen Weltwissens ist dafür ein mäeutisches Vorgehen (Oevermann 1996: 157) der pädagogischen Akteurin bzw. des pädagogischen Akteurs erforderlich, das eine auf Sachautorität und Einzelfallverstehen gegründete Kommunikationsform hervorbringen kann. Pädagogisches Handeln ist damit auch durch konstitutiv antinomische Strukturen gekennzeichnet (Helsper 2002). Unterbestimmt blieb dieses Modell bislang unter anderem hinsichtlich der Strukturierung der Unterrichtskommunikation bzw. des Grades ihrer Vorstrukturierung. Kritik erfuhr unter anderem seine Konzeption der Handlungsorientierung der Akteure, die eine organisationsgeformte Wissensverwendung im Deuten und Handeln nicht zu berücksichtigen scheint (Bommes et al. 1996; auch Wernet 2003).

In welchem Sinn könnten „offenere Erfahrungsräume" überhaupt professionelles Handeln nach diesem Konzept erlauben?[4] Während die Einrichtung eines ‚freiwilligen' Schulangebotes diesem Verständnis entgegenkommt, scheint die Verselbständigung von Aneignung und die Auflösung lehrerzentrierter Interaktionsstrukturierung eher seine Grundlagen infrage zu stellen. Eine auf das Unterrichtsgespräch bezogene Interpretation des Konzeptes legt dies nahe. Näher betrachtet sind die Bestimmungen der Kommunikationsstruktur allerdings nicht notwendig nur auf eine lehrerzentrierte Interaktionsstrukturierung der pädagogischen Kommunikation eingeschränkt. Im Gegenteil rekurrieren diese auf Freiwilligkeit und Selbständigkeit des Handelns Lernender und auf die Beschränkung mäeutischen Handelns dahin, auf artikuliertes Interesse und lediglich mit einem Anspruch auf Sachautorität zu reagieren. Allerdings wird in diesem Konzept die konkrete Interaktionsstruktur nicht näher präzisiert, die den geforderten Fallbezug im Handeln absicherte.

Offenere Erfahrungsräume sind weniger interaktionsstrukturierend organisiert und ihre Kommunikation ist nicht lehrerzentriert vorstrukturiert,

---

4   Kades Überlegungen legen im Gegensatz dazu nahe, pädagogische Interaktion vor dem Hintergrund weiterer Ausdifferenzierungsprozesse zu rekonzeptualisieren.

und pädagogische Kommunikation darf dort nicht nur als einfache Folge von direkt beobachtbaren Sequenzen betrachtet werden, sondern umfasst weit mehr in Raum und Zeit. Differenzierter betrachtet schließen diese Bedingungen aber erzieherische Kommunikationssequenzen nicht aus, weil solche situativ begrenzt sein können. Eine stellvertretende Krisenbewältigung bezogen auf Sache und Wissensvermittlung impliziert in Oevermanns Modell sokratischer Pädagogik als einer Unterrichtskommunikation mit problematisierenden Konfrontationen für SchülerInnen allerdings, dass LehrerInnen ständig den Interaktionsprozess strukturieren. Diese Bestimmung der Interaktionsstruktur ist aber nicht zwingend: Schon wenn eine Lerngruppe bzw. die Klasse oder wenn gar das Kommunikationssystem als der relevante Fall begriffen werden, verändert sich der Bezugspunkt der Interaktionsgestaltung. Schon das verdeutlicht, dass es sich bei der „fallbezogenen stellvertretenden Deutung des latenten Sinnes der aktuellen Interaktion" um eine Grundfigur handelt, die sich nicht notwendig nur auf geschlossene Unterrichtsinteraktionssequenzen mit einer Schülerin bzw. einem Schüler oder einer Klasse beziehen muss. Folgt man der vorläufigen Beschreibung offenerer Erfahrungsräume, so lässt sich eine Beobachtung und Auseinandersetzung mit Aneignungsprozessen auch so vorstellen, dass sie über Antworten im Unterrichtsgespräch hinaus ausgedehnt werden kann. LehrerInnen würden so zu (strukturalen) Hermeneuten der schulischen Interaktion und Lebensform der Lernenden insgesamt und über einzelne Kommunikationsbereiche hinaus, gerade dann, wenn sich die Aneignungsprozesse Lernender immer mehr verselbständigen.[5]

Konstitutiv für dieses Verständnis pädagogischen Handelns ist eine auch nur in partiellen Sequenzen zu verwirklichende erzieherisch-therapeutische Komponente der Kommunikation und eine über die Sachautorität begründete Kommunikationsstruktur, die keine kollektiv lehrerzentrierte Interaktion zwingend erfordert. Die implizierte Interaktionsstruktur ist immer schon eine, die auch offene Interaktionsräume und offener organisierte pädagogische Kommunikation einschließt.[6]

---

5 Gegenüber einem sozialpädagogischen Programm der Bildung durch Aneignung (z. B. Deinet 2003; Böhnisch 2001) wie in den Arbeitsweisen der Jugendarbeit, das damit in der Tendenz angesprochen ist, wäre damit allerdings eine stärkere Strukturierung des Professionellen-Handelns verbunden, die durch eine höhere Beobachtungsleistung angesichts der Verselbständigung der Aneignungsprozesse hervorgebracht werden kann.

6 Hier wird deutlich, dass sich über die Analyse von Kommunikationsstrukturen pädagogischer Kommunikation ein analytischer Begriff für „Öffnung" von Unterricht erzielen lässt, im Gegensatz zu den post-reformpädagogischen und normativen Reflexionen (Benner/Ramsegger 1981; Holtappels 1994).

4.3 Desiderat: Peer-Interaktion in offenen Erfahrungsräumen: Chance für eine neue Qualität der Sozialisation in der Schulphase?

Anschließend an die Befunde zu Schulentwicklungsprozessen, welche die Gefahr einer destruktiven Schwächung der Rolle der Peer in der jugendlichen Entwicklung bergen, ist schließlich als Desiderat die Frage auszuweisen, welche Möglichkeiten schulischer Sozialisation zuwachsen könnten, falls die Option „offenerer Erfahrungsräume" in der Angebotsentwicklung in den Vordergrund gestellt wird.

Zieht man für die Generierung von Forschungsfragen eine strukturtheoretische Erklärung ontogenetischer Entwicklungsprozesse heran, dann sind für die soziale Konstitution der Ontogenese Interaktionsprozesse von entscheidender Bedeutung. Spricht man mit Oevermann von einer sozialen Konstitution ontogenetischer Entwicklungsprozesse in der Struktur der sozialisatorischen Interaktion, kommt die Bedeutung der Interaktionsprozesse in der Peer in den Blick. In der Adoleszenz, mit Oevermann (2001)[7] als Ablösungskrise gefasst, kommt der Peer-Kultur und der Interaktion in der Gruppe der Gleichaltrigen eine zentrale Bedeutung zu. Die Entfaltung eigener Subjektivität und die Entwicklung von Autonomie sind entscheidend davon abhängig, dass in diesem Medium und in der Differenz zur bislang entfalteten Persönlichkeit erst eigenständig hervorgebrachte Orientierungen des eigenen Selbst- und Weltentwurfes und der Entwicklung moralischen und politischen Bewusstseins entstehen können, die es erlauben, selbständig und politisch mündig gesellschaftlich zu partizipieren.

In der Entwicklungslinie der Impulse zu offeneren Erfahrungsräumen ist eine Angebotsgestaltung denkbar, welche sich auf eine Rahmung von pädagogischer Absicht und von grundlegendem Aneignungsbezug beschränkt, aber jede Form eines didaktischen Formates zurückstellt, auch eine der Freiarbeit oder der freien Projektarbeit in Arbeitsgemeinschaften. Dadurch entstünde ein sozialer Raum, in dem auch die Fragen zuerst auf der Seite Jugendlicher bzw. auf Aneignungsseite hervorgebracht werden könnten – und erst recht die Umsetzung von Fragen in Interaktionsprozesse des Lernens mit anderen Gleichaltrigen, mehr als in jedem Projektunterricht, weil die Kommunikationsprozesse nicht auf lehrerseitig Vorstrukturiertes aufbauen. Zwei gegensätzliche Momente werden hier deutlich: einerseits ein Möglichkeitsspielraum beträchtlicher Autonomie der Gestaltung von gemeinsamer Arbeit für Jugendliche. Dekonstruiert man dagegen die mit ganztägigen Angeboten verbundenen reformpädagogischen Versprechen, ist zu

---

7   Zu den Grundlagen Sutter (1997)

fragen, inwiefern neue Formen der Gouvernementalität auf Schülerseite dadurch angelegt sein könnten, indem neue Selbstformierungen der „Selbststeuerung" erforderlich werden (vgl. Bröckling et al. 2000).

In der ersten Pespektive wären – vermittelt über die Peer-Kultur – dann Prozesse eigenständiger Aneignung der Realität auch in einem Angebotsbereich ganztägiger Angebote denkbar.[8] Nach dem skizzierten Verständnis von Arbeitsbündnis und professionellem Handeln ist diese Genese eigener Lerninteressen Teil der pädagogischen Interaktionsstruktur und könnte diese intensivieren.

Diese Option ist freilich erst näher zu prüfen, im Besonderen auf ihre Anforderungen an pädagogische Akteure hin. Kommunikationsprozesse der Jugendlichen im Angebot wären dann nicht notwendig Prozesse pädagogischer, auf Aneignung bezogener Kommunikation. Außerdem muss die Flüchtigkeit pädagogischer Kommunikation in diesem Rahmen mit bedacht werden. Für pädagogische Akteure wäre dann zentral, auf situative Anforderungen hin aneignungsbezogen zu agieren, sodass pädagogische Kommunikation in den Kommunikationsprozess einfließt. Zu untersuchen bliebe deshalb, ob pädagogische Akteure den Übergang zu solcher Kommunikation ermöglichen können, gerade wenn künftig mehr denn je Wissen strittig und Geltungsansprüche brüchig scheinen.

---

8 Hier scheint der Begriff der Aneignung von besonderer Bedeutung, so wie er nach den Prinzipien der Jugendarbeit im Sinne einer sozialräumlichen Aneignung geprägt wurde (z. B. Deinet 2003; Böhnisch 2001). Allerdings gehen diese Bildungsmöglichkeiten nicht schlicht im Bildungsverständnis der Jugendarbeit auf. Als Hermeneuten der jugendlichen Lebensform SchülerIn bliebe eine stärkere Strukturierung des Professionellen-Handelns, die durch seine höhere Beobachtungsleistung angesichts der Verselbständigung der Aneignungsprozesse hervorgebracht werden kann, bezogen auf Vermittlungsprozesse, die allerdings durch organisatorische Vorstrukturierung und nicht durch Beeinflussung der Interaktion zu Stande kommen. Die Grenzen dessen, was Schule „leisten" kann (Melzer/Sandfuchs 2001), müssen dann neu bestimmt werden.

Literatur

Arnold, E./Bastian, J./Combe, A./Schelle, C./Reh, S. (2000): Schulentwicklung und Wandel der pädagogischen Arbeit. Arbeitssituation, Belastung und Professionalisierung von Lehrerinnen und Lehrern in Schulentwicklungsprozessen. Hamburg: Bergmann+Helbig

Benner, D./Ramsegger, J. (1981): Wenn die Schule sich öffnet. Erfahrungen aus dem Grundschulprojekt Gievenbeck. München: Juventa

Böhnisch, L. (2001): Die soziale Verlegenheit der Schule. In: Melzer et al. (2001): 111-124

Bommes, M./Dewe, B./Radtke, F.-0. (1996): Erziehungs- und Sozialwissenschaften für das Lehramt. Untersuchungen zur wissenschaftlichen Fundierung des Lehrerhandelns. Opladen: Leske+Budrich

Bröckling, U./Krasmann, S./Lemke, T. (Hrsg.) (2000): Gouvernementalität der Gegenwart. Studien zur Ökonomisierung des Sozialen. Frankfurt am Main: Suhrkamp

Combe, A./Helsper, W. (Hrsg.) (1996): Pädagogische Professionalität. Untersuchungen zum Typus pädagogischen Handelns. Frankfurt am Main: Suhrkamp

Deinet, U. (2003): Sozialräumliche Jugendarbeit. (Fokus Soziale Arbeit. Materialien 4) Opladen: Leske+Budrich

Helsper, W./Krüger, H.-H./Wenzel, H. (Hrsg.) (1996): Schule und Gesellschaft im Umbruch. Band 1. Weinheim: Beltz

Helsper, W. (2002): Lehrerprofessionalität als antinomische Handlungsstruktur. In: Kraul et al. (2002): 64-103

Helsper, W./Böhme, J./Kramer, R./Lingkost, A. (2001): Schulkultur und Schulmythos. Opladen: Leske+Budrich

Holtappels, H.-G. (1994): Ganztagsschule und Schulöffnung. Weinheim/München: Juventa

Holtappels, H.-G. (Hrsg.) (1995): Ganztagserziehung in der Schule. Opladen: Leske+Budrich

Kade, J./Seitter, W. (2003): Von der Wissensvermittlung zur pädagogischen Kommunikation. Theoretische Perspektiven und empirische Befunde. Zeitschrift für Erziehungswissenschaft 6. 2003. 602-617

Katzenbach, D./Steenbuck, O. (Hrsg.) (2001): Piaget und die Erziehungswissenschaft heute. Frankfurt am Main u. a.: Lang

Kolbe, E-U. (2005): Schulentwicklungsforschung als Prozessforschung. Ein Beitrag zur rekonstruktiven empirischen Bildungsforschung am Beispiel der Einführung ganztägiger Schulangebote. Sozialer Sinn 5. 2005. 477-505

Kolbe, E-U./Kunze, K./Idel, T. S. (2003): Wissenschaftliche Begleitung der Ganztagsschule in neuer Form in Rheinland-Pfalz. In: Radisch et al. (2003): 124-137

Kraul, M./Marotzki, W./Schweppe, C. (Hrsg.) (2002): Biographie und Profession. Bad Heilbrunn: Klinkhardt

Krüger, H.-H. (1996): Strukturwandel des Aufwachsens – Neue Anforderungen für die Schule der Zukunft. In: Helsper et al. (1996): 253-275

118

Melzer, W./Sandfuchs, U. (Hrsg.) (2001): Was Schule leistet. Funktionen und Aufgaben der Schule. Weinheim/München: Juventa

Oevermann, U. (1996): Theoretische Skizze einer revidierten Theorie professionalisierten Handelns. In: Combe et al. (1996): 70-182

Oevermann, U. (2001): Der Stellenwert der „peer-group" in Piagets Entwicklungstheorie. Ein Modell der Theorie der sozialen Konstitution der Ontogenese. In: Katzenbach et al. (2001): 25-46

Oevermann, U. (2002): Zur Professionalisierungsbedürftigkeit und Professionalisiertheit pädagogischen Handelns. In: Kraul et al. (2002): 19-63

Popp, U./Reh, S. (Hrsg.) (2004): Schule forschend entwickeln – Schul- und Unterrichtsentwicklung zwischen Systemzwang und Reformansprüchen. Weinheim/München: Juventa

Radisch, E./Klieme, E. (Hrsg.) (2003): Ganztagsangebote in der Schule. Internationale Erfahrungen und empirische Forschungen. Bonn, Berlin (Bd. 12 der Reihe Bildungsreform, herausgegeben vom BMBF Berlin)

Reh, S. (2004): Welches Wissen benötigt die pädagogische Praxis? Wissen über Schulentwicklungsprozesse. In: Popp et al. (2004): 75-87

Sutter, H. (1997): Bildungsprozesse des Subjekts. Eine Rekonstruktion von Ulrich Oevermanns Theorie- und Forschungsprogramm. Opladen: Westdeutscher Verlag

Wernet, A. (2003): Pädagogische Permissivität. Schulische Sozialisation und pädagogisches Handeln jenseits der Professionalisierungsfrage. Opladen: Leske+Budrich

Bildung, Wissenschaft und Politik?

Eine historische Vergewisserung

Micha Brumlik

1   Einleitung

Die aktuellen Debatten um die Umsetzung des sogenannten Bolognaprozesses an den europäischen, den deutschen Hochschulen, um Exzellenzcluster, Wettbewerbsfähigkeit und *employability* schlagen ein weiteres Kapitel in der Jahrhunderte alten Auseinandersetzung um Sinn und Zweck von Institutionen höherer Bildung auf. Sie fand in der Bundesrepublik Deutschland zuletzt vor etwa dreißig Jahren statt, als es im Rahmen der sogenannten „Finalisierungsdebatte" um die gesellschaftspolitische Frage ging, ob und in welchem Ausmaß die Wissenschaften ihr Tun gesellschaftspolitisch zu verantworten hätten – so, dass ihre Ergebnisse einen nachprüfbaren Beitrag zur Behebung der Miserabilität menschlicher Verhältnisse liefern könnten. Diese damals von „links" angeregte und von konservativer Seite wütend bestrittene Debatte wurde Mitte der 1990'er Jahre mit politisch entgegen gesetztem Vorzeichen, diesmal von „rechts" wieder aufgenommen – seither geht es weniger um die direkte Verantwortung der Wissenschaften für die Verbesserung menschlicher Lebensverhältnisse als um die Frage ihrer eigenen Wirtschaftlichkeit und ihres Beitrages für die Wirtschaft.

Diese Entwicklungen haben in Frank Olaf Radtke einen kritischen Analytiker gefunden, der in einer Vielzahl von Beiträgen mit einer bestechenden Kombination von Foucaults Kritik der Gouvernementalität und Konzepten aus Luhmanns Theorie sozialer Systeme die Ökonomisierung des Wissenschaftsbetriebes als Ausdehnung demokratisch nicht legitimierter Herrschaftspraktiken erwiesen hat.

Der folgende Beitrag geht diesen Anregungen nach, will aber zeigen, dass die damit angesprochene Spannung von Bildung und Wissenschaft keineswegs neu ist, sondern das Universitäts- und Forschungswesen zumindest in deutschen Ländern seit Jahrhunderten geprägt hat und – mehr noch – dass die Akteure genau davon ein hohes, reflektiertes Bewusstsein hatten. Indem die folgenden Ausführungen diesem Problem in drei Schritten und anhand von drei Beispielen nachgehen, sollen sie zugleich zeigen, dass eine Kritik der Ökonomisierung, die über die kritischen Instrumentarien von Foucault und Luhmann nicht hinausgeht, ihrerseits einer Blindheit verfällt, die das, was sie doch ändern will, letztlich perpetuiert. Die drei Schritte orientieren sich an drei wesentlichen Schriften zur deutschen Bildungsgeschichte: an Martin Luthers Schreiben „An die Ratsherren aller Städte deutschen Landes" sowie seine „Predigt, daß man Kinder zur Schule halten solle" aus den Jahren 1524 bzw. 1530, an Immanuel Kants 1794 verfasster Schrift zum „Streit der Fakultäten" sowie an Friedrich Wilhelm Joseph Schellings „Vorlesungen über die Methode des akademischen Studiums" sowie den Denkschriften anderer Idealisten aus den Jahren 1802-1808. An ihnen soll erstens deutlich werden, dass schon im sechzehnten Jahrhundert eine klare Vorstellung von der ökonomischen und politischen Bedeutung wissenschaftlichen Wissens vorhanden war, dass man zweitens spätestens 1794 wissen konnte, dass drittens eine nur technisch orientierte Wissenschaft ihren Anspruch und ihren Begriff verfehlt und es bereits zu Beginn des neunzehnten Jahrhunderts klar war, dass und wie Wissenschaft zur Durchsetzung staatlicher Herrschaft gehört. Eine letzte, abschließende Bemerkung nimmt den Impuls des Deutschen Idealismus auf, um zu zeigen, dass eine angemessene Wissenschaft sich nicht völlig verobjektivieren, d. h. beobachten kann, ohne sich der unhintergehbaren Subjektivität ihrer Betreiber reflexiv zu versichern.

2 Martin Luther: Weltlich Regiment

So sehr Martin Luther ein theologisches Genie und ein inbrünstig Glaubender war, so sehr hatte er ein für seine Zeit außerordentlich entwickeltes Gespür für politische Realitäten, für die Gründung, Legitimation und Aufrechterhaltung politischer Herrschaft. Als Bürger frühneuzeitlicher Städte in deutschsprachigen Ländern war ihm die Stadt, weniger der Territorialstaat Inbegriff sinnvollen menschlichen Zusammenlebens und Ausübung politischer Macht. Städte indes, die ihre Macht alleine auf äußerliche Mittel wie große Reichtümer, haltbare Befestigungsanlagen und brauchbares militärisches Gerät stützen, schaden sich selbst – es bedarf eines weiteren Schritts, um die Selbstbehauptung der Stadt zu wahren:

> „sondern das ist einer Stadt bestes und allerreichstes Gedeihen, Heil und Kraft, daß sie viel feine, gelehrte, vernünftige, ehrbare, wohlerzogene Bürger hat, die könnten danach gut Schätze und alles Gut sammeln, halten und recht brauchen." (Luther 1983: 228)

Charakterlich und kognitiv gebildete Menschen sind für das gute Funktionieren einer Stadt unerlässlich und ihr Fehlen ist einer Stadt größtes Unglück, (Luther schreibt von „Gebrechen") woraus vor allem eines folgt:

„so darf man nicht warten, bis sie von selbst wachsen. Man wird sie auch weder aus Steinen hauen noch aus Holz schnitzen, ebenso wird Gott nicht Wunder tun, solange man der Sache durch andere seiner dargebotenen Güter abhelfen kann. Darum"

so ermahnt Luther nun sich selbst und seine fürstlichen Adressaten

„wir (selbst etwas) dazu tun und Mühe und Kosten daran wenden, sie selbst zu erziehen und zu machen. Denn wessen ist die Schuld, daß es jetzt in allen Städten an geschickten Menschen so dünn gesät aussieht, wenn nicht der Obrigkeit, die das junge Volk hat aufwachsen lassen, wie das Holz im Walde wächst, und nicht zusehen, wie man lehre und erziehe." (a.a.O.: 228)

Es geht mithin um ein klares Bekenntnis zu auf Bildung bezogenen Investitionen („Mühe und Kosten") sowie vor allem um eingreifendes, vorausschauendes, d. h. planendes Handeln. Kaum anders als alle Theoretiker der Bildungskatastrophe im Zwanzigsten Jahrhundert schlägt schon Luther Alarm:

„Darum, liebe Herren, lasst euch das Werk am Herzen liegen, das Gott so dringend von Euch fordert, das euer Amt (zu verrichten) schuldig ist, das der Jugend so nötig ist, und das weder Geld noch Geist entbehren kann. Wir sind leider lang genug in Finsternis verfault und verdorben. Wir sind allzu lange genug „deutsche Bestien" gewesen." (a.a.O.: 229)

Dem Alarmruf wider eine frühneuzeitliche Bildungskatastrophe, die 1524 ihre politischen Grundlagen nur skizzenhaft andeutet, folgt sechs Jahre später eine entfaltete und begründete Konzeption. Die politisch-ökonomische Lage stellt sich dramatisch dar. Denn: Luther ist davon überzeugt, dass die entstehenden politischen Gebilde seiner Zeit akademisch gebildeten Personals notwendig bedürfen, die Nachfrage nach solchen Positionen und Qualifikationen überschreitet jedenfalls 1530 noch bei weitem das Angebot:

„Kaiser und Könige müssen Kanzler und Schreiber, Räte, Juristen und Gelehrte haben; kein Fürst ist, er muß Kanzler, Juristen Räte, Gelehrte und Schreiber haben, ebenso auch alle Grafen, Herren, Städte, Schlösser müssen Syndici, Stadtschreiber und sonst Gelehrte haben. Ist doch kein Edelmann, er muß doch einen Schreiber haben. Und daß ich auch von der allgemeinen Gelehrsamkeit rede: wo sind noch die Bergwerke, Kaufleute, Hantierer? ....Ich meine wahrlich: Könige müssen Juristen, Fürsten müssen Kanzler, Grafen und Herren müssen Schreiber, Bürgermeister müssen Küster werden." (a.a.O.: 252)

Luthers Predigt „Daß man Kinder zur Schule halten solle" beginnt aus dieser Diagnose heraus mit Überlegungen, die das Eigenrecht von Kindern gegenüber ihren Eltern betonen und zur Bedeutung des Predigtamtes, das alleine den Glauben verbreiten und bekräftigen, aber auch einen wesentlichen, wenn nicht den wesentlichen Beitrag zur Aufrechterhaltung sozialer Ordnung und Kontrolle leiste; weswegen Luther seine Hörer auffordert, ihre Söhne zum Studium (der Theologie) anzuhalten:

> „Das ist nun von den Werken und Wundern gesagt, die dein Sohn den Seelen tut, ihnen von Sünden, Tod und Teufel helfen. Über das hinaus tut er auch der Welt lauter große, mächtige Werke: nämlich daß er alle Stände unterrichtet und unterweist, wie sie sich in ihren Ämtern und Ständen äußerlich verhalten sollen, damit sie vor Gott recht tun." (a.a.O.: 236)

Dem Predigeramt, jenem Amt, das wir heute als Pfarramt bezeichnen, kommen also ohne weitere Differenzierungen Funktionen des Instruierens, Therapierens sowie der quasijuristischen Schlichtung zu, womit es eine Schlüsselfunktion in der Aufrechterhaltung sowohl politischer Herrschaft als auch ökonomischer Ungleichheit einnimmt:

> „Denn ein Prediger bestätigt, stärkt und hilft erhalten alle Obrigkeit, allen zeitlichen Frieden, steuert den Aufrührern, lehrt Gehorsam, Sitte, Zucht und Ehre, unterrichtet das Vateramt, Mutteramt, Kinderamt, Knechtsamt und in Summa alle weltlichen Ämter und Stände." (a.a.O.: 236)

Luthers Aufruf an verantwortliche Eltern, ihre Söhne Theologie studieren zu lassen, zielt nicht darauf, dass alle Söhne Theologen werden sollen, wohl aber darauf, dass möglichst viele überhaupt studieren und zwar einfach deshalb, weil junge Leute, die ein Studium auch anderer Fächer absolviert und Latein gelernt haben und damit grundsätzlich „zum Pfarramt zugerichtet und bereitet (sind), wenn man seiner bedarf" (a.a.O.: 240). In diesem Kontext entwirft Luther sowohl das Programm einer systematischen Förderung schon damals als arm und das heißt als bildungsfern geltender Schichten und eine ihr systematisch vorgeordnete Theorie gesellschaftlicher Arbeitsteilung. Luther ist davon überzeugt – davon wird zweihundertundfünfzig Jahre später Immanuel Kant im „Streit der Fakultäten" ausgehen – dass eine Stadt, eine territoriale Herrschaftsformation vor allem der Theologen, Juristen und Mediziner bedarf. Es sind Juristen, die ein von Vernunft und Weisheit geleitete weltliche Herrschaft aufrechterhalten:

> „Nun, wer will sie erhalten? Faust und Harnisch tuns nicht, es müssen die Köpfe und Bücher tun. Es muß gelernt und gewusst sein, was unser weltlichen Reichs recht und Weisheit ist, obwohl es fein ist, wenn ein Kaiser, Fürst, Herr selbst von Natur so weise und klug ist, daß er das Recht auswendig treffen kann." (a.a.O.: 247)

Indes: „derartige Vögel" seien selten und zudem im Blick auf die anderen, die das nicht vermögen, gefährlich, weshalb zu gelten hat: „So sind nun die Juristen und Gelehrten in diesem weltlichen Reich die Personen, die solch Recht und dadurch das weltliche Reich erhalten." (a.a.O.) Gebildete Söhne sind für Luther Heilande, Tröster, Helfer und Retter – weshalb Väter, die ihren Söhnen eine entsprechende Ausbildung nicht ermöglichen, Kaiser und Reich Schutz und Frieden entziehen (a.a.O.: 250). Er führt des Weiteren das Argument persönlicher Bildungsinvestitionen in Zeiten hoher Nachfrage nach derartigem Personal an, indem er meint, „daß nie bessere Zeit zu studieren gewesen sei als jetzt, nicht allein deshalb, weil die Wissenschaft jetzt so reichlich und wohlfeil vorhanden ist, sondern auch deshalb, weil groß Gut und Ehre folgen muß" (a.a.O.: 252). In einer Zeit des Aufstiegs der bürgerlichen Gesellschaft, indem der Adel sowohl an politischer Macht als auch an ökonomischem Einfluss verliert, eröffnen sich mit einem Studium daher auch individuelle Aufstiegschancen für Personen, die nicht adliger Herkunft sind:

> „Kanzler, Stadtschreiber, Juristen und das Volk in seinen Ämtern muß mit obenan sitzen, helfen, raten und regieren ...: sie sind in der Tat die Herren auf Erden, ob sie es wohl der Person, Geburt und Standes halben nicht sind." (a.a.O.: 253)

Luther präferiert Theologen und Juristen gemäß seiner Zweireichelehre und bricht sogar für freie Wissenschaften, die „artes liberales" der mittelalterlichen Universität, eine Lanze, da Prediger, Juristen und Mediziner seiner Meinung nach immer auch auf die Künste der Rede angewiesen sind, also auf Rhetorik und Grammatik. Nicht zuletzt plädiert er für eine wohl wissenschaftliche Ausbildung der „Schulmeister" denn: wer „Knaben treulich erzieht und lehrt, dem kann man nimmermehr genug lohnen und mit keinem Gelde bezahlen, wie auch der Heide Aristoteles sagt." (a.a.O.: 256) Das Amt des Schulmeisters ist nach dem Werk des Predigtamtes „das allernützlichste, größte und beste." (a.a.O.: 257) Der philosophisch durchaus gebildete Luther war kein Freund der antiken, paganen Philosophie und es kommt äußerst selten vor, dass er die Schriften der griechischen Philosophie zustimmend zitiert. D. h. die selten Fälle, in denen dies geschieht zeichnen das damit Gesagte über alle Maßen aus – Bildung und Lehre sind so wichtig, dass es diesem christlichen Denker sogar angemessen erscheint, den ansonsten nur argwöhnisch betrachteten Aristoteles zu bemühen. Vor allem aber plädiert er für die Einführung einer erzwungenen Schulpflicht. Misstrauisch gegen den Geiz von Eltern, die ihre Söhne nicht in der Perspektive einer Bildungsinvestition betrachten, appelliert er an die Obrigkeit, die Schulpflicht einzuführen:

> „Ich meine aber, daß auch die Obrigkeit hier schuldig sei, die Untertanen zu zwingen, ihre Kinder zur Schule zu halten, besonders die, von denen oben geredet ist. Denn sie ist wahrlich schuldig, die oben genannten Ämter und Stände zu erhalten, daß Prediger, Juristen, Pfarrer, Schreiber, Ärzte, Schulmeister und dergleichen bleiben, denn man kann deren nicht entbehren. Kann sie die Untertanen, die dazu tüchtig sind, zwingen, daß sie Spieß und Büchse tragen, auf die Mauern laufen und anderes tun müssen, wenn man Krieg führen soll, wieviel mehr kann und soll sie hier die Untertanen zwingen, daß sie ihre Kinder zur Schule halten, weil hier wohl ein ärge-

rer Krieg mit dem leidigen Teufel vorhanden ist, der damit umgeht, daß er Städte und Fürstentümer so heimlich aussaugen und von tüchtigen Personen leer machen will, bis er den Kern ganz ausgebohrt und eine Hülse von ganz unnützen Leuten hat dastehen lassen, mit denen er spielen und gaukeln könne, wie er will." (a.a.O: 261)

Bei alledem bemüht der Reformator endlich noch die Systemkonkurrenz – immer wieder werden das osmanische Reich und die Türken beschworen, die nach Luthers Meinung – im Unterschied zu christlichen Herrschaften ihre Jugend angemessen ausbilden: „Tut doch der Türke wohl ein anderes und nimmt jedes dritte Kind in seinem Reich und erziehts." (a.a.O.) In und an Luthers bildungspolitischen Vorstellungen ist nichts zu entlarven: Funktionalistische, ökonomische und gouvernementale Interessen liegen auf der Hand und werden nicht nur offen, sondern offensiv artikuliert. Akademisches Wissen steht in all seinen Formen unter dem Diktat des Nutzens, wobei dieser frühneuzeitliche Denker vor allem an einem weniger ökonomischen denn gouvernementalen Nutzen interessiert ist. Akademische Bildung ist die Bedingung innerer und äußerer Souveränität und wesentliches Element der Bestanderhaltung der in den deutschen Ländern gelegenen politischen Gemeinwesen, vor allem der Städte, aber auch sämtlicher noch so kleiner und kleinteiliger Territorialregimes. Auch freie Forschung im Sinne der „artes liberales" der mittelalterlichen Universität unterliegen diesem gouvernementalen Nutzenkalkül: Die Fächer der Artistenfakultät dienen vor allem der Vervollständigung akademischer Berufe – Luthers Programm akademischer Berufsbildung nimmt wesentliche Züge einer modernen Theorie der Professionen vorweg.

Die von Luther angeregte, von seinem Mitstreiter Melanchthon weitergeführte Idee humanistischer Bildung, auf der später Humboldts Schulreform aufbauen sollte, setzte sich im Bereich akademischer Bildung indessen kaum durch: bei allen sonstigen Gegensätzen entsprachen die im siebzehnten Jahrhundert im Geist der Aufklärung gegründeten Universitäten im Wesentlichen Luthers gouvermentalitätsutilitaristischem Programm. Es sollte Ende des achtzehnten Jahrhunderts erst Immanuel Kant sein, der der im Schoße der nutzenorientierten Universitäten heranwachsenden autonomen Wissenschaft zu ihrem Begriff verhelfen sollte.

3   Immanuel Kant : Autonomie und Öffentlichkeit

Der „Streit der Fakultäten" erschien im Jahre 1798, war einem Kollegen in Göttingen gewidmet und dient sich einer (preußischen) Regierung an, die in Kants Worten den menschlichen Geist seiner Fesseln entschlägt, die Freiheit im Denken garantiert und damit umso bereitwilligeren Gehorsam erzielt. Unter Bezug auf religionspolitische Debatten, insbesondere das preußische Religionsedikt von 1788 und ein auf ihn folgendes Zensuredikt, auf das Kant mit seiner Schrift über die „Religion innerhalb der Grenzen der bloßen Vernunft" reagiert hatte, sowie auf ein wiederum darauf reagierendes kritisches Schreiben des preußischen Hofes, in dem Kant mangelnde Verantwortlichkeit gegenüber der studierenden Jugend vorgeworfen wurde, bemüht sich Kant nun, die Rolle freier wissenschaftlicher Forschung systematisch zu begründen und zu entfalten. Dabei fügt Kant drei zu unterschiedlichen Gelegenheiten entstandene Abhandlungen, die sich mit der Rolle der Theologie, der Jurisprudenz und der Medizin befassen, zusammen und schickt eine Einleitung sowie eine genauere Analyse der drei Fakultäten voran. Es sind diese einleitenden Bemerkungen, die den Kern des Gedankens einer zweckfreien Forschung enthalten. Die Einleitung setzt mit der höchst realistischen Einsicht in die Wirklichkeit und Notwendigkeit wissenschaftlicher Arbeitsteilung ein. Kant lobt darin den Gedanken,

> „den ganzen Begriff der Gelehrsamkeit (eigentlich die derselben gewidmeten Köpfe) gleichsam fabrikenmäßig, durch Verteilung der Arbeiten zu behandeln, wo, so viel es Fächer der Wissenschaften gibt, so viel öffentliche Lehrer, Professoren, als Depositöre derselben, angestellt würden, die zusammen eine Art von gelehrtem gemeinen Wesen, Universität (auch hohe Schule) genannt, ausmachten, die ihre Autonomie hätte (denn über Gelehrte, als solche, können nur Gelehrte urteilen);" (Streit, 279)

Auch Kant argumentiert funktionalistisch und erkennt als Zeitgenosse von merkantilistischem und manufakturiellem Kapitalismus, dass systematisch organisierte Arbeitsteilung die Bedingung erfolgreicher Produktion ist, weshalb Kant die „fabrikenmäßige" Organisation auch der Hervorbringung von Wissen ist (?) (befürwortet?). Wissen wird in diesem Zusammenhang als sachdienlicher Gegenstand, wenn nicht gar als Ware verstanden. Kant deutet darüber hinaus an, dass die Funktion von Gelehrten, also jener, die Wissen produzieren, darüber hinaus auch diejenige des Speichers bzw. der Speicherer oder treuhänderischer Verwalter von Wissensbeständen ist („Depositöre"), um endlich zu dem Schluss zu kommen, dass Universitäten demnach arbeitsteilig organisierte Wissensverwaltungen sind. Diese funktionalistische Analyse wird einzig durch einen Gedanken der „Autonomie" dieser Institution durchbrochen – eine „Autonomie" freilich, die ebenfalls funktionalistisch, d. h. hier differenzierungstheoretisch ausgewiesen ist: „denn über Gelehrte können nur Gelehrte urteilen: Und zwar nicht deshalb, weil sie einer irgendgearteten Geistesaristokratie angehörten, sondern weil der Reichtum und die Komplexität des wissenschaftlichen Wissens schlichtweg Personen, die nicht in es eingewiesen sind, fremd bleiben muss. Kant räumt durchaus ein, dass es auch jenseits der Institution der Universität, die ihm noch als zünftiger Verband erscheint, auch „zunftfreie Gelehrte gibt und geben kann, Personen, die entweder in „freien Korporationen" wie Akademien oder eben als Einzelne „gleichsam im Naturzustande der Gelehrsamkeit leben und jeder für sich, ohne öffentliche Vorschrift und Regel, sich mit Erweiterung oder Verbreiterung derselben als Liebhaber beschäftigen." (280) Der entscheidende Unterschied zwischen Liebhabern der Wissenschaft und universitären Gelehrten aber besteht darin, dass diese „öffentliche Lehrer" sind und daher ihr Wissen nicht für sich behalten bzw. dem Urteil und der Kritik anderer Gelehrter aussetzen müssen. Und so sind es die beiden Elemente von „Autonomie" und „Öffentlichkeit", die schon für Kant Ende des achtzehnten Jahrhunderts im Grundsatz das Wesen der Universität ausmachen. Die bisher so genannten oberen Fakultäten, also die theologische, die juristische und medizinische, sind für Kant in dieser Hinsicht von minderem Rang: zwar dienen sie dem seelischen, dem gesellschaftlichen und dem physischen Wohlergehen des Menschen, da sie jedoch rein anwendungsbezogene Anthropotechniken (P. Sloterdijk) sind, kommt ihnen der volle Begriff einer Wissenschaft jedenfalls für Kant nicht zu. Und zwar deshalb nicht, weil Wissen, seinem Gegenstands- und damit auch Warencharakter zum Trotz in erster Linie auf Erkenntnis zielt, nicht aber darüber, wie Erkenntnis praktisch werden kann.

4 Die idealistischen Gründer: Staat, Geistesaristokratie und demokratische Wissenschaft

Gemeinhin wird die Idee einer auf die Einheit von Forschung und Lehre, auf den Wunsch nach Erkenntnis abstellenden Universität als die Idee Wilhelm von Humboldts angesehen – ein Eindruck, der trotz der enormen Verdienste Humboldts um die Neugründung einer Universität in diesem Geist trügt. Tatsächlich nämlich waren eine Reihe von Wissenschaftlern und Philosophen (?), die nach der preußischen Niederlage im Jahre 1806 Denkschriften verfassten, wie im Zuge eines durch die Niederlage gegen Frankreich unumgänglichen Reformprozesses der ganzen preußischen Gesellschaft auch das höhere Bildungswesen neu zu strukturieren sei. Die Denkschriften und Vorlesungen von Friedrich Joseph Schelling, Johann Gottlieb Fichte, Friedrich Daniel Schleiermacher, Heinrich Steffens sowie Wilhelm von Humboldt, allesamt verfasst oder gehalten in den Jahren 1802-1810 umkreisen dieses Thema mit teils identischen, teils ähnlich gelagerten Argumenten, von denen hier weniger die bekannten Humboldtschen Vorschläge dargestellt werden sollen denn die vorzüglich von Schelling und Schleiermacher angestellten Überlegungen zum Verhältnis universitärer Wissenschaft und Demokratie. Während Kant noch mit einem klaren gouvernementalitätskritischen Blick die staatlichen Kontrollaufgaben akademisch gebildeter Juristen, Mediziner und Theologen zur Kenntnis nahm und die wahre Freiheit der Wissenschaft für die philosophische Fakultät reklamierte, sieht Schelling im Jahre 1802 das Dilemma einer freien Wissenschaft weniger im Staat als in der bürgerlichen Gesellschaft:

> „Wenn die bürgerliche Gesellschaft uns großenteils eine entschiedene Disharmonie der Idee und Wirklichkeit zeigt, so ist es, weil sie vorläufig ganz andere Zwecke zu verfolgen hat, als aus jener hervorgehen, und die Mittel so übermächtig geworden sind, dass sie den Zweck selbst, zu dem sie erfunden sind, untergraben." (a.a.O.: 22)

Über Kant hinaus, dem vor allem der Einfluss eines aufgeklärten Absolutismus auf die Wissenschaft Sorgen bereitete, sieht Schelling nur wenige Jahre später nicht mehr politische Herrschaft, sondern aus der bürgerlichen Konkurrenzgesellschaft erwachsende Konflikte als freiheitsbedrohend an und plädiert daher zwar für eine staatliche Finanzierung der Universitäten, lehnt aber jede weitere Veranstaltung (Verantwortung?) der Gesellschaft im Blick auf die Universitäten ab. Schelling begründet dies aus einer idealistischen Kritik an der bürgerlichen Gesellschaft, die ihrer empirischen Zwecke wegen keine „wahrhafte innere Identität" (a.a.O) herstellen könne. Dem entspricht der Staat in seiner Wirklichkeit, als er aus Gründen der Aufrechterhaltung von Herrschaft ebenfalls auf Arbeitsteilung und Isolation setzen muss:

> „Der Staat hat zur Erreichung seiner Absichten Trennungen nötig, nicht die in der Ungleichheit der Stände bestehende, sondern die weit mehr innerliche, durch das Isolieren und Entgegensetzen des einzelnen Talents, die Unterdrückung so vieler Individualitäten, die Richtung der Kräfte nach so ganz verschiedenen Seiten, um sie zu desto tauglicheren Instrumenten für ihn selbst zu machen." (a.a.O.)

Damit widerspricht Schelling massiv jeder anderen Funktion der Universität, etwa der Erteilung von Reputation, des sinnlosen Verbringens von Zeit und des Müßiggangs. Aufgabe und Ziel von Universitäten und Akademien kann lediglich die Wissenschaft selbst sein; wer an anderem interessiert ist, sollte diesen Institutionen fernbleiben:

> „es soll auf Akademien nichts gelten als die Wissenschaft, und kein anderer Unterschied sein, als welchen das Talent und die Bildung macht ... wer seinen Fleiß und seine auf die Wissenschaft gerichtete Absicht nicht beweisen kann, soll entfernt werden." (a.a.O.)

Aus dieser rein leistungsbezogenen, letztlich meritokratischen Haltung heraus gelangt Schelling zu der Überzeugung, dass der demokratische Gedanke dem Wesen der Wissenschaft zuwiderläuft und dass ihre sachliche Verfasstheit keinem anderen als einem aristokratischen Prinzip genügen kann. Schon zu Beginn des 19. Jahrhunderts nimmt Schelling studentische Lebensformen mit all ihren jugendtypischen Entgleisungen als auch die ökonomische Vernutzung der Universitäten aufs Korn – seine besondere Polemik gilt jenen „sich vordrängenden Schwätzern, die den wissenschaftlichen Stand durch kleine Arten von Industrie entehren" (a.a.O.: 23). Daher kann nur gelten:„Das Reich der Wissenschaften ist keine Demokratie, noch weniger Ochlokratie, sondern Aristokratie im edelsten Sinne." (a.a.O.: 23)

Damit plädiert Schelling nicht für besondere positive Schutzmaßnahmen für wissenschaftliche, universitäre Veranstaltungen, sondern nur dafür, die Bildung von Talenten und das Streben nach Wissen keiner anderen Maßgabe zu unterwerfen: eine Wissenschaft, die sich selbst in ihren Freiräumen überlassen bleibt, wird ihre Erfolge von selbst erzielen: „das Vermögen zu Ideen verschafft sich von selbst die oberste und entschiedenste Wirkung." (a.a.O.: 23)

Während also Schelling das aristokratische Prinzip der Wissenschaft aus ihrer Entgegensetzung zu den Sphären von bürgerlicher Gesellschaft und herrschaftlichem Staat gewinnt und – bezogen auf die innerliche Struktur des wissenschaftlichen Diskurses – das Gewinnen von Erkenntnis als Leistung der Besten ansieht, orientiert sich sein Zeitgenosse, der Theologe, Religionsphilosoph und Pädagoge Schleiermacher am Prozess des wissenschaftlichen Verfahrens und gelangt damit – anders als Schelling – zu der Überzeugung, dass die Wissenschaft wesentlich demokratisch sei und daher in ihrem forschenden Vollzug so gut wie in der wissenschaftlichen Lehre auf Freiheit im vollen Sinne eingestellt sein müsse. Diese Überzeugung, die Schleiermacher im Nachgang zu Kants Überzeugung, dass nur Wissenschaftler Wissenschaftler beurteilen können, in detaillierten Überlegungen zur politischen Verfasstheit von Universitäten und Fakultäten entfaltet, in der er – wie der geistesaristokratische Schelling – vor allem den Einfluss des Staates auf den wissenschaftlichen Prozess selbst abwehren will. Wenn überhaupt der Staat in Universitäten mitregieren soll, dann nur dort, wo es um seine, den Universitäten überlassenen „Besitztümer" geht, also um die materielle Basis des Lehr- und Forschungsbetriebes. In dieser Perspektive sind hierarchische Strukturen und Weisungsbefugnisse akzeptabel. Nicht jedoch dort, wo die Wissenschaft und die Wissenschaftler ihrem ganz eigenen Geschäft nachgehen, nämlich der kollektiven Suche nach Erkenntnis und Wahrheit, denn:

„Alles übrige ist Vormundschaft, welche nur in der Kindheit der Wissenschaft an ihrer Stelle sein kann, und gegen welche die natürliche Widersetzlichkeit umso stärker sein muß, je mehr die Universität ihre Mündigkeit fühlt und zu festen Ansichten und einem gründlichen Stil ihres Lebens gelangt ist. Was aber die Formen betrifft, unter welchen sie öffentlich auftritt und ihre Rechte und Ordnungen bildet: so ist die wissenschaftliche Gesinnung unserer Zeit durchaus demokratisch, und das Bewusstsein lebendig, dass alle wissenschaftlichen Männer dem Geiste nach einander gleich sind, und die Geschäfte eines jeden gleich wesentlich dem Ganzen angehören. Je mehr also die Verfassung sich frei gestalten kann, umso demokratischer wird sie sich bilden." (a.a.O.: 273)

Dabei ist Schleiermacher Realist genug, um zu akzeptieren, dass die nach außen gekehrte, gleichsam ritualisierte Verfassung dieser demokratischen Gesinnung eine monarchische Form annehmen kann, wobei diese monarchische Form die eines die Universität und die Fakultäten nach außen hin repräsentierenden „Primus inter pares" ist. Anders als Schelling, der aus dem Ergebnis gewonnener Erkenntnis eine Hierarchie und Rangfolge auch innerhalb der Wissenschaftler ableitet, orientiert sich Schleiermacher nicht am Erkenntnisideal und am Produkt der Wissenschaft, sondern an ihrem nur intersubjektiv zu vollziehenden Prozess: „So ist die wissenschaftliche Gesinnung unserer Zeit ihrer Natur nach durchaus demokratisch, und das Bewusstsein lebendig, dass alle wissenschaftlichen Männer dem Geiste nach gleich sind ..." (a.a.O: 272) Es ist also die wissenschaftliche Haltung, das vorurteilslose, auf gemeinsamen Sach- und Fachkenntnissen basierende Erörtern und Untersuchen streitiger oder unklarer Sachverhalte, von Problemen, Fragen und Rätseln, die das Wesen des wissenschaftlichen Forschens ausmachen, eines Forschens, das auf Behauptung und Widerspruch angewiesen ist. Die grundsätzliche Gleichheit der an diesem Prozess Beteiligten ist es dann auch, die die Wissenschaft zum Inbegriff einer demokratischen Lebensform macht.

Aristokratie nach außen – wie Schelling meinte – und Egalität nach Innen – so Schleiermacher – machen in den idealistischen Entwürfen die Eigentümlichkeit der Wissenschaft aus. Die wissenschaftliche Haltung selbst, das Suchen nach Wahrheit bildet nach Schleiermacher auch charakterlich – die Suche nach Wahrheit „befreit vom Dienst jeder Autorität" (276). Schleiermacher war schon 1808 der Überzeugung, dass eine an kollektiver Wahrheitssuche ausgerichtete Lebensform wie die Universität zu demokratischen und autoritätskritischen Charakteren führt, weshalb er sich gegen jeden Zwang und gegen jede Reglementierung des Studiums aussprechen sollte:

„indem man lediglich durch die Erkenntnis und durch kein anderes Mittel auf ihn (d.h. den studierenden Jüngling, M.B.) wirkt, indem man schon die Kraft in ihm voraussetzt, welche ihn entbindet, irgendeiner Autorität zu dienen, als nur insofern sie sein eigenes Erkennen wird, und also aufhört, Autorität zu sein." (a.a.O.: 276)

Schleiermachers Idee einer Bildung zur Freiheit durch Wissenschaft ist dabei alles andere als naiv: Ihm ist durchaus bewusst, dass nicht alle Studenten im selben Maße wissenschaftlich und charakterlich gleich begabt sind, mehr noch, dass sie es in ihrer überwiegenden Mehrheit nicht sind und plädiert gleichwohl dafür, sie gleichwohl gleich zu behandeln. Sogar dann, wenn sich in diesen Studenten „keine höhere Kraft" rege, so werden sie doch durch eine Bildung zur wissenschaftlichen Freiheit, wir sprechen heute von universitärer Sozialisation, zu in jeder Hinsicht loyalen und tugendhaften Staatsbürgern gebildet. Das aber setzt – für wissenschaftlich mehr und minder Begabte – eine Form des Studiums voraus, die dem Gedanken der akademischen Freiheit folgt und das heißt auf jede disziplinarische Gängelung der Studenten im Bereich der Sitten aber auch des Studiums verzichtet:: (

„So hängt dieser Teil der studentischen Freiheit innig zusammen mit unserer nationalen Ansicht von der Würde der Wissenschaft, und es müsste uns unmöglich sein, diejenigen anders zu behandeln, welche wir für bestimmt halten, Wissende zu werden. Guter Rat darf nicht fehlen, und die Einrichtung der Universitäten gibt Veranlassung genug, ihn zu erteilen; aber auch die mindeste Spur von Zwang, jede noch so leise bewusste Einwirkung einer äußeren Autorität ist verderblich . Denn je mehr sich der Geist der Wissenschaft regt, desto mehr wird sich auch der Geist der Freiheit regen, und sie werden sich nur in Opposition stellen gegen die ihnen zugemutete Dienstbarkeit." (a.a.O.: 277)

5 Illusionär?

Es scheint, also ob die neuere und auch die neueste Wissenschaftssoziologie diese emphatischen Annahmen über die Motivation von Forschenden, Lehrenden und Studierenden empirisch und motivationspsychologisch nicht ungeprüft übernehmen kann, theoretisch gar scheint die Modellierung des wissenschaftlichen Prozesses (auch an Universitäten) im Sinne eines Prozesses intersubjektiver Wahrheitssuche aus grundlagentheoretischen Überlegungen nicht zustimmungsfähig zu sein (Luhmann 1990: 619f.). Es könnte indes sein, dass diese Form einer gesellschaftstheoretischen, aber subjektlosen Wissenschaftssoziologie Einsichten übersprungen hat, die jedenfalls dem Verdacht, emphatisch und ideologisch das Wissenschaftssystem mit Ansprüchen zu überlasten, die es gar nicht erfüllen kann, nicht ausgesetzt sind. Das kann jetzt nur noch angedeutet werden.

1972 verfasste Talcott Parson gemeinsam mit Gerald M. Platt eine große Studie über „Die amerikanische Universität", in der sie sich an einer ebenso funktionalistischen wie handlungstheoretisch gefassten Analyse des Universitätssystems in den USA versuchen. In einer aufschlussreichen Überlegung, im vierten Kapitel der Studie, in der es um die studentische Sozialisation geht, vergleichen Parsons und Platt die Strukturen eines therapeutischen mit denen eines hochschulsozialisatorischen Prozesses. Am Ende dieses Kapitels, in dem sie die sozialisatorische Funktion der Universität im Sinne eines durchaus solidarisch geprägten institutionalisierten Individualismus analysieren, wähnen sie, in diesem Prozess einen Trend zu größerem ethischem Universalismus hin erkennen zu können:

> „Es besteht ein Zusammenhang zwischen diesem Trend und dem Gewicht, das die Revolution des Bildungswesens den kognitiven Komponenten beigelegt hat. Verglichen mit früheren Phasen in der Entwicklung der westlichen Gesellschaft hat die Bildungsrevolution kulturelle Interessen gegenüber ökonomischen und politischen Interessen aufgewertet, und kulturelle Organisationsbrennpunkte sind ganz allgemein kosmopolitischer als solche des Sozialsystems oder der Persönlichkeit. Überdies ist im kulturellen System der kognitive Komplex noch der am eindeutigsten universalistische. Dieser Universalismus bietet eine Grundlage für die Nutzung des höheren Bildungswesens als Sozialisationsagentur wie auch als Instrument zur Entwicklung technischen Wissen und dessen kompetenter Anwendung." (a.a.O.: 298)

Funktionalistische und normative Betrachtungen höherer Bildung in der Institution Universität müssen sich keineswegs widersprechen – im Gegenteil. Dies wird freilich – nimmt man Parsons und Platt ernst – nur dann möglich sein, wenn man die funktionalistische Perspektive handlungs- und das heißt subjektbezogen fasst. Dann erstaunt, dass letzten Endes der vermeintlich so weltfremd emphatische Idealismus der Neugründer der deutschen Universität der Entwicklungslogik moderner (Wissens)Gesellschaften sehr viel näher war, als all jene, die die gegen- und wechselseitigen Umweltleistungen von Erziehungs- und Wissenschaftssystem in einer alle Normativität ausklammernden Haltung untersuchen wollen.

Literatur

Fichte, Johann Gottlieb (1956): Deduzierter Plan einer in Berlin zu errichtenden höheren Lehranstalt, in: Die Idee der deutschen Universität. Die fünf Grundschriften aus der Zeit ihrer Neubegründung durch klassischen Idealismus und romantischen Realismus, Darmstadt: Gentner (1956): 127-199
von Humboldt, Wilhelm (1956): Über die innere und äußere Organisation der höheren wissenschaftlichen Anstalten in Berlin, in: Die Idee der deutschen Universität. Die fünf Grundschriften aus der Zeit ihrer Neubegründung durch klassischen Idealismus und romantischen Realismus, Darmstadt: Gentner (1956): 377-386
Kant, Immanuel (1964): Der Streit der Fakultäten, in: W. Weischedel (Hrsg.) Werke in zehn Bänden, Bd. 9, Darmstadt: Wissenschaftl. Buchgesellschaft (1956): 279-393

Luhmann, Niklas (1990): Die Wissenschaft der Gesellschaft, Frankfurt am Main

Luther, Martin (1983): An die Ratsherren aller Städte deutschen Landes, daß sie christliche Schulen aufrichten und halten sollen, in: Aland, Kurt (Hrsg.) (1983): Luther Deutsch. Die Werke Luthers in Auswahl, Bd. 7 : Der Christ in der Welt, Stuttgart: Klotz (1983): 226-229

Luther, Martin (1983): Eine Predigt, daß man Kinder zur Schule halten solle, in: Aland, Kurt (Hrsg.) (1983): Luther Deutsch. Die Werke Luthers in Auswahl, Bd. 7 : Der Christ in der Welt, Stuttgart: Klotz (1983): 230-262

Parsons, Talcott/Platt, Gerald M. (1990): Die amerikanische Universität, Frankfurt am Main: Suhrkamp

Schelling, Friedrich Wilhelm Joseph (1956): Vorlesungen über die Methode des akademischen Studiums, in: Die Idee der deutschen Universität. Die fünf Grundschriften aus der Zeit ihrer Neubegründung durch klassischen Idealismus und romantischen Realismus, Darmstadt: Gentner (1956): 3-123

Schleiermacher, Friedrich (1956): Gelegentliche Gedanken über Universitäten im deutschen Sinn, in: Die Idee der deutschen Universität. Die fünf Grundschriften aus der Zeit ihrer Neubegründung durch klassischen Idealismus und romantischen Realismus, Darmstadt: Gentner (1956): 221-308

Steffens, Henrik (1956): Vorlesungen über die Idee der Universitäten, in: Die Idee der deutschen Universität. Die fünf Grundschriften aus der Zeit ihrer Neubegründung durch klassischen Idealismus und romantischen Realismus, Darmstadt: Gentner (1956): 312-374

Teil II

Öffentliche Erziehung und ihre gesellschaftlichen Umwelten

Minderheitenpolitik im Spannungsfeld von Diaspora und Nationalstaat

Das Beispiel der jüdischen Gemeinschaft in Deutschland

Karen Körber

Das Konzept der Diaspora hat in den vergangenen Jahren in der akademischen Diskussion eine hohe Konjunktur erfahren. War der Bedeutungsgehalt des Begriffs historisch auf die klassischen Fälle von teils gewaltsamer Vertreibung, teils freiwilliger Neusiedlung der jüdischen und griechischen, sowie schließlich der armenischen Gemeinden beschränkt, so bezieht er sich inzwischen auf quasi alle außerhalb ihres ursprünglichen Territoriums lebenden ethnischen Gruppen (Tölölyan 1991). Dieser Schritt markiert einen sowohl theoretischen wie auch politischen Einschnitt, der in einem engen Zusammenhang mit den Debatten über die kulturellen Effekte der Globalisierung steht. Die Wiederkehr der Diaspora kann gewissermaßen als exemplarische Repräsentation einer Vergesellschaftungsform verstanden werden, die mit unseren nach wie vor territorial verorteten Kategorien bricht und in ihren transnationalen Bezügen die Grenzen eines „methodologischen Nationalismus" (Beck 2004) aufzeigt. Das begriffliche Gegenüber der Diaspora bildet demzufolge der Nationalstaat. Anschließend an den postkolonialen Diskurs scheinen diasporische Gemeinschaften als alternative Entwürfe deterritorialisierter kultureller Identitäten auf, die im strikten Gegensatz zu nationalstaatlich organisierten Gesellschaften konstruiert sind (vgl. Appadurai 1994; Clifford 1997; kritisch dazu Anthias 1998). Wie ich im Folgenden zeigen möchte, übersieht diese behauptete Fundamentalopposition, dass und in welcher Weise Migrationspopulationen nach wie vor durch nationalstaatliche Regimes und deren institutionelle Zwänge gekennzeichnet sind. Im Unterschied zu einer Position, die insbesondere das kosmopolitische und grenzüberschreitende Potenzial von Diaspora-Gemeinschaften unterstreicht, will ich insofern gerade auf deren Einbettung in jeweils nationalstaatliche Rahmen verweisen, in und gegenüber denen die lokalen Diasporas ihre kulturelle Eigenständigkeit zu behaupten versuchen. Ein solches Vorgehen ist mit der migrationssoziologischen Annahme verknüpft, dass Einwanderung als Prozess aufzufassen ist, den sowohl die aufnehmende Gesellschaft als auch die Immigranten selbst strukturieren. Es handelt sich dabei nicht um einen symmetrischen Prozess, sondern um einen zu Lasten der Einwanderer ungleich gewichteten, denn diese müssen auf die politischen und symbolischen Ordnungsmuster Bezug nehmen, die in den verschiedenen Aufnahmegesellschaften maßgeblich sind (Bauböck 1992). Diesem Spannungsverhältnis soll am Beispiel der Migration russischsprachiger Juden nach Deutschland nachgegangen werden.

Die Einwanderung von Juden aus der ehemaligen Sowjetunion seit Ende der 1980er Jahre hat die jüdische Gemeinschaft in Deutschland von Grund auf verändert. Ohne die Migration der russischsprachigen Juden wäre die kleine, stark überalterte jüdische Minderheit kaum noch überlebensfähig gewesen. Mittlerweile sind rund 190 000 so genannte jüdische Kontingentflüchtlinge nach Deutschland emigriert; etwa die Hälfte davon hat sich einer jüdischen Gemeinde angeschlossen.[1] Ein Blick auf das aktuelle jüdische Leben zeigt sofort, dass der beobachtbare Wandel nicht nur ein demographischer ist. Jüdische Initiativen, Arbeitskreise und Internetforen künden von einer neuen Sichtbarkeit und Diversifizierung, die sich auch in einer beginnenden religiösen Pluralisierung niederzuschlagen scheint (vgl. Peck 2006; Jungmann 2007). Unter dem Dach des „Zentralrats der Juden in Deutschland", der die staatlich anerkannten jüdischen Gemeinden orthodoxer Prägung vertritt, sind seit kurzer Zeit auch einige liberale Gemeinden zu finden. Weitere liberale jüdische Gruppen und Gemeinden haben sich in der „Union progressiver Juden in Deutschland e. V." zusammengeschlossen. Seit einigen Jahren sind zudem die ultraorthodox orientierten Mitglieder von „Chabad Lubawitsch" in Deutschland ansässig und versuchen, die russischsprachigen Juden für ihre Gemeinschaften zu gewinnen. Nicht alle diese Veränderungen gehen allein auf die Einwanderungsbewegung zurück, umgekehrt wären sie jedoch ohne die russischsprachigen Juden nicht denkbar. Die jüdische Minderheit in Deutschland ist ethnisch, kulturell und religiös heterogener geworden.

Könnten diese Schilderungen zuversichtlich stimmen, so offenbart ein Rückblick auf die letzten beiden Jahrzehnte, dass die neue Vielstimmigkeit innerhalb der jüdischen Minorität vor allem als Bedrohung erlebt wird: Nicht von Pluralität ist die Rede, sondern von Spaltung und Zerrissenheit. Es scheint, als ob mit dem Wandel der jüdischen Gemeinschaft in Deutschland auch ihr Selbstverständnis auf dem Prüfstand steht (vgl. Körber 2009; Kauders 2007). Ich möchte zeigen, dass die Konflikte, die sich mit der Einwanderung der russischsprachigen Juden verbinden, auch mit den Voraussetzungen und Zwängen einer symbolischen und institutionellen Ordnung zusammenhängen, innerhalb derer die jüdische Minorität in Gestalt ihrer Akteure und Organisationen in Deutschland handelt. Im Folgenden sollen drei Elemente dieser Ordnung vorgestellt werden, die den Einwanderungsprozess der russischsprachigen Juden in besonderer Weise

---

1 <http://www.zentralratdjuden.de/de/topic/62htm>

strukturiert haben und den Hintergrund bilden für eine Vielzahl jener Auseinandersetzungen, deren Schauplatz in den vergangenen Jahren insbesondere die offiziell anerkannten jüdischen Gemeinden geworden sind: 1. Das Aufnahmeverfahren für die russischsprachigen Juden, 2. das symbolische Narrativ der Juden als Opfergemeinschaft und 3. die staatliche Definition der jüdischen Gemeinschaft als Religionsgemeinschaft.

1 Die Konstruktion des „jüdischen Kontingentflüchtlings"

Die Einwanderung von russischsprachigen Juden nach Deutschland geht zurück auf einen Beschluss der letzten Volkskammerregierung der DDR, die angesichts des wachsenden Antisemitismus in der Sowjetunion im Sommer 1990 entschied, den dort lebenden Juden ein dauerhaftes Bleiberecht in Ostdeutschland zu gewähren (vgl. Mertens 1993). Diese großzügige Aufnahmeregelung endete mit der Auflösung der DDR. Stattdessen verhängte die damalige Bundesregierung einen Aufnahmestopp und löste damit eine öffentlich-politische Diskussion aus, an deren Ende ein gesetzlich geregeltes Aufnahmeverfahren stand: Mit Beginn des Jahres 1991 konnten Juden aus der Sowjetunion als „jüdische Kontingentflüchtlinge" nach Deutschland einreisen.

Die Entscheidung der ersten gesamtdeutschen Ministerpräsidentenkonferenz im Januar 1991 für die Aufnahme der sowjetischen Juden „analog zum Kontingentflüchtlingsgesetz" stellt das Ergebnis eines Prozesses dar, in dessen Verlauf eine Reihe von widersprüchlichen Anforderungen beachtet werden mussten. Auf der einen Seite sollte der deutsche Staat vor dem Hintergrund der nationalsozialistischen Vergangenheit seiner daraus resultierenden besonderen moralischen Verpflichtung nachkommen Juden aufzunehmen, die erneut von Antisemitismus und Diskriminierung bedroht waren.[2] Auf der anderen Seite wurden Stimmen laut, die befürchteten, im Zuge von massenhaften Armutswanderungen aus den osteuropäischen Staaten würden innerhalb der nächsten Jahre auch Hunderttausende jüdischer Flüchtlinge nach Deutschland einreisen.[3] Darüber hinaus galt es, dem israelischen Staat gegenüber loyal zu bleiben, der der jüdischen Einwanderung nach Deutschland skeptisch gegenüberstand (vgl. Tress 1995).

Vor diesem Hintergrund wuchs die politische Notwendigkeit, möglichst „rasch und unbürokratisch" ein Verfahren einzuleiten, das einerseits eine geordnete Zuwanderung ermöglichen und andererseits langwierige Prozeduren der

---

2 Deutscher Bundestag, 11. Wahlperiode, 231. Sitzung, 25. 10. 1990
3 Westen befürchtet Armutswanderung aus der UdSSR, in: Tagesspiegel, 7. Dezember 1990

Anerkennung, die auch das Risiko der Ablehnung enthielten, ausschließen sollte (Harris 1997). Angesichts dieser komplizierten Situation entschloss sich die Bundesregierung auf das Kontingentflüchtlingsgesetz zurückzugreifen.[4] Die Kontingentregelung, die erstmals 1980 im Zusammenhang mit der Aufnahme vietnamesischer „boat-people" Anwendung gefunden hatte, stattete die jüdischen Immigranten mit dem Flüchtlingsstatus aus, obwohl sie in einem regulären Asylverfahren wenig Chancen auf Anerkennung als politische Flüchtlinge gehabt hätten. De facto handelte es sich bei der Migration der russischsprachigen Juden demnach um eine Einwanderungsbewegung, was zusätzlich dadurch unterstrichen wurde, dass die bei diesem Verfahren sonst übliche zeitliche und zahlenmäßige Begrenzung (vorerst) ausgesetzt wurde. Diese Einwanderung unter privilegierten Voraussetzungen erfolgte – vergleichbar mit der Aufnahme der „deutschstämmigen Aussiedler" – auf der Grundlage ethnischer Zugehörigkeit: Wer den Nachweis jüdischer Abstammung erbringen konnte, durfte nach Deutschland einreisen. In der Kategorie des „jüdischen Kontingentflüchtlings" verknüpfte sich also eine ethnische Klassifikation mit einer Rechtsposition.

Bereits mit der Antragstellung in den deutschen Auslandsbotschaften der ehemaligen Sowjetunion bzw. der GUS-Nachfolgestaaten war damit ein Vorgang eingeleitet, in dessen Verlauf die russischsprachigen Juden durch die besonderen Steuerungen der Zuwanderung nach Einwanderungsart, Rechtsstatus und ethnischer Zuschreibung deutlich von anderen Migrantengruppen getrennt wurden. Der neuen kategorialen Ordnung entsprechend, wurde den Zuwanderern nun ein Rechtsstatus zugewiesen, der den Anspruch auf soziale Sicherung gewährleistete und sie mit verschiedenen Formen der Teil-Zugehörigkeit ausstattete.[5]

---

4   Das Kontingentflüchtlingsgesetz von 1980 erlaubt die Zuerkennung des Flüchtlingsstatus der Genfer Konvention, wenn sich die Antragsteller noch im Herkunftsland oder in einem Drittstaat befinden, ohne dass ein ordentliches Asylverfahren durchlaufen werden muss. Vgl. hierzu Hailbronner (1989).

5   Die Verteilung der jüdischen Kontingentflüchtlinge übernimmt das Bundesverwaltungsamt in Köln in Absprache mit den Bundesländern auf der Grundlage des Asylverteilungsschlüssels, das heißt nach der Einwohnerdichte der jeweiligen Bundesländer. Darauf erfolgt die Einreisegenehmigung. Es besteht ein verbriefter Anspruch auf unbefristete Aufenthalts- und Arbeitserlaubnis und auf Sozialleistungen wie Eingliederungshilfen (zum Beispiel Sprachkurse), Sozialhilfe, Wohnungsgeld, Kindergeld oder BaföG. Mit Abschluss eines anerkannten Sprachkurses können Leistungen des Arbeitsamtes (Weiterbildung, Umschulung oder Arbeitsbeschaffungsmaßnahmen) in Anspruch genommen und nach sieben Jahren kann die deutsche Staatsbürgerschaft beantragt werden. Die Einreiseregelung gilt auch für Familienangehörige anderer ethnischer Herkunft, was zu einer besonderen Aufwertung von verwandtschaftlichen Beziehungen im Migrationsprozess führt. In den meisten Fällen erfolgt die Einreise in Familienverbänden, die überwiegend aus zwei bis drei Generationen bestehen. Ein soziales Spezifikum dieser Einwanderungsbewegung – hierin vergleichbar mit der Gruppe der deutschstämmigen Spätaussiedler – ist dementsprechend ein hoher Anteil an Angehörigen der älteren Generation. Die

Diese rechtlichen Regelsysteme blieben auch über die Einreise hinaus wirksam und zeitigten dabei mitunter paradoxe Wirkungen, wie sich beispielsweise an der sozialräumlichen Verteilung der russischsprachigen Juden zeigen lässt (vgl. Körber 1998a). Die Entscheidung, diese Migrantengruppe über den Asylverteilungsschlüssel den einzelnen Ländern, Kommunen und Gemeinden zuzuweisen, sollte der Entlastung von großstädtischen Ballungsräumen dienen und die finanziellen und sozialen Kosten der Zuwanderung gleichmäßig gering halten. Faktisch hatte diese Quotenregelung zur Folge, dass eine große Anzahl der russischsprachigen Juden in Regionen verwiesen wurde, die über eine mangelhafte Infrastruktur verfügten und insofern wenig Chancen für eine gelungene soziale oder ökonomische Integration boten. Vor Ort wurden die Eingewanderten in der Regel in separaten Wohnheimen untergebracht, die nach ethnischen Kriterien unterschieden waren. Eine Maßnahme, die mit dem Verweis auf „kulturelle Besonderheiten" getroffen wurde, aber auch dazu dienen sollte, mögliche Konflikte und Konkurrenzen zu vermeiden, die aus den differenten Leistungsansprüchen erwachsen könnten (Beetz/Kapphan 1997: 160-189). Die Regelung der Ortsbindung für die Gewährung von Unterstützungsleistungen verlangte nun einen Aufenthalt von wenigstens einem Jahr, bevor ein Wechsel in eine größere Stadt, eine andere Region oder ein anderes Bundesland vollzogen werden konnte. Für eine große Zahl der Eingewanderten war damit eine Situation geschaffen, in der sich sowohl der Einwanderungsprozess wie die Abhängigkeit von staatlichen Leistungen künstlich verlängerten.

Als zentrale Ansprechpartner und Integrationsinstanzen galten neben den zuständigen Ämtern und Behörden die jüdischen Organisationen, d. h. die lokal angesiedelten jüdischen Gemeinden. Ähnlich wie bei den Arbeitsmigranten der 1960er Jahre folgte der deutsche Staat damit einer politischen Praxis, die bereits von den konfessionell bzw. weltanschaulich organisierten Wohlfahrtsverbänden angewendet worden war, nämlich der Unterscheidung von Migrantengruppen entlang ihrer konfessionellen Zugehörigkeiten. Ein solches Vorgehen hatte es den entsprechenden Verbänden jahrelang ermöglicht, „administrative Kulturen" zu schaffen, die anhand zugeschriebener religiöser Differenzen sowie sprachlicher Gemeinsamkeiten aufgeteilt werden konnten, unabhängig davon, ob diese Unterscheidungen den Selbstverortungen der Migranten entsprachen oder nicht (Radtke 1997: 37). Was nun im Falle der russischsprachigen Juden öffentlich als

---

meisten jüdischen Immigranten stammen aus Russland und der Ukraine, gefolgt von den baltischen Staaten, Mittelasien, Moldawien und dem Kaukasus. In ihren Herkunftsländern hat die überwiegende Mehrzahl der Eingewanderten in Großstädten gelebt. Insgesamt verfügt die Einwanderergruppe über einen hohen Bildungsgrad. Allein über 70 Prozent besitzen eine Hochschulausbildung und weitere 17,7 Prozent einen Fachhochschulabschluss. Ingenieure und Informatiker sind die am stärksten vertretene Berufsgruppe; mit einigem Abstand folgen Techniker, Handwerker und Ärzte (vgl. Schoeps/Jaspers/Vogt 1996: 31ff.).

„Revitalisierung jüdischen Gemeindelebens" begrüßt wurde, führte faktisch häufig zur Überlastung der kleinen jüdischen Gemeinden, die nicht nur finanziell und sozial an ihre Grenzen gerieten, sondern auch in Hinblick auf ihr religiöses Selbstverständnis vielerorts zum Gegenstand von Auseinandersetzungen wurden. Konflikte, die vor dem Hintergrund einer zusehends gescheiterten Integration in die deutsche Aufnahmegesellschaft in den kommenden Jahren an Schärfe gewinnen sollten.

Wie die oben genannten Beispiele zeigen, ist die Einwanderung der russischsprachigen Juden in hohem Maße durch administrativ-rechtliche Rahmenbedingungen gesteuert und unterliegt einem stark strukturierenden Migrationsregime. Der rechtliche Status bestimmt insofern auch nach dem Aufnahmeverfahren den Alltag, da an diesen Status eine Reihe differenzierter Leistungsansprüche sowie staatliche und kommunale Verpflichtungen gebunden sind. Diese Hilfen, die die Zuwanderer gegenüber anderen Einwanderergruppen privilegieren, erleichtern den Alltag, fördern aber auch den Verbleib in der ethnischen Gruppe und stärken die Binnenkommunikation. Die jeweils institutionell gewährleisteten Ansprüche führen somit legale Mittel der Unterscheidung zwischen verschiedenen Gruppen ein, auf deren Grundlage sich Inklusionsprozesse unterschiedlich gestalten. Insofern konstruiert der Staat über die Vergabe differenter Rechtspositionen an verschiedene Gruppen von Migranten selbst Kategorien sozialer Ungleichheit.

2 „Deutschland lädt ein" – die deutsche Erinnerungsgemeinschaft und das Narrativ der verfolgten Juden

Die Migration russischsprachiger Juden nach Deutschland ist von Anfang an ein Thema, dem politisch und medial besondere Aufmerksamkeit zukommt. Der Aufnahmestopp, mit dem die damalige Bundesregierung die jüdische Einwanderung vorerst beendet, führt zu Reaktionen in der deutschen Presse, die ein solches Vorgehen vor dem Hintergrund der deutschen Vergangenheit nachdrücklich kritisiert (vgl. Körber/Becker 2004: 5-20). Im Oktober 1990 widmet sich auch der deutsche Bundestag der Frage, wie mit der Aufnahme von Juden aus der Sowjetunion umgegangen werden soll. Bereits in dieser Debatte lässt sich ein diskursiver Bezugsrahmen beobachten, der seinen Ausgangspunkt in Begriffen der historischen Verantwortung und Wiedergutmachung hat und den Einwanderungsprozess fortan begleitet. Der Selbstentwurf Deutschlands als „Erinnerungsgemeinschaft" (Loewy 2000) und damit als Nation, die für die Verbrechen der deutschen Vergangenheit haftet, bildet den Kontext für die symbolische Deutung der russischsprachigen Juden als Angehörige einer Opfergemeinschaft. Dieses

Selbstverständnis begründete in den letzten Jahrzehnten wesentlich das immer auch ambivalente Verhältnis zur jüdischen Minorität in Deutschland, das Dan Diner einmal als „negative Symbiose" bezeichnet hat (Diner 1988: 243-258). Vertreter aller Fraktionen unterstreichen in der Bundestagssitzung, dass „bei diesem höchst sensiblen Thema"[6] Einigkeit zu demonstrieren sei. Die jüdische Einwanderung nach Deutschland wird befürwortet und besondere „Großzügigkeit und Großmütigkeit" gegenüber jüdischen Immigranten angemahnt, angesichts „unserer Verantwortung gegenüber unserer eigenen deutschen Geschichte".[7] Ein Abgeordneter von Bündnis 90/Die Grünen verweist auf die vielen Reaktionen aus der Bevölkerung zum Aufnahmestopp und verliest aus einem öffentlichen Aufruf: „Der neue deutsche Staat sollte nicht in seiner Geburtsstunde denen Hilfe verweigern, die der alte Staat verfolgte und vernichtete".[8] Kreist die Debatte in erster Linie um den Begriff der Wiedergutmachung für die Verbrechen des nationalsozialistischen Regimes, verbindet sich mit der jüdischen Einwanderung auch die Erwartung, an positiv gewertete Phasen der deutsch-jüdischen Geschichte anzuknüpfen, die zu einer Bereicherung der eigenen Kultur beitragen könnten. So äußern Vertreter der Parteien im Deutschen Bundestag fraktionsübergreifend die Hoffnung, dass „der Zuzug von Juden [...] zu einer Revitalisierung des jüdischen Elements im deutschen Kultur- und Geistesleben führt)".[9] Jenes „jüdische Element" stattet die russischsprachigen Juden scheinbar wesenhaft mit einem kulturbürgerlichen Habitus aus und vereindeutigt sie in einer Weise, die nicht allein die Zugewanderten sondern auch das Aufnahmeland aufwerten soll.

Neben einer zunehmenden „Ritualisierung der Erinnerung" (Dubiel 1999: 15) klingt in dieser Bundestagssitzung einmal mehr die Illusion einer deutsch-jüdischen Symbiose an. Der besondere Zeitpunkt der Debatte – Oktober 1990 – verleiht der Diskussion zusätzliches Gewicht. Im Kontext der deutschen Vereinigung wird die jüdische Einwanderung zu einem Faktor, an dem sich die Legitimität des neuen gesamtdeutschen Staates messen lassen muss. Die jüdische Emigration aus der Sowjetunion wird damit vor allem im Deutungshorizont der deutschen Geschichte wahrgenommen. Dies hat Folgen für das Bild, das sich die deutsche Gesellschaft von den russischsprachigen Juden macht: Sie erscheinen vor allem als Angehörige der Opfergemeinschaft, die durch die Vernichtungspolitik der Nationalsozialisten entstanden ist. Die Differenz zwischen den Opfern des Holocaust, den Überlebenden und den jüdischen Immigranten der Gegenwart

---

6   Aktuelle Stunde des Bundestages zur Einwanderung von Juden aus Osteuropa, in: Tagesspiegel, 26.Oktober 1990
7   Ebd.
8   Allgemeine Jüdische Wochenzeitung, 15.November 1990
9   Aktuelle Stunde, in: Tagesspiegel, (Anm. 6)

scheint symbolisch aufgehoben. Dabei schließt die Assoziation von Juden und „Opfer" und deren Ernennung zu Trägern einer künftigen deutsch-jüdischen Kultur einmal mehr an die Entlastungsfunktion des philosemitischen Habitus an, den Frank Stern bereits für die (west)deutsche Nachkriegsgesellschaft analysiert hat (Stern 1991: 353).

Der gesetzliche Rahmen, der für die Aufnahme der russischen Juden gewählt wird, scheint dieser besonderen Gruppe von Migranten gerecht zu werden. Das Kontingentflüchtlingsgesetz klassifiziert die Ausreisewilligen als Flüchtlinge und entspricht somit der Deutung der russischsprachigen Juden als einer Opfergemeinschaft vor dem Hintergrund des Holocaust und des aktuellen Antisemitismus in den Nachfolgestaaten der Sowjetunion. Der moralische Gehalt des Immigrationsverfahrens soll sich – nach dem Beschluss der Ministerpräsidentenkonferenz – auch in der alltäglichen Praxis der Aufnahme niederschlagen. Vor dem Hintergrund der nationalsozialistischen Vergangenheit wird beschlossen, auf ein „formelles Beweiserhebungsverfahren"[10] zu verzichten, das auf einer eindeutigen Definition jüdischer Identität basiert. Mit anderen Worten, Deutschland will nicht erneut in die Situation geraten, zu bestimmen, wer Jude ist. Andererseits bedarf es, wie bei jeder Einwanderung, einer überprüfbaren Einreiseregelung. Das entscheidende Kriterium für das Recht auf die Einreise bildet dementsprechend die ethnische Abstammung, d. h. die „jüdische Zugehörigkeit", die „gegebenenfalls unter Vorlage von Nachweisen glaubhaft"[11] gemacht werden soll. Diese Bestimmung ist jedoch großzügig zu handhaben, schließlich will man nicht „50 Jahre nach der Nazi-Barbarei" erneut „ungewollt in die Nähe der Nürnberger Gesetze"[12] geraten. Das Merkmal der ethnischen Herkunft wird damit gewissermaßen um die symbolische Konstruktion der Opfergemeinschaft erweitert.

Das gewählte Aufnahmeverfahren bleibt nicht ohne Folgen für die jüdische Gemeinschaft in Deutschland. Faktisch erkennt der deutsche Staat auf diesem Weg zwei verschiedene Definitionen jüdischer Zugehörigkeit an, um die fortan gestritten wird: Während in den jüdischen Gemeinden das orthodoxe jüdische Religionsgesetz gilt, wonach sich die jüdische Herkunft matrilinear begründet, hängt nach dem sowjetischen Verständnis die Zugehörigkeit zum Judentum vom Vater ab. Zwei Definitionen, mit denen sich auch unterschiedliche Vorstellungen und Erfahrungen in Hinblick auf die Frage verknüpfen, was Jude sein bedeutet.

---

10 Aus den Bestimmungen für das Aufnahmeverfahren sowjetischer Juden aufgrund der Beschlüsse der Ministerpräsidentenkonferenz vom 9.1.1991, in: Allgemeine Jüdische Wochenzeitung, 21. Februar 1991

11 Ebd.

12 Allgemeine Jüdische Wochenzeitung, 10.1.1991: Zitat eines Mitarbeiters der Zentralen Beratungsstelle Ostberlins, wo sich die Neuankömmlinge anfangs registrieren lassen mussten.

3   Juden als distinkte kulturell-religiöse Gemeinschaft

Neben dem Bild der Juden als Opfer findet sich in den politischen und öffentlichen Verlautbarungen ein weiteres Deutungsmuster, das die Aufnahme der russischsprachigen Juden begleitet. Von Beginn an soll die Einwanderung der „Revitalisierung der jüdischen Gemeinden in Deutschland" dienen – eine Hoffnung, die die Politik mit Vertretern der jüdischen Organisationen teilt. In der Vision „lebendiger jüdischer Gemeinden"[13] artikuliert sich nicht nur der Wunsch, die Gemeinden künftig vor Überalterung zu bewahren, vielmehr knüpft sich daran auch die Erwartung, dass die in der Sowjetunion vom Judentum entfremdeten Immigranten, hier ihre eigentliche jüdische Identität zum Ausdruck bringen würden. Durch den Beitritt in die Gemeinden dokumentieren die russischsprachigen Juden nicht nur ihre Zugehörigkeit zur jüdischen Gemeinschaft; sie legitimieren zugleich ihre Einreise nach Deutschland.

Die zugeschriebenen Identitätserwartungen folgen zum einen der staatlichen Definition des Judentums im Nachkriegsdeutschland. In Abgrenzung von der Rassenkonstruktion der Nationalsozialisten galt die jüdische Minorität nach 1945 als Religionsgemeinschaft, die in den wieder aufgebauten jüdischen Gemeinden organisiert war. Zum anderen knüpfen sie an Vorstellungen über Minderheiten an, die in jene multikulturellen Diskurse eingeschrieben sind, welche im vergangenen Jahrzehnt auch in Deutschland zunehmend an Bedeutung gewonnen haben (Radtke 1991: 79-96). Danach sollen die alteingesessenen und die russischsprachigen Juden in den jüdischen Gemeinden nun *eine* kulturell-religiöse Gemeinschaft bilden – eine essentialistische Deutung, der zufolge Ethnos, Kultur und Gemeinschaft faktisch gleichgesetzt sind (vgl. Baumann 1996). Dementsprechend teilen die deutschsprachigen und die russischsprachigen Juden als eine ethnische Gruppe – unbeschadet ihrer verschiedenen Herkünfte – eine gemeinsame Kultur. Als Wurzel dieser gemeinsamen Kultur wird die jüdische Religion begriffen, deren Hort die jüdischen Gemeinden sind.

Mit der Entscheidung für die Aufnahme der russischsprachigen Juden stellt der deutsche Staat somit einerseits seine Bereitschaft unter Beweis, die jüdische Minorität zu stärken. Andererseits überträgt er jedoch den jüdischen Gemeinden die Aufgabe, „ihre" Einwanderer zu integrieren. Dieses Vorgehen entspricht nicht allein dem kulturellen Deutungsmuster sondern auch einer institutionellen Struktur, die kennzeichnend für die jüdische Minorität in Deutschland ist: Die staatliche Klassifikation als Religionsgemeinschaft verleiht den jüdischen Gemeinden den Status einer „Körperschaft des öffentlichen Rechts".[14] Solcherma-

---

13   Neues jüdisches Leben in Deutschland, in: Tagesspiegel, 29. Januar 1992
14   Der Körperschaftsstatus geht zurück auf das deutsche Staatskirchenrecht, das 1919 in der Weimarer Reichsverfassung festgelegt und 1949 unverändert in das deutsche Grundgesetz

ßen als rechtliche Institution anerkannt, wächst den Gemeinden im Zuge der Einwanderung eine strukturelle Rolle im Ordnungsmodell des deutschen Wohlfahrtsstaats zu. Sie sind nicht nur für die religiöse Eingliederung der Immigranten zuständig, ihnen obliegt wesentlich auch deren soziale Versorgung. Ein Auftrag, dem sich die jüdischen Organisationen selbst verpflichtet sehen. Organisiert sind die Gemeinden im „Zentralrat der Juden in Deutschland", der als offizieller Ansprechpartner für die Belange der russischsprachigen Juden gilt. Dieser Dachverband sieht sich nicht allein für die religiösen und kulturellen Aufgaben der jüdischen Gemeinden zuständig, sondern beansprucht, die politischen Interessen der jüdischen Gemeinschaft insgesamt zu vertreten.[15] Er begreift sich demgemäß als Repräsentant der in Deutschland lebenden Juden, dem die symbolische Macht zukommt, im Namen *der* jüdischen Minorität zu sprechen. Damit verfügt die jüdische Gemeinschaft über eine vom Staat und seinen Institutionen offiziell sanktionierte und legitimierte Gruppenidentität, im Unterschied zu anderen ethnischen, kulturellen oder religiösen Minderheiten, deren Forderungen nach politischer Teilhabe in Deutschland nur zögerlich behandelt werden (vgl. Bodemann/Yurdakul 2005: 441-451).

Die Zuschreibung einer kollektiven jüdischen Identität und deren institutionelle Verankerung in den jüdischen Gemeinden produzieren in der Folgezeit einen ambivalenten Effekt: Einerseits liegen dem Deutungsmuster einer distinkten kulturell-religiösen Gemeinschaft Erwartungen zugrunde, welche den Erfahrungen, Werten und kulturellen Orientierungen der russischsprachigen Juden oftmals zuwiderlaufen. Andererseits verbindet sich mit der Zugehörigkeit zu den jüdischen Gemeinden auch die Option auf eine öffentlich anerkannte Form kollektiver Selbstorganisation. Vor diesem Hintergrund werden die Gemeinden zu Bühnen der Konfliktaustragung darüber, was Judentum bedeutet, wen die Gemeinden legitimer Weise repräsentieren, aber auch, welche Rolle ihnen im Aufnahmeprozess zufällt.

übernommen wurde (Art. 140 GG/Art. 137 V). Danach gilt zwar ein grundsätzliches Recht auf Religionsfreiheit für alle, doch obliegt es einer rechtlichen Entscheidung, welche Religion diesen Status und damit die öffentliche Anerkennung als eine vor dem Gesetz gleichberechtigte Religionsgemeinschaft erwerben kann. Dieser Rechtsprechung zufolge, verfügen die beiden großen Kirchen sowie kleinere christliche Gemeinschaften und die jüdischen Gemeinden über den Körperschaftsstatus, im Unterschied etwa zum Islam, der seit Jahren um die Anerkennung als Religionsgemeinschaft kämpft (vgl. Jonker 1997: 347f.). Der Körperschaftsstatus stellt faktisch eine Bevorzugung dar, so erlaubt er beispielsweise das Recht auf Steuereinzug und Stiftungseigentum sowie das Recht auf soziale Wohlfahrtspflege mit staatlicher Unterstützung. Ein Hinweis auf eine veränderte Praxis in der Anerkennung von Glaubensgemeinschaften ist das Urteil des Bundesverfassungsgerichts im Dezember 2000, den Zeugen Jehovas den Körperschaftsstatus zuzuerkennen. Az.: 2BvR 1500/97 vom 19. Dezember 2000.

15   Vgl. <http://www.zentralratdjuden.de/topic/16.htm>

4 Enttäuschte Erwartungen

Tatsächlich bekommt das Bild einer gestärkten und wiederbelebten jüdischen Gemeinschaft frühzeitig erste Risse. Die Einwanderung der russischsprachigen Juden führt zwar zu einem sprunghaften Anstieg der Mitgliederzahlen in den jüdischen Gemeinden sowie zu zahlreichen Gemeindegründungen. Gleichwohl werden bald schon kritische Stimmen laut, als sich herausstellt, dass eine große Zahl der Immigranten den Gemeinden fernbleibt oder diese nach kurzer Zeit wieder verlässt. Erste Untersuchungen bestätigen einen hohen Grad an ethnischer Binnenorganisation, der sich in der Gründung von Clubs und Vereinen niederschlägt, in denen die Einwanderer „unter sich" bleiben (Schoeps/Jaspers/Vogt 1996: 112). Hinzu kommt, dass auch diejenigen, die in die jüdischen Gemeinden eintreten, Anlass zu Ärger und Misstrauen geben. Wiederholt berichten deutsche Tageszeitungen von Konflikten zwischen alteingesessenen und neuen Gemeindemitgliedern, die eine drohende Spaltung der Gemeinden zur Folge haben könnten. Eine Wahrnehmung, die unterstrichen wird durch die zahlenmäßige Dominanz der russischsprachigen Juden und deren zunehmende Präsenz in den politischen Gemeindegremien. Beklagt wird von den deutschsprachigen Gemeindemitgliedern nicht allein das mangelnde religiöse Wissen der jüdischen Immigranten, sondern ihr Desinteresse am Judentum insgesamt, verbunden mit einer Anspruchshaltung, welche vor allem das Ziel verfolge, die Gemeinden in Versorgungseinrichtungen zu verwandeln, die allein der Pflege der russischen Kultur dienen sollten.[16] Die Deutung einer zerrissenen Gemeinschaft, die in „Juden" und „Russen" zerfällt, kehrt im Verlauf der kommenden Jahre immer wieder und findet ihren vorläufigen Höhepunkt in den Auseinandersetzungen um die Wahlen zum Vorstand der jüdischen Gemeinde in Berlin im Herbst 2007.[17]

Die angedeuteten Konfliktlagen erregen auch das Misstrauen derjenigen Behörden, die mit der Zuwanderung befasst sind. Der Umstand, dass ein Teil der Eingewanderten Distanz zu den jüdischen Gemeinden wahrt, wird als ein Akt mangelnder Loyalität mit der eigenen Gruppe interpretiert und unterstellt, die Einreise diene ohnehin nur der Verfolgung ausschließlich instrumenteller Interessen wie der Verbesserung der eigenen ökonomischen Lage. Unter Verdacht gerät nicht nur die jüdische Herkunft, ebenso fragwürdig erscheint der zugewiesene Status als Kontingentflüchtling, an den sich spezifische Erwartungen knüpfen, die im wohlfahrtsstaatlichen Kontext eine besondere Ausprägung erhalten. Der Flüchtlingsstatus stattet die Einwanderer nicht nur mit dem Anrecht auf

---

16 Jüdische Gemeinden streiten über echte Mitglieder, in: Frankfurter Rundschau, 5. Dezember 1995; Ein Fall für den Mond, in: Süddeutsche Zeitung, 13. Oktober 1997
17 Jüdische Gemeinde vor der Spaltung, 14. April 2007, online: <http://www.stern.de/politik/deutschland/586876.htm>

einen wohlfahrtsstaatlich abgesicherten Integrationsverlauf aus, er legt sie zugleich auch auf die passive Rolle der Klienten und Leistungsempfänger fest. Eben jene Deutung des Flüchtlings gerät im Verlauf der Einwanderung in Widerspruch zu den tatsächlichen Handlungsmustern der russischsprachigen Juden (vgl. Körber 2005).

Zu den stereotypen Erzählungen auf den Ämtern gehört der geparkte Benz vor dem Sozialamt ebenso wie der Pelzmantel, den sich die Sachbearbeiterin nach eigenem Bekunden „selber nicht leisten kann". Auch ein persönliches Auftreten, das sich oftmals weniger durch Bescheidenheit und Dankbarkeit, sondern durch Selbstbewusstsein auszeichnet, schürt Überlegungen, ob hier nicht die Falschen begünstigt worden sind – insbesondere dann, wenn die Klienten auf eine möglichst rasche und ihrer beruflichen Position entsprechende Integration in den Arbeitsmarkt drängen. Die Erfahrung, dass die „Frau Doktor" und der „Herr Professor" sich nicht in die Rolle des Bittstellers fügen wollen, sondern um die Anerkennung ihres in der ehemaligen Heimat erworbenen Status kämpfen, lassen Zweifel an den „wahren" Motiven für die Emigration aufkommen. Hinzu kommt, dass die Eingewanderten in der Regel neben ihrer unbefristeten Aufenthaltserlaubnis auch die Heimatpässe ihrer jeweiligen Herkunftsstaaten besitzen. Reisen in die Herkunftsländer sind nichts Ungewöhnliches, manche reisen selten, andere oft. Zu Hause, das sind nicht nur Verwandte und Freunde, da warten immer noch Bücherkisten und Geschirr, da sind manchmal alte oder neue geschäftliche Verbindungen, Eigentumswohnungen oder eine Datscha auf dem Land. Das Reisen oder auch Pendeln steht in scharfem Kontrast zur Definition des Flüchtlings als Klient im Wohlfahrtsstaat. Flüchtlinge genießen Schutz, weil sie ihr Land verlassen müssen. Mit dem erzwungenen Wechsel geht der Verlust der Vergangenheit einher. Die periodische Rückkehr in die Herkunftsländer, oder, wie es auf den Amtsstuben heißt: Der „kleine Grenzverkehr", lädt zu Spekulationen über die „Privilegien" und den „Sonderstatus" einer Immigrantengruppe ein, die wohl die „einzigen Asylberechtigten" seien, die in das Land reisen könnten, in dem sie doch „eigentlich politisch verfolgt" würden (Körber 2005: 69). Das Bild des verfolgten Juden, der um Aufnahme bittet, hat sich in sein Gegenteil verkehrt: Er wandelt sich vom Flüchtling, dem der Rückweg abgeschnitten ist, zum Migranten im eigentlichen Wortsinn, zum „Wanderer zwischen den Welten", dessen Motive instrumenteller Natur sind.

Der Umstand, dass die Einwanderung der russischsprachigen Juden nicht den gemachten Erwartungen entspricht, bleibt nicht ohne Auswirkungen auf die deutsche Politik, die erstmals bereits Mitte der 1990er Jahre über eine Beendigung der Immigrationsregelung nachdenkt. Als Begründung für einen Aufnahmestopp wird in einem internen Runderlass des Auswärtigen Amtes angeführt, dass bei der Antragsstellung oftmals gefälschte Abstammungshinweise vorgelegt würden, die Einreise „fast ausschließlich aus wirtschaftlichen Motiven" erfolge und sie nur „in vermindertem Umfang zu einer Stärkung der jüdischen Gemeinden" führe.[18] Der Einspruch des damaligen Vorsitzenden des Zentralrats der Juden in Deutschland, Ignatz Bubis, kann verhindern, was in abgewandelter Form erst 2005 in Kraft tritt: Das lange um- und erkämpfte Zuwanderungsgesetz Deutschlands setzt die Sonderregelungen für Kontingentflüchtlinge außer Kraft und trifft damit die Einreisebestimmungen für die russischsprachigen Juden – ein Vorgang, der nicht einer gewissen Ironie entbehrt. Fortan wird ein moralisch begründetes Aufnahmeverfahren durch die nüchternen Kriterien eines Einwanderungsgesetzes ersetzt. Künftig sollen russischsprachige Juden bei der Antragsstellung nachweisen, dass sie Kenntnisse der deutschen Sprache besitzen, keine Sozialhilfe beanspruchen müssen und dass eine jüdische Gemeinde bereit ist, sie aufzunehmen.[19]

5 Schluss

Im zweiten Jahrzehnt der jüdischen Immigration hat sich die Hoffnung auf eine kulturell-religiöse Renaissance des deutschen Judentums in die Furcht vor dem russischen Wohlstandsmigranten verwandelt. Übersehen wird dabei, in welcher Weise die Konflikte um die eingewanderten russischsprachigen Juden auch jene institutionellen Zwänge widerspiegeln, auf die die jüdische Minorität in Gestalt ihrer Akteure und Organisationen in Deutschland Bezug nehmen muss.

In den Verlautbarungen deutscher Politiker wurde die Aufnahme der russischsprachigen Juden als ein Akt besonderer moralischer Verpflichtung dargestellt. Was öffentlich als „Ausnahme" oder „Sonderfall" behandelt wurde, muss jedoch – wie jede Migrationsbewegung – im Rahmen einer staatlichen Einwanderungs- und Integrationspolitik geregelt werden, die die Balance zwischen Offenheit und Geschlossenheit aufrechterhält. Betrachtet man generell die Aufnahmepolitik demokratisch verfasster Gesellschaften, das heißt ihre jeweilige Praxis der In- und Exklusion, so leitet sich diese nicht nur aus der spezifischen nationalstaatlichen Verfasstheit sondern auch aus dem geltenden sozialpolitischen Ordnungsmodell her. Das deutsche Migrationssystem hat nun in den vergangenen Jahrzehnten ein spezifisches Spannungsverhältnis des nationalen

---

18 Der Spiegel, Nr. 22, 1996
19 Nach Verhandlungen mit dem Zentralrat ist ein Kompromiss zur Neuregelung der jüdischen Einwanderung gefunden worden, der seit 1. Juli 2006 gilt und die ursprünglichen Aufnahmebedingungen entschärft, aber weiterhin zur Auflage macht, dass die Einreisewilligen Mitglied einer jüdischen Gemeinde werden können und bereit sind, die jüdischen Gemeinden zu stärken. Vgl. <http.//www.zentralratdjuden.de/de/topic/262.htm>.

Wohlfahrtsstaates im Umgang mit Migration zum Ausdruck gebracht. Die politische Struktur Deutschlands war auf der einen Seite jahrzehntelang durch den weitgehenden Ausschluss von Immigranten aus der politischen Arena gekennzeichnet. Dem stand auf der anderen Seite eine Politik der wohlfahrtsstaatlichen Inklusion gegenüber, die sich durch ein ausdifferenziertes System sozialer Rechte und Organisationsstrukturen auszeichnet. Dieses „Inkorporationsregime" (Soysal 1994: 509-527) tritt in Gestalt eines administrativen Paternalismus auf, der sich in der Planung, Steuerung und Institutionalisierung solcher Inklusionsprozesse niederschlägt und die Form der Mitgliedschaft von Migranten in der aufnehmenden Gesellschaft strukturiert (vgl. Bommes 1994: 364-377; Körber 1998b: 351-363). Dem politischen Misstrauen den „Fremden" gegenüber korrespondiert damit ein Verständnis von Integration, wonach Immigranten entweder als soziales Problem oder als schützenswerte Gruppe definiert werden. Das Recht auf Partizipation aller relevanten Gruppen an gesellschaftlichen Entscheidungsprozessen wird folglich in Deutschland nicht als zivilgesellschaftliche Selbstverständlichkeit gesehen, sondern als strategische Maßnahme zur Einbindung von problematischen Gruppen. Es gilt als „Zugeständnis (...) und steht damit zur Disposition" (Schiffauer 1998: 418).

Im Fall der russischsprachigen Juden zeigt sich diese politische Ordnung daran, dass der deutsche Staat selbst maßgeblich an der Konstruktion der Migrantengruppe beteiligt war. Die Kategorie des „jüdischen Kontingentflüchtlings", die eine ethnische Klassifikation mit einem Rechtsstatus verknüpft, schuf eine Gruppe von Immigranten, die vom Aufnahmeverfahren über die gewährten Leistungsansprüche bis zur Unterbringung in separaten Aufnahmeheimen administrativ von anderen Migranten unterschieden war, und die als solche den jüdischen Organisationen zugewiesen wurde. Die Eingewanderten waren folglich mit einer Situation konfrontiert, die auf der einen Seite dadurch gekennzeichnet war, dass sich ihre ökonomische und soziale Integration nur schleppend vollzog. Andererseits sicherte ihnen der staatliche Definitionsakt die jüdische Identität und damit die Zugehörigkeit zu einer staatlich anerkannten Minorität zu, der vor dem Hintergrund der deutschen Geschichte eine besondere symbolische Bedeutung zukam.

Die zahlreichen Auseinandersetzungen in den jüdischen Gemeinden stellen insofern nicht einfach interne Machtkämpfe zwischen alteingesessenen und neu zugewanderten Mitgliedern dar. Vielmehr dokumentieren diese Vorgänge die ambivalenten Effekte einer institutionellen und symbolischen Ordnung, die bislang prägend für die Organisationsform der jüdischen Minorität in Deutschland war. Die Definition der jüdischen Gemeinschaft als Religionsgemeinschaft, die organisiert ist in den jüdischen Gemeinden und vertreten wird durch den „Zentralrat der Juden in Deutschland", verschafft der jüdischen Minderheit die Möglichkeit in der politischen Arena gehört zu werden und in einem begrenzten Umfang als anerkannter Verhandlungspartner zu agieren. Gerade in Deutschland, dessen Rechtssprechung eine politische Beteiligung eingewanderter Minderheiten lange nicht vorsah, verfügt die jüdische Gemeinschaft damit über eine „korporative Identität" (Benhabib 1999: 35), das heißt, eine vom Staat und seinen Institutionen legitimierte Gruppenidentität. Vor diesem Hintergrund lassen sich die Konflikte in und um die jüdischen Gemeinden auch als Ausdruck eines Wandels verstehen, in dem die „neuen" Gemeindemitglieder eine vorhandene Institution nutzen, diese jedoch intern umgestalten. Dabei können die russischsprachigen Juden nicht nur auf die besondere symbolische Bedeutung der jüdischen Minderheit vor dem Hintergrund der deutschen Geschichte zurückgreifen. In der Gestalt der jüdischen Gemeinden verfügen sie auch über einen existenten Handlungsrahmen, der öffentlich anerkannt ist. Für die Immigranten bilden die jüdischen Gemeinden demzufolge einen zentralen Bezugspunkt, weil sich in ihnen die Identitätserwartungen der aufnehmenden Gesellschaft vergegenständlichen und sich damit für die russischsprachigen Juden die Möglichkeit verbindet, legitimer Weise ein ethnisches Kollektiv zu bilden, das auf der Grundlage dieser Zugehörigkeit auch Ansprüche formulieren kann. Daraus resultiert in den Gemeinden jedoch ein dauerhafter Konflikt: Die russischsprachigen Juden sind mit dem Umstand konfrontiert, dass mit dem Grenzübertritt auch ein Wechsel des Bezugsrahmens einhergeht, der Folgen für die Definition ihrer kollektiven Identität hat. Wurde die jüdische Minderheit in der Sowjetunion als Nationalität definiert, so wird das Judentum in Deutschland als Religionsgemeinschaft verstanden. Dieser Wandel von einer nationalen zu einer religiösen Minderheit sorgt für dauerhafte Auseinandersetzungen, in denen wiederholt auch die Frage danach aufgeworfen wird, wer mit welchem Recht künftig die jüdische Gemeinschaft repräsentiert. Die jüdischen Gemeinden stehen somit im Zentrum symbolischer Kämpfe, in denen sich die Konflikte um den Bedeutungswandel der Kategorie „jüdisch" niederschlagen. Dabei wird zum einen über eine Gruppenidentität gestritten, die zwar öffentliche Anerkennung verspricht, allerdings unter der Voraussetzung, dass die Gruppenbildung innerhalb der Grenzmarkierungen verläuft, die von Seiten der Aufnahmegesellschaft und der jüdischen Gemeinschaft vorgegeben werden. Zum anderen manifestiert sich in den Konflikten ein Spannungsverhältnis, das aus der doppelten Verpflichtung der Gemeinden entsteht, sowohl für die soziale als auch für die religiöse Integration zuständig zu sein. Während sich die jüdischen Gemeinden als soziale Integrationsinstanz an alle russischsprachigen Juden richten, geht mit ihrer religiösen Gestalt ein Akt der Grenzziehung einher, der innerhalb der Gruppe der Einwanderer neue Formen von Zugehörigkeit und Ausschluss produziert.

Am Beispiel der Einwanderung der russischsprachigen Juden wird deutlich, dass der deutsche Staat selbst als Akteur im Konstruktionsprozess ethnischer Minoritäten auftritt (vgl. Radtke 1991a: 391-394). Die Entscheidung der russischsprachigen Juden, sich den vorgegebenen ethnischen Definitionen zu fügen, eröffnet ihnen auch Kanäle für die Artikulation sozialer Interessen und politischer Anliegen, die ihnen als bloße Individuen oder als Mitglieder sonstiger Gruppen verwehrt bleiben. Insofern nutzen die Immigranten die politische Gelegenheitsstruktur der Aufnahmegesellschaft, wenn sie ihre Mobilisierungen im Rahmen der vorgesehenen jüdischen Institutionen vollziehen. Darin folgen sie einer Organisationslogik, die sich im Kampf von Minderheiten um politische Teilnahme und gesellschaftliche Teilhabe auch in anderen Ländern beobachten lässt. Danach erfolgt die Bildung von kollektiven Akteuren im politischen Raum zunehmend im Medium ethnischer Identitätskonstruktionen, die sich die staatlichen Zuweisungen zu Eigen machen (Baumann 1999; Portes/Rumbaut 2001). Zum Motor kollektiven Handelns wird hier weniger die Verteidigung der kulturellen Differenz, als vielmehr die Erfahrung, dass Ethnizität für die Strukturierung sozialer Ungleichheit anhaltend eine wichtige Rolle spielt (Neckel/Körber 1997: 310-319). Im Falle der russischsprachigen Juden wird eine solche Politisierung von Ethnizität denn auch zu einer Form der Integration, wo ihnen andere Chancen der Teilhabe versagt bleiben.

Literatur

Anthias, Floya (1998): Evaluating Diaspora: Beyond Ethnicity? In: Sociology, Vol. 32. No. 3. 1998. 557-580

Appadurai, Arjun (1994): Modernity at Large. Cultural Dimensions of Globalization. Minneapolis: University Press

Bauböck, Rainer (1992): Immigration and the Boundaries of Citizenship, Coventry: University of Warwick

Baumann, Gerd (1996): Contesting Culture. Discourses of Identity in Multi-Ethnic-London. Cambridge: University Press

Baumann, Gerd (1999): The Multicultural Riddle. Rethinking National, Ethnic, and Religious Identities. London, New York: Routledge

Beck, Ulrich (2004): Der kosmopolitische Blick, oder: Krieg ist Frieden Frankfurt am Main: Suhrkamp

Beetz, Stephan/Kapphan, Andreas (1997): Russischsprachige Zuwanderer in Berlin und Potsdam. Migrationsregime und ihr Einfluss auf die Wohnsituation von Zuwanderern. In: Oswald et al. (1997): 160-189

Benhabib, Seyla (1999): Politik der Verteilung versus Politik der Anerkennung. In: Dies. (1999): 35

Benhabib, Seyla (Hrsg.) (1999): Kulturelle Vielfalt und demokratische Gleichheit. Politische Partizipation im Zeitalter der Globalisierung. Frankfurt am Main: S. Fischer

Berger, Peter A./Vester, Michael (Hrsg.) (1998): Alte Ungleichheiten. Neue Spaltungen. Opladen: Leske+Budrich

Bielefeld, Uli (Hrsg.) (1991): Das Eigene und das Fremde: Neuer Rassismus in der Alten Welt? Hamburg: Junius

Bodemann, Michal Y./Yurdakul, Gökce (2005): Geborgte Narrative: Wie sich türkische Einwanderer an den Juden in Deutschland orientieren. In: Soziale Welt 56/4. 2005. 441-451

Bommes, Michael (1994): Migration und Ethnizität im nationalen Sozialstaat. In: Zeitschrift für Soziologie, Jg. 23, Heft 5. 1994. 364-377

Brumlik, Micha et al. (Hrsg.) (1988): Jüdisches Leben in Deutschland seit 1945. Frankfurt am Main: Athenäum

Brunner, José/Lavi, Shai (Hrsg.) (2009): Juden und Muslime in Deutschland. Recht, Religion, Identität. Tel Aviver Jahrbuch für deutsche Geschichte 37. Göttingen: Wallstein

Clifford, James (1997): Routes, Travel and Translation in the Late Twentieth Century. Cambridge: Harvard University Press

Diner, Dan (1988): Negative Symbiose – Deutsche und Juden nach Auschwitz. In: Brumlik et al. (1988): 243-258

Dubiel, Helmut (1999): Niemand ist frei von der Geschichte. Die nationalsozialistische Herrschaft in den Debatten des deutschen Bundestages. München: Hanser

Flick, Uwe et al. (Hrsg.) (1991): Handbuch der qualitativen Sozialforschung. München: Beltz

Frank-Olaf Radtke (1991): Migration und Ethnizität. Von der Migrations- zur Minderheitenforschung. In: Flick et al. (1991): 391-394

Hailbronner, Kay (1989): Ausländerrecht. Ein Handbuch. Heidelberg: Beck

Harris, Paul A. (1997): The Politics of Reparation and Return: Soviet Jewish and Ethnic German Immigration to the New Germany. Diss., Auburn University

Häußermann, Hartmut/Oswald, Ingrid (Hrsg.) (1997): Zuwanderung und Stadtentwicklung. Opladen: Westdeutscher Verlag (Leviathan Sonderband 17. 1997)

Heitmeyer, Wilhelm (Hrsg.) (1998): Politisierte Religion. Ursachen und Erscheinungsformen des modernen Fundamentalismus. Frankfurt am Main: Suhrkamp

Hettlage, Robert/Deger, Petra/Wagner, Susanne (Hrsg.) (1997): Kollektive Identität in Krisen. Ethnizität in Region, Nation, Europa. Opladen: Westdeutscher Verlag

Jonker, Gerdien (1997): Die islamischen Gemeinden in Berlin zwischen Integration und Segregation. In: Häußermann et al. (1997): 347f.

Jungmann, Alexander (2007): Jüdisches Leben in Berlin: Der aktuelle Wandel in einer metropolitanen Diaspora-Gemeinschaft. Bielefeld: Transcript

Kauders, Anthony (2007): Unmögliche Heimat. München: DVA

Kneer, Georg et al. (Hrsg.) (1997): Soziologische Gesellschaftsbegriffe. Konzepte moderner Zeitdiagnosen. München: Fink

Körber, Karen (2009): Puschkin oder Thora? Der Wandel der jüdischen Gemeinden in Deutschland. In: Brunner et al. (2009): 233-254

Körber, Karen (1998a): Der „Königsteiner Schlüssel" und die Lehren von Gollwitz. Die jüdische Zuwanderung aus den GUS-Staaten und die enttäuschten Erwartungen. Eine Analyse der Rahmenbedingungen. In: Frankfurter Rundschau, 17. Januar 1998, Nr. 14, S. 6 (Dokumentation)

Körber, Karen (1998b): Ethnizität und Wohlfahrtsstaat. In: Berger et al. (1998): 351-363

Körber, Karen (2005): Juden, Russen, Emigranten. Identitätskonflikte jüdischer Einwanderer in einer ostdeutschen Stadt. Frankfurt/New York: Campus

Körber, Karen/Becker, Franziska (2004): Holocaust-Memory and Multiculturalism. Russian Jews in German Media after 1989. In: New German Critique 92. 2004. 5-20

Loewy, Hanno (2000): Ein kurzer, verschämter, paradoxer Augenblick des Einverständnisses. Deutsche Identitäten vor und nach dem Holocaust. In: Frankfurter Rundschau, 7. Oktober 2000

Mertens, Lothar (1993): ALIJA. Die Emigration aus der UdSSR/GUS. Bochum: Brockmeyer

Neckel, Sighard/Körber, Karen (1997): Last exit ethnicity? Zur politischen Konstruktion von Ethnizität in den USA und Deutschland. In: Hettlage et al. (1997): 310-319

Oswald, Ingrid/Voronkov, Viktor (Hrsg.) (1997): Post-sowjetische Ethnizitäten. Ethnische Gemeinden in St. Petersburg und Berlin/Potsdam. Berlin: Berliner Debatte Wissenschaftsverlag

Peck, Jeffrey (2006): Being Jewish in the New Germany. New Brunswick: Rutgers University Press

Portes, Alejandro/Rumbaut, Rubén G. (2001): Legacies. The Story of the Immigrant Second Generation. Berkeley: University of California Press

Frank-Olaf Radtke (1991a): Migration und Ethnizität. Von der Migrations- zur Minderheitenforschung. In: Flick (1991): 391-394

Radtke, Frank-Olaf (1991b): Lob der Gleich-Gültigkeit. Die Konstruktion des Fremden im Diskurs des Multikulturalismus. In: Bielefeld (1991): 79-96

Radtke, Frank-Olaf (1997): Multikulturelle Gesellschaft. In: Kneer et al. (1997): 37

Schiffauer, Werner (1998): Ausbau von Partizipationschancen islamischer Minderheiten als Weg zur Überwindung des islamischen Fundamentalismus. In: Heitmeyer (1998): 418-436

Schoeps, Julius H./Jaspers, Willi/Vogt, Bernhard (1996): Russische Juden in Deutschland. Integration und Selbstbehauptung in einem fremden Land. Weinheim: Athenäum

Soysal, Yasemin N. (1994): Changing Parameters of Citizenship and Claims-Making: Organized Islam in European Public Spheres. In: Theory and Society, No. 26. 1994. 509-527

Stern, Frank (1991): Im Anfang war Auschwitz. Antisemitismus und Philosemitismus im deutschen Nachkrieg. Gerlingen: Bleicher

Tölölyan, Khachig (1991): The Nation State and its Others. In: Diaspora, Vol.1, No. 1. 1991. 3-7

Tress, Madelaine (1995): Soviet Jews in the Federal Republic of Germany. The Rebuilding of a Community. In: The Jewish Journal of Sociology, Vol. 37, No. 1. 1995. 39-54

Werner Schiffauer (1998): Ausbau von Partizipationschancen islamischer Minderheiten als Weg zur Überwindung des islamischen Fundamentalismus. In: Heitmeyer (1998): 418-436

Globales Lösungswissen und die Konstruktion lokaler Probleme

Gita Steiner-Khamsi

Frank-Olaf Radtkes Beiträge zur erziehungswissenschaftlichen Forschung in Deutschland sind zahlreich und maßgeblich. Dies betrifft insbesondere seine Kontribution zur interkulturellen und zur vergleichenden Erziehungswissenschaft.

Vor ca. 20 Jahren lenkte Radtke die Aufmerksamkeit der erziehungswissenschaftlichen Forschung auf die institutionelle Diskriminierung von Migranten (Dittrich/Radtke 1990; Diehm/Radtke 1999). Er tat dies zu einer Zeit, als die meisten Forschenden im Bereich interkultureller Bildung und Erziehung mit der detaillierten Untersuchung und Dokumentation kultureller Differenzen beschäftigt waren. Während die Mehrheit der Autoren die kulturelle Differenz entdeckte und feierte, zeigte Radtke in überzeugender Weise auf, welch negative Effekte die organisationale Struktur von Schule für die Erziehung von Minderheiten zeitigte. Schon damals stimmte ich mit Radtkes Aussage überein (Steiner-Khamsi 1992) und tue dies auch heute noch: Hinsichtlich der Bildungsbeteiligung von Migranten gab und gibt es keinen Grund zu feiern. In der Schweiz war die Situation ähnlich. Auch dort wiesen Kinder mit Migrationshintergrund und andere ethnische Minderheiten eine wesentlich höhere Wiederholungsrate auf, landeten häufiger in Klassen oder Schulzweigen für ‚Lernschwache', waren in stigmatisierten Schulformen überrepräsentiert, und hatten insgesamt, verglichen mit Kindern der „Autochthonen", begrenzte berufliche und noch weniger akademische Chancen. Bereits während der ersten Welle der Arbeitsmigration waren die Klassen und Schulzweige mit den geringsten kognitiven Anforderungen gefüllt mit Kindern von Migranten. In einigen Bezirken rekrutierten sich die getrennten Klassen für Lernschwache oder für SchülerInnen mit Lernbehinderungen („Sonderklassen") beinahe vollständig aus Kindern mit Migrationshintergrund.

Innerhalb kurzer Zeit wurde ein aufwendiges System für die Unterstützung von Migrantenkindern aus dem Boden gestampft, teils in Form von „Sonderklassen" parallel zum Regelunterricht, teils als „Schattenerziehung" in Form von speziellen Fördermaßnahmen. Sowohl das segregierte als auch das unterrichtsergänzende Fördersystem ermöglichten den LehrerInnen, die Illusion der monolingualen Klasse aufrecht zu erhalten. Jegliche Form des Unterrichts, die die mono-

157

linguale Norm aufgeweicht hätte – darunter Deutsch als Zweitsprache oder muttersprachlicher Unterricht – wurde an ein Heer von Experten delegiert, das die ständig wachsende Zahl von SchülerInnen mit ‚besonderen Bedürfnissen' versorgen sollte. Die schnelle Expansion dieses parallelen Bildungssystems, das für die Minderheiten in gesonderten Klassen oder außerhalb der Regelschule eingerichtet worden war, wurde in der Öffentlichkeit zunächst nicht wahrgenommen. Hier wurde zeitgleich eine breite Debatte geführt über die Bedeutung einer inkludierenden Bildung für alle SchülerInnen, also auch für solche mit ‚besonderen Bedürfnissen'.

Was im Laufe der vergangenen dreißig Jahre entstand, war die Professionalisierung der Interkulturellen Bildung. In Deutschland, Österreich und in der Schweiz implizierte diese Professionalisierung die Schaffung und Institutionalisierung einer neben dem regulären Schulsystem operierenden parallelen Struktur für die Bildung und Erziehung von Migrantenkindern. Trotz der Tatsache, dass kritische Wissenschaftler wie Radtke an einer Konzeption interkultureller Bildung beteiligt waren, ist das Ergebnis bestenfalls gemischt. Gegenwärtig ist die Toleranzschwelle von LehrerInnen gegenüber Diversität niedriger als vor dreißig Jahren. Versuchten Lehrende in heterogenen Kontexten früher zunächst selbst einen geeigneten Umgang mit SchülerInnen aus anderen sozialen und kulturellen Herkünften zu finden, so delegieren sie heute diese Aufgabe an eine Heerschar von Experten in einem parallelen Bildungssystem. Gerade weil die Möglichkeit zu delegieren besteht, fühlen sich Lehrende heute größerem Stress ausgesetzt, wenn sie in heterogenen Klassen unterrichten müssen (Häfeli/Walther-Müller 2005). Allen guten Absichten zum Trotz verstärkte die Etablierung einer Spezialdisziplin innerhalb der Pädagogik – die Interkulturelle Erziehungswissenschaft – die ‚Normalisierung' oder Homogenisierung der Regelklassen.

Die Hervorhebung kultureller Differenz, welche von Multikulturalisten in den deutschsprachigen Ländern stark befürwortet wurde, stellt aus einem weiteren Grund ein zweischneidiges Schwert dar. In einer bahnbrechenden Untersuchung im Bereich zur Bildungsbeteiligung von Minderheiten in Deutschland, haben Mechtild Gomolla und Frank-Olaf Radtke (2002) dargestellt, wie Lehrende, SchulleiterInnen und andere Funktionsträger im deutschen Bildungssystem die ungleiche Behandlung von SchülerInnen aus Minderheiten mit Verweis auf linguistische und kulturelle Differenzen rechtfertigten. Die Markierung der ‚besonderen Situation' von Migrantenkindern, das Hervorheben kultureller Differenzen wurde zur Hauptquelle von Diskriminierung. Aus diesem Grund haben einige von uns damit begonnen, die Struktur des ‚kulturellen Rassismus' zu analysieren, d. h. die Art von Rassismus, die durch eine Überbetonung von (kultureller) Differenz angetrieben wird. Eine Differenz, welche bei näherem Hinsehen nichts anderes ist als die Anhäufung von unkundigen kulturellen Stereotypen und Klischees über Migranten.

Auch wenn ich über die beste Form der Bekämpfung von kulturellem Rassismus und institutioneller Diskriminierung mit Radtke nicht immer einer Meinung war, (siehe Wicker et al. 1996) förderte Radtkes systemtheoretische Perspektive auf multikulturelle Bildung mein Verständnis davon, wie das Subsystem Erziehung Ungleichheit von einer Migrantengeneration auf die nächste perpetuiert (gegenwärtig von der zweiten auf die dritte Generation von Migranten), und von einer Gruppe von Migranten (damals meist türkischer Herkunft) auf viele andere. Da ich in der Vergangenheit bereits hinreichend auf die Bedeutung seines Analyserahmens für die Theorie interkultureller Bildung hingewiesen habe, richte ich in diesem Beitrag den Fokus auf seinen richtungsweisenden Beitrag zur International Vergleichenden Erziehungswissenschaft.

1 Die Ausrichtung lokaler schulischer Praxis an globaler Bedeutung

In Analogie zu seinem institutionstheoretischen Ansatz zur Erklärung des Widerstands gegen Veränderungen im Bereich Bildung von Minderheiten, leistete Radtke mit seiner Nutzung der Systemtheorie (Niklas Luhmann) für die Untersuchung des Aufstiegs der *Global Governance* eine Pionierarbeit, insbesondere hinsichtlich der Auswirkung transnationaler Regimes auf nationalstaatliche Bildungsreformen. So wie in seinen früheren Arbeiten zeugen auch seine gegenwärtigen Veröffentlichungen zu transnationalen Regimes und evidenzbasierter Bildungspolitik von bemerkenswerter Scharfsicht in der Erklärung für die Emergenz neuer Institutionen und Praktiken im Bildungssystem (Radtke 2001, 2009). In diesen gibt er zu bedenken, die Rolle transnationaler Regimes nicht zu unterschätzen, die mit hohem Aufwand bestimmte Reformen verbreiten, die dann zu ,best practice' Paketen geschnürt in alle Himmelsrichtungen verteilt werden. Hierzu würde ich gerne hinzufügen, dass der Transfer von Reformen von einem Kontext auf andere alles andere als unstrittig ist. Diejenigen, die den Begriff ,best practice' wörtlich auffassen, haben den Umstand begrüßt, dass diese Reformen zunehmend alle nationalen Grenzen überschreiten, während anderen eben diese internationale Konvergenz Grund zur Besorgnis bietet. Die Vorstellung, dass wir unsere national geprägten Vorstellungen von ,guter Bildung' oder ,wirksamer Bildungsreform' aufgeben, und nach und nach gleichförmig in Richtung eines internationalen Bildungsmodells konvergieren, bot Anlass für hitzige und kontroverse Debatten in akademischen Kreisen.

Als eine der für die International Vergleichende Erziehungswissenschaft intellektuell besonders stimulierenden Debatten der vergangenen Dekade erwies sich die Auseinandersetzung zwischen systemtheoretisch und neoinstitutionalistisch orientierten ForscherInnen bei der Erklärung der Bildungsglobalisierung. In den letzten Jahren wurde daher der Untersuchung des Zusammentreffens von

‚lokalen', ‚nationalen' und ‚globalen' Kräften eine hohe wissenschaftliche Aufmerksamkeit zuteil, die sich in Buchtiteln wie: (stellvertretend seien hier nur kurz angeführt) *Local meanings, global schooling* (Anderson-Levitt 2003) oder *National differences, global similarities* (Baker and LeTendre 2005) niederschlägt.

Ohne übermäßig zu verallgemeinern, lässt sich feststellen, dass sowohl die systemtheoretische als auch die neoinstitutionalistische Forschung darin übereinstimmen, dass es ein ‚global speak' über Bildungsreform gibt, das von Brüssel bis Washington, von Seoul bis Tunis zu vernehmen ist, ungeachtet dessen, ob die Reform in einem bestimmten Land harmonisiert, ‚erzwungen' oder freiwillig übernommen wird.

Ein Thema, das für Soziologen zwar nebensächlich, für Kulturanthropologen und Systemtheoretiker jedoch von zentraler Bedeutung ist, betrifft die Frage, wie dieses ‚global speak', diese ‚Universalrede' über Bildungsreform sich auf nationaler oder lokaler bzw. auf der Institutionsebene auswirkt. Für neoinstitutionalistische Soziologen lässt sich jegliche Diskrepanz zwischen diesen Ebenen als ‚loose coupling' interpretieren und wird somit als für die weitere Forschung nicht relevant beiseite geschoben. Das neoinstitutionalistische Erkenntnisinteresse und Forschungsprogramm beschäftigen sich in großräumigen Vergleichsstudien vielmehr mit Langzeit-Veränderungen in der Sozialstruktur und in gesellschaftlichen Werte- und Normensystemen (‚belief system'). Wie sich diese globalen Veränderungen innerhalb eines Landes manifestieren, ist nachrangig, denn diese soziologische Forschungsrichtung ist primär an Isomorphieprozessen interessiert. Nun ist das, was für Soziologen dieser Orientierung gänzlich uninteressant ist, für Kulturanthropologen von großem akademischem Interesse. Hinsichtlich des Interesses an den Auswirkungen eines globalen ‚reform buzz' auf nationale Politik gilt dies sowohl für Kulturanthropologen als auch für Systemtheoretiker, wobei von beträchtlichen Unterschieden zwischen beiden Richtungen auszugehen ist. Die Berücksichtigung des Kontextes erweist sich auch dann als relevant, wenn dieselbe nationale Politik in spezifische lokale Institutionen implementiert wird. Mit anderen Worten, beide Richtungen, systemtheoretische und kulturanthropologische richten ihr Augenmerk auf die Notwendigkeit, zwischen transnational vereinbarten, nationalstaatlich adaptierten und lokal implementierten Reformen zu unterscheiden.

Auch wenn man vorsichtig sein muss und sich vor einer zu starken Polarisierung der divergierenden Positionen hüten sollte, lässt sich feststellen, dass für Neoinstitutionalisten die Differenzen zwischen globaler Rhetorik und nationalen bzw. lokalen Realitäten, entweder als ‚loose coupling' zwischen geplanter und implementierter Politik (Powell/DiMaggio 1991) abgetan wird, oder, wenn es um die Adaptation auf der Mikroebene des Klassenzimmers geht, auf „idiosyncratic variation introduced by teachers" (Baker/LeTendre 2005: 177) reduziert wird. Aus einer systemtheoretischen Perspektive betrachtet, spielt es jedoch eine große Rolle, warum einige ‚travelling reforms' mehr als andere in einem bestimmten Land Widerhall finden. Denn dies weist auf die ‚Sozio-Logik' eines bestimmten Politikkontextes hin (Schriewer/Martinez 2004: 33, siehe auch Steiner-Khamsi/Stolpe 2006: 7). In meiner eigenen Forschung interessiere ich mich dafür, warum eine internationalisierte Reform in einem bestimmten Kontext Anschluss findet und wie sie (selektiv) implementiert wird. In unserem Buch über Bildungsimport in der Mongolei beispielsweise, markiert der Befund eines ‚global speak' nicht den Endpunkt, sondern vielmehr den Ausgangspunkt, denn wir interessieren uns gerade dafür, herauszufinden, warum diese universelle Sprache in der Mongolei Resonanz findet (cf. Steiner-Khamsi/Stolpe 2006).

Vor dem Hintergrund von Radtkes Forschung zu Global Governance (Radtke 2001, 2009), insbesondere seiner Kritik an der evidenzbasierten Bildungspolitik sowie seiner Analyse der transnationalen Regimes (vor allem der OECD), steht in den folgenden Ausführungen nicht einer seiner Beiträge, sondern einer seiner Fußnoten im Mittelpunkt. Oft sind Fußnoten die Waffen von Pedanten, stehen für eine Ansammlung von untergeordneten Präzisierungen oder als Entschärfung wagemutiger Aussagen. Der ‚demütigen Fußnote' wird meistens nachrangige Bedeutung in akademischen Texten beigemessen (siehe Grafton 1997). Dieses allgemeine Urteil gilt jedoch für Radtkes Fußnoten nicht. Sie enthalten Material für ganze Bücher, oder wie im vorliegenden Fall, für ein Buchkapitel. Die zu diskutierende Fußnote liest sich wie folgt:

> „*Benchmarks* oder *best practice*-Vorbilder liefern zwar Rezepte/Lösungen, müssen aber beim Versuch der Übertragung die Frage beantworten, auf welche Probleme sie antworten" (Radtke 2009: Fußnote 14, Herv. i. O.).

Bemerkenswert ist diese Fußnote deshalb, weil typischerweise das Gegenteil angenommen wird, eigentlich geht man umgekehrt davon aus, dass das (lokale, nationale) Problem bekannt ist und Lösungen von anderen Kontexten übernommen und dann anschließend rekontextualisiert werden, um zur Problemlösung beizutragen. Einige dieser Lösungen erheben universelle Gültigkeit, globale Benchmarks beispielsweise, oder ‚best practices'. In dieser Fußnote wird jedoch das Gegenteil angenommen. Sie impliziert die inverse Richtung des Transfers: Die universelle Lösung oder die ‚best practice' ist bekannt, aber niemand weiß, wofür sie gut ist oder was sie lösen soll. Mit anderen Worten, man tappt im Dunkeln, wenn es um die Implementierung dieser Lösung auf lokaler oder nationaler Ebene geht. Für die Praxis folgt daraus, wie ich in den weiteren Ausführungen zeigen möchte, dass die lokale/nationale Situation so umdefiniert wird, dass sie für die bereits vordefinierten und präskriptiven globalen Benchmarks „passend gemacht wird" oder sich den ‚best practices' anpassen lässt.

Zudem bezieht sich ein von der Konferenz zur Wirksamkeit der internationalen Entwicklungszusammenarbeit 2005 in Paris (Paris Declaration 2005) verabschiedeter Indikator zur Effektivität darauf, dass die Geberländer ihre finan-

161

zielle Hilfe mit den nationalen Strategien im Bildungsbereich koordinieren. Dieser ermöglicht den nationalen Regierungen ‚Verantwortung' (‚ownership') für die finanzierten Reformen zu übernehmen, weil ihnen die Verantwortlichkeit für die Organisation, die Implementierung und das *Monitoring* der Reformen auferlegt wird. Von den internationalen Gebern wird Flexibilität verlangt; sie sollen ihre Prioritäten bei der Förderung an denen der Regierungen der Empfänger ausrichten. Der Radtkeschen Fußnote entnehmen wir jedoch das Gegenteil: Nationale Regierungen müssen flexibel sein und sich nicht nur bei ihren Reformstrategien, sondern auch bei ihren Bildungsberichten an den international vereinbarten Regeln ausrichten. In der Folge eines solchen Transfers kommt es zu einem ‚re-framing' der lokalen Schulen entlang globalem Sinn. ‚Best practices' sind diskursiv sehr wirkungsvoll, manipulieren sie doch Probleme, Realitäten und letztlich auch ‚Wahrheit' so, dass sie in die globalen Reformpakete passen.

Zwei interessante Phänomene, die sich aus dieser Re-Interpretation von lokalen/nationalen Praktiken zur Passung mit universellen Lösungen ergeben, sollen diskutiert werden. Mein erster Punkt bezieht sich auf die Beobachtung, dass Politiker und politische Entscheidungsträger unterschiedliches zu verschiedenen Menschen sagen. Statt diese weit verbreitete Praxis als üblichen ‚double-talk' von Politikern oder als professionelle Deformation von Bürokraten abzutun, schlage ich vor, dieses Phänomen vor dem Hintergrund globaler Vernetzung zu interpretieren, so wie es Radtkes Fußnote nahe legt. Zweitens erscheint mir bemerkenswert, dass gegenwärtig Nicht-Regierungsakteure an der Definition von Problemen, dem Aufzeigen von Lösungen und dem Monitoring von Fortschritt von Bildungsentwicklungen beteiligt sind. Der erste Punkt wird anhand meiner Forschungen zu ‚policy bilingualism' (Steiner-Khamsi 2006) diskutiert, der zweite profitiert von neueren Arbeiten zur Theorie des post-bürokratischen Staates (Pons/van Zanten 2007; siehe Steiner-Khamsi 2009).

2   ‚Double-Talk' und ‚Policy Bilingualism'

Regierungsbeamte lernen schnell, welche Vorteile aus dem Sprechen einer universellen Reformsprache in Sache Bildung zu ziehen sind. In meinen Studien zum Bildungsimport in der Mongolei (z. B.: Steiner-Khamsi/Stolpe 2006) konnte ich beobachten, wie Politiker einen anderen Ton anschlagen, je nachdem, wen sie ansprechen. Statt dies ‚double-talk' zu nennen, bezeichne ich es lieber als ‚policy bilingualism'. Sie verständigen sich in ‚global speak' wenn ein Reformpaket mit Geldern von internationalen Gebern finanziert wird, und benutzen jedoch eine andere Sprache und verfolgen andere Reformprioritäten, wenn ein Reformpaket mit lokalen oder nationalen Ressourcen betrieben wird. Oftmals werden die Finanzmittel der internationalen Gebergemeinschaft umgeleitet und stützen diesen zweiten Reformtyp; in der Mongolei werden sie als ‚national programs' bezeichnet. Die Regierungen von Ländern, die Auslandshilfe erhalten, sind keine passiven Opfer. Vielmehr gehen sie kreativ mit ihrer wirtschaftlichen Abhängigkeit um, indem sie Finanzmittel auf lokal entwickelte Programme umleiten, dabei zwar die Sprache jedoch nicht den Inhalt einer erzwungenen Reform übernehmen, die Reform nicht implementieren, oder gar die Reform nur selektiv übernehmen.

Internationale Wissensbanken (international knowledge banks) einer jeden größeren internationalen Organisation wie z. B. die OECD oder die Weltbank (für Entwicklungsländer), stellen auch ein Portfolio von ‚best practices' bereit, welche zusammen mit Darlehen und Zuschüssen transferiert werden. Die Regierungen, die Mittel aus öffentlicher Entwicklungszusammenarbeit (engl. Abk.: ODA) erhalten, müssen ihre Reformmaßnahmen aus einem solchen Portfolio auswählen. Wie Regierungen jedoch mit den ‚best practices' umgehen, nachdem sie importiert wurden, steht auf einem anderen Blatt. In meiner Forschung zum Bildungsimport in der Mongolei, ging es um die Analyse von Strukturanpassungsprogrammen im Bildungsbereich, die seit Mitte der 1990er Jahre implementiert wurden. Zehn Jahre später hatte eine Reform noch Bestand (Studiengebühren im Hochschulbereich), eine wurde zwar eingeführt, dann jedoch zurückgenommen (Dezentralisierung der Bildungsfinanzierung- und -*governance*), und eine wurde teilweise in eine Struktur integriert, die bereits vor Einführung der Strukturanpassungsprogramme bestanden hatte (Rationalisierung von Personal und Umstrukturierung der Schulen). Dabei ging es uns vor allem darum zu verstehen, wie es die mongolischen Regierungsbeamten schafften, mit einigen Reformen besser als mit anderen umzugehen, den Bildungsimport zu unterminieren, zu adaptieren oder so zu verändern, dass sie den Bedürfnissen des Landes entsprachen. Trotz des Wirbels um Wirkungsforschung sind Studien selten, die die Geschichte von Reformen über zehn oder zwanzig Jahre zurückverfolgen. Hätten wir mehr solcher Studien würden wir höchstwahrscheinlich herausfinden, dass – wie im Fall der Mongolei – Regierungen, die ODA-Mittel erhalten, ihre eigenen Wege finden, die extern finanzierten Reformen selektiv zu implementieren. Welche Reformen sie dann tatsächlich implementieren, welche sie verändern und welche sie unterwandern, ist seit Jahren die Hauptfrage der Forschung zu ‚policy borrowing' und ‚policy lending'. Es zeigt sich, dass die Regierungsbeamten in ärmeren Ländern auf ‚policy bilingualism' oder ‚global speak' zurückgreifen, wenn sie einen Kredit oder einen Zuschuss sichern müssen. Sind die Mittel vergeben, übernehmen sie Reformen selektiv oder verändern diejenigen Reformen, die Teil einer Vereinbarung zur wirtschaftlichen Entwicklungshilfe sind.

Dieses erste Forschungsfeld hängt mit der Ökonomie des ‚policy borrowing' zusammen. Tavis D. Jules (2008) [ist aufgeführt unter dem Nachnamen: Jules] hat diesen Forschungsrahmen auf die Frage angewandt, welche unterschiedlichen Zielgruppen mit Politikpapieren angesprochen werden sollten, die auf die karibischen Länder zugeschnitten sind. Da es eine regionale Organisation gibt, welche die Politik der nationalen Regierungen in der Region vertritt – CA-RICOM, Caribbean Community – fand Jules drei unterschiedliche Typen von Reformprioritäten und diskursive Praktiken: eine nationale, eine regionale und eine internationale Ebene des Agenda-Setting.

Ein weiterer Fall von ‚global speak' bezieht sich auf die Frage der Mädchenbildung. Was passiert jedoch, wenn in einem bestimmten Land nicht Mädchen, sondern Jungen diskriminiert werden? Einmal mehr lässt sich die Mongolei als anschauliches Beispiel anführen, als eines von fünf Ländern in der Welt, in denen es eine umgekehrte gender-bedingte Bildungsdiskriminierung gibt. Die Vereinigten Arabischen Emirate stehen für ein weiteres Beispiel für Genderdisparität, in der Mädchen bevorteilt werden, wenn es um die Qualität der Bildung geht (Ridge 2009). Aus verschiedenen Gründen, einschließlich des niedrigen Status des Lehrerberufs in den Emiraten, haben die Schulen für Jungen Schwierigkeiten, gute Lehrer zu finden; sie müssen auf eingewanderte Lehrer zurückgreifen, welche weder gut ausgebildet noch im Land geschätzt sind. In beiden Ländern hat man jedoch Schwierigkeiten, eine einzige aktive Politik gegen die Diskriminierung von Jungen zu finden.

Immer mehr ForscherInnen beobachten, wie Regierungen auf unterschiedlichen Kontinenten dazu gezwungen sind, ihre lokalen Realitäten entlang globaler Benchmarks, Zielsetzungen oder Standards zu re-definieren. Das Problem mit den globalen Benchmarks besteht darin, dass sie die Reformprioritäten auf nationaler Ebene festlegen. Deswegen haben bildungspolitische Akteure die heikle Aufgabe, die lokalen Bedingungen so zu re-konstruieren, dass sie den globalen Benchmarks entsprechen. Schwerer wiegt, dass globale Benchmarks ihren Fokus ausschließlich auf solche Fragen richten, die auf globaler Ebene eine Entsprechung finden. Beispielsweise ist ‚nomadische Bildung', d. h. Bildung für die Kinder nomadischer Völker, wie Hirten, die jahreszeitbedingt umherziehen, kein globales Thema und es stehen keine internationalen Finanzmittel und keine ‚best practices' zur Verfügung, welche den Bildungszugang für nomadische Bevölkerungsgruppen ermöglichen oder verbessern könnten. Demzufolge spielten die bildungspolitischen Akteure in der Mongolei die Bedeutung von ‚nomadischer Bildung' herunter, insbesondere von Internatschulen. Bildungspolitiker in der Mongolei stehen mit ihrem Problem nicht alleine da, nationale Probleme verharmlosen zu müssen, weil kein ‚global speak' zur Verfügung steht, mit dem diese Probleme erfasst und angegangen werden könnten. Jonathan Jansen, zum Beispiel, untersuchte die Wirkung von globalen Zielsetzungen auf die Planung von Bildungspolitik im südlichen Afrika. Globale Benchmarks, stellte er fest, führten dazu, dass Bildungspolitiker in der Region wesentliche Probleme vernachlässigten, welche eigentlich mit großer Dringlichkeit behandelt werden müssten (Jansen 2005).

3 Wissensbanken in Zeiten des post-bürokratischen Staates

Das oben diskutierte Thema ist mit einem zweiten untrennbar verbunden: die Rolle der Wissensbanken und der Aufstieg von Nicht-Regierungsakteuren in der Agenda-Setting und Planung von Bildungspolitik. Evidenzbasierte Politikplanung hat transnationale Regimes, insbesondere die Weltbank, die OECD und das UN-System, mit der nötigen Kredibilität ausgestattet, damit diese als *nationale* Politikberater fungieren können. Die Wissensbanken stellen drei Arten von Informationen zur Verfügung: deskriptive Statistiken oder Daten (bezogen auf eine lange Liste von Indikatoren, die als Ausgangsbasis dienen), international vereinbarte Benchmarks (z. B. Bildung für Alle (engl. Abk. EFA), Milleniumsziele der UNO, oder die ‚Fast Track Initiative' des EFA Programms und ihr ‚Indicative Framework' für die Beurteilung des Fortschritts) sowie ein Portfolio von ‚best practices' oder mustergültigen ‚Fallstudien' in ausgewählten Ländern, die mittels quasi-experimentellen Untersuchungen oder ‚impact evaluation' getestet und evaluiert wurden. Die Eigendynamik, die Wissensbanken mit diesen Instrumenten entwickelt haben, hängt eng mit der allgemeinen wissenschaftlichen Reorientierung der Politikplanung auf Kosten von politischen und interpersonalen Dimensionen zusammen.

Im Bildungsbereich vieler ärmerer Länder hat die Weltbank die Führung bei der Entwicklung übernommen und orientiert sich an ihrer Wissensbank um die Reformen der nationalen Regierungen zu beeinflussen. Das Konzept der Wissensbank wurde zum ersten Mal im Direktorium der Weltbank im März 1996 diskutiert (Jones 2004; Jones/Coleman 2005). Eine der in Rede stehenden Alternativen sah vor, dass die Handlungen der Kreditvergabe an regionale Entwicklungsbanken (Asian Development Bank, African Development Bank usw.) delegiert werden sollten, während die Weltbank selbst ihren Fokus ausschließlich auf das Anbieten von Ideen richten sollte. Drei Jahre später, 1999, wurde das Global Development Network (GDN) auf einer Konferenz in Bonn initiiert (siehe Stone 2000). Die Idee war, lokale ‚best practices' als öffentliches Gut zu behandeln (Stiglitz 2000: 29) und sie weltweit verfügbar zu machen. Dementsprechend vermutete man, dass sich der ‚policy transfer' schneller und einfacher vollziehen würde, und zwar sowohl innerhalb als auch zwischen den Ländern der südlichen Welthemisphäre, mit dem Ziel, den Transfer von Reformen der Ersten auf die Dritte Welt zu ersetzen. Obgleich die Rolle der Weltbank als Geldgeber nicht gemindert wurde, hat sie im Laufe der letzten Dekade zunehmend als weltweiter Beobachter und Verteiler von ‚best practices' fungiert. Andere internationale Organisationen wie zum Beispiel Transparency International im allgemein öffentlichen Sektor, oder die UNESCO (mit ihrem Global Monitoring Report) im Bildungsbereich, folgten dem Beispiel und erkannten, dass das Monitoring von nationaler Entwicklung entlang international festgelegten Standards eine wirkungsmächtige Strategie darstellt, auf nationale Politik Einfluss zu nehmen. Mit anderen Worten: Die Weltbank steht nicht alleine da, wenn es um die Entwicklung und Nutzung von internationalen Wissensbanken geht mit dem Ziel, Druck auf die nationale Ebene auszuüben. Als Mittel der Interessenvertretung erzeugt die Klassifizierung der Nationen anhand von Rankings und Rangordnungen weit mehr Druck auf einkommensschwache Länder als herkömmliche Strategien wie das Binden von Krediten und Zuschüssen an extern festgelegte Konditionen.[1] In der Tat lässt das Aufkommen dieser subtileren Strategien, intern, d. h. in den Ländern selbst Reformdruck zu erzeugen, extern auferlegte Konditionen als primitive Mittel erscheinen, um Veränderungen zu bewirken.

Wichtig erscheint, zwischen zwei Typen von Wissensbanken zu unterscheiden, die sich mit Qualitätsmessung beschäftigen: Der erste Typus – die Fast Track Initiative des Programms Bildung für Alle (EFA-FTI) – beschäftigt sich mit einkommensschwachen Ländern, während der zweite sich um Bildung in der OECD-Welt bemüht. Der zweite Typus von Datenbanken lässt sich als OECD- oder IEA-Wissensbank[2] bezeichnen, benannt nach den beiden Organisationen, die internationale vergleichende Studien zu Leistungsmessung durchführen. Gegenwärtig stellt die EFA-FTI Wissensbank das einflussreichste Instrument für evidenzbasierte Politikplanung in der ersten Ländergruppe dar.

Das EFA-FTI wurde 2002 in einem G8-Treffen in Monterrey, Mexiko, initiiert. Die Fast Track Initiative sollte reformwilligen Regierungen in einkommensschwachen Ländern helfen, Grundbildung für alle bis zum Jahr 2015 zu implementieren. Das Ziel, bis 2015 Grundbildung für alle zu sichern, wurde im Jahr 1990 in das internationale Abkommen Bildung für Alle (EFA) aufgenommen und im Jahr 2000 als Teil der Millennium Development Goals bestätigt. Die zugrunde liegenden Ideen in EFA-FTI waren ‚common sense' und für politische Entscheidungsträger schlüssig: Regierungen von einkommensschwachen Ländern müssen einen Anreiz erhalten, sollen sie ‚best practices' aus anderen vergleichbaren Bildungssystemen übernehmen. Um reformwillige Regierungen zu belohnen, sollte die internationale Gebergemeinschaft sich verpflichten, die notwendigen finanziellen Mittel zu beschaffen und bereitzustellen, um diese Regierungen auf einen ‚fast track' Richtung Entwicklung zu platzieren. Obwohl mehr als 30 bilaterale, regionale und internationale Agenturen und Entwicklungsbanken die Initiative unterstützen, ist der Hauptakteur des FTI ihre koordinierende

---

1   Die Bedingungen für Kreditvergabe der Entwicklungsbanken umfassen Strukturanpassungsprogramme, Armutsbekämpfung, und seit kurzem auch Good Governance. Der Internationale Währungsfond (IWF) startete 2000-2002 ebenfalls eine umfassende Revision seiner Bedingungen für Kreditvergabe. Das Ergebnis war eine Serie neuer Richtlinien für Konditionen (IWF 2002), die unter anderem an die Verantwortung (ownership) und Fähigkeit der aufnehmenden Länder, Programme zu implementieren geknüpft wurden.

2   OECD ist die englische Abkürzung von 'Organisation for Economic Co-operation and Development'; IEA steht für 'International Association for the Evaluation of Educational Achievement'.

Agentur: die Weltbank. Die Ressourcenvergabe sollte im Lichte der „Harmonisierung" erfolgen. Alle dreißig Geber "[should be] using common arrangements for aid, sharing their technical and analytical work, and joining together on field missions" (World Bank 2005: 2).

Im Gegensatz zur Implementierung von Bildung für Alle, welche (aufgrund massiver Mängel an personellen und anderen Ressourcen) von der UNESCO schlecht koordiniert wurde, ist die FTI-Koordinierung personell gut ausgestattet und das FTI-Sekretariat wird von der Weltbank geführt. Die Pläne und Vorschläge der FTI scheinen analytisch höchst durchdacht zu sein, indem eine Reihe statistischer Daten präsentiert werden, um den Bedarf schnellen Handelns zu demonstrieren. Die engagierten Autoren des Antrags sollen starke Argumente dafür liefern, dass der Bildungsbereich in der Tat in einer Krise steckt, zu deren Bewältigung es dringend größerer Summen an externer Finanzierung bedarf, um dabei in der Lage zu sein, weitergehende Reformen zu implementieren. Aus der Nähe betrachtet wird jedoch sichtbar, dass ihre Analysen nicht nur höchst präskriptiver Art sind, sondern sich auch an einer bestimmten Agenda orientieren. Die Dokumente des FTI bestätigen mit einer ‚façade of precision', wie Samoff es ausdrücken würde (Samoff 1999), das, was Entwicklungsbanken und andere Geldgeber bereits erwarten: Der Bildungsbereich ist in einer tiefen Krise und internationale Geber sollen ohne Verzug Kredite und Zuschüsse bewilligen, um die Krise zu beheben. Als Beweis für die Notwendigkeit schnellen Handelns wird reichlich statistisches Material genutzt, welches die internationalen Wissensbanken seit den späten 1990er Jahren gesammelt haben. Wenn eine Regierung einmal eine FTI-Vereinbarung unterschrieben hat, muss sie ihr Bildungssystem an den im ‚indicative framework' skizzierten Benchmarks von FTI orientieren. Benchmarks sind Standards mit einer zeitlichen Dimension. Im Fall der FTI-Benchmarks müssen die Standards bis 2015 erreicht werden. Daher müssen die FTI-Dokumente immer die Rede von einer Krise beschwören, sie müssen reichlich statistische Information (einschließlich Ausgangsdaten, jährliche oder Zwischenziele und Benchmarks) bereitstellen und Konzepte entwickeln, wie dieser Krise mittels Reformprioritäten abzuhelfen sei, wobei die vorgeschlagenen Konzepte typischerweise große Ähnlichkeiten mit den von der Weltbank und anderen führenden Geldgebern befürworteten ‚best practices' haben.

Im Folgenden soll knapp auf den OECD- oder IEA-Wissensbanktypus eingegangen werden, denn ihr Einfluss bezieht sich vor allem auf den europäischen Kontext. Insgesamt gibt es vier internationale Organisationen, welche die international weitest reichenden und elaboriertesten Schülerleistungsstudien betreiben: die IEA (International Association for the Evaluation of Educational Achievement), die OECD (Organisation for Economic and Cultural Development), die UNESCO (United Nations Educational, Scientific and Cultural Organisation), and die UNICEF (United Nations Children's Fund), wobei die Leistungstests von UNESCO und UNICEF ausschließlich auf Entwicklungsländer zielen. In diesem Abschnitt werden diejenigen internationalen Wissensbanken in den Blick genommen, die von der OECD und der IEA verwaltet werden und welche Information über die Qualität der Bildungssysteme in entwickelten Ländern sammeln. Nur wenige Länder in Lateinamerika, Afrika, Zentralasien, oder Südostasien nehmen an internationalen Schülerleistungsmessungsstudien der OECD oder der IEA teil. Obwohl die Weltbank Mittel bereitstellt, um einkommensschwachen Ländern eine Teilnahme an diesen Studien zu ermöglichen, entscheiden sich nur wenige dafür, weil sie oft nicht in der Lage sind, die hohen technischen Standards zu halten, oder die Beteiligung an den enorm hohen Kosten sich nicht leisten können, oder schlicht weil sie keinen Nutzen darin sehen, ihr Bildungssystem mit denen entwickelter Länder zu vergleichen, welche so viel mehr Geld in Bildung investieren können.

Demgegenüber sind OECD- und IEA-Studien in einkommensstarken Ländern extrem verbreitet. Verweise auf internationale Leistungsstandards und Reformen, die woanders erreicht beziehungsweise implementiert wurden, erlauben es Politikern, Vergleiche mit anderen als erfolgreich gesehenen Ländern zu ziehen; der Vergleich gibt ihnen ein Mittel an die Hand, den Bedarf an dramatischen Veränderungen auf der lokalen und nationalen Ebene zu begründen. Der Umgang mit den groß angelegten international vergleichenden Studien der IEA oder OECD veranschaulicht dies: Während diese Studien bereits seit mehreren Jahrzehnten durchgeführt wurden, haben sie erst seit den 1990er Jahren größere öffentliche Aufmerksamkeit erfahren. Das gestiegene politische Interesse an international vergleichenden Studien wird nicht nur an dem Boom der IEA Studien offenkundig, die Schülerleistungen in unterschiedlichen Schulen, Schulbezirken, Regionen oder Nationen vergleichen: Es wird auch an der wachsenden Zahl von Ländern augenfällig, die sich an diesen Studien beteiligen sowie an der größeren medialen Aufmerksamkeit für internationale Vergleiche.

Als Forscherinnen und Forscher auf dem Gebiet der International Vergleichenden Erziehungswissenschaft sind wir bestens dafür ausgerüstet, die Konjunktur des internationalen Vergleichs (vor allem System- und Schülerleistungsvariablen) als „policy" Instrument zwecks evidenzbasierter Bildungsplanung kritisch zu durchleuten. Wir sind insbesondere dazu prädestiniert, Policy Konstellationen zu identifizieren, in denen der internationale Vergleich gehäuft eingesetzt wird, um nationalen Reformdruck zu erzeugen.

4 Annäherung an eine Theorie des post-bürokratischen Staates

In den vergangenen Jahren wurden einige wenige Arbeiten veröffentlicht, die die neue Politik der evidenzbasierten Planung oder „governance by numbers" (Ozga 2009) analysieren. Demgegenüber ist der Typus der dominierenden und einflussreichsten transnationalen Regimes oder internationalen Bürokratien noch weniger untersucht. Viele dieser transnationalen Regimes sind Nicht-Regierungsakteure, die dafür eintreten, die neue Rolle des Staates beim Agenda-Setting und der Politikplanung unter die Lupe zu nehmen. Obwohl die OECD, die IEA oder die Weltbank von nationalen Regierungen finanziert werden, betrachten sich die darin arbeitenden ForscherInnen als unabhängig von nationalen Bürokratien. In der Tat ist es wichtig für sie, als ‚unabhängig' zu gelten, denn diese Unabhängigkeit dient ihnen als Nachweis ihrer wissenschaftlichen Kredibilität. Es gibt eine Reihe von Handbüchern und viele Sammelwerke zu technischen Standards und professionellen Codes, die darauf hinzielen, Bildungsstatistiken zu entpolitisieren und die Arbeit des Sammelns, Analysierens und des Interpretierens von Daten zu professionalisieren.

Die beiden wichtigsten Agenturen, die schon seit längerem Bildungsstatistiken gesammelt und auf globaler Ebene Berichte zum Bildungssektor durchgeführt haben, waren das International Bureau of Education (IBE) und die UNESCO. Bis dato haben beide Institutionen auf Daten der Regierungen zurückgegriffen und diesen auch vertraut. Der Machtwechsel zuerst von der UNESCO auf die Weltbank und dann von dieser auf eine Vielzahl transnationaler Regimes, einschließlich der OECD und andere, legt eine Untersuchung der sich verändernden Rolle des Staates nahe.[3] Obgleich die „sad story about UNESCO's education statistics" (Heyneman 1999) bereits erzählt und vor kurzem wieder aufgegriffen wurde (Cussó 2006), gibt es keinen Grund nicht danach zu fragen, warum Nicht-Regierungsakteure in den letzten Jahren soviel an Bedeutung gewonnen haben.

Martha Finnemores Ausführungen (1996) bieten einen guten Ausgangspunkt, um die Rolle des Staates vis-à-vis transnationaler Regimes zu reflektieren. Aus einer institutionalistischen Perspektive argumentierend, erklärt sie die Macht transnationaler Regimes gegenüber nationalen Regierungen wie folgt:

> „Much of international relations theory rests on the assumption that states know what they want. Preferences are treated as inherent in states; they come from within the state as a result of material conditions and functional needs. The changes [detailed in this study] suggest, however, that preferences may not be inherent in states and may not be wedded to material conditions. Instead, state preferences are malle-

---

3 Das UN-System ist auf Beiträge ihrer Mitglieder angewiesen. Mit dem Austritt der USA und Großbritannien (die erst 2002 wieder beigetreten sind) sah sich die UNESCO mit schwindenden finanziellen Ressourcen konfrontiert, musste ihre Ausgaben kürzen, ihre Operationen einschränken, und war jahrzehntelang personell unterbesetzt (siehe Steiner-Khamsi/Stolpe 2006).

able. States may not always know what they want and are receptive to teaching about what are appropriate and useful actions to take. How would we think about such a process theoretically?" (Finnemore 1996: 11)

Auf der Suche nach einer passenden theoretischen Rahmung betont Finnemore den Prozess der Rationalisierung und Modernisierung, der nicht nur Bürokratien, sondern auch die mit diesen staatlichen Institutionen einhergehenden Wertvorstellungen (individuelle Rechte, egalitären Gerechtigkeitskonzeptionen, Fortschritt usw.) hervorgebracht hat. Folgerichtig wirken sich Veränderungen in der Sozialstruktur auf die Wahrnehmungen von Individuen sowie auf ihre ideologischen Vorstellungen (beliefs) und Werte aus. Indem sie Max Webers frühere Arbeiten über Rationalisierung und über den Aufstieg von Bürokratien aufgreift und in Übereinstimmung mit der neoinstitutionalistischen Theorie interpretiert, erkennt Finnemore (1996) in der Emergenz von internationalen Bürokratien eine institutionelle Antwort auf eine internationale Gesellschaft oder eine ‚world policy', welche dieselben Vorstellungen über Fortschritt und soziale Gerechtigkeit teilt.

Trotz Finnemores sorgfältigen Analysen zu internationalen Bürokratien ist es aus meiner Sicht schwierig, sich ihrer neoinstitutionalistischen Annahme universell geteilter Werte anzuschließen und schlüssige Gründe dafür zu finden, dass Staaten „are receptive to teaching about what are appropriate and useful actions to take" (Finnemore, 1996: 11). Zustimmen kann ich dem, dass Staaten sich so verhalten als ob sie Interesse an internationalem Rat und Orientierungshilfe seitens der OECD, Weltbank und anderen transnationalen Regimes oder Bürokratien haben. Wie bereits dargelegt, lassen sich vor diesem Hintergrund Politik und Ökonomie des transnationalen ‚policy borrowing' interpretieren. Was nicht angemessen genug von der Politikwissenschaft, den Internationalen Beziehungen oder der International Vergleichenden Erziehungswissenschaft berücksichtigt wird, ist die Emergenz globaler Nicht-Regierungsakteure.

Die Weltbank, die OECD, IEA oder UNESCO sind gute Beispiele für halbstaatliche globale Akteure. Diese Organisationen werden von Mitgliedstaaten gegründet und finanziert, aber dennoch handelt ihr Forschungspersonal bis zu einem gewissen Punkt unabhängig von den Mitgliedstaaten, aber in Übereinstimmung mit ihren eigenen institutionellen Standards, Wertvorstellungen und Zielsetzungen. Daher werden sie genauso von einer Agenda geleitet wie ForscherInnen in staatlichen Organisationen. Des Weiteren erleben wir die Etablierung vieler Nicht-Regierungsakteure, insbesondere internationale Nicht-Regierungsorganisationen (z. B. Transparency International), aber auch multilaterale Firmen (z. B. McKinsey), die auf nationale Agenda-Settings im Bildungsbereich Einfluss nehmen.

Der Fall McKinsey verdient besondere Aufmerksamkeit, zumal ihr bedeutendster Partner im Bildungsbereich die akademischen Welten sind, aber McKinsey auch die Regierungs- und die Unternehmenswelten bedient und somit eine Brücke schlägt: Sir Michael Barber, früherer Professor am Institut of Education der Londoner Universität, diente von 1997 bis 2005 als Senior-Berater in der Regierung von Tony Blair. Im September 2005 schloss er sich McKinsey als Hauptexperte im Bereich Global Public Sector Practice an. Der Bericht ‚How the World's Best-Performing School Systems Come Out on Top' (McKinsey 2007) richtete große öffentliche Aufmerksamkeit auf alle drei Bereiche – die akademische, die Regierungs- und die Unternehmenswelt – und diese scheinen einmütig für Qualität in der Lehre als Hauptfaktor für die Lernergebnisse von SchülerInnen einzutreten. Der McKinsey Report 2007 hatte große Auswirkungen auf verschiedene Bildungssysteme, einschließlich auf das im Bundesstaat Ohio, USA. Die bildungspolitische Studie ‚Creating a World-Class Education System in Ohio' (Achieve 2007) wurde nach dem McKinsey Bericht zugeschnitten und von der Bill und Melinda Gates Stiftung finanziert. Die Studie stellt fest:

"This report is intended for Ohio policymakers and all other stakeholders interested in moving Ohio's K-12 system to world-class levels. The report was commissioned by Achieve, Inc., with its fact base, international benchmarking of Ohio's K-12 system, and identification of best practice implications for Ohio (in order to attain the goal of a world-class system) conducted by McKinsey & Company, drawing upon the work of leading international education experts"[4] (Achieve 2007: 2).

Diese Art von Policy-Netzwerken, insbesondere der Zusammenschluss von staatlichen und nichtstaatlichen Akteuren sind Kernbestandteile des ‚post-bürokratischen Staates'. Der zunehmende Rückgriff auf Firmen, gesellschaftlichen Interessensvertretungen (civil advocacy groups), aber auch auf transnationale Regimes als ‚back-stage' Berater von nationaler Politik beim Agenda-Setting wurde bereits von vielen Autoren kommentiert; zuletzt von ForscherInnen im European Research Network Knowledge and Policy in Education and Health Sectors (KNOW & POL). Untersucht wurden die Bildungs- und Gesundheitsbereiche in acht europäischen Ländern. Die KNOW & POL Forschungsteams haben analysiert, welche Wissenstypen konstruiert und von welchen Typen von Akteuren diese übernommen werden. Der Interpretationsrahmen der KNOW & POL-Studie stellt die Theorie des post-bürokratischen Staates dar, die hervorragend in einem Literaturbericht von Xavier Pons und Agnès van Zanten (2007) dargestellt wird. New Public Management oder ähnliche Reformen des öffentlichen Sektors haben die Entwicklung von post-bürokratischen Formen der Regulation des öffentlichen Sektors angestoßen. In diesen post-bürokratischen Staaten werden die Politiken von multiplen Akteuren initiiert, überwacht und evaluiert (einschließlich nicht-staatlicher Akteure und transnationaler Regimes) und sie

---

4   Der Bericht spezifiziert in einer Endnote „leading international educational experts" mit einem Verweis auf die professionellen Leistungen von Sir Michael Barber (Achieve 2007: Endnote 1).

werden mit einer Reihe von messbaren Benchmarks, Zielsetzungen und Ergebnissen formuliert. Ein Netzwerk von neuen Akteuren im Bildungsbereich ist ins Spiel gekommen.

Frank-Olaf Radtke hat unsere Aufmerksamkeit auf einen dieser neuen Akteure im bildungspolitischen Bereich gelenkt: die OECD. Es gibt Gründe anzunehmen, dass in den kommenden Jahren zunehmend internationale Nicht-Regierungsakteure, gesellschaftliche Interessensvertretungen, aber auch multilaterale Korporationen, wie z. B. McKinsey, die Bühne der globalen Zielsetzungen betreten werden. Unabhängig davon, ob wir mit globalen Unternehmens-, Nicht-Regierungs- oder mit Staatsakteuren zu tun haben werden, die Rolle von nationalen Bildungspolitikern und politischen Entscheidungsträgern bleibt dieselbe. Wie in Radtkes Fußnote (Radtke 2009, Fußnote 14) dargestellt, kommt ihnen die monumentale Aufgabe zu, lokale Probleme entsprechend den globalen Vorlagen zu re-formulieren, die in Form von ‚best practices' zur Verfügung stehen.

Literatur

Achieve (2007): Creating a World-Class Education System in Ohio. Columbus: Department of Education, Government of Ohio

Anderson-Levitt, K. (ed.) (2003): Local meaning, global schooling. Anthropology and world culture theory. New York: Palgrave

Baker, D./LeTendre, G. (2005): National differences, global similarities. World culture and the future of schooling. Stanford: Stanford University Press

Cussó, R. (2006): Restructuring UNESCO's statistical services – The "sad story" of UNESCO's education statistics: 4 years later. International Journal of Educational Development, 26. 2006. 532-544

Diehm, I./Radtke, F.-O. (1999): Erziehung und Migration. Eine Einführung. Stuttgart: Kohlhammer

Dittrich, E./Radtke, F.-O. (1990): Ethnizität – Wissenschaft und Minderheiten. Opladen: Westdeutscher Verlag

Finnemore, M. (1996): National Interests in International Society. Ithaca: Cornell University Press

Gomolla, M./Radtke, F.-O. (2002): Institutionelle Diskriminierung. Die Herstellung ethnischer Differenz in der Schule. Opladen: Leske+Budrich

Grafton, A. (1997): The footnote. A curious history. Cambridge, MA: Harvard University Press

Häfeli, K./Walther-Müller, P. (Hrsg.) (2005): Das Wachstum des sonderpädagogischen Angebots im interkantonalen Vergleich. Steuerungsmöglichkeiten für eine integrative Ausgestaltung. Luzern: Edition SZH/CSPS

Heyneman, S. P. (1999): The sad story of UNESCO's education statistics. International Journal of Educational Development, 19. 1999. 66-74

International Monetary Fund [IMF] (2002): Guidelines on conditionality. September 25, 2002. Washington, DC: IMF

Jansen, J. D. (2005): Targeting education: The politics of performance and the prospects of "Education for All." International Journal of Educational Development, 25. 2005. 368-380

Jones, P. W. (2004): Taking the credit: Financing and policy linkages in the education portfolio of the World Bank. In: Steiner-Khamsi (2004): 188-200

Jones, P. W./Coleman, D. (2005): The United Nations and education. Multilateralism, development and globalization. London and New York: Routledge Falmer

Jules, T. D. (2008): Re/thinking harmonization in the Commonwealth Caribbean: Audiences, actors, interests, and educational policy formation. Dissertation. New York: Teachers College, Columbia University

McKinsey (2007): How the World's Best-Performing School Systems Come Out on Top. London: McKinsey & Company, written by Sir Michael Barber and Mona Mourshed

Nittel, D./Seitter, W. (Hrsg.) (2001): Die Bildung des Erwachsenen. Erziehungs- und sozialwissenschaftliche Zugänge. Bielefeld: W. Bertelsmann

Ozga, J. (2009): Governing Education Through Data in England: From Regulation to Self-Evaluation. Journal of Education Policy, 24. 2009. 149-162

Paris Declaration (2005): Paris Declaration on Aid Effectiveness. Paris: OECD-DAC

Pons, X./von Zanten, A. (2007): Knowledge circulation, regulation and governance. Literature review (part 6). Louvain, Belgium: EU Research Project, Knowledge and Policy in Education and Health Sectors. http://www.knowandpol.eu

Powell, W./DiMaggio, P. (1991): The New Institutionalism in Organizational Analysis. Chicago: University of Chicago Press

Radtke, F.-O. (1996): Fremde und Allzufremde. Zur Ausbreitung des ethnologischen Blicks in der Einwanderungsgesellschaft. In: Wicker et al. (1996): 333-352

Radtke, F.-O. (2001): Die Erziehungswissenschaft der OECD. Aussichten auf die neue Performanz-Kultur. In: Nittel et al. (2001): 277-304

Radtke, F.-O. (2009): Evidenzbasierte Steuerung. Der Aufmarsch der Manager im Erziehungssystem. In: Tippelt (2009): 157-180

Ridge, N. Y. (2009): Privileged and penalized: The education of boys in the United Arab Emirates. Dissertation. New York: Teachers College, Columbia University

Samoff, J. (1999): Education sector analysis in Africa: Limited national control and even less national ownership. International Journal of Educational Development, 19 (4/5). 1999. 249-272

Schriewer, J./Martinez, C. (2004): Constructions of internationality in education. In: Steiner-Khamsi (2004): 101-113

Steiner-Khamsi, G. (1992): Multikulturelle Bildungspolitik in der Postmoderne. Opladen: Leske+Budrich

Steiner-Khamsi, G. (ed.) (2004): The global politics of educational borrowing and lending. New York: Teachers College Press

Steiner-Khamsi, G./Stolpe, I. (2006): Educational import. Local encounter with global forces in Mongolia. New York: Palgrave Macmillan

Steiner-Khamsi, G. (2009): Knowledge-based regulation and the politics of international comparison. Nordisk Pedagogik, 29 (1). 2009. 61-71

Stiglitz, J. (2000): Scan globally, reinvent locally: Knowledge infrastructure and the localisation of knowledge. In: Stone (2000): 24-43

Stone, D. (Hrsg.) (2000): Banking on knowledge: The genesis of the Global Development Network. London and New York: Routledge

Tippelt, R. (Hrsg.) (2009): Steuerung durch Indikatoren? Methodische und theoretische Reflexionen zur deutschen und internationalen Bildungsberichterstattung. Opladen: Barbara Budrich

Wicker, H.-R./Alber, J.-L./Bolzman, C./Fibbi, R./Imhof, K./Wimmer, A. (Hrsg.) (1996): Das Fremde in der Gesellschaft: Migration, Ethnizität und Staat. Zürich: Seismo

World Bank (2005): Education for All – Fast Track Initiative. Fact sheet: About aid effectiveness. October 12, 2005. Washington, DC: World Bank

Die globale Wirtschaft, Minderheiten und Bildung

Sally Tomlinson

Bildung und Ausbildung gelten Regierungen auf der ganzen Welt nach wie vor als zentrales Mittel zur Sicherung einer erfolgreichen Beteiligung am globalen wirtschaftlichen Wettbewerb. Ganz sicher gilt dies für Großbritannien, wo sich die Regierungen im Laufe der vergangenen zwanzig Jahre dezidiert an einer Rhetorik des Glaubens an das Humankapital beteiligt haben. Dieser Diskurs besagt im Kern, dass die Individuen lernen sollen, sich am Markt um Bildung und Arbeit zu beteiligen und miteinander zu konkurrieren. Sie sollen dies insbesondere dadurch tun, dass sie sich permanent weiterbilden, um sowohl ihre eigene ökonomische Zukunft als auch die nationale Wirtschaft zu verbessern.

Während die Debatte und die Kritik an der Globalisierung im Laufe der 1990er Jahre die akademischen, politischen und unternehmerischen Kreise erreichten, blieb das öffentliche Bewusstsein über Art und Auswirkungen einer globalen Wirtschaft eher gering entwickelt. Spätestens in der ersten Dekade des einundzwanzigsten Jahrhunderts wurde jedoch deutlich, dass der Begriff auf Veränderungen in unterschiedlichen gesellschaftlichen Sphären hinweist: auf intensivierte und oftmals ungerechte Handels- und Finanzströme, auf neue technologische Entwicklungen in Information und Kommunikation, auf globale Medien, auf steigende Mobilität und Migration von Menschen und ihrer Arbeitskraft, auf kulturelle Konvergenzen zwischen den Ländern, die sowohl vom Widerstand gegen kulturellen Zwang als auch vom Fortbestand nationalistischer und ethnischer Ausschlussprozesse begleitet wurden. Bereits acht Jahre nach der Jahrhundertwende schwand der Glaube an neo-liberale Ideologien des freien Marktes rapide, befördert durch eine weltweite Rezession, verstärkte Polarisierungen zwischen Reichen und Armen – sowohl in fortgeschrittenen Gesellschaften als auch in Entwicklungsländern – sowie der Erkenntnis, dass die intensivierten weltweiten Transaktionen häufig von Habsucht und Inkompetenz begleitet wurden. All dies führte zu mehr Unbehagen hinsichtlich der Konsequenzen einer globalen Ökonomie und ihrer Auswirkungen auf bestimmte soziale, „rassische", ethnische und eingewanderte Gruppen.

In den vergangenen sechzig Jahren haben europäische Gesellschaften die wirtschaftliche Zuwanderung von ethnischen und „rassischen" Minderheiten, viele aus den ehemaligen Kolonien, aktiv betrieben. Ihre Arbeitskraft wurde in

175

Bereichen benötigt, für die sich keine Mitglieder der Mehrheitsgesellschaft finden ließen.[1] Im Laufe der Zeit sahen sich Migranten, gleich ob sie den Bürgerstatus des Aufnahmelandes erlangt hatten oder nicht, weiterhin mit den Problemen konfrontiert, ihre wirtschaftliche und zivilgesellschaftliche Inklusion so auszuhandeln, dass ihnen und ihren Nachkommen Gleichbehandlung, Chancengleichheit und Respekt gesichert seien. Ein neuralgischer Punkt war dabei die Erziehung von Migrantenkindern, sowohl der länger eingesessenen als auch der neu eingewanderten, welche die Bildungssysteme vor große Herausforderungen stellte. Während die Fragen zunächst um Assimilation, Diskriminierung und Ungleichheit kreisten und es zunächst darum ging, die für die Mehrheitsgesellschaft geschaffenen Bildungssysteme so zu modifizieren, dass sie „rassischen", ethnischen, linguistischen und religiösen Minderheitengruppen gerecht würden, nahm der Kampf um wirtschaftliche und auf Bildung bezogene Gleichheit unter den Bedingungen einer globalisierten Welt eine völlig neue Dimension an. In diesem Beitrag werden Aspekte der globalen Wirtschaft und der Bildung und Erziehung diskutiert, einschließlich jener politischen Forderung, dass junge Menschen auf eine globale ‚Wissensökonomie' vorzubereiten seien. Zudem werden englische Bildungsmarktreformen untersucht, welche zu einer Hierarchisierung des Schulsystems und der Einführung unübersichtlicher Qualifikationen beigetragen haben, flankiert von stärkerer bildungspolitischer Zentralisierung und verstärktem Einfluss privater Akteure. Darüber hinaus wird die Inkorporation ethnischer Minderheiten in das Bildungssystem diskutiert, sowie die neueren Schwierigkeiten und Ausschlussprozesse zur Sprache gebracht, denen sich Minderheiten in einer globalisierten Welt ausgesetzt sehen.

---

1   Inzwischen liegt ein schier unübersichtlicher Diskussionsstand zu Definitionen von „Rasse", Ethnizität sowie von Kultur und Multikulturalismus vor. In diesem Beitrag wird auf die im anglo-amerikanischen Sprachgebrauch etablierte Unterscheidung zwischen „rassischen" und „ethnischen" Gruppen zurückgegriffen, definiert als diejenigen Gruppen, denen bestimmte Verhaltensweisen und Charakteristika zugeschrieben werden und weniger als diejenigen, die diese Eigenschaften tatsächlich haben. Der Begriff der „rassischen" Gruppe bezieht sich im Allgemeinen auf als unveränderlich geltende Kennzeichen, während ethnischen Gruppen eher Veränderbarkeit zugeschrieben wird. Hautfarbe und Religion gelten als zentrale Determinanten.

1 Eine globale Wirtschaft

Inzwischen liegt ein umfangreiches Literaturkorpus zum Begriff der Globalisierung und der globalen Wirtschaft vor, das in wesentlichen Teilen den Rückfall in ein Modell des freien Marktes angelsächsischer Prägung kritisiert, wie es im neunzehnten Jahrhundert entwickelt wurde. Die darin zugrunde gelegte Vorstellung versteht den Markt als von staatlicher Regulierung ungehindert operierenden Bereich. Trotz umfangreicher und ausführlicher Kritik wurde diese von Regierungen und internationalen Organisationen weitgehend ignoriert (Cassidy 2009; Gray 2009) – bis sich der Kollaps der Banken ereignete und eine weltweite Rezession einsetzte, und damit die Konsequenzen der Minimalregulierung des Kapitals und der Finanzwelt sowie der globalen Unternehmensmacht sichtbar wurden. Bereits vor vielen Jahrzehnten hat Polanyi davor gewarnt, dass „die große Umwälzung" von bäuerlichen, nicht vom Markt bestimmten, Gesellschaften hin zu kapitalistischen Systemen, in denen Wirtschaft und Gesellschaft getrennt sind, zu einer Situation führen würde, in der sich die Kontrolle der Wirtschaft durch den Markt als fatal für die gesamte Gesellschaft erweise, bedeute sie doch letztlich, dass die Gesellschaft zu einem Anhängsel des Marktes verkomme (Polanyi 1944:140).

Sozialdemokratische Nationalstaaten, die sich in der Nachkriegszeit zu Wohlfahrtsstaaten entwickelt haben, wandeln sich seit den 1980er Jahren zu Markt-Staaten. Das Fundament der Markt-Staaten wurde in Großbritannien und in den USA von Thatcher und Reagan gelegt, aber erst ihre Nachfolger im Amt, der britische Premierminister Blair und der amerikanische Präsident Bush lassen sich als erste Staatsoberhäupter von Markt-Staaten bezeichnen. Markt-Staaten maximieren Chancen, indem sie Unternehmertum, Wettbewerb, Entwicklung von Humankapital und Steueranreize für Firmen begünstigen, bei gleichzeitiger Einführung von massiven Strafen für die Individuen – insbesondere durch die Bedrohung von Arbeitslosigkeit und den Verlust von wohlfahrtsstaatlichen Leistungen. Staaten, hier als institutionelle Strukturen definiert, mittels derer Regierungen Macht ausüben, sind keine neutralen Entitäten. Die Ideologien, Wert- und Glaubensvorstellungen derjenigen, die derzeitig einflussreiche Positionen bekleiden, wirken sich ebenso auf die institutionellen Strukturen aus als auch auf diejenigen, die in ihnen handeln. Kompetitive Markt-Staaten begünstigen keine Kooperation oder soziale und ethnische redistributive Gerechtigkeit. Die mit einer marktliberalen globalen Wirtschaft einhergehenden gesellschaftlichen und wirtschaftlichen Ungleichheiten, sowohl zwischen als auch innerhalb von Ländern, wurden seit den 1980er Jahren offenkundiger, auch für diejenigen, die Regierungen und Weltorganisationen beraten haben. Robert Reich, damals Wirtschaftsberater der Clinton-Regierung, gab 1991 zu bedenken, dass sich die Reichen und Gutverdienenden in ihre privaten Enklaven zurückziehen und nicht länger denselben gemeinschaftlich geteilten sozialen Raum bewohnen würden, wie die weniger erfolgreichen. Globale ökonomische Kräfte würden ihnen sogar größeren Reichtum bescheren, und die weniger qualifizierten niedrigeren Lebensstandards ausliefern. Reich stellte die wichtige Frage: „Was sind wir einander als Angehörige derselben Gesellschaft schuldig, die nicht länger in wirtschaftlicher Gemeinschaft lebt?" (Reich 1991: 340). Joseph Stiglitz, der frühere Chefökonom der Weltbank und Nobelpreisträger für Wirtschaftswissenschaft, behauptete, dass eine Mischung aus Ideologie und schlechter Wirtschaftstheorie das Denken innerhalb der Weltbank, des Internationalen Währungsfonds und der US-Notenbank beherrsche. Dies hat seiner Meinung nach zu Entscheidungen geführt, die nicht nur die Arbeitslosigkeit ansteigen, sondern auch globale und auch nationale Ungleichheiten sowie weitere soziale Probleme zunehmen ließen (Stiglitz 2002). Insbesondere hat er darauf hingewiesen, dass der Glaube und das Vertrauen in die Möglichkeiten nationaler Regierungen, bei der Schaffung neuer Arbeitsplätze sowie bei der effektiven Entwicklung von Humankapital überhaupt noch eine Rolle zu spielen, so gut wie nicht mehr vorhanden seien. 2004 räumte auch die Internationale Arbeitsorganisation ein, dass Globalisierung zu größeren sozialen und ökonomischen Unsicherheiten geführt habe; einer Problematik, der sich Regierungen stellen müssten, sollten stabilere und produktivere Gesellschaften hervorgebracht werden (ILO 2004).

In England stellte 1997 der frühere Börsenmakler und damalige Herausgeber der Zeitung The Observer, Will Hutton, fest, dass achtzehn Jahre Vertrauen auf die Prinzipien des freien Marktes und den Wettbewerb zwischen Individuen und Institutionen seitens der Konservativen zunehmende Ungleichheit produziert habe, was an sich eine Quelle ökonomischer Instabilität darstelle (Hutton 1997). Er war zuversichtlich, eine neue New Labor Regierung würde demokratischere Prinzipien wiederherstellen, auf der Grundlage von sozialer Gerechtigkeit und Kooperation. Indessen entpuppte sich die New Labor Regierung ebenso wie die vorherige konservative Regierung als Anhängerin des Wettbewerbs, der Deregulierung und des Postulats, dass Privatunternehmen öffentlichen Institutionen per se überlegen seien. John Gray, damals Professor für Politikwissenschaft an der Universität Oxford, wurde weitestgehend ignoriert, als er seine Untersuchungen zu den „falschen Verheißungen des globalen Kapitalismus" vorstellte. Vor allem kritisierte Gray die anglo-amerikanische These, dass freie Marktwirtschaften selbsterhaltende Systeme seien, die von den gesellschaftlichen und kulturellen Normen und Werten der sie umgebenden nationalen Gesellschaften getrennt werden könnten. Spätestens 2009 konnte Gray mit einigem Recht behaupten, dass sich das Kapital (oder: die Kapitalisten?) in der Tat ‚getäuscht' hatten. Die

Annahme, dass der globale wirtschaftliche Kollaps ausgeschlossen sei, hat sich als ebenso falsch erwiesen wie das Vertrauen in selbstregulierende Märkte und „kann nur im Kontext der absurd unrealistischen Weltsicht erklärt werden, die sich zwanzig Jahre nach dem Zusammenbruch des Kommunismus herausgebildet hatte" (Gray 2009: xii). Gray wies auch darauf hin, dass es in der gegenwärtigen Zeit des ‚zügellosen Kapitalismus' ebenfalls zum Wiederaufleben rechtskonservativer Politik kommen könnte, in der Migranten und Minderheiten zur Zielscheibe würden.

Die englische Politik zollte dem Soziologen Richard Sennett und seiner Kritik des ‚neuen Kapitalismus' etwas mehr Aufmerksamkeit (Sennett 2007). Sennett analysierte Veränderungen in globalen Wirtschaften, um zu zeigen, wie die Webersche Vorstellung einer protestantischen ‚Arbeitsethik' sich verändert hatte und nun ältere Einstellungen zu Handwerk und Leistung eine Abwertung erfuhren zugunsten neuerer Vorstellungen über mühelos zu erwerbende individuelle Talente und Qualifikationen und leicht nutzlos werdende Fertigkeiten. Obwohl Bevölkerungen insgesamt höhere Bildungsniveaus erreichten, hinge über professionell gebildeten und einfachen Handwerkern gleichermaßen ein ‚Schreckgespenst der Nutzlosigkeit', weil neue Formen des Kapitalismus sie alle überflüssig machen könnten. Sennett ging es insbesondere darum, auf folgenden Zusammenhang aufmerksam zu machen: Wenn Menschen unsicher sind, neigen sie dazu, ihre Ängste auf Ausländer und Eingewanderte zu projizieren und diese als Bedrohungen wahrzunehmen. Ähnlich wie Gray stellte auch Sennett fest, dass es in den meisten europäischen Ländern, einschließlich Deutschlands, eine kontinuierliche und immer wieder aufflackernde Feindseligkeit gegen Arbeitskräfte aus Migranten- oder Minderheitengruppen gäbe; obwohl in Deutschland wie in Großbritannien die Mehrzahl der Einwanderer Steuerzahler seien und die Arbeit erledigten, die die einheimischen Briten und Deutschen mieden, wie das Reinemachen in Krankenhäusern, Putzen oder Straßekehren (Sennett 2007: 131). Die Gewinner und Verlierer der Globalisierung wurden von Beck prägnant beschrieben; er wies darauf hin, dass die Widersprüche des „arbeitslosen Kapitalismus" (Beck 1998: 21) offenkundig seien, da die Manager ihre transnationalen Firmen nach Indien verlagerten und ihre nationalen Arbeitskräfte redundant machten, während sie gleichzeitig ihre Kinder auf öffentlich finanzierte europäische Universitäten schickten, wo sie wiederum auf das Leben als Manager in der globalen Wirtschaft vorbereitet würden (vgl. Beck 1998: 17). In Anlehnung und in Weiterführung dieser Idee hat Sklair (2001) eine transnationale kapitalistische Klasse beschrieben, deren Mitglieder die wichtigsten Akteure bei der Konstruktion einer globalen Wirtschaft seien. Es sind keine unsichtbaren Hände, die diese Ökonomie schafft: es gibt reale Menschen, die die großen Unternehmen, Medien, Banken und Finanzinstitutionen besitzen und kontrollieren, unterstützt von globalisierten Bürokraten, Technokraten, Politikern, Anwälten und anderen Professionellen, welche das Streben nach geschäftlichem Erfolg und Selbstbereicherung auf den Weltmärkten antreiben. Es lässt sich, analog zu den nationalen Strukturen sozialer Klassen, von einer globalen Klassenstruktur sprechen, in der qualifizierte und gebildete Eliten – in internationalen Eliteschulen und -universitäten – über den notwendigen Hintergrund und die Privilegien verfügen, die ihnen dauerhaft Arbeitsplätze und Wohlstand sichern und ihnen dadurch ermöglichen, diesen an ihre Kinder weiterzugeben. Weiter unten in der Beschäftigungskette sind die gut qualifizierten Gruppen, die sich entweder als neue Unternehmer oder auf befristeten Angestelltenstellen auf ihre eigenen Anstrengungen verlassen müssen. Einige von ihnen sind Migranten, haben sich möglicherweise in Ländern des globalen Südens für bestimmte Professionen qualifiziert und sind bereit für niedrigere Löhne zu arbeiten. Es gibt auch qualifizierte Gruppen in den Bereichen Dienstleistungen und routinisierte Arbeiten. In allen Ländern gibt es aber auch große Gruppen mit keiner oder nur geringer formaler Qualifikation, deren Chancen auf Beschäftigung von internationalen, nationalen und regionalen Kapitalströmen und politischen Rahmenbedingungen sowie von ihren eigenen Bemühungen abhängig sind.

2   Eine globale Wissensökonomie

Trotz des hegemonialen Glaubens an die Globalisierung üben die Nationalstaaten weiterhin eine zentrale Rolle bei der Bildungsplanung und der Intervention in ihre Ökonomien aus. Internationale Schulleistungsvergleiche, vor allem das Programme for International Student Assessment der OECD (PISA), schüren nationale Ängste und befördern internationale Konkurrenz. Überall auf der Welt wird Bildung weiterhin als Motor wirtschaftlichen Wachstums betrachtet, als „todsicherer Weg zu zukünftigem Wohlstand und Erfolg in der globalen Wirtschaft" (Wolf 2002: x). Jedoch ist es auch der Fall, dass weder nationale Regierungen noch Arbeitgeber oder Individuen in der Lage sind, sicher angeben zu können, welche Arten von Bildung und Qualifikationen in einer globalisierten Wirtschaft benötigt werden. Die klassisch-liberale Annahme, dass Bildung eine Investition darstellt, die die Erträge auf dem Arbeitsmarkt erhöht, erweist sich als zu einfach mit Blick auf Situationen, in denen ganze Arbeitsmärkte verschwinden, weil das Kapital abwandert oder in denen bestimmte Qualifikationen einfach überflüssig werden. Eine politische Antwort auf diese Situationen bestand darin, trotz großer Ungewissheiten und Unsicherheiten darauf zu bestehen, dass sich Arbeitnehmer permanent weiter qualifizieren müssen, um auf die nächste Beschäftigungsgelegenheit vorbereitet zu sein. Liegt nun aber die Verantwortung für die Steigerung ihres Humankapitals bei den Individuen, führt dies unweigerlich zu Konkurrenz zwischen Individuen und Familien um ‚die beste' Bildung und Ausbildung sowie zum Wettbewerb der Institutionen um die ‚besten' Schüler und Studierenden. Dies hat dazu geführt, dass in vielen Ländern prestigeträchtige Bildung zu einem rationierten, positionszuweisendem Gut geworden ist, das auf effektive Weise so viele potentielle Konkurrenten wie möglich exkludieren soll; dabei werden die Exkludierten anhand von Merkmalen wie Sozialschicht, ethnische Zugehörigkeit, Gender oder Behinderung definiert.

Die von den höheren Ebenen des Bildungs- und Ausbildungssystems ausgegrenzten Gruppen sind ebenso von der politischen Annahme betroffen, es gebe eine globale ‚Wissensökonomie'. Umfang des Wachstums und die Art dieser ‚Ökonomie' sind umstritten. Robinson (2000) definierte ‚wissensintensive Arbeit' als Nutzung konzeptueller und analytischer Fähigkeiten, sodass Individuen Informationen herausfiltern können, um damit ein Argument zu begründen oder ein Problem zu lösen. Dies war nicht gerade eine neue Einsicht. In den offiziellen politischen Dokumenten, die in den 1990er Jahren von allen großen politischen Parteien in Großbritannien verfasst wurden, findet sich mehrheitlich die Auffassung, Produktion und Verwertung von ‚Wissen' sei wesentlich für die Wohlstandsmehrung des Landes; die Konstruktion einer wissensbasierten Ökonomie wurde dabei zu einem entscheidenden politischen Ziel (DFEE 1996; DTI 1998). Premierminister Blair unterstützte die Aussage, dass Technologie, Information und höhere Wissensformen inzwischen wesentlich die physische Arbeitskraft, Fabriken und Maschinen ersetzt hätten. Dem lag die Annahme zugrunde, dass Rohstoffe und ein großer Pool kostengünstiger Arbeitskräfte zwar noch von Bedeutung seien, jedoch nur dann einen Wettbewerbsvorteil darstellten, wenn sie Mittel, Kreativität und höherstufige Intelligenz begünstigten. Die dominierende Sicht war, dass die Wirtschaft um wissensintensive Arbeit herum strukturiert ist; dabei haben Finanztransaktionen, Website-Entwickler, ICT-Consultants und die Kreativ-Industrie die traditionell wohlstandsbegründenden Kohle-, Stahl- und andere Fertigungsarbeiter ersetzt. Vor diesem Hintergrund wurde Wissen schnell zu einer marktfähigen Handelsware und Wissensarbeiter werden gegenüber Handwerkern und Facharbeitern höher geschätzt.

Obgleich alle Ökonomien von neuen Arbeitsformen beeinflusst wurden, angeregt vor allem von Entwicklungen im Bereich schneller Kommunikation und Technologie, haben sich Kritiker weiter mit der Frage beschäftigt, wie viele Menschen tatsächlich in der wissensbasierten Ökonomie beschäftigt werden können und wie stark sich die Strukturen des Beschäftigungssystems tatsächlich verändert haben (Keep/Mayhew 2000; Brown/Hesketh 2004). Die neuen Industriezweige und ihre Eigner schienen sich grundsätzlich nicht anders zu verhalten als die herkömmlicher Industrien und die ‚Wissensökonomie' hinterließ eine

Mehrheit der Arbeitsplätze in der alten Ökonomie. Bis ins Jahr 2007 zeigten die britischen Arbeitsmarktberichte, dass circa acht Millionen Menschen eine 'wissensintensive' Arbeit ausübten, einschließlich im Bank- und Finanzsektor, in der Versicherungsbranche, auf der höheren IT-Ebene, den Medien und den akademischen Professionen, einschließlich neuer Felder wie ,genetic engineering'. Dies bedeutete aber gleichzeitig, dass neunzehn Millionen Menschen, einschließlich einer steigenden Anzahl von Frauen, die teilzeitbeschäftigt waren, Arbeitsplätze innehatten, die große Ähnlichkeit mit der ,alten' Ökonomie aufwiesen. Neben einer zunehmenden Zahl von Selbständigen in kleinen Geschäften – die Zahl von Friseursalons nahm drastisch zu –, Verkaufsjobs via Telefon und Callcentern, war Personal in Kindertagesstätten, für Lehrtätigkeiten und Pflege, waren Autofahrer, Haushaltshilfen und Supermarktangestellte am meisten gefragt. Der größte Unterschied bestand darin, dass die Arbeitgeber zunehmend höhere Qualifizierungen verlangten, die früher nicht erforderlich waren. Dore (1976) beschrieb dies als ,Titelkrankheit' – ,Diploma Disease', bezog sich dabei jedoch auf Entwicklungsländer. Nun wurde das Phänomen in die Wirtschaftssysteme der entwickelten Länder eingeführt. Ein weiteres kam hinzu: Gleich wie ,wissensreich' die Arbeitskräfte sein mögen, Profite können immer durch Kürzungen erzielt werden. Thompson wies in einer stringenten Kritik am ganzen Konzept der ,Wissensökonomie' darauf hin, dass in der realen Welt solche Dinge wie Verkauf, Preise und Gewinne tendenziell an spezifische Bedingungen geknüpft sind; Wissen ist keine Ressource an sich, die von Land, Arbeit und Kapitel isoliert werden könnte (Thompson 2004: 13).

Nach den Ereignissen von 2008 holte die wirkliche Welt die Rhetorik ein, als die Arbeitskraft sowohl von hochqualifizierten als auch von Facharbeitern und ungelernten Arbeitnehmern zunehmend überflüssig wurde und die Besitzer von Land und Kapital ihr Bestes taten, um ihre eigenen Güter zu retten.

In einer Situation, in der freie Marktwirtschaften und ,Wissensökonomien' Arbeitgebern mehr Macht beschert haben, den Arbeitwilligen mehr Risiken anhafteten sowie wachsende Ungleichheiten in Bezug auf Arbeitsplatzsicherheit, Einkommen und Gesundheit hervorgebracht haben, ist die Position von Migranten- und Minderheitengruppen prekärer denn je. In Großbritannien haben eine Reihe nationaler, europäischer und internationaler Berichte auf die wachsende Kluft zwischen Armen und Reichen und zwischen Mehrheiten- und Minderheitengruppen hingewiesen; sie bestätigen die pessimistischen Schlussfolgerungen, dass soziale und auf andere Merkmale bezogene Gerechtigkeit, Gleichheit und ökonomische Redistribution Opfer von Wirtschaftpolitik geworden seien (Macinnes/Kenway/Parekh 2009). Die New Labour Regierung setzte nach 1997 den Prozess fort, der den auf eine Verbesserung des Wohlergehens aller Bürger bezogenen Wohlfahrtstaat in einen unternehmerischen Markt-Staat transformieren sollte. Obwohl sie argumentierte, dass durch ihre Politik viele arme Kinder, Frauen und ältere Menschen aus der Armut herausgeholt worden seien, haben von 2009 an die Labour als auch die Konservative Partei um Gesetzesvorschläge gewetteifert, die wohlfahrtsstaatliche Leistungen sowie die Unterstützung für Arbeitslose und Schlechtverdiener weiter kürzen sollen. Massenarbeitslosigkeit und Armut sind in Großbritannien nach wie vor vor allem in den urbanen Zentren verortet; hier leben zahlreiche Angehörige ethnischer Minderheiten, und hier kann das Insistieren auf den Besuch von Weiterbildungs- und Weiterqualifizierungsangeboten den Wegfall lokaler Arbeitsplätze nicht kompensieren. Im Laufe der letzten zwei Jahrzehnte sind über zwei Millionen Jobs im herstellenden Sektor in Städten, in denen sich Minderheiten konzentrieren, verschwunden, was wiederum gravierende Konsequenzen für Dienstleistungen, Verkauf und andere Geschäftszweige zeitigt. Die Arbeitslosigkeit unter Schwarzafrikanern, Afro-Karibischen, Pakistani, Bangladeshis, Somali und anderen Migrantengruppen liegt seit vielen Jahren wesentlich höher als unter ‚weißen' Arbeitnehmern (Labour Force Survey 2009).

Seit 1992 sind nach der freien Bewegung von Arbeitskräften zwischen Ländern der Europäischen Union viele Wirtschaftsmigranten aus Polen und anderen osteuropäischen Ländern eingewandert. Diese nahmen, wie bereits die früheren Migranten aus den Kolonien, diejenigen Jobs, die die ‚britischen Arbeiter' nicht wollten, vor allem in der Landwirtschaft und in den Dienstleistungen. Wie frühere Migranten sind Osteuropäer schnell Zielscheibe ausländerfeindlicher Behauptungen geworden, ‚sie' würden ‚unsere' Jobs, Häuser und Sozialleistungen wegnehmen.

3 Bildung und Ausbildung in England

In England[2] haben sich seit den 1970er Jahren alle aufeinander folgenden Regierungen der Vorstellung angeschlossen, dass die Verbesserung der Leistung vom Kindergarten bis zur Hochschule sowie die Inklusion so vieler Menschen als möglich in eine Fülle von sich ständig verändernden Qualifizierungs- und Weiterbildungsprogrammen zum Nutzen der nationalen Ökonomie gereichen würde. Ab den 1980er Jahren herrschte die Annahme vor, dass dies nur geschehen könnte, wenn das Bildungssystem einer Reihe von wettbewerbsorientierten marktwirtschaftlichen Reformen unterzogen würde – dabei sollten Schulen, Hochschu-

---

2 Die dokumentierten Bildungspolitiken beziehen sich vor allem auf England. Wales hat die Kontrolle über sein Bildungssystem nach den Dezentralisierungsmaßnahmen (devolution) 1999 übernommen; Schottland und Nordirland kontrollieren ihre Bildungssysteme seit 1999.

len und Universitäten um Schüler und Studenten konkurrieren und ihre Operationen sollten stärker unternehmensorientiert entlang von Managerialismus, Zielorientierung und ‚accountability' vonstatten gehen. Zudem sollte sich mehr Privatisierung von Bildungsdienstleistungen und weniger Kontrolle seitens der demokratisch gewählten lokalen Behörden durchsetzen (siehe: Tomlinson 2005; Ball 2009).

Seit 1945 hatten alle Kinder Anspruch auf ein Minimum nicht-selektiver Beschulung von sechs Jahren, dann sollten sie, auf der Basis von Testergebnissen, im Alter von elf Jahren an eine ‚Grammar School' oder eine der wenigen technischen Schulen übergehen, wobei die meisten an eine ‚secondary modern school' wechseln sollten, die sie im Alter von 15 (ab 1973 16 Jahren) mit einem Abschluss verließen. Verhaltensauffällige oder Kinder mit Lernschwierigkeiten wurden von Sonderschulen aufgenommen. In den 1960er Jahren wurden – in Übereinstimmung mit anderen Regierungen in entwickelten Ländern, mit der Ausnahme Deutschlands, wo jedes Bundesland ein selektives System aufrechterhielt – nicht-selektive Gesamtschulen eingeführt, wenngleich verbunden mit inneren Differenzierungen, wie der Einrichtung von Leistungsklassen und mit Kursen, die unterschiedlichen Leistungs- und Begabungsniveaus entsprechen sollten. Obwohl sich in den 1990er Jahren ca. 90% der SchülerInnen in Gesamtschulen befanden, übten die verbliebenen 164 ‚Grammar Schools' einen großen Einfluss auf die Aufnahmeraten in den 500 Gesamtschulen aus, da Eltern heftig um einen Platz in einer der ‚Grammar Schools' konkurrierten. Etwa 7% der SchülerInnen, zumeist aus der Mittel- oder der oberen Mittelklasse, besuchte eine Privatschule, im Endeffekt machten sie ca. 26% derjenigen aus, die eine A-level Prüfung ablegten und anschließend eine Universität besuchten – sie nahmen etwa die Hälfte der Studienplätze in den beiden renommiertesten Universitäten für sich in Anspruch. Die Lehrpläne der Gesamtschule blieben weitestgehend akademisch orientiert, berufsbildende Kurse wurden meist als Kurse für die weniger Leistungsfähigen angesehen. Sowohl Primar- als auch Sekundarschulen schlossen konfessionelle Schulen mit ein, die vom Staat mitfinanziert wurden. Seit dem Jahr 2000 werden 23% der SchülerInnen in konfessionellen Schulen ausgebildet, dabei werden insbesondere anglikanische Schulen zu vorwiegend ‚weißen' Enklaven.

Über zwei Jahrzehnte hinweg wurde ein komplexes Gefüge von Schulen geschaffen. Seit 1988 gibt es eine ‚Elternschulwahl', in Wirklichkeit beinhaltet diese aber nur das Recht, eine Vorliebe für eine Schule zu äußern. Es wurde von den Schulen verlangt, dass sie ihre Evaluationsergebnisse veröffentlichen, und die Medien ergriffen die Gelegenheit, diese in Form von Fußballliga-Tabellen zu präsentieren. Die Finanzierung der Schule wurde abhängig von der Zahl eingeschriebener SchülerInnen gemacht, was die Schulen in verstärkte Konkurrenzsituationen brachte – sowohl hinsichtlich der Anzahl der SchülerInnen als auch hinsichtlich ihrer voraussichtlichen Fähigkeit, eine Evaluationsprüfung positiv zu beeinflussen. Dahinter verbarg sich die Idee, dass kleine, schlecht besuchte und unbeliebte Schulen schließen würden. In Wirklichkeit führte die Politik der Schulwahl aber dazu, dass mehr weiße Kinder aus der Mittelklasse aus den Schulen in den Innenstädten geflüchtet sind; in diesen Vierteln blieben dann nur solche Schulen übrig, die Kinder aus Arbeitermilieus, Kinder ethnischer Minderheiten, Kinder mit Englisch als Zweitsprache und Kinder mit sonderpädagogischem Förderbedarf aufnahmen.

Obwohl ihnen die Schließung als ‚mangelhafte Schulen' drohte, blieben die meisten bestehen und nahmen einen Platz in der Hierarchie von beliebten und weniger beliebten Schulen ein. Seit 1998 dürfen Schulen als Stiftungen organisiert werden, entweder in der Form: freiwillig unterstützt (voluntarily aided) oder als Gemeindeschulen; diese beiden Typen können über ihre Finanzierung und Aufnahmeverfahren selbst entscheiden. Ein neuer Schultyp – die ‚Academies' – wurde im Jahr 2000 geschaffen und von Tony Blair enthusiastisch unterstützt. Die Academies sind semi-privatisierte Schulen, die direkt von der Regierung finanziert werden; sie sind von Sponsoren, die Aufnahme, Personal und Curriculum kontrollieren können, jedoch nicht von den lokalen Behörden abhängig. Den Academies folgten die ‚Trust' Schulen, die wiederum einen neuen Typus von Schulen repräsentieren, die nicht der lokalen Kompetenz unterliegen. Seit 2008 sind unter den Sponsoren Banken, Speditionsmagnaten, Fußball-Clubs und Sportagenturen, Privatschulen und Universitäten, die größten Sponsoren sind religiöse Individuen oder Gruppierungen. Spätestens seit 2009 hatte sich ein hierarchisches Schulsystem etabliert, das entweder als Beispiel von ‚Diversität' begrüßt oder als Exempel ungerechter, undemokratischer Prozesse kritisiert wurde, das dazu führen würde, dass einige junge Menschen ihre Schulbildung in stigmatisierten Schulen erhielten. Der zunehmenden Verbreitung von konfessionellen Schulen wurde ebenfalls nachgesagt, dass sie gesellschaftliche und ethnische Spaltungsprozesse verschärfen würden. Die konservative Schattenregierung versprach im Jahr 2009, die elterliche Kompetenz bei der Gestaltung der Schulen zu erweitern – eine am schwedischen Modell orientierte Maßnahme. Nicht thematisiert wurde dabei, dass diese Initiative die sozialen Spaltungen verschärft hat.

4   Das Leben nach der Schule

Die Zukunft junger Menschen nach der Schulzeit wird in Großbritannien, wie auch in anderen europäischen Ländern, aufgrund der Auswirkungen einer globalen Wirtschaft, einer marktwirtschaftlichen Wettbewerbspolitik und der Konkurrenz zwischen Bildungsinstitutionen immer prekärer. In England ist die Beteiligung Jugendlicher, die älter als sechzehn Jahre sind, an Bildungs- und Ausbildungsprogrammen niedriger als in den meisten anderen europäischen Ländern. Die Frage, wer denn an der ‚lernenden Gesellschaft' beteiligt werden soll, für die sich die Regierung gegenwärtig einsetzt, ist also sehr berechtigt (Macrae/Maguire/Ball, 1997). Auch für diejenigen, die eine Zugangsberechtigung zur Universität erhielten – ca. 40% eines Jahrgangs zu Beginn des Jahrtausends – ist die Zukunft nicht nur rosig. Sie mussten nun Studiengebühren bezahlen und Kredite aufnehmen, um ihren Lebensunterhalt zu bestreiten, was bedeutet, dass die Studierenden am Ende ihres Studiums mit hohen Schulden dastanden. Schnell entwickelte sich eine Hierarchie der Universitäten, die alten traditionsreichen oben, die ‚neuen' Universitäten – die ehemaligen Polytechnics und Colleges of Higher Education – weiter unten auf der Rangliste. Die Arbeitgeber, insbesondere diejenigen in multinationalen Unternehmen, bemühten sich um Absolventen der ‚alten' Universitäten.

Die Mehrheit der Jugendlichen, die keine akademische Ausbildung absolvierten, nahm an Kursen oder Ausbildungen an einem der Colleges zur Weiterbildung teil. Hintergrund war nicht zuletzt, dass die Zahl der betrieblichen Ausbildungsplätze seit den 1980er Jahren kontinuierlich gesunken war. Die konservative Regierung förderte jedoch seit 1994 die Einrichtung ‚moderner' Ausbildungsplätze, und die New Labour versuchte die Arbeitgeber für eine weitere Verstärkung dieser Form der Ausbildung zu interessieren, mit der Behauptung, dass dadurch im Jahr 2020 250.000 Ausbildungsplätze in Partnerschaft mit Arbeitgebern, lokalen Behörden und Weiterbildungsinstitutionen zur Verfügung stünden. Dieser politischen Strategie stand jedoch bis 2010 entgegen, dass Sechzehnjährige das Recht hatten, Schule oder Lehre zu verlassen, einen Job anzunehmen oder Arbeitslosenhilfe zu beantragen. Fast eine Million Jugendlicher befand sich zu dieser Zeit weder in Bildung, Ausbildung oder in einem Beschäftigungsverhältnis (sog. NEETS), was die Regierung zu einer Gesetzgebungsmaßnahme veranlasste, die besagte, dass alle Jugendliche bis 2013 bis zum 17. Lebensjahr und 2015 bis zum 18. Lebensjahr an Bildung oder Ausbildung teilnehmen müssen. Insgesamt lässt sich sagen, dass die Kurse und Abschlüsse der Jugendlichen zwischen 14 und 19 Jahren im Laufe der letzten dreißig Jahre umfassend und aufwändig verändert und reformiert wurden (siehe Tomlinson 1997; Atkins 2009), da die Regierungen sich um eine kohärente politische Strategie über die am besten geeigneten Kurse für diejenigen bemühten, die nicht an einer akademischen Ausbildung teilnahmen. Seit 2008 sollen Jugendliche die Möglichkeit haben, sich mit berufsfeldorientierten Abschlüssen – die auf unterschiedlichen Niveaus in Schulen oder in Weiterbildungsinstitutionen erworben werden können – auf die Berufswelt vorzubereiten. Es war daran gedacht, bis zum Jahr 2013 insgesamt 17 Fachrichtungen auf drei Niveaus anzubieten. Darüber hinaus sollten Grundkurse für diejenigen mit schwachen Leistungen und mit sonderpädagogischem Bedarf angeboten werden, um so anerkannte Qualifikationen auf niedrigen Stufen bereit zu stellen. Die diversen Ausbildungs- und Bildungsgänge sollten nützliche Fertigkeiten und Qualifikationen in Englisch, ICT und Mathematik einschließen. Die geplanten Initiativen waren mit der Schaffung neuer Tätigkeitsfelder für akademische Professionelle verbunden; so wurden Berater für das Programm zur Anhebung des Beteiligungsalters ‚Raising the Participation Age' (RPA) bei den lokalen Behörden eingestellt, und bis zum Jahr 2009 wurden in elf Regionen RPA-Pilotprojekte gestartet. Der zuständige Minister für die Reformen und Ausbildungen für die 14- und 19-Jährigen behauptete, dass es sowohl für die wirtschaftliche Wettbewerbsfähigkeit Großbritanniens als auch für die persönliche Leistung und Zufriedenheit junger Menschen absolut notwendig sei, dass die Jugendlichen bis zum 18. Lebensjahr an Bildung und Ausbildung teilnähmen. […] die Zahl der Jugendlichen in Bildung und Ausbildung zu erhöhen sei ein soziales und wirtschaftliches Gebot (Hinds 2009: 2). Die Forderungen beseitigten jegliche Notwendigkeit, Jugendlichen Sozialleistungen zu zahlen, obwohl ihre Kosten für Bildung und Ausbildung gestiegen waren, und blockierten die Möglichkeit von Arbeitgebern auf 16-Jährige zurückzugreifen, um sie auf Mindestlohnniveau zu beschäftigen. 2009 bestätigte Atkins in ihrer Studie über TeilnehmerInnen von Niedriglevel-Kursen in zwei Weiterbildungs-Colleges, dass das, was Tomlinson (1997: 10) zwölf Jahre zuvor geschrieben hatte, noch immer zutreffend sei: dass die über sechzehn-jährigen Jugendlichen in einem hoch stratifizierten und hierarchischen System (aus)gebildet würden, in dem sich erfolgreiche, renommierte Institutionen die leistungsstärksten SchülerInnen aussuchen könnten, während andere die weniger begehrten, erfolglosen Schüler aufnehmen müssten, denen nur die Berufsausbildungskurse blieben (Atkins 2009: 7). Weiterbildungs-Colleges sind die Hauptinstitutionen für postsekundäre Bildung und Ausbildung, die von einer Mehrheit von SchülerInnen aus ethnischen Minderheiten in Großbritannien besucht werden; die Erfahrung der Colleges zeigt, dass es die Eltern und SchülerInnen der Minderheiten sind, die am meisten auf sozialen Aufstieg bedacht sind und auch mit den Kursen auf niedrigem Niveau hohe Erwartungen verbinden. Atkins stellte fest, dass viele der angebotenen Kurstypen der Berufsbildung, die auf junge Leute bestimmten sozialen Hintergrunds zugeschnitten waren, zu schlecht bezahlten und gering qualifizierten Jobs führten und gleichzeitig die illusionäre Hoffnung auf Chancengleichheit aufrecht erhielten (Atkins 2009: 117).

5 „Rassische" und ethnische Benachteiligungen

Es wurde immer deutlicher, dass in den nationalen Schulsystemen Benachteiligungen fortbestehen und neue Formen der Exklusion rassischer und ethnischer Minderheiten entstehen, was sich auf ihre Partizipationsmöglichkeiten in einer globalen Wirtschaft auswirkt. In allen westlichen Ländern gibt es einige Mitglieder von Minderheiten, die wirtschaftlichen Erfolg genießen und Teil der Elitegruppen werden, manchmal werden sie gar Teil der transnationalen kapitalistischen Klasse. Dies trifft besonders für diejenigen zu, die für sich in Anspruch nehmen, in einer Diaspora zu leben und ihre eigenen globalen Netzwerke bilden. Ihre Strebsamkeit und Motivationen führen zum Erwerb von guten Bildungszertifikaten und ermöglichen es ihnen, Teil einer wachsenden Mittelschicht zu werden. Allerdings bleibt die Mehrheit derjenigen, die als „rassische" oder ethnische Minderheit wahrgenommen werden, Teil der offiziell ‚Armen', lebt weiterhin in Gegenden mit hoher Arbeitslosigkeit und kämpft um Bildung und Bildungszertifikate, die auf dem Arbeitsmarkt zumindest eine Chance eröffnen, eine Beschäftigung zu finden. Eine Schlussfolgerung Teunissens lautete 1992, dass

"In all European Community member states (…) [a]lmost always ethnic minority groups do less well in the education system. They leave school earlier, drop out more often and obtain lower exam qualifications. (…) In countries with selective systems of secondary education, children from ethnic minorities are found predominantly in lower streams, lower-status schools, shorter vocational courses (…) and often over-represented in special education" (Teunissen 1992: 88).

In einer erweiterten EU war dies 2009 immer noch der Fall, obwohl die von den unterschiedlichen ethnischen Minderheiten in den verschiedenen Ländern erfahrenen Benachteiligungen sich voneinander unterschieden. In Großbritannien waren es immer noch Jugendliche afrikanischer, afro-karibischer, pakistanischer und bangladeschischer Herkunft, die, zusammen mit einigen anderen neuer Migrantengruppen, als wenig leistungsfähig und/oder als problematisch für das Schulsystem angesehen werden (Tomlinson 2008). In Deutschland haben SchülerInnen mit Migrationshintergrund – einschließlich türkischer Kinder der zweiten oder dritten Generation, besonders kurdische Türken, Aussiedler aus der ehemaligen Sowjetunion und Flüchtlinge aus neuen Krisengebieten – große Schwierigkeiten, gute schulische Leistungen zu erzielen (Radtke 2003; Luchtenberg 2009). In Spanien werden Sinti und Roma und Migranten aus Nordafrika als besonders problematisch für die Schule angesehen (Odina 2009). Wider-

sprüchliche Politiken und begrenzte und unterschiedliche Forschungslagen erschweren die Analyse der Benachteiligungen von Minderheiten in der EU. Einerseits benötigen moderne Ökonomien nicht länger eine große Zahl ungelernter
Arbeitskräfte, andererseits aber führt die demographische Entwicklung einer
alternden europäischen Bevölkerung zu einer Debatte über die Notwendigkeit
der Beschäftigung von mehr Arbeitsmigranten. Zwar sehen die europäischen
Regierungen den Bedarf, Bildung und Ausbildung von sozialen und ethnischen
Gruppen stärker zu fördern, aber sie schaffen zugleich marktorientierte Schulsysteme, die viele der Minderheiten zugehörigen SchülerInnen ausschließen. So
werden sie in Kursen mit niedrigem Niveau platziert, weiterhin stereotypisierend
als Leistungsschwache angesehen, mit Hilfe 'nationaler Lehrpläne' unterrichtet,
die dem Hintergrund der Zugewanderten nicht gerecht werden, und ihnen Barrieren im Erwerb von Zertifikaten auferlegt usw. – alles Umstände, die zu unglei-
cher Behandlung von Minderheiten führen. In europäischen und nordamerikani-
schen Ländern werden urbane Minderheiten oftmals als unzufrieden ('Nullbock')
und kriminell abgestempelt; und die Politiken, die Armut und soziale Exklusion
beseitigen sollen, basieren stärker auf den historischen Ängsten vor der urbanen
Unterschicht als auf sozialer Gerechtigkeit oder Redistribution von Arbeit und
Wohlstand. Drohungen und Angriffe islamischer Fundamentalisten befördern in
vielen Ländern rassistische und fremdenfeindliche Reaktionen und beeinflussen
die Bildungsmöglichkeiten einer großen Zahl friedvoller muslimischer Bürge-
rInnen.

6 „Rassische" Benachteiligung in Großbritannien

Bildung und Erziehung bleiben weiterhin wesentliche Elemente einer erfolgreichen Integration von Jugendlichen aus Minderheitengruppen in die sozioökonomische Struktur der britischen Gesellschaft; das System nutzt jedoch eine Rhetorik von Meritokratie und Chancengleichheit, um eine Realität von wachsenden
Ungleichheiten zu kaschieren. Die Schaffung eines Bildungsmarktes, der zu
einer komplexen Hierarchie von mehr oder weniger begehrenswerten Schulen
und Universitäten geführt hat, lenkte den überwiegenden Teil der Minderheitenkinder in berufsbildungsorientierte Niedrigniveau- oder Auffangkurse, in Weiterbildungsinstitutionen, an wenig renommierte Universitäten oder gleich in den
Niedriglohnsektor des Beschäftigungssystems und auch in die Arbeitslosigkeit.
Ursprünglich ließen sich die Angehörigen von Minderheiten aufgrund der Ar-
beitsmarktlage in den urbanen Zentren nieder; dies erwies sich für diejenigen als
Nachteil, die nicht um- oder wegziehen konnten und sich dem Vorwurf der Segregation ausgesetzt sahen (Cantle 2001). Während die Eltern von Minderheiten-

kindern auf den sozialen Aufstieg ihrer Kinder bedacht sind (Tomlinson 2009), ist es klar, dass die ungleiche Verteilung von ökonomischem, sozialem und kulturellem Kapital zu ungleichen Chancen für die verschiedenen sozialen Schichten und Minderheitengruppen im Wettbewerb um höhere Qualifikationen und Beschäftigung führt. Migranten- und Minderheitenkinder, vor allem jene karibischer Herkunft, litten lange Zeit unter der Annahme, dass sie ‚gleich sein müssten um gleich behandelt zu werden'; einige Gruppen, insbesondere aus Teilen von Indien, Ostafrika und Ostasien, waren besser positioniert, um Ungleichheiten überwinden und gute Leistung im Bildungssystem erzielen zu können. So setzten sich einerseits alte Themen hinsichtlich der Auswirkung auf die Bildung, Beschäftigung und den Status von Minderheiten fort oder es sind neue entstanden. Es gibt wichtige ungelöste Fragen darüber, ob diejenigen, die als „rassische" oder ethnische Minderheiten wahrgenommen werden, gleiche Rechte in allen gesellschaftlichen Institutionen erfahren und welche Form eine demokratische, multikulturelle Gesellschaft annimmt. In Großbritannien werden diese Fragen zusätzlich dadurch verschärft, dass das Land noch immer die Folgen des Endes des Imperiums bearbeitet und die Beziehung zur Europäischen Union unklar ist. Angesichts dieser Lage ist es unvermeidbar, dass – zusätzlich zum kruden „Rassismus", der dem Erbe der Kolonialzeit zuzurechnen ist – die Inkorporation von Minderheiten auch Fragen nach einer gemeinsamen nationalen Identität und einer multikulturellen Gesellschaft aufwerfen.

Der größte Nachteil für die Minderheiten waren die negativen, defensiven und widersprüchlichen Politiken der zentralen Regierung, die sich auf „rassische" und „ethnische" Minderheiten bezogen und die oftmals feindliche persönliche Haltung gegenüber Migranten aus den ehemaligen Kolonien seitens derjenigen in Machtpositionen. Obwohl viele Schulen, LehrerInnen, lokale Behörden und andere im Laufe der Jahre ernsthaft darum bemüht waren, Kinder gerecht in das Bildungssystem zu integrieren, erschwerte dies das politische Klima. Die Politik ermutigte und begünstigte zwar die Arbeitsmigration, gleichzeitig wurden aber Einwanderungskontrollgesetze verabschiedet, wodurch wiederum die Dominanz eines allgemein antagonistischen öffentlichen Klimas befördert wurde. Die gewählten politischen Maßnahmen wurden von fremdenfeindlichen und rassistischen Reaktionen seitens der einheimischen Bevölkerung, von Ängsten vor sozialen Unruhen, und letztendlich auch von Handlungen einiger extremistischer islamischer Gruppen beeinflusst. Es war immer ein Widerspruch in sich, dass das Bildungssystem als ein Mittel für die gerechte Integration und soziale Kohäsion präsentiert wurde, während die Regierungen wenig taten, der einwandererfeindlichen medialen Rhetorik und öffentlicher Feindseligkeit gegenüber denjenigen, die als ‚nicht Weiße' wahrgenommen werden, entgegenzuwirken. Die Wohnviertel der Minderheiten, hauptsächlich in Städten, haben ebenfalls zu schwerwiegenden Benachteiligungen geführt. Der frühen arbeitsbedingten Niederlassung in diesen Vierteln, wo die Kinder schlecht ausgestattete Schulen vor Ort besuchten, folgte die Ansiedlung nach Wahl oder defensiver Zurückhaltung, ‚white flight‘, restriktiver Wohnortverordnungen und später das Verschwinden der meisten Arbeitsplätze, was zu wachsender Segregation in Armutsvierteln führte. Im Laufe der Jahre gab es zunehmenden Wegzug der aufstrebenden Minderheiten der Mittelschicht hin zu Vororten; in einigen der neubesiedelten Minderheitenvierteln haben die Menschen im Hinblick auf Bildung und Beschäftigung bereits Fortschritte gemacht. Die Stadt Leicester, eine wahre multikulturelle Stadt (mit 44% ‚christlichen weißen‘ SchülerInnen, die Übrigen zu gleichen Teilen Hindu, Muslime und andere) hat in Bezug auf Beschäftigung und eine gute lokale Wirtschaft erfolgreiche Strategien entwickelt. Allerdings, so Wimmer (1997), nehmen einheimische Gruppen, insbesondere die weniger erfolgreichen, jegliche ‚nicht Weiße‘ und Einwanderer als illegitime Mitbewerber um Wohnraum, Jobs und (soziale) Leistungen wahr und dies verstärkt Rassismen. Dies trifft mit Sicherheit auf Großbritannien zu, wo der stetige Zuwachs der faschistischen British National Party (BNP) fremdenfeindliche Haltungen weiter verstärkt hat.

Eine weitere Benachteiligung für Minderheiten stellte auch die wiederholte Behauptung dar, sie seien einfach Teil eines benachteiligten Sektors der Gesellschaft. Dies trifft in dem Maße zu, dass Minderheiten sich in jenen Gebieten niedergelassen haben, in denen die Bevölkerungen hinsichtlich Löhnen, Beschäftigung und Wohnbedingungen benachteiligt waren. Diese Behauptung berücksichtigt aber keineswegs Fremdenfeindlichkeit und Rassismus in allen sozialen Schichten. Minderheiten als Teil der Benachteiligten zu betrachten, stellte weitestgehend einen Versuch dar, die fremdenfeindlichen Anschuldigungen der weißen Arbeiterschicht, die Minderheiten nähmen zusätzliche Ressourcen in Anspruch, abzumildern. Die Strategie ging nicht auf, da die weiße Arbeiterklasse weiterhin annahm, Minderheiten würden eine Sonderbehandlung erhalten. Jenseits einiger Zuschüsse für die lokalen Bildungsbehörden (in letzter Zeit ein ‚ethnic minority achievement grant‘) gab es wenige Maßnahmen für die faire Integration von Migranten, sei es die Integration der Menschen von früheren Migrationswellen oder aus neueren Schüben europäischer Einwanderer, von Flüchtlingen und Asylsuchenden.

Im Bildungsbereich waren es immer schwarze Kinder aus der Karibik und einigen Teilen Afrikas, die am meisten benachteiligt waren. Niedrige Erwartungen seitens der Lehrer und Überrepräsentation schwarzer Kinder in Sonderschulen und bei Schulausschlüssen haben weiterhin Auswirkungen auf die Leistungen dieser Gruppen; die Medien betonten fortdauernd die Kriminalität und Gewalt unter Schwarzen. Die Debatte geht weiter, ob Schulen, ‚peer pressure‘,

Familienstrukturen oder andere Faktoren zu niedrigen Leistungen führen, und ob schwarze Jungen durch mehr Unterstützung bildungserfolgreicher würden (Sewell 2009). Im allgemeinen gilt jedoch, dass die Wahrnehmung als ‚männlicher Schwarzer' post-koloniale, angelsächsische und nationalistische Überlegenheitsvorstellungen ins Spiel bringt, die seit langem unser Erbe sind. In England halten die Regierungen die Leistungen von chinesischen und indischen Kindern hoch als Minderheiten mit ‚Modellcharakter,' aber diese Leistungen sind stark mit sozialer Schicht verknüpft, sie hängen aber auch mit der Beachtung zusammen, die dem Englischen als Zweitsprache gegeben wird sowie mit Zweitsprach- und stärker strukturierten Unterrichtsformen. Die sichtbarste Benachteiligung für alle Minderheitenkinder ist seit Jahren die minimale Vorbereitung des Lehrpersonals auf eine multiethnische Gesellschaft. Obwohl seit den 1960er Jahren viele Lehrer, Berater von Kommunalbehörden, Schulinspektoren, und andere den Versuch unternahmen, positiv auf die Integration von Minderheitenkindern in der Schule zu wirken, und obwohl im Laufe der letzten zwei Jahrzehnte eine kompetentere Lehrerschaft mit Unterstützung der Gewerkschaften ausgebildet wurde, macht sich im Allgemeinen ab den 1980er Jahren eine Entwertung der Lehrarbeit und Lehrkompetenz breit. Dies vermischte sich mit Angriffen des rechten Flügels auf multikulturelle, antirassistische oder Gleichstellungsprogramme und führte zum Verschwinden vieler universitäts- oder kommunal-basierter Fortbildungsprogramme. Seit den späten 1990er Jahren hat die Gesetzgebung zu „Rasse"beziehungen (racial relations) und Menschenrechten Bildungsinstitutionen dazu ermuntert, Fragen der „Rassen"gleichheit stärker zu berücksichtigen, aber für viele war dies kein vordergründiges Thema. Das Fehlen einer nationalen Strategie, das Lehrpersonal auf eine Gesellschaft vorzubereiten, die ernsthafte rassische, ethnische und religiöse Konflikte durchlebt und von zunehmenden Migrationsbewegungen, globaler Kommunikation und einem globalen Arbeitsmarkt gekennzeichnet ist, stellt ein schwerwiegendes Versäumnis dar.

Literatur

Atkins. L. (2009): Invisible Students: Impossible Dreams. Stoke-on-Trent: Trentham Books

Ball, S. J. (2009): The Education Debate. Bristol. The Polity Press

Banks, J. (Hrsg.) (2009): The Routledge International Companion to Multicultural Education. New York/London: Routledge

Beck, U. (1998): Was ist Globalisierung? Frankfurt am Main: Suhrkamp

Brown, G. (2010): Interview. BBC. Television. London (2/1/2010)

Brown, P./Hesketh, A. (2004): Playing to Win: managing employability in the knowledge economy. Oxford: Oxford University Press

Cantle Report (2001): Community Cohesion: Review of the independent review team. London: The Home Office

Cassidy, A. (2009): How Markets Fail. London: Allen

DFEE (1996): Learning to Compete: education and training for 14-19 year olds. London: Department for Education and Employment

Dikotter, F. (1992): The Discourse of Race in Modern China. Hong Kong: Hong Kong University Press

DTI (1998): Our Competitive Future: Building a Knowledge-based Economy. London: Department of Trade and Industry

Dore, R. (1976): The Diploma Disease. London: Allen and Unwin

Fürstenau, S./Gomolla, M. (Hrsg.) (2009): Migration und Schulischer Wandel: Elternbeteiligung. Wiesbaden: VS Verlag für Sozialwissenschaften

Gray, J. (2009): False dawn: The Delusions of Global Capitalism. 2. Aufl., London: Granta Publications

Hinds, D. (2009): "The Social Imperative" in Learning for Longer Education. In: Guardian in Association with the Department for Children, Schools and Families, 15/12/09

Hutton, W. (1997): The State to Come. London: Vintage Books

ILO (2004): Economic Security for a Better World. Geneva: ILO

Keep, E./Mayhew, K. (2000): Towards the knowledge-driven economy. In: Renewal, Vol. 7, No. 4. 2000. 50-59

Labour Force Survey (2009): London. Office of National Statistics

Luchtenberg, S. (2009): Migrant minority groups in Germany: success and failure in education". In: Banks, J. (2009): 463-473

Macrae, S./Maguire, M./Ball, S. J. (1997): Whose 'learning society'? A tentative deconstruction. In: Journal of Education Policy. Vol. 12, No. 6. 1997. 499-509

Macinnes, T./Kenway, P./Parekh, A. (2009): Monitoring Poverty and Social Exclusion 2009. York: Joseph Rowntree Foundation

Odina, T. A. (2009): The Education of ethnic, racial and cultural minority groups in Spain. In: Banks, J. (2009): 474-485

Polanyi, K. (1944): The Great Transformation. The political and economic origins of our times. Boston: Beacon Press

PISA (2005): Programme for International Student Assessment (PISA). Paris: Organisation for Economic Cooperation and Development

Radtke, F. O. (2003): Multiculturalism in Germany: Local Management of Immigrant's Social Inclusion. In: International Journal on Multicultural Societies, Vol. 5. No. 1. 2003. 55-76

Reich, R. (1991): The Work of Nations. New York: Simon and Schuster

Reid, E./Reich, H. (Hrsg.) (1992): Breaking the Boundaries. Migrant Workers Children in the EU. Clevedon: Multilingual Matters

Robertson, D. (Hrsg.) (2000): The Knowledge Economy. London: Routledge

Robinson, P. (2000): Measuring the Knowledge Economy. In: Robertson, D. (2000): 293-306

Sennett, R. (2007): Die Kultur des neuen Kapitalismus. Berlin: BTV

Sewell, T. (2009): Generating Genius. Stoke-on-Trent: Trentham Books

Sklair, L. (2001): The Transnational Capitalist Class. Oxford: Blackwell

Stiglitz, J. (2002): Globalization and its Discontents. London: Penguin Books

Teunissen, F. (1992): Equality of Opportunity for Children of Ethnic Minority Communities. In: Reid et al. (1992): 88-111

Thompson, P. (2004): Skating on Thin Ice: The Knowledge Economy Myth. Glasgow: The University of Strathclyde

Tomlinson, S. (1997): Education 14-19: Critical Perspectives. London: Athlone Press

Tomlinson, S. (2005): Education in a Post-Welfare Society. Berkshire: Open University Press/McGraw-Hill

Tomlinson, S. (2008): Race and Education: Polity and politics in Britain Berkshire. Open University Press/McGraw-Hill

Tomlinson, S. (2009): Eltern und bildungspolitische Dynamik in Großbritannien. In: Fürstenau et al. (2009): 161-180

Wimmer, A. (1997): Explaining xenophobia and racism: a critical review of current research approaches. In: Racial and Ethnic Studies, Vol. 2. 1997. 17-42

Wolf, A. (2002): Does Education Matter? London: Penguin Books

Educational Governance und Regimetheorie

Die Emergenz eines Internationalen Bildungsregimes

Marcelo Parreira do Amaral

1 Einleitung

Das Konzept ‚Governance' ist dabei, sich in bildungspolitischen Analysen zu etablieren. Das Konzept basiert auf einem zentralen Perspektivwechsel in den unterschiedlichen Dimensionen bildungspolitischer Analyse: Formulierung, Koordination und Implementierung von bildungspolitischen Maßnahmen. Dieser Perspektivwechsel betrifft zum einen die Analyseeinheiten von Bildungspolitik; eine bislang stark staatszentristische Perspektive wird durch eine Mehrebenenperspektive ersetzt, in der die internationale Dimension von Anfang an mit in den Blick genommen wird. Der Wechsel betrifft aber zudem auch die Akteurstypen, ihre Interaktionsmuster sowie die Instrumente und Mechanismen der Interdependenzbewältigung. Im vorliegenden Beitrag wird der analytische Ansatz der Governance mit der verwandten Theorie internationaler Regime in Zusammenhang gebracht und diskutiert. Vor dem Hintergrund der bildungspolitischen Entwicklungen der letzten Jahre stellt der vorliegende Beitrag fest, dass es in den letzten Jahren zu einem deutlichen Wandel in der politischen Gestaltung von Bildung und Erziehung gekommen ist. Dieser Wandel betrifft dabei alle drei in der englischen Sprache unterschiedenen Dimensionen des Politikbegriffes – die institutionelle, die inhaltliche und die prozessuale Dimension von Bildungspolitik (vgl. Reuter 2002). Dabei wird nicht nur deutlich, dass die an der Bildungspolitik beteiligten Akteure außerordentlich heterogen und zahlreich sind, sondern auch, dass die in den Prozessen zum Tragen kommenden Instrumente und Mechanismen des Agenda-Setting, der Formulierung, der Diffusion (und Einflussnahme) sowie der Implementierung vielgestaltig sind und sich nicht immer sofort als solche zu erkennen geben. Diese inter- und transnationale Einflussnahme trifft zudem auf länderspezifische institutionelle Filter, d. h. auf nationale, subnationale und lokale Strukturen und Systeme, wodurch die Komplexität zusätzlich beträchtlich erhöht wird.

Die Suche nach einem geeigneten theoretischen Instrument für die Erfassung dieses Wandels und seiner Implikationen für Bildung und Erziehung im Allgemeinen und für die Bildungspolitik im Besonderen erweist sich als schwieriges Unterfangen. Benötigt wird ein theoretisches Instrument, mit dem der globale, institutionelle Charakter dieser Veränderungen erfasst werden kann und das zugleich nicht den Blick für konkrete Akteure und konkrete Mechanismen und Instrumente versperrt, wie es etwa durch Anonymisierung und Verlagerung auf eine hoch abstrakte ‚Weltgesellschaft', ‚Globalisierung' usw. oftmals geschieht. Zu den einschlägigen vorliegenden Erklärungen für die aktuellen bildungspolitischen Veränderungen zählen solche, die auf die veränderten Anforderungen und die daraus resultierenden staatlichen Reaktionen verweisen (vgl. Kussau/Brüsemeister 2007b: 17; Daun 2005: 93). Während die sich vervielfachenden und verändernden Anforderungen an Bildungssysteme sicherlich nicht zu bestreiten sind, scheint die Frage berechtigt, ob und inwieweit diese „Reaktion" von der „Angebotsseite" bedingt ist; d. h., es ist zu prüfen, wie das Angebot an Erklärungen, Lösungen, Reformprogrammen seitens der internationalen Akteure die nationalen Präferenzen orientiert (siehe hierzu: Finnemore 1996). Dazu soll das Konzept ‚Internationales Regime' genutzt werden (siehe auch den Beitrag von Steiner-Khamsi in diesem Band).

Der vorliegende Beitrag unternimmt also den Versuch, mithilfe des politikwissenschaftlichen Konzepts ‚Internationales Regime' ein heuristisches Instrument für die Analysen von Bildungspolitik zu Beginn des 21. Jahrhunderts zu entwickeln. Mit der Adaption eines Konzeptes aus den Internationalen Beziehungen soll jedoch nicht versucht werden, die Komplexität in diesem Politikfeld durch ein alles erklärendes einheitliches Konzept zu unterschlagen; vielmehr geht es um die Entwicklung einer Heuristik, welche die vielfältigen Bestandteile ordnet und unter Zuhilfenahme weiterer Konzepte (hier aus der Governance-Forschung) für empirische Analysen fruchtbar macht.

Es wird also von einem internationalen Bildungsregime ausgegangen, das hier als Ergebnis der Dynamik verstanden wird, welche aus der Emergenz neuer bildungspolitischer *Akteure,* aus *institutionalisierten Prinzipien und Normen* sowie *neuer sozialer Kontexte* resultiert. Inter- und supranationale Akteure (unter anderen die EU, die OECD, die Weltbank) haben in diesem Kontext maßgeblich zur Institutionalisierung von bestimmten Rationalitätsprinzipien und -normen (u. a. Effektivität, Effizienz, evidenzbasierte Forschung und Politik) im Bildungsbereich sowie von prozessualen Mechanismen und Instrumenten in der Formulierung von Bildungspolitik beigetragen. Im Kontext des globalen Wettbewerbs der „Wissensgesellschaften" bzw. der „wissensbasierten Ökonomien" scheinen die international kursierenden Reformprogramme alternativlos geworden zu sein.

Der folgende Abschnitt geht kurz auf die gegenwärtigen internationalen bildungspolitischen Diskussionen um Bildungspolitik ein und reißt die oben angesprochenen Veränderungen an. Abschnitt 3 diskutiert den theoretischen Hintergrund des hier präsentierten Internationalen Bildungsregimes; dabei geht es vor allem um den soziologischen Neoinstitutionalismus und um das Governance-Konzept. Im Anschluss daran werden die Regimetheorie zur Sprache gebracht und zentrale Kennzeichen des ‚Internationalen Bildungsregimes' präsentiert, wobei zudem Emergenz und Institutionalisierung des Bildungsregimes thematisiert werden. Schließlich erörtert der letzte Abschnitt aus erziehungswissenschaftlicher Perspektive die möglichen Folgen dieser „bestimmte[n] Form der Lenkung, Steuerung, Regierung oder der Kontrolle" (Radtke 2006: 46).[1]

2 Veränderungen in den Dimensionen der Bildungspolitik

Bildungspolitik gilt traditionell als Innenpolitik (domestic policy), in Deutschland dazu als Länderpolitik, die im Rahmen des deutschen Bildungsföderalismus formuliert und implementiert wird (Wolf 2006). Der aktuelle Wandel, der diese Beschreibung als nicht länger hinreichend erscheinen lässt, kann mit der in der englischen Sprache geläufigen Unterscheidung von drei Dimensionen des Politikbegriffes veranschaulicht werden: es geht um Veränderungen in der institutionellen Dimension (‚polity'); in der inhaltlichen Dimension (‚policy') sowie in der prozessualen Dimension (‚politics') (vgl. Reuter 2002). In der institutionellen Dimension sind Fragen nach Handlungszuständigkeiten und -kompetenzen, die meistens auf territorial definierten Ebenen (Nationalstaat, Bundesland oder Bundesstaat) geregelt sind, sowie Fragen nach den Durchsetzungsregeln von Entscheidungen angesprochen. Hinsichtlich dieser Dimension wird die Einheit ‚Nationalstaat' problematisiert, denn es sind neue Einheiten entstanden, welche einen maßgeblichen Einfluss auf Bildungspolitik ausüben (supranationale/regionale Organisationen wie beispielsweise die EU). Die Konsequenzen aus dieser neueren Entwicklung für die nationale Bildungspolitik sind weitreichend: blieb früher der Einfluss dieser Akteure auf die sog. ‚Entwicklungsländer' beschränkt, so üben sie mittlerweile erheblichen Einfluss auch auf die Industriestaaten aus (vgl. McNeely 1995). In diesem Zusammenhang lässt sich außerdem feststellen, dass Bildungspolitik in ‚neuen Arenen' stattfindet, denen verschiedene Ressourcen zur Durchsetzung von Entscheidungen zur Verfügung stehen (vgl. Mitter 2006; Dale/Robertson 2002; Ioannidou 2007). In der inhaltlichen Dimension werden bildungspolitische Programme und Reformen, deren Aufgaben und

---

1 Die hier angestellten Überlegungen gehen auf meine Dissertation zurück, die unter anderem von Frank-Olaf Radtke angeregt und intensiv betreut wurde. Seine zahlreichen Arbeiten zum Thema der gegenwärtigen Transformationen im Bildungsbereich stellten dabei einen wesentlichen Beitrag zu meinem Verständnis der Größe und Tiefe der Veränderungen sowie deren Relevanz und Implikationen für die erziehungswissenschaftliche und pädagogische Arbeit dar.

Ziele verhandelt; hierzu verweisen viele Autoren auf eine internationale Konvergenz der Bildungspolitik auf bestimmte ‚Policy'-Optionen – Dezentralisierung/Zentralisierung, evidenz-basierte Forschung oder Schlüsselkompetenzen und Standards sind Beispiele hierfür (vgl. Wiseman/Baker 2005; Gvirtz/Beech 2007). Die *prozessuale Dimension* zeitigt ebenfalls signifikante Veränderungen. Auf dieser Ebene „geht es um Erscheinungsformen der Politik wie Interessen und Konflikte und ihre Merkmale, z. B. Macht, Ressourcen oder Kompromiss" (Reuter 2002: 170).

Mit dem Begriff der Educational Governance werden Fragen nach den neuen Gestaltungs- und Steuerungsformen im Bildungsbereich diskutiert, wobei die staatlich hierarchische Steuerung als eine Form gesehen wird, ergänzt durch andere Formen der Handlungskoordination (Verhandlung, Wettbewerb etc.) sowie auch durch andere, nicht zuletzt auch private, Akteure (vgl. Altrichter et al. 2007; Soguel/Jaccard 2008). Die Forderung nach einer ‚evidenzbasierten' Bildungspolitik deutet ebenfalls auf eine wichtige Veränderung auf dieser Ebene hin.

3 Theoretische Perspektive und Analytische Konzepte

Der vorliegende Ansatz des internationalen Bildungsregimes verortet sich im theoretischen Rahmen des soziologischen Neoinstitutionalismus und des World Polity-Ansatzes. Übernommen werden zudem Konzepte und Kategorien der Governance-Forschung, die mit der Regimetheorie in Verbindung gebracht werden.

Die sich zum Teil stark voneinander unterscheidenden am *soziologischen Neo-Institutionalismus* orientierenden Arbeiten lassen sich nur schwerlich als eine einheitliche Theorie beschreiben. Klaus Türk (2004: 925ff.) hat für die Beschreibung des Neo-Institutionalismus eine Heuristik entwickelt, die zwischen drei Perspektiven der institutionalistischen Forschung differenziert: *Erstens* geht es um Analysen, in denen Organisationen (intern) als ‚Institutionen', d. h., als ‚institutionalisierte Organisationen' beschrieben und analysiert werden (Meyer/Rowan 1978). In dieser Perspektive dienen Organisationen der Routinisierung und Tradierung von Wissensbeständen, Werten und Normen, die als Handlungs- und Entscheidungsorientierung zur Verfügung stehen (‚blueprint for action'); daher können sie als ‚Institutionen' beschrieben werden (Zucker 1983). *Zweitens* sind Arbeiten zu finden, die Organisationen im Kontext einer institutionalisierten Umwelt analysieren (Meyer/Rowan 1977; DiMaggio/Powell 1983). In dieser Analyseebene (nach Türk ‚umweltbezogener Institutionalismus') werden die Wirkungen der Umwelt bzw. des ‚organisationalen Umfeldes' auf die Strukturen und Praxis von Organisationen untersucht. Zentraler Aspekt dieser Arbeiten sind Untersuchungen zu den dabei entstehenden isomorphischen Strukturen. *Drittens* sind Arbeiten entstanden, die in einer makrosoziologischen bzw. makrophänomenologischen Theorietradition stehen und die Klaus Türk als ‚gesellschaftstheoretischen Institutionalismus‘ bezeichnet hat. Hiermit ist das Forschungsprogramm der ‚World Polity‘ angesprochen (Meyer et al. 1997). In diesem Forschungsstrang geht es um die weltweite Diffusion von in der westlichen Welt entstandenen, kulturell institutionalisierten grundlegenden Deutungsmustern, wie beispielsweise Vorstellungen über Fairness, universalisierte Gerechtigkeit, Zweckrationalität, Individualität, Kosmopolitanismus etc., die durch ihre globale Verbreitung Prozesse gesellschaftlicher Angleichung zu einer Weltgesellschaft vorantreiben. Dieser gesellschaftliche Konstitutionsprozess vollzieht sich von der Makro- auf die Mikroebene (top-down) und bringt drei Typen von legitimen Akteuren hervor: das Individuum, die formalisierte Organisation und den Nationalstaat (Thomas et al. 1987). Diese sind sowohl Ergebnis des Konstitutionsprozesses als auch Diffusionsagenten der ‚World Polity‘ (in dem sie sich den Vorstellungen entsprechend verhalten). Meyer formuliert im Hinblick auf den Nationalstaat – dasselbe gilt jedoch auch für die anderen Akteurstypen – folgende Aussage: Diese Weltkultur ist „ein Bündel kognitiver Modelle, die definieren, über welche Merkmale, Zwecke, Ressourcen, Technologien, Steuerungsinstrumente und Souveränität ein ordentlicher Nationalstaat zu verfügen hat.“ (Meyer 2005: 133) Die ‚world polity‘ ersetzt mithin einen in der realen Welt fehlenden ‚Weltstaat‘, der die Regelung einer Weltordnung auf der globalen, jenseits der Souveränität des Nationalstaates liegenden Ebene übernehmen kann. Mit ‚world polity‘ sind dann global institutionalisierte, allgemein gültige und universalisierte ‚Skripte‘ gemeint, die wie eine Weltordnung das Handeln der Akteure orientieren/steuern/regulieren. Die ‚world polity‘ besteht jedoch nicht lediglich aus Nationalstaaten, wie das in den Politikwissenschaft übliche Konzept des ‚internationalen Systems‘, sondern umfasst vielmehr sowohl nationalstaatliche als auch nicht-staatliche Akteure wie IOs und NROs bzw. INROs (vgl. Boli/Thomas 1999; Drori et al. 2006).

Mit Blick auf den hier interessierenden Gegenstand lässt sich Folgendes festhalten: Aus der Perspektive des soziologischen Neoinstitutionalismus bzw. der World Polity-Forschung werden primär kognitive Aspekte des sozialen Lebens betont: als ‚Institutionen‘ beschriebene Wissensbestände, Werte und Normen, die als Handlungs- und Entscheidungsorientierung zur Verfügung stehen – ‚blueprints for action‘. Des Weiteren wird der Blick auf die institutionalisierte Umwelt formaler Organisationen gelenkt, die sich auf die Strukturen und Praxis von Organisationen auswirken und zu Konvergenzen bzw. institutionellen Veränderungen führen. Schließlich wird der Fokus auf Diffusionsprozesse und deren

Agenten gelenkt. Dabei sind insbesondere formale Organisationen – für die hier zur Diskussion stehende Fragestellung insb. trans-, supra- und internationale (Regierungs- wie Nicht-Regierungs-) Organisationen – als besonders bedeutsame Katalysatoren und Transmissionen bei der Diffusion von weltkulturellen Prinzipien anzusehen (Drori et al. 2006; Boli/Thomas 1999).

Gegenüber dem soziologischen Neoinstitutionalismus bzw. der World Polity-Forschung erweist sich die unten weiter auszuführende Regimetheorie als Korrektiv einer meines Erachtens zu starken Fokussierung auf universalisierte Skripte einer akteurslosen Weltkultur. Im Rahmen dieser Forschungen wird zwar auf die wesentliche Rolle von Akteursnetzwerken – in Form von IOs, INGOs u. ä. – hingewiesen, da diese maßgeblich an der Verbreitung weltkultureller Prinzipien beteiligt sind; die Prinzipien selbst sind jedoch letztlich von Akteuren unabhängig und sind quasi „ortlos". Vor diesem Hintergrund erweist sich die Suche nach den konkreten Verantwortlichkeiten für bildungspolitische Programme bzw. für ihre – beabsichtigten wie unbeabsichtigten – Folgen alles andere als einfach.

Der Begriff *Governance* hat sich in vielen sozialwissenschaftlichen Disziplinen als „interdisziplinärer Verbundbegriff" oder „Brückenbegriff" durchgesetzt (vgl. Schuppert 2006: 373). Dabei gibt es nicht die eine Definition des Konzepts; Governance wird vielmehr zur Beschreibung unterschiedlicher Formen und Facetten des Regierens verwendet (vgl. Benz 2004). „Governance" verklammert die verschiedenen Fachdiskussionen zu Formen der kollektiven Entscheidungsfindung und -durchsetzung in der Politik-, in der Rechts- und Verwaltungswissenschaft, in der Soziologie und seit einiger Zeit auch in der Erziehungswissenschaft; dabei wird auf eine bedeutsame Akzentverschiebung hingewiesen, die interdisziplinär relevant ist: „nämlich von der Akteurszentriertheit zur Betonung von Regelungsstrukturen" (Schuppert 2006: 374).

In der Beschreibung sowie Analyse von (Bildungs-) Politik setzt sich Governance mittlerweile ebenfalls als Schlüsselkonzept durch (Chhotray/Stoker 2009). Die Hinwendung zum Begriff Governance und den damit bezeichneten Phänomenen ging mit wichtigen Veränderungen im Bildungsbereich einher. Die diesbezügliche Governance-Forschung lässt sich unter drei thematischen Gesichtspunkten ordnen: Sie betreffen insbesondere die Steuerungsmodi, neue Formen der Erbringung und Distribution von Bildungsdienstleistungen sowie das Aufkommen neuer – vornehmlich inter- und transnationaler – Akteure in der Gestaltung der Bildungspolitik.

Aus der Forschung zu Governance im Bildungsbereich können viele Einsichten gewonnen werden, die sich in Kombination mit der Regimetheorie als fruchtbar erweisen. So stellen die Kategorien der Educational Governance-Forschung wichtige Hilfen dar, mit denen das Feld der Internationalen Bildungspolitik analysiert werden kann: Bildungspolitik wird in einem *Mehrebenensystem* formuliert und implementiert, in dem viele *Akteure und Akteurskonstellationen* mit unterschiedlichen *Verhandlungs- und Steuerungskapazitäten* und unterschiedlichen *Handlungslogiken* tätig sind. Auch die *Instrumente der Koordination* von Bildungspolitik nehmen verschiedene Formen an (siehe u. a. Kussau/Brüsemeister 2007: 26-44). Die deutschsprachige Educational Governance-Forschung hat bereits wichtige Beiträge zu diesen Aspekten geliefert, sie hat allerdings die internationale Dimension bislang nicht systematisch berücksichtigt.

Es lassen sich mindestens vier Elemente ausmachen, die wichtige Schnittstellen von Governance und Regimetheorie darstellen: *Erstens*, geht es bei beiden um formale sowie informale Regeln, nach denen ein Problem bearbeitet/gelöst werden soll, z. B. in der Bildungspolitik. *Zweitens*, werden Entscheidungen kollektiv in einem Umfeld pluraler Akteure und Organisationen getroffen, die auf verschiedenen Ebenen verortet sein können. Dabei werden Fragen nach gegenseitiger Einflussnahme und Kontrolle relevant. *Drittens*, müssen in Entscheidungsfindungsprozessen Kompetenzen und Rechenschaftspflichten geregelt werden. Diese Prozesse finden auf allen Ebenen statt, also sowohl auf der Makro- als auch der Mikroebene. *Viertens*, bezieht sich Governance auf das ‚Fehlen' einer alles steuernden und kontrollierenden Instanz, somit stellt die Regimetheorie ebenfalls den Versuch dar, Kooperation im (anarchischen) internationalen System zu erklären. Macht und Zwang stehen nicht allen Beteiligten im gleichen Maße zur Verfügung, vielmehr wird durch Verhandlung, Einflussnahme und ähnliches interagiert. Schließlich teilt Governance ihren Gegenstand mit der hier zu diskutierenden Regimetheorie. Bei beiden analytischen Zugängen geht es um Vorstellungen darüber, wie das soziale Handeln unterschiedlicher Akteure koordiniert wird; dabei werden diese Akteure als mehr oder weniger autonom und zugleich als interdependent betrachtet. In jedem Fall sind sie jedoch in der Lage, sich wechselseitig zu beeinflussen. Wird Governance nicht normativ verstanden, so lässt sich mithilfe unterschiedlicher Theorietypen der Forschungsgegenstand ‚Internationale Bildungspolitik' untersuchen; dieser Gebrauch von Theorie meidet jegliche Dogmatik und versucht, so weit wie möglich und sinnvoll, die Vorzüge unterschiedlicher theoretischer Konzeptionen zu nutzen. Diese theoretische Anschlussfähigkeit macht für Benz et al. die Stärke der Governance-Perspektive aus (2007: 20).

Im folgenden Abschnitt wird auf die Regimetheorie eingegangen; des Weiteren werden die zentralen Kennzeichen des Internationalen Bildungsregimes vorgestellt.

4 Internationale Regimetheorie und die Emergenz eines ‚Internationalen Bildungsregimes'

In den aktuellen erziehungswissenschaftlichen Diskussionen wird der Regimebegriff scheinbar gerade wegen seiner Ambivalenz in sehr unterschiedlichen Zusammenhängen benutzt, wie im Fall einer bestimmten Form der Steuerung, das „Governance-Regime" (vgl. Kussau/Brüsemeister 2007b: 41ff.), oder mit eher pejorativen Untertönen bei der Forschungspolitik (z. B. das „Regime der Drittmittel und Kennziffern" vgl. Münch 2007: 73ff.).[2] Die hier angestellten Ausführungen beziehen sich ausschließlich auf die politikwissenschaftliche Diskussion.

In der Politikwissenschaft hat sich der Fachterminus ‚Internationale Regime' für die Kennzeichnung von internationalen Institutionen erst ab den 1970er Jahren eingebürgert. Es ging damals darum, Kooperation in einem als ‚anarchisch' beschriebenen internationalen System zu erklären. Das heißt, vor dem Hintergrund des Fehlens eines Hegemonen oder eines ‚Weltstaates' sollten Bedingungen und Formen von Kooperationsbeziehungen zwischen Wettbewerbern erklärt werden. Für Internationale Regimes typische Merkmale sind u. a. Rollengeflechte, konvergierende Erwartungen der Regimemitglieder an das Regime, dauerhafte Ordnungselemente und Sanktionen (Müller 1993: 26f.). Eine erste, konsensuelle Definition nach Krasner (1983)[3] wurde von Levy et al. modifiziert und ergänzt:

> "[...] we suggest defining international regimes as social institutions consisting of agreed upon principles, norms, rules, procedures and programs that govern the interactions of actors in specific issue areas" (1995: 274).

Die erziehungswissenschaftliche Nutzung des Konzeptes geschieht nicht ohne notwendige Adaptionen und Spezifizierungen, auf die hier nicht eingegangen werden kann (siehe hierzu Parreira do Amaral 2007, 2010 i. Vorb.). An dieser Stelle sei lediglich auf einige der wichtigsten Adaptionen hingewiesen. So wurde

---

2   Zu weiteren Verwendungen siehe: Parreira do Amaral 2007. In der amerikanischen Forschung zu Bildungspolitik wird der Regimebegriff ebenfalls verwendet. Dort geht es vor dem Hintergrund der stark ausgeprägten Dezentralisierung des Bildungsbereichs um die „informal arrangements that surround and complement the formal workings of governmental authority" (Stone 1989: 3; siehe auch: Shipps 2008 sowie die Literatur darin), insbesondere in urbanen Zentren, daher die Bezeichnung ‚Urban Regimes' oder ‚Urban Regime Theory'.

3   Internationale Regimes lassen sich definieren als "implicit or explicit principles, norms, rules, and decision-making procedures around which actors' expectations converge in a given area of international relations. Principles are beliefs of fact, causation, and rectitude. Norms are standards of behavior defined in terms of rights and obligations. Rules are specific prescriptions or proscriptions for action. Decision-making procedures are prevailing practices for making and implementing collective choice." (Krasner 1983: 2)

der stark staatszentrische Fokus der Regimetheorie zugunsten des Einbezugs weiterer als wichtig erachteten Akteure (IROs, INROs, etc.) aufgegeben, ohne dass die Rolle von Nationalstaaten vernachlässigt wird, zumal Bildungspolitik immer noch Ergebnis nationaler politischer Prozesse ist – dennoch muss der Rolle von nicht-staatlichen Akteuren (insbesondere IOs) größere Aufmerksamkeit geschenkt werden, denn sie haben eine herausragende Bedeutung für die Bildung der Präferenzen und Formulierung der nationalen Interessen (vgl. Finnemore 1996). Diese Akteure sind jedoch keine ‚egoistischen Nutzen-Maximierer', wie rationalistische Theorien meinen; sie sind vielmehr selbst durch universalisierte Skripte konstituiert und in ein Geflecht kognitiv-kultureller Muster eingebettet, die ihr Handeln ermöglichen, orientieren, aber auch begrenzen. Zudem wird eine Perspektive eingenommen, welche unterschiedliche theoretische Ansätze zu Regimes (vgl. Parreira do Amaral 2007: 167ff.) synthetisiert bei gleichzeitiger Beibehaltung einer kognitiven (institutionalistischen) Perspektive. Eine institutionalistische Perspektive, die aufmerksam die unterschiedlichen Macht- und Interessendifferentiale der Akteure berücksichtigt, scheint meines Erachtens am besten geeignet, erziehungswissenschaftliche Analysen der internationalen Bildungspolitik voranzutreiben. Es wird also von einem starken Institutionalisierungsgrad von Regimen ausgegangen, in welchem alle drei zentralen Variablen – Macht, Interesse und Wissen – relevant werden können. In Übereinstimmung mit einer kognitiven Perspektive wird der hohe Grad von Interdependenz zwischen den Akteuren sowie ihr geteiltes Wissen (Kognition, Ideen, Lernen, Normen etc.) betont.

Im Hinblick auf die Entstehung von Regimen kann festgehalten werden, dass Regime nicht zwingend (durch ‚negotiation' oder ‚imposition') geschaffen werden müssen, sie können ebenso gut durch ‚self-generation' Prozesse, d. h. durch die Konvergenz der Erwartungsstrukturen der Teilnehmer zustande kommen (vgl. Levy et al. 1995: 281). Dies scheint der Fall im Bereich der Bildungspolitik zu sein. Internationale Regimes entstehen bzw. werden geschaffen, um die Interaktionen ihrer Mitglieder (IOs, Staaten, NGOs, etc.) in einem bestimmten Politikfeld zu orientieren; sie sind daher als Institutionen anzusehen, die das Handeln in einer sozialen Praxis leiten. Diese können auf unterschiedlichen Wegen zustande kommen. Es lässt sich darüber streiten, ob ein ‚Regimebedarf' im Bildungsbereich besteht, der aufgrund hoher internationaler Interdependenz zwangsläufig zu einem ‚kooperativen Spiel' führt, wie das im Wirtschafts- und Handelsbereich der Fall war (vgl. Müller 1993: 54ff.). Vielmehr scheinen andere Faktoren eine größere Rolle zu spielen: die intensivierte transnationale Zusammenarbeit von Wissenschaftlern und Wissenschaftlerinnen und anderer Bildungsexperten, der regelmäßige Austausch von Informationen (Statistiken, Vergleichsstudien, Rankings, etc.) sowie die explosionsartige Verbreitung von ‚konsensualem Wissen' über Bildung, über ihre Funktionen und Beiträge in modernen Gesellschaften und Formen der Produktion und Steuerung (Governance).

Die hohe Konvergenz der Erwartungen des im Entstehen begriffenen Internationalen Bildungsregimes zeigt einen Prozess der Selbstgenerierung des Regimes an. Die Akteure können sich an dieser sozialen Praxis mehr oder weniger bewusst an der Schaffung einer solchen sozialen Institution beteiligen. Der intensive Austausch von Informationen über Bildung und zwischen den Mitgliedern des Regimes verfestigt diesen Prozess noch. Die Koordination dieses Austausches setzt eine Dynamik in Gang, die die Elemente des Regimes institutionalisiert, d. h. sie werden ab einem bestimmten Zeitpunkt nicht mehr hinterfragt; sie werden, so die Neoinstitutionalisten, 'taken for granted'. Neben Selbstgenerierung durch Konvergenz der Erwartungen (durch Institutionalisierung geteilter Prinzipien und Normen, gegenseitige Anpassung usw.) können zwei weitere Prozesse eine wichtige Rolle im Entstehungsprozess des Internationalen Bildungsregimes spielen: Verhandlung und Zwang (negotiation und imposition). Diese Prozesse können jedoch immer nur jeweils am empirischen Material, d. h. an konkreten Fällen, untersucht werden.

Die Zahl der an internationalen Aktivitäten beteiligten (nationalen wie internationalen) Regierungs- wie Nicht-Regierungsorganisationen sowie die in internationalen Bildungskonferenzen verabschiedeten Dokumente und Empfehlungen fördern ebenfalls die Angleichung der Erwartungen der Mitglieder des Internationalen Bildungsregimes.

Inhaltsanalysen einiger Schlüsseldokumente (offizielle Dokumente, Berichte, etc.) von IOs sowie anderen Akteuren auf der nationalstaatlichen Ebene zeigt eine – zumindest programmatische – internationale Konvergenz der Erwartungen im Bildungsbereich. Hinsichtlich der entsprechenden Inhalte der Aktivitäten von IOs wird deutlich, dass der Fokus auf ökonomische Aspekte gelegt wird: Bildung und Erziehung sind insbesondere in der Nachkriegszeit zu Schlüsselfaktoren in der wirtschaftlichen Entwicklung geworden. Es zeigt sich ebenfalls eine internationale Konvergenz hinsichtlich zentraler Maßnahmen und Programme: Dezentralisierung/Schulautonomie, lebenslanges Lernen, zentralisiertes Curriculum auf der Grundlage von 'Schlüsselkompetenzen', zentrale (und externe) Evaluationssysteme und 'Performanzkontrolle' sowie professionalisierte Lehrerbildung, um nur einige Beispiele zu nennen.

Auch die Methoden und Verfahren der Begründung und Legitimation von Bildungspolitik[4] werden inzwischen in überraschender Weise stark vereinseitigt und konvergieren auf die Formel 'evidence-based research'. Dies soll einerseits

---

4   Vgl. Radtke für eine konzise Diskussion dreier notwendiger Elemente in der Legitimation von pädagogischen und politischen Interventionen: „demokratischer, expertokratischer und berufsethischer Legitimationen" (2009b: 111).

Bildungspolitik ‚entideologisieren', andererseits den Beitrag der Bildungsforschung systematisieren, kumulieren, und daher zu einer besseren Entscheidungsbasis führen.

Die oben genannten Entwicklungen fördern nicht nur eine weitere Konvergenz der Erwartungen der Beteiligten in diesem Politikfeld. Darüber hinaus enthalten sie formale wie informale Elemente sowie mehr oder weniger konkrete Vorstellungen über prozessuale Verfahren der Zielerreichung. Nach der Zwei-Dimensionen-Matrix von Levy et al. (1995: 272) wird das hier definierte Internationale Bildungsregime als ein ‚tacit regime' klassifiziert, also ein IR, das einen niedrigen Grad an Formalisierung aufweist und einen hohen Grad der Erwartungskonvergenz zeigt.

4.1   Zwischenfazit: Kennzeichnen des Internationalen Bildungsregimes

Das Internationale Bildungsregime wird als Ergebnis der Konfiguration von zahlreichen und vielfältigen Akteuren, von kognitiven Elementen sowie von institutionalisierten Regelsystemen beschrieben. Es geht also um eine soziale Institution, welche aus der Interaktion von Akteuren (Regimemitglieder) entstanden ist und aus formalen wie informalen Prinzipien, Normen, Regeln und Prozeduren besteht.

In Hinblick auf die *Akteure* bzw. *Mitglieder* des Internationalen Bildungsregimes, hat sich herausgestellt, dass in den vergangenen zwei Jahrzehnten Bildungspolitik zu einer der Kernaktivitäten von internationalen Regierungs- sowie Nicht-Regierungsorganisationen aufgestiegen ist. Diese Organisationen haben sich sowohl quantitativ als auch qualitativ verändert und üben heute maßgeblichen Einfluss auf bildungspolitische Entscheidungen aus. Der Nationalstaat muss eines der zentralen Elemente seiner Autonomie und Souveränität mit diesen Akteuren teilen: seine „nationalstaatliche Bildungssouveränität" (Mitter 2006). Diese IOs sind Akteure mit der Fähigkeit zum Agenda-Setting, zur Formulierung von eigenständigen Zielen und, in manchen Bereichen, zur begrenzten Durchsetzung der formulierten Ziele vis-à-vis den Nationalstaaten. Auch wenn sie oft nur über indirekte Mittel für die Durchsetzung von Entscheidungen verfügen, sind sie als einflussreiche, wenn auch bei weitem nicht die einzigen, Akteure anzusehen.

Im Laufe der letzten Jahrhunderte haben sich weltweit universalisierte *Prinzipien* – kognitive Muster – verbreitet, die heute als Basis für das Denken über Bildung und Erziehung dienen. Es etablierte sich ein Grundkonsens über das Prinzip der ‚perfectibilité' des Menschen, seine Fähigkeit und sein Bedürfnis zu lernen; zudem werden Bildung und Erziehung in modernen Gesellschaften als Grundlage für Existenzsicherung schlechthin angesehen, d. h. von Bildung hängt das soziale, kulturelle und ökonomische Leben einer Gesellschaft ab. Bildung wurde zudem als Menschen- und Bürgerrecht anerkannt und ist zur allgemeinen *Norm* geworden. In den vergangenen Jahren haben sich einige organisatorische Merkmale als *Regel* etabliert – wie z. B. die Nicht-Diskriminierung aufgrund geschlechtlicher, konfessioneller, ethnischer oder sonstiger Merkmale sowie die Idee einer meritokratischen Organisation von Schule. Fragen nach Qualität und Qualitätssicherung erfahren weltweit zunehmende Aufmerksamkeit und bilden die Grundlage für rege internationale Interaktion zwischen den Akteuren. Mit diesen Regeln zusammenhängend sind Fragen nach operativen *Prozeduren* für die Arbeit im Bildungsbereich, z. B. die Professionalisierung des Lehrerberufs, staatliche Zulassungsverfahren für Lehrbücher sowie die staatliche Anerkennung von Abschlussprüfungen etc. Hinzu kommt ein Konsens über die Grundlagen für die Formulierung und Legitimation von Bildungspolitik; diese sollen nunmehr ‚evidenz-basiert' sein, sie dienen als Methode und Verfahren der Begründung und Legitimation von Bildungspolitik.

Mit Bezug auf *institutionalisierte Regelsysteme* lassen sich drei Formen der Governance im Internationalen Bildungsregime ausmachen: Erstens, das *Agenda-Setting*. Es bezieht sich auf die Fähigkeit von bestimmten Akteuren, neue Themen zu lancieren und mit bestimmten Inhalten zu füllen. Empirische Untersuchungen hierzu müssen daher sowohl die Prozesse als auch die Inhalte dieser Form der Governance im Internationalen Bildungsregime berücksichtigen. *Koordination* wird als weiterer Mechanismus der Governance identifiziert und bezieht sich auf die Fähigkeit bestimmter Akteure, Prozesse und Prozeduren zu koordinieren und dabei Einfluss auf das Ergebnis des politischen Prozesses zu nehmen. Diese Akteure haben aufgrund ihrer Infrastruktur (Personal, Kommunikationskanäle, finanzielle Mittel für die Organisation von Konferenzen usw.) die Möglichkeit, Prozesse zu beschleunigen, zu bremsen, zu forcieren oder in einer bestimmten Weise auszurichten. Drittens werden *Instrumente* als direkte Mittel der Governance im Internationalen Bildungsregime identifiziert. Gerade weil diese oftmals den Anschein eines ‚technischen', wertfreien Instruments annehmen, können sie einen erheblichen Effekt entfalten, denn dadurch können sonst kontrovers diskutierte Fragen umgangen werden.

Das hier hypothetisierte Internationale Bildungsregime wird als ein ‚*tacit regime*' klassifiziert, also ein IR, das einen niedrigen Grad an Formalisierung aufweist und einen hohen Grad der Erwartungskonvergenz zeigt, der durch die rege Interaktion der Akteure (nationale wie internationale) zustande kommt (Levy et al. 1995: 272). Die hohe Konvergenz der Erwartungen des im Entstehen begriffenen Internationalen Bildungsregimes deutet auf einen Prozess der Selbstgenerierung des Regimes hin. Das Internationale Bildungsregime scheint nach mehreren ‚Wellen' der ‚agenda formation' das Stadium der ‚institutional choice' erreicht zu haben, in dem entschieden wird, welche Form der Kooperation operational wird. Ob sich im Politikfeld ‚Bildung' ein im klassischen Sinne Internationales Regime wird etablieren können oder ob es nur in bestimmten Handlungsfeldern dazu kommen wird (z. B. im Hochschulbereich), bleibt eine empirische Frage, die sicherlich in der Zukunft gestellt werden muss.

Inhaltlich lässt sich ein Grundkonsens über die Bedeutung von Bildung und Erziehung sowie ihre Funktionen für moderne Gesellschaften ausmachen. Dieser Konsens gilt daher als normativer Kern, als allgemeines Prinzip des Regimes und enthält allgemeingültige Beschreibungen, Zielvorstellungen sowie Muster der Zweck-Mittel-Relationen dieses Politikfeldes. Eine internationale Konvergenz auf ähnliche Maßnahmen und Programme wird identifiziert, die ihren Fokus auf den ökonomischen Aspekt von Bildungsprozessen legt und eine Orientierung an ein Prozess-Produkt-Modell auch für Bildungsinstitutionen hat (Radtke 2009a: 162). Betrachtet man wesentliche Dokumente der transnationalen und internationalen Akteure, die sich maßgeblich an diesem ‚global policy space' beteiligen, so zeigt sich ein hoher Grad an Kontinuität. Diese ‚global development agenda' misst Bildung eine enorm hohe Bedeutung bei, insbesondere für die wirtschaftliche Entwicklung und Armutsbekämpfung, sowohl auf gesellschaftlicher als auch auf individueller Ebene. Bildung wird in dieser Agenda als Mittel für die Lösung sozialer und wirtschaftlicher Probleme bzw. als wichtigster Faktor in der Begegnung gegenwärtiger Herausforderungen gesehen. Sie berücksichtigt auch andere gesamtgesellschaftliche Faktoren und thematisiert daher die Verbindungen des Bildungsbereichs zu anderen Politikbereichen (z. B. Gesundheits- oder Arbeitsmarktpolitik) in einem umfassenden Entwicklungszusammenhang. Nach dieser ‚global development agenda', hier stellvertretend den ‚strategy policy papers' der Weltbank entnommen, liegt die zentrale Rolle von Bildung

- in ihrer Fähigkeit einen entscheidenden Beitrag im globalen wirtschaftlichen Wettbewerb zu leisten: „Education is vital: those who can compete (with literacy, numeracy, and more advanced skills) have an enormous advantage in this faster paced world economy over their less well prepared counterparts" (Weltbank 1999: 1).
- in ihrem Beitrag zur Sicherung von 'employability' im globalen Arbeitsmarkt: „Tomorrow's workers will need to be able to engage in lifelong learning, learn new things quickly, perform more complex problem solving, take more decisions, understand more about what they are working on, require less supervision, assume more responsibility, and – as vital tools to those ends – have better reading, quantitative reasoning, and expository skills" (ebd.).
- in ihrem Wert als 'input' im Prozess der Mehrwertproduktion: "in the hyper-competitive global market-economy, knowledge is rapidly replacing

raw materials and labor as the input most critical for survival and success" (Weltbank 1999: 2).

Das sich verändernde Verhältnis zwischen öffentlichen und privaten Akteuren stellt dabei einen Kontext dar, in dem Verantwortlichkeiten und Kompetenzen (nach Dale (2003) 'mandate', 'capacity' und 'governance') zwischen diesen neu verteilt werden, wobei öffentliche Akteure „less producers and providers of goods and services and more the facilitators and regulators of economic activity" sein sollen (Weltbank 1999: 2). Im Punkt ‚Finanzierung' lassen die Dokumente eine Strategie erkennen, die auf Kostendeckelung bzw. -reduktion durch Effizienzsteigerung mittels besserer Kontrolle und Management sowie durch Kostenverschiebung an andere Beteiligte – Dienstleistungsnehmer und private Investoren (Privatisierung, Private-Public-Partnership usw.) – zielt, d. h. die empfohlenen bildungspolitischen Maßnahmen sind für wenig bzw. gar kein Geld zu haben. Folgerichtig fokussieren sie alle auf die Rolle von Qualität und Leistungsmessung sowie auf die Wirksamkeitserhöhung von Bildungsprozessen. Die explosionsartig wachsende Bedeutung des Themas ‚Governance des Bildungsbereichs', die während des letzten Jahrzehnts weltweit zu beobachten ist, wird vor dem Hintergrund des Internationalen Bildungsregimes verständlich. Hier wird erkennbar, dass Managementtechniken und -programme sich als institutionalisierte Regeln identifizieren lassen, welche für die Organisation von Bildungsinstitutionen und -prozessen unabhängig vom (nationalen) Kontext Geltung haben sollen. Diese sind die Merkmale eines internationalen ‚*accountability turn*', die sich nahtlos in ein der Wirtschaft entliehenes Steuerungsmodell einfügen: Autonomie/Dezentralisierung.

Ebenfalls in Hinblick auf die Methoden und Verfahren der Begründung und Legitimation von Bildung und Bildungspolitik lässt sich inzwischen eine überraschende einseitige Konzentration auf die Formel ‚*evidence-based research*' und ‚*evidence-based policy*' (vgl. OECD 2007; Schneider et al. 2007; siehe auch Böttcher et al. 2009) erkennen. ‚Evidence-based research' hat sich seit Mitte der 1950er Jahre in der Medizin etabliert, wo sie mit kontrollierten randomisierten Experimenten arbeitet. Diese Forschungsstrategie wird nun seit einigen Jahren, insbesondere von den USA ausgehend, in die Bildungsforschung eingeführt mit dem Ziel, die Effektivität und Effizienz pädagogischer Interventionen und damit auch die Leistungen von Bildungsinstitutionen zu erhöhen. Die hieraus entstehenden schwierigen Fragen beziehen sich zum einen auf die Bildungsforschung, d. h. was als ‚evidence' zählt und zählen kann sowie mit welchen Forschungsmethoden diese zu ‚produzieren' sind, zum anderen bezieht sich diese Diskussion auf die Rolle von Forschung in bildungspolitischen Entscheidungsprozessen, d. h. Bildungspolitik soll frei von normativem Ballast (Ideologie) sein. Diese Diskussion hat sich trotz massiver Kritik international etablieren können und stellt heute die Blaupause für ‚angemessene' Forschung im Bildungsbereich dar. Einige Autoren sprechen sogar von einem ‚methodologischen Fundamentalismus':

„The core of the evidence-based idea is that research and evaluation must be ‚scientific.' In this definition, scientific means that research and evaluation findings must be based on experiments, with randomized experiments being given strong preference. Other ways of producing evidence are not scientific and not acceptable. There is one method for discovering the truth and one method only—the randomized experiment. This is a fundamentalist position" (House 2005: 1078).

Die Abkehr von konkreten Inhalten zugunsten von (Schlüssel-) Kompetenzen und Qualifikationen sowie formalen Standards scheint die logische Konsequenz dieser Tendenzen zu sein, denn erst diese können die Messbarkeit sicherstellen. *Kennzeichnend* für das Internationale Bildungsregime ist also ein funktionalistischer Begriff von Bildung, der größtenteils auf fachliche Fähigkeiten und Fertigkeiten – als ‚Schlüsselqualifikationen' für den Bedarf einer globalisierten Wirtschaft gedacht (Mertens 1974) – reduziert wird; Bildung steht dabei zwar allen offen – Bildung für Alle – ist tendenziell jedoch paradoxerweise einer „segregierenden Demokratisierung" (Duru-Bellat 2006: 20) unterworfen – z. B. durch die Einführung von konsekutiven Studiengängen und durch die Segmentierung der (Hoch-) Schullandschaft in Institutionen für ‚Eliten' und ‚Massen'. Bildungspolitik steht unter dem Primat der Wirkungsorientierung und ‚accountability' – mit all den dazugehörigen managerialistischen Leitbegriffen wie Effizienz, Effektivität, Evidenz sowie Erfolgs- und Ergebnisorientierung – zumal vor dem Hintergrund fiskalischer Austerität nach alternativen Finanzierungsquellen zum Staat gesucht werden muss (z. B. durch Privatisierung und ähnliche Formen der Marktsimulation). Die Begründung und Legitimation solcher bildungspolitischen Maßnahmen steht zudem unter dem Zeichen eines „methodologischen Fundamentalismus" (House 2005), dem sich nur bestimmte Aspekte von Bildungs- und Erziehungsvorgängen öffnen können, mit bedeutsamen Implikationen für die Forschung im Bildungsbereich.

Es lässt sich beobachten, dass diese Merkmale mittlerweile weltweit Geltung zu haben scheinen. Diskussionen um Bildung bzw. Bildungspolitik werden maßgeblich entlang dieser Kennzeichen – in der Nussschale lässt sich dies als Ökonomisierung der Bildung bezeichnen – geführt, weshalb meines Erachtens von einem Internationalen Bildungsregime gesprochen werden kann. Wie sich die einzelnen Prinzipien, Normen, Regeln, Prozeduren und Programme auf die verschiedenen Ebenen der Bildungssysteme bzw. auf die unterschiedlichen Bildungsbereiche auswirken (oder eben keine Wirkung haben) bleibt eine empirische Frage und muss an anderer Stelle geklärt werden. Sollte sich das hier hypothetisch postulierte Internationale Bildungsregime jedoch institutionalisieren können, so sind wichtige Implikationen für den Bildungsbereich zu erwarten. Die folgenden Abschnitte gehen einigen dieser Hinweise nach.

5 Diskussion: Implikationen und potentielle Konsequenzen des Internationalen Bildungsregimes

Welche Implikationen ein an Ökonomisierung orientiertes Internationales Bildungsregime für pädagogische bzw. erziehungswissenschaftliche Sachverhalte hat bzw. haben kann, muss selbstverständlich in einzelnen empirischen Analysen untersucht werden. Es wird in jedem Fall um Fragen gehen, die den Kern pädagogischer Arbeit betreffen: welche Implikationen hat das oben beschriebene Internationale Bildungsregime auf der Ebene der Bildungsorganisationen, auf der Ebene der Programmatiken, der Legitimation öffentlicher Bildung und Erziehung sowie auf der Ebene der Interaktion in Bildungsinstitutionen?

Wie oben angesprochen dominiert zurzeit ein stark funktionalistischer Begriff von Bildung, der auf Instrumentalisierungs- und Ökonomisierungstendenzen hindeutet. Am deutlichsten wird dies bei international vergleichenden Studien, wie z. B. PISA, sichtbar. Manfred Fuhrmann hat bereits 2004 anhand einer Analyse des Fragenkatalogs dieser Studie gezeigt, dass die Art von Wissen, das dort abgefragt wird, ein ganz spezielles ist:

„Der PISA-Test zielt auf den homo economicus. Es geht darin um die materiellen Bedingungen des Lebens, um Nutzen und Profit. [...] Der Idealtyp des PISA-Test ist derjenige, der sich später einmal am besten in Industrie, der Technik und der Wirtschaft auskennen wird. Von allen übrigen Bereichen der Kultur [...] sieht der Test rigoros ab. [...] Es ist daher konsequent, dass das PISA-Werk in der Regel von >Kompetenzen< und nicht von Bildung spricht. [...] Der PISA-Test zielt nicht auf Bildung, sondern auf etwas, das in der Öffentlichkeit fälschlicherweise für Bildung gehalten werden könnte, auf ein Bildungssurrogat" (Fuhrmann 2004: 221f.).

Der Bildungsbegriff dort hat einen eindeutig zweckorientierten Charakter und zielt auf die Verwertbarkeit des Gelernten, er ist also funktional ausgerichtet auf ‚employability' und strategische Positionssicherung.

Selbstverständlich muss die Pädagogik die Bedeutung dieser Funktion stets mitberücksichtigen, diese darf allerdings nicht zum Endzweck werden. Die Unterscheidung zwischen ‚Ökonomismus' und ‚Ökonomität' macht dies deutlich. Für Volker Bank heißt ‚Ökonomismus':

„[d]ort aber ökonomische Legitimation einzufordern, wo die Meßverfahren der Ökonomie keine sachgerechte Antwort bereithalten" [...]. „‚Ökonomität' sei demgegenüber die Bezeichnung für ein aus der Sache begründetes Handeln, das sich seiner ökonomischen Konsequenzen bewusst ist, ohne diese zum alleinigen Maßstab der Entscheidung zu machen, gerade um nicht langfristig gegen das Ziel des effizienten Ressourceneinsatzes bzw. der optimalen Ausbringung zu verstoßen. Ökonomität im Handeln setzt mithin Sachkompetenz, Professionalität und Reflexionsfähigkeit des Entscheidungsträgers sowie Transparenz in der Entscheidung voraus" (Bank 2005: 21f.).

Die Ökonomisierung im Bildungsbereich treibt zudem eine zunehmende Delegitimierung von reflexiven Denkformen gegenüber funktional-operativem Wissen voran, die fatale Folgen nach sich ziehen kann.

Eine weitere Folge dieses Trends betrifft die (Bildungs-) Forschung; da seit einiger Zeit eine programmatisch betriebene Politik der Knappheit betrieben wird, sind Forschende zunehmend auf die Akquise von Drittmitteln angewiesen. Dieser Umstand setzt Forscher unter Druck, sich den Erwartungen der vergebenden Agenturen entsprechend auszurichten. Forschungsförderung wird mittlerweile „unter den Bedingungen einer markförmig organisierten Auftragsforschung" (Radtke 2009b: 112) betrieben, die sich entlang ausgewählter Programme und Initiativen bis in die Formulierung von Forschungsfragen auswirkt. Frank-Olaf Radtke formuliert dies trefflich:

> „Der *context of discovery* wird von außen durch sogenannte Programmförderung vorgegeben. Die erwünschte paradigmatische Orientierung wird über eine strikte Forschungsförderungs- und Berufungspolitik durchgesetzt. Die Bildungsadministration setzt den disziplinären Wettbewerb zwischen Paradigmen und Forschungslinien um die bessere Erkenntnis außer Kraft und schafft sich die Bildungsforschung, die sie braucht" (Radtke 2009b: 112, Herv. i. Orig.).

Die oben diskutierten Tendenzen ziehen folgenreiche Konsequenzen für die pädagogische bzw. erziehungswissenschaftliche Praxis nach sich; dies soll im Folgenden anhand zweier Beispiele thematisiert werden.

5.1 Fokus auf (Schlüssel-) Kompetenzen und Standards

Wolfgang Klafki wies Mitte der 1980er Jahre auf eine in der damaligen akademischen Diskussion bereits verbreitete Skepsis gegenüber dem klassischen Bildungsbegriff hin. Es wurde in der „pädagogischen Diskussion der letzten Jahrzehnte von verschiedenen Positionen aus in Zweifel gezogen [...], ob der Bildungsbegriff *noch* oder *wieder* als zentrale Ziel- und Orientierungskategorie pädagogischer Bemühungen verwendet werden könne." (Klafki 2006: 43). Hier waren die Argumente gegen den Bildungsbegriff seine idealisierende Überhöhung und demgemäß seine Unbrauchbarkeit für den Alltag, dazu sei der überholte Begriff untauglich für demokratische Verhältnisse, schließlich, in Zusammenhang mit dem letztgenannten Argument, sei der Begriff unpolitisch und hatte lediglich „eine Art Ersatzfunktion" im misslungenen Wandlungsprozess hin zu einer offenen, demokratisch-liberalen Republik (vgl. ebd.).

Vor dem Hintergrund der Forderung nach empirisch-begründeter, also ‚evidence-based', Bildungsforschung wird seit einiger Zeit verstärkt auf den Begriff der Kompetenz zurückgegriffen, wenn es um allgemeine Bildungsinhalte geht. Für Weinert bedeutet Kompetenz „die bei Individuen verfügbaren oder durch sie erlernbaren kognitiven Fähigkeiten und Fertigkeiten, um bestimmte Probleme zu lösen, sowie die damit verbundenen motivationalen, volitionalen und sozialen Fähigkeiten, um die Problemlösungen in variablen Situationen erfolgreich und verantwortungsvoll nutzen zu können" (Weinert 2002: 27f.).

Problematisch dabei ist meines Erachtens die Reduktion auf Zweckrationalität. Bildung wird reduziert auf Problemlösungswissen, das für die zukünftigen Erfordernisse für den Beruf in einer globalisierten Wirtschaft benötigt wird; Bildung wird reduziert auf Schlüsselqualifikationen – in den Worten D. Mertens: „[es gilt] ein enumerativ-additives Bildungsverständnis (Fakten-, Instrumenten- und Methodenwissen) durch ein instrumentelles Bildungsverständnis (Zugriffswissen, know how to know) abzulösen". Und weiter: „Die mentale Kapazität soll nicht mehr als Speicher von Faktenkenntnissen, sondern als Schaltzentrale für intelligente Reaktionen genutzt werden. Bildung bedeutet hier vor allem Befähigung zur Problembewältigung" (Mertens 1974: 40).

Dabei wird vernachlässigt, dass Bildung ein Kernbestandteil der Persönlichkeitsentwicklung darstellt. Zugriffswissen bietet keinerlei Orientierung für das Individuum. Im klassischen Verständnis, üblicherweise mit dem Namen Wilhelm von Humboldt assoziiert, zielt Bildung auf das Subjekt, d. h. auf die „Verknüpfung unseres Ichs mit der Welt zu der allgemeinsten, regesten und freiesten Wechselwirkung" (von Humboldt [1790] 1986: 34). Bildung zielt auf autonome und kritische Aneignung der eigenen Lebensumstände, sie bezweckt Menschen in den Stand zu bringen, „sich seines Verstandes ohne Leitung eines anderen zu bedienen" (Kant [1784] 1983: 53). Nicht ‚literacy' und ‚numeracy' bzw. formal-abstrakte Kompetenzen an sich werden die nachwachsenden Generationen in die Lage versetzen können, die Probleme moderner Gesellschaften zu lösen – Toleranz/Akzeptanz gegenüber Differenz; Chancengleichheit unabhängig vom Herkunftsmilieu zu garantieren; den Anforderungen der Wirtschafts- und Arbeitswelt zu genügen; mit den Ressourcen des Planeten nachhaltig und verantwortungsvoll umzugehen usw. Um in modernen Gesellschaften angemessene Lebensformen zu erlernen, sind Kinder und Jugendliche zwingend auf soziale und kulturelle Inhalte angewiesen sowie auf die Transfer- und Übersetzungsleistungen, um diese auf den eigenen Lebens- und Erfahrungshorizont zu transportieren.

Wie sollen die im Kompetenzbegriff notwendig fragmentierten Bestandteile in ein Verständnis des Ganzen integriert werden? Erst eine stabile Persönlichkeit kann flexibel, eigenständig und selbst-organisiert auf die Anforderungen ihrer Umwelt antworten. Sollen pädagogische Bemühungen nicht in unverbundene und unverstandene Einzelteile auseinander fallen, so braucht es eine Kategorie, die sie zusammenhält. Die Kategorie Bildung bleibt daher zentral als Leitbegriff, sollen pädagogische Interventionen und Hilfen begründbar und verantwortbar bleiben (dazu: Klafki 2006: 44).

Der Verdacht könnte für plausibel erklärt werden, der Grund für die Abkehr vom Bildungsbegriff liegt weniger in pädagogischen Überlegungen begründet als vielmehr in Erwägungen zur Operationalisierung von betriebswirtschaftlichen Managementmodellen – welche die Wirksamkeit von pädagogischen Interventionen prüfen, das Qualitätsmanagement und die Schulentwicklung ermöglichen sowie die Vergleichbarkeit von Bildungssystemen zum Ziel haben.

Des Weiteren stellt sich bildungstheoretisch für die pädagogische Forschung das Problem einer „normativen Empirie", um die Formulierung Lutz Kochs aufzugreifen. Empirische Forschung versteht sich dabei als ‚wertfrei' arbeitend und beschreibend-analysierend, sie will das ‚ist' und nicht das ‚soll' der pädagogischen Realität erforschen. „Gleichwohl", so Koch weiter, „kann man an der PISA-Studie belegen, dass sie gelegentlich die *normativen Konsequenzen* aus den gelieferten Daten gleich mitliefert und dass sie vor allem *normative Voraussetzungen* macht." (2004: 40, Herv. i. O.) Auch Volker Ladenthin hat bereits 2003 auf dieses latente Problem hingewiesen:

„PISA misst nicht nur, sondern impliziert durch den Ausweis von Kriterien [...] ein bestimmtes Menschenbild. [...] Nicht dass Indikatoren ausgewiesen werden, ist bildungstheoretisch das Problem, sondern dass die PISA-Tester durch diese Kriterien ‚normativ' bestimmt sehen, was die ‚Basis' des Menschen ausmacht, könnte zum Problem werden" (Ladenthin 2003: 355).

Mit der Fokussierung auf Kompetenzen wird ferner das Verhältnis von Individuum und Gesellschaft ebenfalls verschoben (vgl. Höhne 2007). Es sind die Individuen, die für ihre Kompetenzen – gleichsam für ihre employability – sorgen müssen, Risiken werden dabei individualisiert. Anders ausgedrückt, sind die Individuen selbst für ihre Integration in die Gesellschaft verantwortlich. Denkt man dies zu Ende, so entscheidet dabei über gesellschaftliche Inklusion bzw. Exklusion nicht länger die Gruppenzugehörigkeit (z. B. Staatsbürgerschaft), sondern allein individuelle Kompetenz (vgl. Münch 2009).

5.2 Wandel der Prozesse der Bildungspolitik

Im Laufe der vergangenen Jahrzehnte ist es zu einem deutlichen Wandel der politischen Gestaltung von Bildung und Erziehung gekommen. Nicht nur sind neue Akteure im Feld der Bildungspolitik aktiv geworden, auch die Prozesse der Formulierung von Bildungspolitik haben sich geändert. Mit dem Begriff der ‚Expertokratisierung‘ lässt sich ein wichtiger Aspekt dieses Wandels auf den Punkt bringen; das Merkmal der ‚Evidenzbasierung‘ hebt darüber hinaus die aufsteigende Rolle von Bildungsforschern und die von ihnen produzierten ‚Evidenzen‘ hervor. Zusammen verändern diese Aspekte die Beziehungen zwischen Bildungspolitik und Bildungsforschung und damit die Prozesse der politischen Gestaltung von Bildung und Erziehung.

Politik in modernen Gesellschaften ist mehr denn je auf Wissen angewiesen, um kontroverse und risikovolle Entscheidungen zu treffen und zu legitimieren – dies betonte Ulrich Beck bereits in den 1980er Jahren (Beck 1986). Der Glaube an Wissenschaft spielt dabei eine herausragende Rolle. Wie Kamens/McNeely schreiben:

> „The hegemony of science contributes to the sense of a rationalized global world in which everyone is subjected to the same kinds of causal laws and understandings under which virtually all arenas of human endeavor are subjected to scientific analysis" (2010: 11).

Im Kontext dieser Diskussionen wird auf der einen Seite eine ‚Verwissenschaftlichung der Politik‘ befürchtet; Zygmunt Bauman schlussfolgert sogar, dass Politik im Staat der ‚liquid modernity‘ zur „Beute der Meute der Politikberater geworden" ist (Bauman 2003: 61). Mit Blick auf die Bildungspolitik kommt auch Marcelo Caruso am Beispiel der ‚school choice‘-Debatte in Chile zu einem ähnlichen Schluss in Bezug auf die Rolle der Experten:

> „Gegenüber der Uneindeutigkeit der Empirie, ist dieser eindeutige Machtzuwachs von Experten in Fragen, die nicht nur Expertenwissen, sondern auch weltanschauliche, kulturelle, ja ideologische Elemente beinhalten, eine erstaunliche Entwicklung. Diese kann mit Recht als eine neue Ära der Regierbarkeit der Bildungssysteme charakterisiert werden, nämlich die Ära der Experten" (Caruso 2009: 108).

Demgegenüber steht die Warnung vor einer ‚Politisierung der Wissenschaft‘. So konstatieren Weingart et al. „Die Zunahme der praktischen Relevanz der Wissenschaft geht mit einer wachsenden gesellschaftlichen Einflussnahme auf die Wissenschaft einher. Die vormalige Selbststeuerung der Wissenschaft wird durch vermehrte Fremdsteuerung ersetzt" (2007: 33; auch Carrier 2008). Und tatsächlich, wie weiter oben angesprochen, die Zunahme so genannter ‚Programmförderungen‘ und ‚Forschergruppen‘ sowie ’Sonderforschungsbereiche‘

erhöht die Einflussmöglichkeit der Politik gegenüber der Wissenschaft (vgl. Radtke 2009b). Der steigende Druck verwertbare Ergebnisse für politische und wirtschaftliche Zwecke zu liefern, hat, so einige Kommentatoren, zu einem grundlegenden Wandel der Wissenschaftskultur geführt:

> „Wissenschaft wird weniger deshalb geschätzt oder gefördert, weil sie etwa die Beschaffenheit der Natur offen legte, sondern weil sie einen Faktor der ökonomischen Dynamik und entsprechend der Wohlstandssicherung darstellt. Daher genießt vielfach die angewandte Wissenschaft Vorrang vor der Grundlagenforschung. [...] Agenda und Erfolgsmaßstäbe der Forschung orientieren sich weniger an den epistemischen Vorgaben der akademischen Wissenschaft, sondern sind stattdessen durch den Anwendungskontext geprägt. Wissenschaft steht heute weithin im Dienst des Kunden; das Anwendungsinteresse durchzieht nachdrücklich große Bereiche der Forschung." (Carrier 2007: 15; siehe auch 2008)

Die Befürchtung, dieser starke öffentliche Druck sowie die einschlägigen Interessen von Politik und Wirtschaft könnten die „Mechanismen der Geltungssicherung in der Wissenschaft" außer Kraft setzen, ist dabei berechtigter denn je (vgl. Carrier 2008).

Vor dem oben diskutierten Hintergrund lässt sich die gegenwärtige Situation der (empirischen) Bildungsforschung diskutieren. Diese steht in Zeiten „Neuer Steuerung" unter Druck, Ergebnisse für bildungspolitische Maßnahmen zu liefern – „insbesondere in Gestalt von Systemmonitoring und Programmevaluation" (Bellmann 2006: 487f.). Des Weiteren steht sie auch unter Druck, sich an der neuen wissenschaftspolitischen Agenda zu orientieren: ,evidence-based research'. Diese einseitige Orientierung an einem naturwissenschaftlichen Wissenschaftsverständnis verkennt die Tatsache von Bildung und Erziehung als soziale Prozesse – unterschlägt dazu, dass die Naturwissenschaften nicht durchgängig eindeutige und kausale Ergebnisse vorzeigen können.[5] Nach der ,realistischen Wende' (Roth) in der Bildungsforschung soll auch in der Bildungspolitik eine ,realistische Wendung' Einzug halten. Dabei geht es um einen Versuch, das Verhältnis zwischen Bildungsforschung und Bildungspolitik so eng wie möglich zu gestalten, wobei der Logik der politischen Verwertung Vorrang gegeben wird. Diese divergierende Funktionslogik brachte kürzlich ein amerikanischer Bildungspolitiker auf den Punkt: „Many instances of inconsistencies in education performance and research evidence have shown over the years that the exact science of ideological politics always trumps the inexact science of research" (Driscoll 2007).

---

5   Siehe zu dieser Problematik den Kommentar von David C. Berliner in Educational Researcher, Vol. 38, Nr. 8 (2002): 18-20.

Evidenzbasierte Forschungspraxis bzw. evidenzbasierte Bildungspolitik darf nicht falsche und überzogene Erwartungen wecken. Wissenschaftliches Wissen lässt sich nicht unmittelbar in bildungspolitische Maßnahmen umsetzen. Eine solche Erwartung ist naiv und verkennt die unterschiedlichen Handlungsorientierungen politischen Handelns und wissenschaftlicher Praxis: Wissenschaft stellt komplexe Fragen mit dem Ziel, zu einer Wissenserweiterung beizutragen; dabei kann oft nicht sofort entschieden werden, welche Forschungsfragen sich als nützlich erweisen werden. Politik will möglichst schnell zu umsetzbaren Lösungen für Probleme kommen, damit sie ihre politischen Zielvorstellungen durchsetzen kann. Weingart formuliert dies so: „Politiker wollen sich nicht auf eine »Relevanz in ferner Zukunft« einlassen, sie müssen in spätestens vier Jahren wiedergewählt werden." (2008: 17).

Die oben diskutierte Problematik enthält ein nicht aufzulösendes Dilemma, es kommt vielmehr auf die Balance an. Denn eine gut funktionierende Demokratie braucht beides, autonome Politik und Wissenschaft. Wichtig und hilfreich ist dabei, zwischen ‚negativen' und ‚positiven' Formen der Politisierung der Wissenschaft bzw. der Verwissenschaftlichung der Politik zu unterscheiden (zum Folgenden: Henig 2009). Es kommt beim ersten darauf an, ob es sich um eine korrumpierende Politisierung handelt, die der Wissenschaft von vornherein bestimmte Fragen und zugleich Methoden für deren Bearbeitung aufzwingt und diese dadurch ‚finalisiert'; oder ob es um eine positive Form der Politisierung geht, die als notwendige Komponente demokratischer Willens- und Entscheidungsbildung in modernen Gesellschaften angesehen werden muss.

6 Fazit: Neue Form der sozialen Organisation im Bildungsbereich?

Jeder Versuch, die gegenwärtigen Diskussionen zu analysieren, gleicht dem Schießen auf ein bewegliches Ziel. Noch lassen sich keine endgültigen Aussagen zum Ausgang dieser Entwicklung treffen.

Die gegenwärtigen bildungspolitischen Reformmaßnahmen zielen fast ausschließlich auf eine Kompensation der Prozesse der Denationalisierung und Deterritorialisierung (Zürn 1998); Bildung soll in diesem Rahmen die verlorene Wettbewerbsfähigkeit der nationalen Wirtschaften zurückgewinnen helfen. Das Problem dabei ist, dass dies innerhalb der Bildungsdomäne (beispielsweise durch Veränderung der Struktur und der Operation von Bildungsorganisationen) stattfindet und ignoriert die wichtigen Bezüge und Interdependenzen zu anderen Politikbereichen (zum Beispiel Arbeitsmarkt- und Sozialpolitik). Ihre Fokussierung auf den ökonomischen Aspekt verdrängt zudem Reformmaßnahmen, die auf Gleichheit, Gleichberechtigung und Emanzipation hinzielen (vgl.: Marginson 1999: 27f.).

Vor dem Hintergrund der oben diskutierten Kennzeichen des Internationalen Bildungsregimes wird die Konzentration der gegenwärtigen Bildungspolitik auf die Lösung der durch globale Entwicklungen eingetretenen Probleme nachvollziehbar, ist jedoch als problematisch anzusehen, denn Bildungspolitik kann nicht Wirtschaftspolitik oder umgekehrt ersetzen. Die an den internationalen bildungspolitischen Diskussionen beteiligten Akteure bzw. Akteurskonstellationen betonen die hegemonische Position des Ökonomischen gegenüber dem Sozialen und Politischen. Die Spannung zwischen diesen beiden Sphären kann gewiss nur unzureichend beseitigt werden, jedoch schienen seit der Nachkriegszeit konsensuelle Kompromisse möglich und wünschenswert; zu Beginn des einundzwanzigsten Jahrhunderts bröckelt dieser Konsens zugunsten des Marktes als Organisationsprinzip moderner Gesellschaften, mit wichtigen Implikationen für demokratisch verfasste Wohlfahrtstaaten, weshalb auch in demokratietheoretischen Analysen von ‚Postdemokratie' gesprochen wird (Crouch 2008). Vor diesem Hintergrund wird – wendet man das Argument von Chantal Mouffe (2007) auf die Bildungspolitik an – die Fokussierung auf bildungspolitische Programme und Maßnahmen (education policy, also auf die inhaltliche Dimension von Bildungspolitik) problematisch. Denn Bildungspolitik kann nicht als rein technisches – als reines Managementproblem (Gonon 2003) – angegangen werden. Bildungspolitik muss wieder die antagonistische Dimension des Politischen anerkennen; sie ist und bleibt auf „Entscheidungen, d. h. die Wahl zwischen konfligierenden Alternativen" angewiesen (Mouffe 2007: 17).

Was bedeutet es, wenn ein Internationales Bildungsregime sich als Form der sozialen Organisation im Bildungsbereich etabliert? Wenn bildungspolitische Optionen nicht oder kaum vorhanden sind, wenn bildungspolitische Programme und Reformen hegemonisch werden, ist der Raum für Deliberation und Wahlentscheidungen stark eingeschränkt. Ein Internationales Bildungsregime, das Bildungspolitik einschneidend auf bestimmte Optionen orientiert, wirkt daher einschränkend auf die demokratische Deliberation und Wahlentscheidungen darüber, welche Form und Organisation wir für unsere Bildungssysteme wollen, zudem welchen Zweck Bildung in unserem Leben hat. Der hier unternommene Versuch, ein solches Internationales Bildungsregime zu erfassen und zu verstehen, wendet sich entschieden gegen diese Gefahr, sowohl in Hinblick auf die Demokratie als auch auf ihre pädagogischen und erziehungswissenschaftlichen Konsequenzen.

Literatur

Altrichter, H./Brüsemeister, T./Wissinger, J. (Hrsg.) (2007): Educational Governance. Handlungskoordination und Steuerung im Bildungssystem. Wiesbaden: VS Verlag für Sozialwissenschaften

Astiz, M. F./Wiseman, A. W./Baker, D. (2002): Slouching Towards Decentralization: The Consequences of Globalization for Curricular Control in Nationals Education Systems. In: *Comparative Education Review*, Vol. 46, No. 1. 2002. 66-88

Bacharach, S. B. (Hrsg.) (1983): Research in the Sociology of Organizations. Bd. 2. London: JAI Press

Baker, D. P./Wiseman, A. W. (Hrsg.) (2005): Global Trends in Educational Policy. International Perspectives on Education and Society, Vol. 6, pp. London: Elsevier Science, Ltd.

Bank, V. (Hrsg.) (2005): Vom Wert der Bildung. Bildungsökonomie in wirtschaftpädagogischer Perspektive neu gedacht. Bern u. a.: Haupt

Bank, V. (2005): ,Ihr aber habt daraus eine Räuberhöhle gemacht.' Ökonomität und Ökonomismus in der Bildung. In: Ders. (2005): 19-37

Bauman, Z. (2003): Flüchtige Moderne. Frankfurt am Main: Suhrkamp

Beck, U. (1986): Risikogesellschaft. Auf dem Weg in eine andere Moderne. Frankfurt am Main: Suhrkamp

Bellmann, J. (2006): Bildungsforschung und Bildungspolitik im Zeitalter ,Neuer Steuerung'. In: *Zeitschrift für Pädagogik*, 52. Jg., H. 4. 2006. 487-504

Benz, A. (Hrsg.) (2004): Governance – Regieren in komplexen Regelsystemen. Eine Einführung. Wiesbaden: VS Verlag für Sozialwissenschaften

Benz, A. (2004): Einleitung: Governance – Modebegriff oder Nützliches Sozialwissenschaftliches Konzept? In: Ders. (2004): 11-28

Benz, A./Lütz, S./Schimank, U./Simonis, G. (Hrsg.) (2007): Handbuch Governance. Theoretische Grundlagen und empirische Anwendungsfelder. Wiesbaden: VS Verlag für Sozialwissenschaften

Benz, A./Lütz, S./Schimank, U./Simonis, G. (2007): Einleitung. In: Benz, A. et al. (2007): 9-25

Berliner, D. C. (2002): Education Research: The Hardest Science of All. In: *Educational Researcher*, Vol. 38, No. 1. 2002. 18-20

Boli, J./Thomas, G. M. (Hrsg.) (1999): Constructing World Culture: International Nongovernmental Organizations Since 1875. Stanford: Stanford UP

Böttcher, W./Dicke, J. N./Ziegler, H. (Hrsg.) (2009): Evidenzbasierte Bildung. Wirkungsevaluation in Bildungspolitik und pädagogischer Praxis. Münster u. a.: Waxmann

Carrier, M. (2007): Wissenschaft im Dienst am Kunden: Zum Verhältnis von Verwertungsdruck und Erkenntniserfolg. In: Falkenburg (2007): 15-55

Carrier, M. (2008): Wissenschaft im Griff von Wirtschaft und Politik? Kommerzialisierung, Politisierung und Erkenntnisanspruch. In: Schavan (2008): 92-104

Caruso, M. (2009): Experimentierfeld einer neuen Regierbarkeit. Die Einführung von Bildungsgutscheinen in Chile und der Aufstieg von Bildungsexperten. In: *Zeitschrift für Pädagogik*, 55. Jg, H. 1. 2009. 97-112

Chhotray, V./Stoker, G. (2009): Governance Theory and Practice. A Cross-Disciplinary Approach. Basingstoke u. a.: Palgrave Macmillan

Cooper, Bruce S./Cibulka, James G./Fusarelli, Lance D. (Hrsg.) (2008): Handbook of Education Politics and Policy. New York/London: Routledge

Crouch, C. (2008): Postdemokratie. Frankfurt am Main: Suhrkamp

Dale, R. (2003): Globalization: A New World for Comparative Education? In: Schriewer (2003): 87-109

Dale, R./Robertson, S. (2002): The Varying Effects of Regional Organisations as Subjects of Globalisation of Education. In: *Comparative Education Review*, Vol. 46, No. 1. 2002. 10-36

Daun, H. (2005): Globalisation and the Governance of National Education Systems. In: Zajda (2005): 93-107

Denzin, N. K./Lincoln, Y. S. (Hrsg.) (2005): The SAGE Handbook of Qualitative Research. 3. Aufl. London u. a.: SAGE

DiMaggio, P. J./Powell, W. W. (1983): The Iron Cage Revisited: Institutional Isomorphism and Collective Rationality in Organizational Fields. In: *American Sociological Review*, Vol. 48. 1983. 147-160

Driscoll, D. (2007): Discussion: How Research Is Used—NCLB and School Choice. In: The Politics of Knowledge. Why Research Does (or Does Not) Influence Education Policy. American Enterprise Institute, Washington, D. C. Conference May 21, 2007. Online unter: >>http://www.aei.org/EMStaticPage/1455?page=Summary<< [zuletzt 29. 01. 10].

Drori, G. S./Meyer, J. W./Hwang, H. (Hrsg.) (2006): Globalization and Organization: World Society and Organizational Change. Oxford: Oxford UP

Duru-Bellat, M. (2006): L'Inflation Scolaire. Les Désillusions de la Méritocratie. Paris: Éditions du Seuil/La République des Idées

Falkenburg, B. (Hrsg.) (2007): Natur – Technik – Kultur. Philosophie im interdisziplinären Dialog. Paderborn: Mentis

Finnemore, M. (1996): National Interests in International Society. Ithaca/London: Cornell UP

Frost, U. (Hrsg.) (2006): Unternehmen Bildung. Die Frankfurter Einsprüche und kontroverse Positionen zur aktuellen Bildungsreform. Sonderheft der Vierteljahrsschrift für Wissenschaftliche Pädagogik 2006

Fuhrmann, M. (2004): Der Europäische Bildungskanon. Erw. Neuausgabe. Frankfurt am Main: Insel

Gonon, P. (2003): Erziehung als Management Problem: Bildungsinstitutionen Zwischen Charisma und Taylorismus. In: Mangold et al. (Hrsg.) (2003): 281-301

Gvirtz, S./Beech, J. (2007): The Internationalization of Education Policy in Latin America. In: Hayden et al. (2007): 462-475

Hayden, M./Levy, J./Thompson, J. (Hrsg.) (2007): The SAGE Handbook of Research in International Education. Los Angeles u. a.: SAGE

Heitger, M./Hügli, A./Koch, L. (Hrsg.) (2004): Kritik der Evaluation von Schulen und Universitäten. Würzburg: Ergon

Henig, J. R. (2009): Politicization of Evidence. Lessons for an Informed Democracy. In: *Educational Policy*, Vol. 23, No. 1. 2009. 137-160

Höhne, T. (2007): Der Leitbegriff ‚Kompetenz' als Mantra neoliberaler Bildungsreformer. Zur Kritik seiner semantischen Weitläufigkeit und inhaltlichen Kurzatmigkeit. In: Pongratz et al. (2007): 30-43

House, E. R. (2005): Qualitative Evaluation and Changing Social Policy. In: Denzin et al. (2005): 1069-1081

Humboldt, W. v. ([1792] 1980): Ideen zu einem Versuch, die Grenzen der Wirksamkeit des Staates zu bestimmen. In: Ders.: Werke in fünf Bänden, hrsg. von A. Flitner u. K. Giel, Bd. 1. 3. Aufl. Darmstadt: WBG, 56-233

Ioannidou, A. (2007): Comparative Analysis of New Governance Instruments in Transnational Education Space – A Shift to Knowledge-based Instruments? In: *European Educational Research Journal*, Vol. 6. 2007. 336-347

Kamens, D. D./McNeely, C. L. (2010): Globalization and the Growth of International Educational Testing and National Assessment. In: *Comparative Education Review*, Vol. 54, No. 1. 2010. 5-25

Kant, I. ([1784] 1983): Beantwortung der Frage: Was ist Aufklärung. In: Ders.: Werke in 10 Bänden, hrsg. von Wilhelm Weischedel. Bd. 9. 5. Aufl. Darmstadt: WBG, 53-61

Klafki, W. (2006): Neue Studien zur Bildungstheorie und Didaktik. Zeitgemäße Allgemeinbildung und Kritisch-konstruktive Didaktik. 6. Aufl. Weinheim/Basel: Beltz

Koch, L. (2004): Normative Empirie. In: Heitger et al. (2004): 39-55

Krasner, S. D. (Hrsg.) (1983): International Regimes. Ithaca/London: Cornell UP

Krasner, S. D. (1983): Structural Causes and Regime Consequences: Regimes as Intervening Variables. In: Ders. (1983): 1-22

Kussau, J./Brüsemeister, T. (2007): Educational Governance: Zur Analyse der Handlungskoordination im Mehrebenensystem der Schule. In: Altrichter, et al. (2007): 15-54

Ladenthin, V. (2003): PISA – Recht und Grenzen einer globalen empirischen Studie. Eine bildungstheoretische Betrachtung. In: *Vierteljahresschrift für wissenschaftliche Pädagogik*, Jg. 79. 2003. 354-375

Levy, M. A./Young, O. R./Zürn, M. (1995): The Study of International *Regimes. In: European Journal of International Relations*, 1. 1995. 267-330

Mangold, M./Oelkers, J. (Hrsg.) (2003): Demokratie, Bildung und Markt. Bern u. a.: Lang

Marginson, S. (1999): After Globalization: Emerging Politics of Education. In: *Journal of Education Policy*, Vol. 14, No. 1. 1999. 19-31

Martens, K./Rusconi, A./Leuze, K. (Hrsg.) (2007): New Arenas of Education Governance – The Impact of International Organisations and Markets on Educational Policymaking. Houndmills, Basingstoke: Palgrave

McNeely, C. L. (1995): Prescribing National Education Policies: The Role of International Organizations. In: *Comparative Education Review*, Vol. 39, No. 4. 1995. 483-507

Mertens, D. (1974): Schlüsselqualifikationen. Thesen zur Schulung für eine moderne Gesellschaft. In: *Mitteilungen aus der Arbeitsmarkt- und Berufsforschung*, 7. Jg., Nr. 1. 1974. 36-43

Meyer, J. W. (Hrsg.) (2005): Weltkultur. Wie die Westlichen Prinzipien die Welt durchdringen. Frankfurt am Main: Suhrkamp

Meyer, J. W. (2005): Der sich Wandelnde Kulturelle Gehalt des Nationalstaats. In: Ders. (2005): 133-162

Meyer, J. W./Boli, J./Thomas, G. M./Ramirez, F. O. (1997): World Society and the Nation-State. In: *American Journal of Sociology*, Vol. 103, 1. 1997. 144-181

Meyer, J. W./Rowan, B. (1977): Institutionalized Organizations: Formal structure as Myth and Ceremony. In: *American Journal of Sociology*, Vol. 83, 2. 1977. 340-363

Meyer, J. W./Rowan, B. (1978): The Structure of Educational Organizations. In: Meyer, et al. (1978): 78-109

Meyer, J. W. et al. (Hrsg.) (1978): Environments and Organizations. San Francisco u. a.: Jossey-Bass Publishers

Mitter, W. (2006): Bildungssouveränität und Schulträgerschaft in Europa in historisch-vergleichender Sicht. In: *Bildung und Erziehung*, Vol. 59, Nr. 1. 2006. 5-20

Mouffe, C. (2007): Über das Politische. Wider die kosmopolitische Illusion. Frankfurt am Main: Suhrkamp

Müller, H. (1993): Die Chance der Kooperation. Regime in den Internationalen Beziehungen. Darmstadt: WBG

Münch, R. (2007): Die Akademische Elite. Zur Konstruktion wissenschaftlicher Exzellenz. Frankfurt am Main: Suhrkamp

Münch, R. (2009): Das Regime des Liberalen Kapitalismus. Inklusion und Exklusion im neuen Wohlfahrtstaat. Frankfurt am Main: Campus

OECD (2007): Evidence in Education: Linking Research and Policy. Paris: OECD

Parreira do Amaral, M. (2007): Regimeansatz – Annäherung an ein Weltweites Bildungsregime. In: *Tertium Comparationis*, Vol. 13, Nr. 2. 2007. 157-198

Parreira do Amaral, M. (2010 in Vorb.): Emergenz eines Internationalen Bildungsregimes? Eine Untersuchung zur Educational Governance zu Beginn des einundzwanzigsten Jahrhunderts. Unveröff. Dissertation zur Erlangung des akademischen Grades des Doktors der Sozialwissenschaften in der Fakultät für Sozial- und Verhaltenswissenschaften der Eberhard-Karls-Universität Tübingen 2010

Pongratz, L. A./Reichenbach, R./Wimmer, M. (Hrsg.) (2007): Bildung – Wissen – Kompetenz. Bielefeld: Janus

Radtke, F.-O. (2006): Das neue Erziehungsregime. Steuerungserwartungen, Kontrollphantasien und Rationalitätsmythen. In: Frost (2006): 45-49

Radtke, F.-O. (2009a): Evidenzbasierte Steuerung. Der Aufmarsch der Manager im Erziehungssystem. In: Tippelt (2009a): 157-180

Radtke, F.-O. (2009b): Außer Kontrolle: Bildung und Erziehung in der „postnationalen Konstellation". In: *Hessische Blätter für Volksbildung in Deutschland*, 59. Jg., Nr. 2. 2009b. 106-115

Radtke, F.-O./Weiß, M. (Hrsg.) (2000): Schulautonomie, Wohlfahrtsstaat und Chancengleichheit. Ein Studienbuch. Opladen: Leske+Budrich

Reuter, L. R. (2002): Politik- und Rechtswissenschaftliche Bildungsforschung. In: Tippelt (2002): 169-181

Schavan, A. (Hrsg.) (2008): Keine Wissenschaft für sich. Essays zur gesellschaftlichen Relevanz von Forschung. Hamburg: Körber-Stiftung

Schmidt, M./Zollhöfer, R. (Hrsg.) (2006): Regieren in der Bundesrepublik Deutschland: Innen- und Außenpolitik seit 1949. Wiesbaden: VS Verlag für Sozialwissenschaften

Schneider, B./Carnoy, M./Kilpatrick, J./Schmidt, W. H./Shavelson, R. J. (2007): Estimating Causal Effects Using Experimental and Observational Designs. A Think Tank White Paper. Washington, D. C.: American Educational Research Association

Schreyögg, G. (Hrsg.) (2004): Handwörterbuch Unternehmensführung und Organisation. 4., völlig neu bearb. Aufl. Stuttgart: Schäffer-Poeschel

Schriewer, J. (Hrsg.) (2003): Discourse Formation in Comparative Education. Frankfurt am Main u. a.: Lang

Schuppert, G. F. (Hrsg.) (2006): Governance-Forschung. Vergewisserung über Stand und Entwicklungslinien. 2. Aufl. Baden-Baden: Nomos

Schuppert, G. F. (2006): Governance im Spiegel der Wissenschaftsdisziplinen. In: Ders. (2006): 371-469

Shipps, Dorothy (2008): Urban Regime Theory and the Reform of Public Schools: Governance, Power, and Leadership. In: Cooper et al. (2008): 89-108

Soguel, N. C./Jaccard, P. (Hrsg.) (2008): Governance and Performance of Education Systems. Dordrecht: Springer

Stone, C. N. (1989): Regime Politics. Governing Atlanta, 1946-1988. Lawrence u. a.: Univ. Press of Kansas

Thomas, G. M./Meyer, J. W./Ramirez, F. O./Boli, J. (1987): Institutional Structure. Constituting State, Society, and the Individual. Newbury Park u. a.: Sage

Tippelt, R. (Hrsg.) (2009a): Steuerung durch Indikatoren. Methodologische und Theoretische Reflektionen zur deutschen und internationalen Bildungsberichterstattung. Opladen/Farmington Hills, MI: Barbara Budrich

Tippelt, R. (Hrsg.) (2002): Handbuch Erwachsenenbildung/Weiterbildung. 2. überarb. und aktual. Aufl. Wiesbaden: VS Verlag für Sozialwissenschaften

Türk, K. (2004): Neoinstitutionalistische Ansätze. In: Schreyögg (2004): 923-932

Weinert, F. E. (Hrsg.) (2002): Leistungsmessung in Schulen. 2. Aufl. Weinheim/Basel: Beltz

Weingart, P. (2008): Was ist gesellschaftlich relevante Wissenschaft? In: Schavan (2008): 15-24

Weimgart, P./Carrier, M./Krohn, W. (2007): Nachrichten aus der Wissensgesellschaft. Analysen zur Veränderung der Wissenschaft. Weilerswist: Velbrück

Weltbank (1999): Knowledge for Development. World Development Report 1989/99. Washington, D. C.: World Bank Group

Wiseman, A. W./Baker, D. P. (2005): The Worldwide Explosion of Internationalized Education Policy. In: Baker et al. (2005): 1-21

Wolf, F. (2006): Bildungspolitik: Föderale Vielfalt und gesamtstaatliche Vermittlung In: Schmidt et al. (2006): 221-241

Zajda, J. (Hrsg.) (2005): International Handbook on Globalisation, Education and Policy Research. Dordrecht: Springer

Zucker, L. G. (1983): Organizations as Institutions. In: Bacharach (1983): 1-47

Zürn, M. (1998): Regieren jenseits des Nationalstaates. Globalisierung und Denationalisierung als Chance. 2. Aufl. Frankfurt am Main: Suhrkamp

Teil III

Migration als Herausforderung
öffentlicher Erziehung

Rechtfertigungsordnungen der schulischen Selektion

Wie Schulen die Negativselektion von Migrantenkindern am Übergang in die Sekundarstufe legitimieren[1]

Christian Imdorf

1 Einleitung

Der Übergang von der Grundschule in die Sekundarstufe I bildet in der neueren empirischen Bildungsforschung einen Schwerpunkt bei der Erforschung der Genese sozialer Ungleichheit im institutionellen Kontext der Schule (Maaz/Baumert/Trautwein 2010: 75). An dieser Gelenkstelle individueller Bildungsverläufe werden durch die Verteilung von Schülerinnen und Schülern auf unterschiedliche Schulformen berufliche Chancen mit sozialen Langzeitfolgen vergeben (Haeberlin/Imdorf/Kronig 2004). Soziale und ethnische Unterschiede beim Übergang in die weiterführenden Schulen, die nicht auf unterschiedlichen Leistungen und Fähigkeiten beruhen, konnten in verschiedenen deutschen Studien wiederholt aufgezeigt werden, und sie sind auch für die Schweiz gut belegt.

So konnten beispielsweise Haeberlin et al. (2004: 48) basierend auf Grundschulempfehlungen für die zweizügige Schweizer Sekundarstufe I[2] nachweisen, dass Schweizer Mädchen mit einem mittleren bzw. hohen Sozialstatus im Vergleich zu den ausländischen Jungen mit niedrigem Sozialstatus – unter Annahme durchschnittlicher, mittels Mathematik und Deutschtests erhobener Schulleistungen – mehr als doppelt so häufig (zu 88% vs. 41%) eine Empfehlung für die im Vergleich zur Schweizer Realschule höherwertige Sekundarschule erhalten haben. Berücksichtigt man anstatt der getesteten Schulleistungen die durchschnittlichen Schulnoten in Mathematik und Deutsch, erhielten Schweizer Mädchen gar zu 91% einen Sekundarschulentscheid, Schweizer Jungen zu 87%, ausländische Mädchen zu 79%, und ausländische Jungen noch zu 61% (ebd.: 55). Insbesondere die markant tieferen Selektionsquoten der ausländischen Schüler und Schüle-

---

1 Ich bedanke mich bei Wolfgang Meseth für kritische und hilfreiche Kommentare zu einer früheren Version dieses Aufsatzes.
2 Die Sekundarstufe I der Deutschschweiz kann vereinfachend in Schulzüge mit Grundansprüchen (Schweizer ,Realschule', in der Tendenz vergleichbar mit der deutschen Hauptschule) und mit erweiterten Leistungsansprüchen (Schweizer ,Sekundarschule', vergleichbar mit der deutschen Realschule) eingeteilt werden.

rinnen für die Sekundarschule verweisen darauf, dass deren schlechtere Grundschulempfehlungen durch die Notenselektion nur unzureichend erklärt werden können.
Während solche meritokratisch schwer zu rechtfertigenden Bildungsdisparitäten empirisch gut belegt sind, herrscht bezüglich ihrer Ursachen weniger Konsens. Zwar werden die Disparitäten beim Übertritt auf die Sekundarstufe I im Zusammenhang mit der *sozialen Herkunft* zu einem beachtlichen Teil durch das Entscheidungsverhalten bzw. die Bildungserwartungen der Eltern vermittelt. Hinsichtlich der *ethnischen* Disparitäten lässt sich empirisch jedoch kein differentielles Entscheidungsverhalten von Eltern in Abhängigkeit eines Migrationshintergrunds ausmachen. Forschungsergebnisse belegen vielmehr, dass eingewanderte Eltern oft ein hohes Anspruchsniveau an die Schulbildung und die berufliche Zukunft ihrer Kinder zeigen (Gomolla/Radtke 2002: 229). Die überproportionale Zuweisung von Migrantenkindern in die niedrig qualifizierenden Schulformen der Sekundarstufe I lässt sich entsprechend nicht auf die gewohnte soziale Verteilungsfrage, d. h. auf ‚normale' soziale Ungleichheit reduzieren (Radtke 2004). Vielmehr scheint ein sozial selektives Beratungs- und Empfehlungsverhalten der Schule die negativen Grundschulempfehlungen von Migrantenkindern maßgeblich mitzuverantworten.

Diese Annahme vertreten Frank Olaf-Radtke und seine Mitarbeiterinnen und Mitarbeiter bereits seit den frühen neunziger Jahren. Mit dem im Laufe ihrer Forschungsarbeiten entwickelten Konzept der institutionellen Diskriminierung (Gomolla/Radtke 2002) haben sie ein organisationstheoretisches Erklärungsangebot für den schulischen Misserfolg von Migrantenkindern vorgeschlagen. Eine ethnische institutionelle Diskriminierung liegt demnach vor, wenn (1) eigenlogische Selektionsentscheide der Organisation Schule (z. B. Grundschulempfehlungen für leistungsdifferentielle Schulzüge) ungleiche Wirkungen (reduzierte Lern-, Bildungs- und Berufschancen) auf die Schüler haben; wenn (2) diese organisatorisch notwendige Unterscheidung (Haupt- vs. Realschüler) durch zugeschriebene Merkmale der benachteiligten Gruppe (z. B. defizitäre Sprachkenntnisse) mit Sinn ausgestattet wird; und (3) wenn die Schule im Rahmen ihres *sensemaking* und Rechtfertigungshandelns das Kollektivmerkmal der ‚nationalen Herkunft'/'Kultur' („türkische Schüler haben Sprachdefizite") verwertet (ebd.: 264).

Nohl (2007) hat am Konzept der institutionellen Diskriminierung kritisiert, dass darin das ‚Kulturelle' lediglich den Stellenwert einer ex-post-Konstruktion erhalte, um organisationale Entscheidungen nachträglich zu legitimieren. Die Schule bedient sich dabei der ‚Kultur' einzig als zugeschriebenes Konstrukt, um ihre eigenlogischen Selektionsentscheidungen abschließend zu rechtfertigen. Sie selbst erscheint kulturlos. Für soziale Zugehörigkeiten, das Subjektive oder auch

226

für Emotionen zeigt der Theorieentwurf der institutionellen Diskriminierung in der Tat wenig Offenheit. Solche Dimensionen der Individuen werden in der schulischen Mitgliedschaftsrolle kaum mitgedacht und als organisationsfremde Aspekte der Teilnehmer in die Organisationsumwelt verbannt. Nohl (2007: 65) fordert entsprechend eine Theoretisierung von Schule, welche den Zusammenhang von Organisation und Kultur systematischer berücksichtigt und letztere nicht bloß als Rechtfertigungsressource, sondern als funktionalen Bestandteil der Organisation betrachtet, der durch die Organisationsmitglieder verkörpert wird.

Die Anwendung der Rechtfertigungstheorie von Luc Boltanski und Laurent Thévenot (frz. 1991, dt. 2007) auf schulisches Entscheidungshandeln erlaubt es, Nohls Forderung nachzukommen, ohne den Kerngedanken des Konzepts der institutionellen Diskriminierung, die Hervorhebung der Schule als eigenrationaler Entscheidungsakteur bei der schulischen Selektion, zu opfern. Die moralsoziologische Theorie der Rechtfertigung der französischen Autoren ermöglicht eine Heuristik unterschiedlicher ,Schulwelten', mittels derer es gelingt, sowohl organisationalen als auch kulturellen Dimensionen der schulischen Selektion gerecht zu werden. Sie erlaubt zugleich, über die von Nohl geforderte zweidimensionale Konzeption von Schule als Organisation und Kultur hinauszugehen, und schulische Selektionen unter Berücksichtigung multipler Gerechtigkeitsprinzipien (etwa der Chancengleichheit, der Gemeinschaft, der Effizienz, oder des Marktes) zu analysieren, um die sozialen und ethnischen (oder auch die geschlechtertypischen) Disparitäten bei der Genese von Bildungsungleichheiten besser zu verstehen.

Ich skizziere zunächst ein pragmatisches Organisationsmodell der schulischen Selektion, in deren Zentrum schulische Koordinationserfordernisse und Rechtfertigungsordnungen stehen (Kap. 2), bevor ich ausführlicher auf die selektionsrelevanten Schulwelten und ihre Rechtfertigungsweisen (Kap. 3) sowie auf Kompromisse zwischen widersprüchlichen Selektionsprinzipien (Kap. 4) eingehe. Abschließend kläre ich das Verhältnis zwischen den präsentierten Rechtfertigungsordnungen und dem organisationssensiblen Konzept der institutionellen Diskriminierung sowie des ,Kulturellen' als Bestandteil der Schule (Kap. 5).

2   Ein pragmatisches Modell der schulischen Selektion[3]

2.1   Organisationale Sachzwänge der schulischen Selektion

Ausgangspunkt meines nachfolgenden Modells der schulischen Selektion sind – in enger Anlehnung an das Konzept der institutionellen Diskriminierung (Gomolla/Radtke 2002) – zunächst Funktionserfordernisse und Sachzwänge von Schulen, die ihre Existenz und Funktionstüchtigkeit über die Zeit bewahren und ihre etablierten Erziehungs- und Unterrichtsstrategien aufrechterhalten wollen. Die Selektion soll sich dabei für die Schule früher oder später lohnen und – auf Kosten der ausgegrenzten bzw. abgestuften Schüler – zum eigenen Bestandeserhalt beitragen.

Als Organisationsprinzip bevorzugt die Schule Homogenität gegenüber Heterogenität. Um eine leistungshomogenisierte Förderung ihrer Schüler zu garantieren, hält sie diverse organisatorische Maßnahmen bereit, unter anderem die Zuweisung in Schultypen mit ungleichen Leistungsanforderungen- und Erwartungen im Übergang auf die Sekundarstufe I. Dem Prinzip homogener Leistungsklassen verpflichtet, sieht sich die Schule im Rahmen von Grundschulempfehlungen jedoch vor das Entscheidungsproblem gestellt, welche Schüler sich zukünftig als leistungsstark bzw. leistungsschwach erweisen werden. Diese Unterscheidung ist insbesondere dann uneineindeutig, wenn es die große Schar der *durchschnittlich* leistungsfähigen Schüler (Haeberlin et al. 2004: 51) den drei Kategorien Hauptschüler (CH: Realschüler), Realschüler (CH: Sekundarschüler) und Gymnasiasten zuzuordnen gilt.

Die schulische Herausforderung bei der Selektion besteht entsprechend darin, die durch das lokale Schulangebot stark vorgegebenen Schulplätze jenen Grundschulabgängern zuzuweisen, deren prognostizierbare Leistungsfähigkeit unsicher ist. Diese Abstimmung einer heterogenen Gruppe von Schülern mit diskreten Förder- und Lernangeboten erfordert darüber hinaus – auch dies eine zentrale Annahme des Konzepts der Institutionellen Diskriminierung – dass das Resultat der Selektion in den relevanten Öffentlichkeiten der Schule auf Akzeptanz stoßen muss.

---

3   In diesem Unterkapitel übertrage ich ein für die betriebliche Ausbildungsplatzvergabe entwickeltes Selektionsmodell (vgl. Imdorf 2010) auf die Schule.

2.2 Selektion im Hinblick auf schulische Koordinationsanforderungen

Um die Ungewissheiten bei der schulischen Selektion ohne bedrohliche Protestfolgen auf Seiten der Öffentlichkeit (Eltern, Medien, Lehrkräfte) zu bewältigen, ist die Schule auf Formen und Ordnungen der Rechtfertigung angewiesen, die es ihr erlauben, die getroffene Wahl gegenüber ihrem Publikum als legitim darzustellen und so den schulischen Alltag zu stabilisieren. Im Gegensatz zu den anarchischen entscheidungstheoretischen Annahmen des Konzepts der institutionellen Diskriminierung (Gomolla/Radtke 2002: 64) gehe ich im vorliegenden Selektionsmodell von der Annahme aus, dass die Schule ihre Entscheidung bereits in der Entscheidungssituation nach den antizipierten Rechtfertigungsmöglichkeiten richtet. Eine getroffene Wahl lässt sich dabei rechtfertigen, wenn die Selektionskriterien als einem Gemeinwesen bzw. einem Gemeinwohl dienend und somit als fair und gerecht erachtet werden (Eymard-Duvernay 2004: 98). Von selektionsrelevanter Bedeutung ist nun, dass die Beförderung eines solchen Gemeinwohls durch eine Organisation (u. a. die Schule) eine bestimmte Form des sozialen Zusammenhalts bzw. der Koordination von sozialen Akteuren voraussetzt.

Schulen stellen dabei an ihre Mitglieder in den verschiedenen Situationen eines Schultages unterschiedliche Verhaltenserwartungen: Eine Realschülerin soll beispielsweise am Computer unter Zeitdruck eine Sprachübung bearbeiten. In einer anderen Situation erhält sie eine Weisung der Lehrerin, die Wandtafel zu reinigen; eine Aufforderung, der sie möglichst ohne Widerspruch nachkommen soll. Während der Pausenzeiten pflegt sie sodann den freundschaftlichen Austausch mit ihren Schulfreundinnen auf dem Pausenplatz. Später lauscht die Schülerin im Ethikunterricht den Worten eines Lehrers, der im Rahmen einer längeren Rede einige philosophische Grundideen vermittelt. Am Abend stehen ausnahmsweise keine Hausaufgaben auf dem Programm, sondern ein gemeinsames Elterngespräch mit der Klassenlehrerin. Entsprechend berücksichtigen Lehrkräfte verschiedene, jedoch limitierte Anforderungen der sozialen (und technischen) Koordination, um die künftige Qualität eines Schülers im Hinblick auf die Bewältigung des schulischen Alltags zu beurteilen.

Einer Person, die in einer schulisch relevanten Situation Koordinationsfähigkeit unter Beweis stellt, wird – im Wortgebrauch von Boltanski und Thévenot (2007) – ‚Größe' (frz. ‚grandeur') in Bezug auf diese Situation zugesprochen. Ermittelt wird die ‚Größe' einer Schülerin (oder auch eines Lehrers) mittels *Bewährungsproben* (Prüfungen unterschiedlichster Art, vgl. Imdorf 2010). Für die Bezeichnung des Koordinationszusammenhangs eines spezifischen Gemeinwesens, in welchem die ‚Größe' einer Person *beurteilt* wird, gebrauchen die Autoren den Begriff *Welt* (Boltanski/Thévenot 2007: 183). Ich benutze nachfolgend den Begriff ‚Schulwelt', um damit den hier interessierenden Koordinationskontext der Schule zu verdeutlichen.

Man kann nun in Anlehnung an unterschiedliche politische Philosophien mit Boltanski und Thévenot (2007) sowie mit Derouet (1989, 1992) heuristisch mindestens vier verschiedene Schulwelten unterscheiden, um die organisational bedingte Negativselektion von Migrantenkindern auf dem Hintergrund unterschiedlicher schulischer Koordinationsanforderungen und Rechtfertigungsordnungen zu verstehen: die Schulwelt des Allgemeininteresses und der Chancengleichheit, die gemeinschaftsförmige Schulwelt, die effiziente Schulwelt, sowie die marktförmige Schulwelt.

3   Die selektionsrelevanten Schulwelten und ihre Rechtfertigungsweisen

Derouet (1989, 1992) hat die von Boltanski und Thévenot propagierten ‚Welten' in politische Schulmodelle übersetzt. Jedes normative Model verweist auf eine Organisationsform schulischer Sozialbeziehungen, welche ein eigenes Gerechtigkeitsprinzip (Gleichheit, Gemeinschaft, Effizienz u. a.) reklamiert und festlegt, was als ‚normale' schulische Sozialbeziehungen in der Schule zu gelten hat (Derouet 1989: 15). Mit Bezugnahme auf Derouets Arbeiten skizziere ich nachfolgend für jede Schulwelt in einem ersten Schritt die Kohärenz zwischen der legitimen Wissensform, der Pädagogik,[4] und den sozialen Beziehungen. In einem zweiten Schritt verdeutliche ich jeweils die Bedeutung einer Schulwelt für die schulische Beurteilung sowie für die Selektion am Übergang von der Grundschule auf die gegliederte Sekundarstufe I.

Zur Illustration der jeweiligen Rechtfertigungsordnungen, derer sich Lehrkräfte bedienen, um ihre Selektionsentscheidungen zu legitimieren, beziehe ich mich auf die empirischen Arbeiten von Streckeisen, Hänzi und Hungerbühler (2007) sowie von Gomolla und Radtke (2002). Mittels offener Interviews in Schulen der Stadt Bern und objektiv hermeneutischer Analysen haben Streckeisen et al. (2007) typologisiert, wie Lehrkräfte „deutend mit dem Handlungsproblem umgehen, gleichzeitig zu ihren pädagogischen Aufgaben auch selektionsbezogenen Verpflichtungen nachkommen zu müssen" (ebd.: 62). Während ihre reichhaltigen empirischen Analysen die Rekonstruktion von Legitimationsmustern der Selektion am Ende der Grundschule im Allgemeinen ermöglichen, haben Gomolla und Radtke (2002) argumentanalytisch untersucht, wie die Negativselektion von Migrantenkindern im Besonderen legitimiert wird.

---

4   Als pädagogische Aufgabe einer Schulwelt versteht sich dabei jene bestimmte Art des Erziehens und Unterrichtens, die neben dem Wohl des Einzelschülers immer auch die Stärkung des jeweiligen Gemeinwesens bzw. seines Allgemeinwohls zum Ziel hat.

3.1 Die Schulwelt des Allgemeininteresses und der Chancengleichheit

Das Schulmodell des Allgemeininteresses[5] und der Chancengleichheit hatte seinen historischen Ursprung in der Aufklärung und in der französischen Revolution (Derouet 1992: 39ff.). Im Kampf gegen die Feudalgesellschaft, in der das Individuum durch Familie und Tradition vereinnahmt war, definierte man die moderne Sozialbeziehung neu als von jeglicher häuslicher Bande befreit. Dazu sollte insbesondere die ‚Neue Schule' (*l'école nouvelle*) Hand bieten, welche als separierter und neutraler Ort jenseits sozialer Differenzen zum Ziel hatte, aus jedem Kind, unabhängig seiner Herkunft, einen aufgeklärten Bürger im Allgemeininteresse, bzw. im Eigeninteresse der französischen Republik zu schaffen (Perroton 2000: 133). Dem entspricht im deutschen Raum das humboldtsche Bildungsideal bzw. das Ziel der modernen Erziehung, sich selbst ein Urteil zu bilden, autonom und mündig zu werden, und die Schule versteht sich als Ort, an dem demokratische Tugenden erzeugt und eingeübt werden können (Radtke 2007). Vermittelt über den chancengleichen Zugang zum Allgemeinwissen soll zugleich die gesellschaftliche Integration gefördert werden (Derouet 1992: 277).

Zentral ist der Begriff des *abstrakten Wissens* (frz. *savoir*), im Sinne von Konzepten, die Allgemeingültigkeit beanspruchen (Derouet 1992: 88). Die Schule ist die Welt der Ideen (und nicht jene der Erfahrung oder der Taten). Das *pädagogische* Hauptinstrument der Ideenvermittlung ist die öffentliche Rede des Lehrers (*la parole*, vgl. Derouet 1989: 22), sowie der Ideenaustausch im Modus einer emotionsbefreiten Argumentation. Die Ideen gilt es dabei mittels entpersonalisierter Beziehung zwischen Lehrer und Schülern zu bilden. Die *Beziehungen* zwischen Personen vollziehen sich ausschließlich von Intellekt zu Intellekt, wobei der Lehrer leidenschaftslos respektiert wird (Derouet 1992: 90).

Beurteilung und Selektion: Bei der meritokratischen Prüfung und Beurteilung des inkarnierten Allgemeinwissens (also der ‚Größe' eines Schülers) verpflichtet sich die Schule zu Unabhängigkeit, wobei sie vor familiären und lokalen Erpressungsversuchen staatlich geschützt wird. Der Lehrer kann vor allem dann gerecht über seine Schüler urteilen, wenn er ihren Charakter und ihre Familien nicht allzu gut kennt (Derouet 1992: 89f.). Über die weiterführende schulische Zukunft der Schüler entscheiden ausschließlich die Lehrpersonen, ohne Einfluss der Eltern (ebd.: 276), wobei das Prinzip der Chancengleichheit nach einer möglichst späten schulischen Selektion verlangt (Streckeisen et al. 2007: 277). Die schulische Auslese lässt sich in der Schulwelt des Allgemeininteresses mit dem Argument legitimieren, dass der gesellschaftliche Zweck der Selektion darin bestehe, das Absinken des allgemeinen Bildungsniveaus zu verhindern

---

5 Derouet (1992) spricht von einem ‚*modèle de l'intérêt général*', um dieses von jeglichen Partikularinteressen regionaler, familiärer oder kultureller Gattung abzugrenzen (ebd.: 87).

(Streckeisen et al. 2007: 109). Der schulische Verdienst rechtfertigt sich dabei über die arbeitsintensive Askese, welche ein Schüler erbringen muss, um im Universum des Allgemeinwissens und -interesses aufzusteigen (Derouet 1989: 21).

Streckeisen et al. (2007) haben den Fall einer Sekundarlehrerin rekonstruiert, die den mangelnden Schulerfolg und die Negativselektion von Migrantenkindern mit Bezugnahme auf die Schulwelt des Allgemeininteresses zu legitimieren wusste: ‚Ausländerkindern' würde die ‚Allgemeinbildung', das Grundinteresse sowie die ‚intellektuelle Neugier' fehlen, um in höherwertigen Schulformen („im Gymer", ebd.: 120) zu bestehen. Bei dieser Konklusion handelt es sich allerdings um das Ende einer längeren Argumentationskette, die bei der Behauptung ansetzt, dass Allgemeinbildung und Interesse bei Ausländerkindern durch das mangelhafte elterliche Erziehungsverhalten und das fehlende Interesse der Eltern an gewissen Schulfächern („Natur und Geographie") beeinträchtigt seien. Die Chancengleichheit sei daher, so die Lehrerin, bereits im Kindesalter nicht gegeben (ebd.: 119), wobei die Schule keine Verantwortung für die familiären Erziehungsfolgen übernehmen könne. Dieser Schulterschluss mit der nachfolgend skizzierten ‚gemeinschaftsförmigen Schulwelt' ermöglicht es der Schule, einen potentiellen Widerspruch in der Schulwelt des Allgemeininteresses und der Chancengleichheit zu vermeiden, denn im Gegensatz zum Selektionskriterium ‚Allgemeinbildung' lässt das Gerechtigkeitsprinzip der Chancengleichheit keine Rechtfertigung der Negativselektion von Migrantenkindern zu. Es handelt sich vielmehr um ein starkes Argument gegen schulische Benachteiligungen jeglicher Art.

3.2 Die gemeinschaftsförmige Schulwelt

Das Ideal einer Schule des Allgemeininteresses und der Chancengleichheit stand von Anfang an in einem gespannten Verhältnis mit einem Schulmodell, das in erster Linie auf den zwischenmenschlichen Beziehungen sowie der lokalen Verwurzelung gründet und auf einer Kontinuität der familiären und schulischen Erziehung basiert (Derouet 1989: 22; 1992: 95). Organisationsprinzipen der gemeinschaftsförmigen Schulwelt sind menschliche Wärme (frz. *chaleur*), Nähe und Vertrauen, und ihr Organisationsmodus entspricht jenem einer Familie (Derouet 1992: 96). Die Schule dieser ‚häuslichen Welt' ist zuallererst eine Schulgemeinschaft, die sich über die Qualität der Mitglieder und ihrer Beziehungen zueinander definiert. Privatschulen verkörpern diese Welt oft in besonderer Weise (z. B. als Montessori- oder Waldorf-Schule) und sie versinnbildlichen gleichzeitig, dass der Schüler nicht dem Staat, sondern der Familie gehört. Das zentrale

Rechtfertigungskriterium ist die soziale Kohäsion und das Glück einer partikularistischen Gemeinschaft (Derouet 1989: 22).

Während in der Schulwelt des Allgemeininteresses das abstrakte *Wissen* im Mittelpunkt steht, ist es in der gemeinschaftsförmigen Schulwelt die Person in seiner Ganzheitlichkeit, die es zu bilden und in ihr Milieu zu integrieren gilt (Derouet 1992: 98). An die Stelle des *savoir* tritt das *savoir-être* (Derouet 1989: 23) beziehungsweise die Charakterbildung (Derouet 1992: 101). Neben kognitiven Qualitäten wie Intellekt und Verstand gilt die pädagogische Aufmerksamkeit vor allem der Förderung des Schülers als ,ganzer Mensch' (Streckeisen et al. 2007: 257) unter Berücksichtigung seiner Affektivität, Körperlichkeit und Sensibilität, welche die Lehrperson zu ,spüren' hat (ebd.: 223). Die häusliche *Pädagogik* fördert die Solidarität, gegenseitige Hilfe und Zusammenarbeit zwischen den Schülern sowie ein gutes Schulklima. Sie ist bestrebt, dem Kinde in und außerhalb der Schule das Glücklichsein zu ermöglichen und vor subjektivem Leiden, insbesondere auch durch die Schule, zu verschonen (Derouet 1989: 24). Sie denunziert die Trennung von Schule und Leben, von Schulhaus und lokalem Milieu, bzw. von Kultur und Alltäglichem (ebd.: 22). Lernen bedeutet soziales Lernen (in Abgrenzung zum akademischen Lernen, vgl. Oester/Fiechter/Kappus 2005) i.S.v. einander gelten lassen, einander dulden, miteinander auskommen, zusammenarbeiten, Konflikte friedlich lösen (Radtke 2007). Unterrichtssprache ist eher die lokale Sprache (in der Schweiz die Mundart) als die Standardsprache (Oester et al. 2005: 31). Den harmonischen *Sozialbeziehungen* und der familiären Vergemeinschaftung kommt in der gemeinschaftsförmigen Schulwelt große Bedeutung zu. Die Lehrperson ist nahe stehender Freund und Vater, bzw. nahe stehende Freundin und Mutter, und der Schüler kann sich der Lehrperson vollends anvertrauen (Streckeisen et al. 2007: 40). In Analogie mit dem Familienmodell sehen sich die Lehrer als Elternvertreter in der ,Schulstube' (ebd.: 273), und die Hierarchien zwischen Lehrkräften und Schülern entsprechen denen von Eltern und Kindern. Die lehrerseitige Autorität ist naturgegeben und nicht diskutierbar, die Kontrolle permanent aber diffus (Derouet 1989: 24). Die Lehrkräfte müssen ihr Handeln vor der lokalen Gemeinschaft und nicht gegenüber einem staatlichen Gemeinwesen fernab der Einzelschule rechtfertigen (Derouet 1992: 102).

Beurteilung und Selektion: In der ,traditionellen Schule' werden eher Kameradschaft, Hilfsbereitschaft und Freundlichkeit (etwa durch Betragensnoten) ausgezeichnet als Schulleistungen (Derouet 1992: 98). Tests, welche Leistungsunterschiede offen legen, werden eher vermieden. Gruppenarbeit wird der Einzelarbeit vorgezogen, da daraus keine individuelle Leistung ersichtlich ist, oder Lehrkräfte stellen Aufgaben zu möglichst freien Themen, deren Resultate sie nur global und subjektiv beurteilen können. Die gemeinschaftsförmige Schulwelt distanziert sich konzeptionell von distinktiven Prozeduren, welche die Schüler in Funktion ihres Leistungs- und Kompetenzniveaus separieren (Derouet 1989: 24), denn durch subjektive Kränkung schädigt die Negativselektion den Schüler (Streckeisen et al. 2007: 212). Dieser „pädagogisch sinnlose Schmerz" (ebd.) beeinträchtigt das pädagogisch notwendige Vertrauensverhältnis zwischen Lehrkräften und Schülern (ebd.: 217).

Der Argumentationshaushalt der gemeinschaftsförmigen Schulwelt erweist sich in der Untersuchung von Gomolla und Radtke (2002) dennoch als zentral für die schulische Begründung der Negativselektion von Migrantenkindern am Übergang in die Sekundarstufe. Elf der von den Autoren rekonstruierten zwanzig Schlussregeln fallen in diese Kategorie. Sie lassen sich grob vier Topoi zuordnen: Die Lehrkräfte argumentieren erstens aus ,pädagogischer Sorge', dass es die Kinder vor Misserfolg, negativen Erfahrungen und Enttäuschungen in höheren Schulen zu bewahren gelte (ebd.: 240ff.). Dominanter sind jedoch Verweise auf eine fehlende kulturelle Passung (u. a. bzgl. Sprache und Kultur) zwischen der deutschen Schule und den türkischen Familien, wobei das Leben in verschiedenen kulturellen Welten den Schulerfolg erschweren würde, insbesondere in Realschulen und Gymnasien. Integration in die deutsche Kultur wird als Voraussetzung für Schulerfolg betrachtet, und die sich ,integrationsunwillig segregierenden Ausländer' werden für das schulische Scheitern ihrer Kinder verantwortlich gemacht (ebd.: 235ff.). Die Lehrkräfte rechtfertigen die Negativselektion dabei mit zwei zentralen Topoi, die auf der Annahme kultureller Differenzen bzw. auf ethnisch-kulturellen Zuschreibungen gründen: Zum einen wird den Eltern vorgehalten, dass sie ihre Kinder nicht angemessen erziehen und unterstützen könnten, um diese zum Schulerfolg zu führen (vgl. auch Streckeisen et al. 2007: 119). Bemängelt werden die mangelnde häusliche Förderung von deutscher Sprache und Arbeitshaltung (Gomolla/Radtke 2002: 244), sowie schwierige familiäre Verhältnisse, die u. a. aus der Erwerbstätigkeit der Mütter resultieren würden (Streckeisen et al. 2007: 126). Zum anderen wird die kontinuierliche Kooperations- und Kontaktfähigkeit ,ausländischer' Eltern mit der Schule in Abrede gestellt, welche für den Schulerfolg als unerlässlich gilt (Gomolla/Radtke 2002: 248). Schließlich wird die These einer für den Schulerfolg erforderlichen kulturellen Passung zwischen Schule und Elternhaus in einem vierten Topos zu Kulturkonfliktszenarien ausgeweitet. So wird etwa Türken eine aggressive und feindselige Haltung gegenüber der deutschen Gesellschaft und Schule zugeschrieben (ebd.: 246). Bei Streckeisen et al. (2007: 124) finden sich darüber hinaus Hinweise auf Befürchtungen der Lehrkräfte, dass das Klassenzimmer „zu einer politischen Krisenregion" werde, in der Staaten bzw. Schüler aus afrikanischen Staaten oder dem Balkan mit ,Gewalt' und ,Hass' aufeinander treffen und dadurch schulische Disziplinarprobleme verursachen würden.

3.3 Die effiziente Schulwelt

Bereits zu Beginn des zwanzigsten Jahrhunderts tauchte in Frankreich die Metapher von der Schule als Fabrik und den Schülern als Fertigungsprodukte auf (Derouet 1992: 106). Die Rationalisierung der Schule basierte dabei vorerst auf administrativen Prinzipien (Derouet 1989: 24). Die effiziente Schulwelt ist durch Planbarkeit und Planungssicherheit gekennzeichnet, etwa wenn Grundschulen und weiterführende Schulen in feste Konstellationen eingebunden sind, in denen die Schülerströme alljährlich in den gleichen Bahnen verlaufen (Radtke 2004: 167). Schulen kommen Unternehmen gleich, deren Organisation sich nach dem erwünschten Output richtet, und die sich in jüngster Zeit mit betriebswirtschaftlichen Steuerungsinstrumenten managen lassen (vgl. kritisch dazu Radtke 2006: 202). Im Sinne einer leistungsideologischen, ‚normativen Empirie' liegt dieser Schulwelt eine ökonomische, auf rechnerische Effizienz und Effektivität gerichtete Betrachtungsweise von pädagogischen Einrichtungen und Erziehungsmaßnahmen zugrunde (Radtke 2007).

Die effiziente Schulwelt präferiert Mindestgrößen von Klassen und Schulen, welche einen sparsamen Mitteleinsatz garantieren (Radtke 2005). Mit homogenisierten Leistungsklassen will sie verhindern, dass Schüler mit Lernschwierigkeiten in Klassen mit höheren Leistungsanforderungen den Lernrhythmus verlangsamen und die Leistungszuwächse der andern schmälern könnten. Leistungsklassen ermöglichen zudem einen effizienten, für die Lehrkräfte gut führbaren Unterricht, auch wenn so gleiche Lernchancen für alle verunmöglicht werden (Derouet 1989: 15 u. 37). Auch die Anforderung an die Schüler, dass sie die Unterrichtssprache beherrschen müssen, gehört zur Normalitätserwartung der effizienten Schulwelt, denn „die Schule will sicher gehen, dass sie mit den Schülern (...) erfolgreich arbeiten kann" (Radtke 2004: 157). Die Schule soll schließlich der arbeitsteilig strukturierten Gesellschaft zudienen. Die Angleichung der schulischen Lerninhalte an die Bedürfnisse des Arbeitsmarkts lässt sich dabei als Beitrag zum gesellschaftlichen Allgemeinwohl legitimieren, da sie sowohl eine starke Ökonomie als auch das individuelle Wohl fördert (Ball/Youdell 2008: 98; Boltanski/Thévenot 2007: 171).

Wissen wird entsprechend nicht zum Selbstzweck erworben, sondern es soll möglichst anwendbar sein und der Lösung konkreter oder technischer Probleme dienen, weshalb Berufsbildung höher geschätzt wird als Allgemeinbildung (Derouet 1992: 107 u. 128). Angestrebt wird weder *savoir* noch *savoir-être*, sondern *savoir-faire* (ebd.: 102) im Sinne von Problemlösekompetenz. Zentral wird die Kompetenz, sich selbständig Wissen erschließen und aneignen zu können („lernen des Lernens"), um heute noch unbekannte, zukünftig sich stellende Probleme zu lösen (Radtke 2007). In der effizienten Schulwelt ist Erziehung und Bildung zuallererst ein technisches Problem (Derouet 1992: 106). Im Glauben der industriellen *Pädagogik* ist Bildung plan-, programmier- und kontrollierbar, und sie lässt sich top-down mittels Lehrplänen und Lerntechniken vermitteln (Radtke 2007). Leistungshomogene Lerngruppen erleichtern es dabei, Lektionen methodisch und didaktisch perfekt aufzubauen (Streckeisen et al. 2007: 118). Der Wissenserwerb wird durch die Lösung von Problemen in konkreten Situationen gefördert und dabei mit funktionalen, technischen Hilfs- und Lernmitteln unterstützt. Der Unterricht findet zudem oft in spezialisierten Räumlichkeiten statt: in Sprachkabinen, Projektionsräumen, Dokumentations- und Informationszentren, oder in Computerräumen, die von Experten (Bibliothekar, EDV-Spezialistin) beaufsichtigt werden (Derouet 1989: 26). Die *Beziehungen* zwischen den schulischen Akteuren sind entsprechend harmonisch, wenn sie funktionieren, organisiert und optimiert sind (Boltanski/Thévenot 2007: 283). Von den Schülern wird Anpassung an die funktionalen Verhaltensregeln erwartet, um das Risiko von Störungen zu minimieren und effiziente Arbeitsbedingungen für die Lehrkräfte zu ermöglichen.

Beurteilung und Selektion: Schulische Beurteilung stellt in der effizienten Schulwelt eine technische Herausforderung dar, in deren Mittelpunkt Fragen der Objektivität und Präzision sowie die Zuverlässigkeit einer standardisierten Leistungskontrolle stehen. Dabei gilt es, durch die Persönlichkeit des Prüfers verursachte Messfehler möglichst zu vermeiden (Derouet 1989: 26; 1992: 107). Die Analysen von Streckeisen et al. (2007) verweisen auf vielfältige Rechtfertigungsweisen der schulischen Selektion in der effizienten Schulwelt. Die Selektion lässt sich erstens didaktisch legitimieren. Als Disziplinierungsinstrument ermöglicht sie den Lehrpersonen bereits in der Grundschule – und nicht erst auf der Sekundarstufe I, auf der sie mit homogenen Leistungsklassen effizientes Unterrichten gestattet[6] – ein ,normales' Schulehalten, indem die Schüler aufgrund ihres Wissens um die Selektion zu Disziplin und ,ordentlichem' Verhalten (ebd.: 189) sowie zu gesellschaftlich verwertbarer Leistung (ebd.: 198f.) angeregt werden. Zweitens lässt sie sich in organisatorisch-institutioneller Hinsicht mit der bestmöglichen Förderung *aller* Schüler und Schülerinnen legitimieren, indem sie die Schüler „an den für sie je ,richtigen' Platz im Schulsystem" alloziert (ebd.: 142). Die für einen betreffenden Schüler ,richtige Unterstützung' wird dabei durch genügend Zeitressourcen ermöglicht, welche die unterschiedli-

---

6 Vgl. hierzu die kohärente Rechtfertigung der schulischen Selektion in der Zuschrift eines Lesers an die Frankfurter Allgemeine Zeitung vom 27. Oktober 2009, S. 10, unter dem Titel „Wider den Berliner Bildungszentralismus": „Die FDP fordert unverdrossen eine sechsjährige Grundschule. Das bedeutet aber in der schulischen Praxis ein längeres Ausbremsen der Begabten, und das sind die, die später den Wohlstand schaffen, von dem alle ihren Nutzen haben, gerade auch die weniger Leistungsfähigen".

chen Schulformen für die jeweiligen Fördermaßnahmen bereitstellen (ebd.: 171). Drittens rechtfertigen die Lehrkräfte sowohl die Positiv- als auch die Negativselektion mit dem Bedarf einer arbeitsteiligen Gesellschaft. Zum einen müssten verantwortungsvolle Positionen mit Personen besetzt werden, die über die erforderlichen Fähigkeiten verfügten (ebd.: 109). Zum anderen brauche die Gesellschaft „nicht nur verantwortungswillige (...) Personen in hohen Positionen, sondern auch ‚gute Büezer', das heißt Personen, die in unteren Hierarchieebenen tätig sind" (ebd.: 190). Durch den Fortschritt einer arbeitsteiligen Gesellschaft, welche sie bewirkt, trägt die schulische Selektion – so die klassische Rechtfertigungsformel – zum Wohle und Profit aller bei.

Die Rechtfertigungsordnung der effizienten Welt findet sich auch im empirischen Material bei Gomolla und Radtke (2002; in sieben der zwanzig Schlussregeln) wieder, um die Negativselektion von Migrantenkindern zu legitimieren. Dabei lassen sich drei Topoi unterscheiden. Aus *formal-organisatorischer* Perspektive (ebd.: 230ff.) wird erstens argumentiert, dass sich ausländische Schüler erst dann schulisch integrieren lassen, sobald sie die nötigen institutionellen Stufen durchwandert und genügend lange Förderzeiten ‚genossen' hätten, um im Regelunterricht nicht mehr zu stören. Für Kinder mit organisatorischem Sonderstatus (etwa wenn sie altersmäßig zu spät die Auffangklasse beginnen) sei zudem nicht die Grundschule, sondern eine Hauptschule mit Vorbereitungsklasse[7] zuständig. Vergleichbar wird auch argumentiert, wenn die Schule bei einem Kind gravierende Sprachdefizite identifiziert. Dann seien aufgrund beschränkter organisatorischer Ressourcen (kein Deutschförderunterricht, Mangel an Lehrer) weder die Regelschule auf der Grundstufe noch die Realschule bzw. das Gymnasium zuständig. Insbesondere in Bezug auf den Übergang ins Gymnasium wird bei ausländischen Schülern ohne ‚*perfekte Deutschkenntnisse*' zweitens ein schulisches Scheitern aufgrund sprachlicher Schwierigkeiten prognostiziert. Diese würden sich bei erhöhten Leistungsanforderungen negativ auf alle Fächer auswirken und die Mitarbeit im Unterricht gefährden (ebd.: 235ff.). Drittens wird aus *organisatorisch-institutioneller* Perspektive die Hauptschule als bestmögliche Förderinstitution für Migrantenkinder propagiert. Die Merkmale ihres Unterrichts (praxisorientiertes sowie untheoretisches Arbeiten, sprachliche und kulturelle Heterogenität, Teamteaching etc.) werden dabei als nützliche Angebote für ausländische Schülerinnen dargestellt (ebd.: 233).

---

7   Eine Vorbereitungsklasse ist ein auf den Übergang in eine Regelklasse vorbereitendes Schulangebot für fremdsprachige Schüler, die gemäß Einschätzung der Schule noch über unzureichende Deutschkenntnisse verfügen, um dem Regelunterricht folgen zu können.

3.4 Die marktförmige Schulwelt

In der marktförmigen Schulwelt haben die Familien das Recht frei zu wählen, an welche Schule sie ihre Kinder schicken wollen. Die Wahlfreiheit wird durch Entbürokratisierung und Deregulierung des Schulsystems ermöglicht, u. a. durch die Aufhebung der Schuleinzugsgebiete und durch die Diversifizierung des lokalen Bildungsangebots mittels Profilbildung[8] (Ball/Youdell 2008; Radtke 2004). Damit Eltern einzelne Schulen vergleichen und eine informierte Wahl treffen können, müssen zudem genügend Informationen über die Einzelschulen verfügbar sein. Dies geschieht einerseits durch die Publikation von Erfolgsraten jährlicher Examen in großen Zeitungen oder der lokalen Presse (z. B. *School League Tables* in Großbritannien), oder im Rahmen einer staatlichen Informationskampagne mittels eines Systems von Bildungsindikatoren (Derouet 1992: 114). Andererseits bemühen sich die Schulen selbst um Öffentlichkeit und werben mit ihrem spezifischen Schulprofil anlässlich von Tagen ‚der offenen Tür' oder durch Inserate, etwa in Zeitschriften oder öffentlichen Verkehrsmitteln, um neue Kunden.

Die Schullandschaft kommt damit einem ‚Quasi-Markt' gleich, auf dem das Wettbewerbsprinzip zwischen den (öffentlichen wie privaten) Schulen gilt. Letztere sind entsprechend angehalten, ihre Ressourcen autonom zu verwalten (‚Schulautonomie') und möglichst gewinnbringend zu nutzen. Die Einzelschule ist bestrebt, durch gezielte Rekrutierung jene Schüler an sich zu binden, die sich durch sparsamen Ressourcenverbrauch zum Schulerfolg führen lassen. Wie alle anderen Schulwelten rechtfertigt sich auch die marktförmige Schule mit einem Beitrag zum Gemeinwohl. Durch den Wettbewerb zwischen den Schulen soll der Bildungsstandard im Erziehungssystem erhöht werden, entweder durch die Schließung von schlechten bzw. leistungsschwachen Schulen, die nicht mehr nachgefragt werden, oder durch die Leistungssteigerung ebendieser Schulen als Resultat des Wettbewerbdrucks (Ball/Youdell 2008: 18).

Wissen und *Pädagogik* dienen der marktförmigen Schulwelt als Mittel zum Zweck des Bestanderhalts auf dem schulischen Markt. Das vermittelte Wissen hängt entsprechend ab von der Nachfrage, bzw. vom pädagogischen Profil, mit dem eine Einzelschule versucht, sich im Wettbewerb zwischen Schulen durchzusetzen. Bildung erhält in der marktförmigen Schulwelt einen Warencharakter und einen Tauschwert, im Gegensatz zu ihrem Gebrauchswert in der effizienten Schulwelt. Als 'teaching to the test' (lernen auf schulvergleichende Examen)

---

8   Neben Spezialisierung auf bestimmte Fächerangebote (‚Musikerziehung' oder ‚Frühenglisch') kann sich eine Schule auch durch eine bestimmte Gestaltung der Schulgemeinschaft profilieren (beispielsweise als Montessori- oder Waldorf-Schule, oder als konfessionelle Gemeinschaft, vgl. Radtke 2004: 170).

wirkt sich der Wettbewerbsdruck zudem auf die Unterrichtsgestaltung und Schwerpunktsetzung im Klassenzimmer aus (ebd.: 87). Das *Beziehungsverhältnis* zwischen Lehrkräften, zwischen Schülern beziehungsweise zwischen den Schulen ist durch Konkurrenz charakterisiert (Derouet 1989: 28).

Beurteilung und Selektion: Leistungsbeurteilung wird nicht erst im Rahmen von Examen, die dem Vergleich der Schulen dienen, relevant. Bereits bei der Rekrutierung ihrer Schüler betreiben die Schulen eine Selektion, welche ihrem eigenen pädagogischen Profil möglichst zuträglich ist, um jene abzuweisen, die keine erfolgreiche Schullaufbahn versprechen. Die Entscheidung, welche Schüler der marktförmigen Schule am besten dienen, kann dabei abhängig sein von Annahmen über den Zusammenhang von sozialer Klasse, Ethnizität und Geschlecht mit Leistungsfähigkeit, was tendenziell zur sozialen und ethnischen Entmischung bzw. Homogenisierung der Schülerpopulation führt (Ball/Youdell 2008: 80; Radtke 2004: 172).[9] Im Untersuchungsmaterial von Gomolla und Radtke (2002) finden sich nur am Rande Hinweise auf die Bedeutung der marktförmigen Schulwelt für die Rechtfertigung der Negativselektion von Migrantenkindern. Die Autoren verweisen auf eine Realschule, die der nicht obligatorischen zweiten Fremdsprache einen hohen Stellenwert einräumt, um sich im lokalen schulischen Kontext zu profilieren und mit einem Gymnasium um Schülerinnen zu konkurrieren. Dies resultiert in einer marktbedingt erhöhten Bedeutung des sprachlichen Selektionskriteriums zum Nachteil ausländischer Schüler, bei denen Zusatzprobleme hinsichtlich des Erwerbs der zweiten schulischen Fremdsprache erwartet werden (ebd.: 240).

4 Kompromisse zwischen widersprüchlichen Selektionsprinzipien

Die präsentierten Schulwelten ermöglichen es, die Argumentationen pädagogischer Debatten einigen fundamentalen schulpolitischen Prinzipien zuzuordnen. Die Antwort auf die Frage, weshalb das Erziehungssystem sein Versprechen, einen ‚meritokratischen', herkunftsunabhängigen Zugang zu Bildung zu garantieren, chronisch nicht zu leisten vermag (Radtke 2004: 150), ist in der Spannung der Schulwelt des Allgemeininteresses und der Chancengleichheit mit den anderen Schulwelten zu suchen. Die obige Reinterpretation von Gomolla und Radtkes Ergebnissen zeigt dabei, dass die Schule in hohem Masse die Rechtfertigungsordnungen der gemeinschaftsförmigen und der effizienten Schulwelt mobilisiert,

---

9   Dieser Prozess wird verstärkt, indem sich Schulen mit hohem Ausländeranteil ihrerseits ein spezifisches ausländerpädagogisches Profil mit besonderen Sprachfördermaßnahmen, Hausaufgabenhilfe usw. geben, was sie für deutsche Mittelschichteltern weiter unattraktiv macht (Radtke 2004: 170).

um die Negativselektion von Migrantenkindern in die weiterführenden Schulen zu legitimieren. Die verbreiteten schulischen Überzeugungen, wonach der Schulerfolg von Migrantenkindern nur möglich sei, wenn deren Eltern kontinuierlich Kontakt mit der Schule halten und ihre Kinder in schulischen Belangen tatkräftig unterstützen würden (Argumente der gemeinschaftsförmigen Welt, vgl. Kap. 3.2), stehen dabei in deutlichem Widerspruch zum Gerechtigkeitsprinzip der Schulwelt des Allgemeininteresses und der Chancengleichheit. Letztere verlangt gerade, dass die Schule einen klaren Bruch mit dem familiären Milieu vollziehen müsste, um die Integration in Schule und Republik zu gewährleisten (Perroton 2000: 133).

Die skizzierten Schulwelten gilt es bezüglich ihrer Wirklichkeitsnähe jedoch mit Vorsicht zu interpretieren. Es wäre falsch, sie in der präsentierten, idealtypischen Form aufspüren zu wollen. Sie treten praktisch nie in ihrer Reinform zutage, sondern sie sind meist als *Kompromisse* (Boltanski/Thévenot 2007: 367ff.) auf komplexe Weise miteinander verzahnt. Schulische Situationen sind in der Regel hybride Situationen, denen unterschiedliche, miteinander konfligierende Gerechtigkeitsannahmen unterlegt sind. Erst die Kompromissbildung garantiert dann den Zusammenhalt der Personen in einer Situation und damit Stabilität und Fortbestand von Einzelschulen und Erziehungssystemen. Dies gilt auch für die schulische Selektion und die Rechtfertigung ihrer Folgen gegenüber der Öffentlichkeit: Gleichheit, Gemeinschaftlichkeit und Effizienz sind widersprüchliche, sich gegenseitig ausschließende Selektionsprinzipien, und erst Kompromisse zwischen einzelnen Schulwelten ermöglichen es, die latente Debatte für und wider das eine oder andere Prinzip für eine bestimmte Zeit zu suspendieren, um Entscheidungsfähigkeit in der Selektionssituation herzustellen (Derouet 1992: 124f. u. 141f.).

So ruft etwa die Spannung zwischen dem staatsbürgerlichen Gleichheitsprinzip und der Notwendigkeit, die Schüler auf eine arbeitsteilige Gesellschaft vorzubereiten, oder die Spannung zwischen einem gleichwertigen und einem effizienten Unterricht nach einem Kompromiss zwischen der effizienten Schulwelt und jener des Allgemeininteresses und der Chancengleichheit (Derouet 1992: 148 u. 155). Ein Kompromiss zwischen der effizienten und der gemeinschaftsförmigen Schulwelt liegt dagegen vor, wenn letztere, obwohl sie sich tendenziell gegen Leistungsklassen ausspricht, Argumente zur Legitimation von Schulzügen mit tiefen Leistungsanforderungen liefert, wie sie Streckeisen et al. (2007: 273ff.) ermittelt haben: Die Realschule diene als ‚Refugium der Gemeinschaftlichkeit', denn sie gestatte als Schonraum vor Leistungsanforderungen und -Bewertungen, die ‚Selektionsopfer' ‚in ihrem ganzen Menschsein' zu fördern. Die Kompromissbereitschaft dieser beiden Welten zeigt sich auch dann, wenn die Entwicklungs- und Bildungsprognose eines Migrantenkindes aufgrund von

Befürchtungen der gemeinschaftsförmigen Welt (z. B. fehlende kulturelle Passung zwischen Schule und Elternhaus) negativ eingeschätzt wird, und diese Vorbehalte dann in einem Entscheid gegen das Gymnasium kulminieren, da das Migrantenkind dort einem ‚erfolgversprechenderen' Schüler einen der begrenzten Plätze wegnehmen könnte.

Sich verändernde Kompromissformen der Selektion ließen sich möglicherweise im historischen Wandel von schulischen Koordinationsanforderungen und Rechtfertigungsordnungen analysieren. Während Derouet (1992) für Frankreich im Verlauf des 20. Jahrhunderts u. a. eine Verschiebung der sich ehemals staatsbürgerlich legitimierenden Staatsschule hin zu gemeinschaftsförmigen, lokalen Schularrangements beobachtet hat, heben Ball und Youdell (2008) den Wandel der britischen Schullandschaft von einem traditionellen Kompromiss, in dem öffentlicher Dienst und Gemeinschaft kaum miteinander in Opposition standen, hin zur Marktöffnung gegen Ende der achtziger Jahre hervor. Demgegenüber verweist Radtke (2005, 2007) für Deutschland auf den Wandel des deutschen Erziehungssystems von umständlicher demokratischer Konsensbildung auf effektive und effiziente Anordnungs- und Managementstrukturen bzw. auf den Umbau der Schulen und Hochschulen zu betriebswirtschaftlich funktionierenden Unternehmen.

Die skizzierten Rechtfertigungsordnungen ermöglichen es schließlich, Schulen bzw. Erziehungssysteme nach ihren jeweiligen Kompromissformen und Normalitätsvorstellungen zu typologisieren, um auf diesem Hintergrund verschiedene Umgangs- und Rechtfertigungsweisen mit der schulischen Selektionsaufgabe sowie unterschiedliche Auffassungen von Pädagogik zu analysieren. Pädagogisches Handeln dürfte dabei jeweils auf die Vermittlung einer spezifischen *Kombination* von Wissen, Tradition und Technik (Streckeisen et al. 2007: 38) bzw. von *savoir*, *savoir-être* und *savoir-faire* ausgerichtet sein.

5   Konklusion

Abschließend stellt sich die Frage nach dem Verhältnis zwischen den skizzierten Koordinations- und Rechtfertigungsordnungen und dem Konzept der Institutionellen Diskriminierung sowie Nohls (2007) Verortung des ‚Kulturellen' innerhalb der Organisation Schule. Gomolla und Radtke (2002: 257) deuten die Entstehung von schulischen Bildungsungleichheiten vorrangig mit der organisationellen Logik der Schule, wobei letztere institutionelle Erwartungen und Ordnungsmuster aus der Umwelt zum Thema Migration nutzt, um diese, sofern für den eigenen Fortbestand nützlich, in ihre eigenen Operationen einzuarbeiten. Damit wird der effizienten Schulwelt der Primat für das Verständnis der Funktionsweise der Schule zugewiesen, während anderweitige Schulwelten wie die gemeinschaftsförmige oder jene der Chancengleichheit ausschließlich als opportune, in der Organisations*umwelt* lokalisierte Rechtfertigungsressourcen für ‚effiziente' Entscheide betrachtet werden. Die Bezeichnung dieses organisationalen Geschehens als ‚Diskriminierung' beruht dabei auf dem Sachverhalt, dass (a) das schulische Koordinationsprinzip der Chancengleichheit jenem der effizienten Schulwelt geopfert wird, und (b) die Schule gleichzeitig auf die Rechtfertigungsordnung der gemeinschaftsförmigen Schulwelt angewiesen ist, um dieses Verhalten und die daraus resultierenden sozialen Bildungsdisparitäten durch die Verwertung ethnischer Zuschreibungen zu legitimieren.[10] Gomolla und Radtke (2002) behandeln die verschiedenen Schulwelten bei der Produktion von Bildungsungleichheiten demnach als ‚arbeitsteilig': Die Schule funktioniert in der effizienten Welt jenseits gemeinschaftsförmiger Prinzipien, aber sie rechtfertigt ihr Funktionieren in der gemeinschaftsförmigen Welt. Die Heuristik der Schulwelten behandelt dagegen die schulorganisatorische und die gemeinschaftsförmige Logik als institutionell-normative Funktions- *und* Rechtfertigungslogiken unter anderen.

Um der Ausblendung der gemeinschaftsförmigen Schulwelt bei der organisationssoziologischen Analyse schulischen Verhaltens (Derouet 1989: 15) entgegen zu wirken, hat Nohl (2007) unterschiedliche Spielarten des Kulturellen bzw. von Milieus innerhalb der Organisation vorgeschlagen.[11] Milieus entfalten demnach innerhalb von Schulen ein Eigenleben, welches deren Bestand gerade ermöglicht, also nicht im Widerspruch zur Organisation steht (ebd.: 67). Solche funktionalen, sowohl durch Mitgliedschaft und Zugehörigkeit konstituierte Organisationsmilieus lassen sich in der vorliegenden Heuristik als *Kompromiss* (vgl. Kap. 4) zwischen der effizienten (organisationsbasierten) sowie der gemeinschaftsförmigen (milieubasierten) Schulwelt verstehen.

Die Kompromissformel ‚Organisationsmilieu' erlaubt es somit, erziehungswissenschaftliche Beobachtungen auf zwei für die schulische Selektion relevante Koordinations- und Rechtfertigungsprinzipien auszuweiten. Die Heuristik der multiplen Schulwelten geht jedoch über Nohls zweidimensionales Verständnis von Schule als Organisation und Milieu hinaus, indem sie bei der Analyse schulischen Verhaltens neben den effizienten und gemeinschaftsförmi-

---

10 Vgl. Imdorf (2010) zur Deutung von Diskriminierung basierend auf Boltanski und Thévenots Rechtfertigungstheorie.
11 Nohl (2007: 66ff.) hat fünf Formen vorgeschlagen, wie schulische Organisationen auf Milieus angewiesen sein können. Er unterscheidet Milieus als gelebte Praxis innerhalb kollektiver Zugehörigkeit in der Organisation, das milieubedingte Unterleben in pädagogischen Organisationen, milieugeprägte Umgangsweisen mit formalen Regeln, informelle Regeln in Organisationsmilieus sowie Entscheidungen, die durch den Milieuhintergrund der Entscheider/-innen geprägt sind.

gen Koordinationsprinzipien auch alternative normative Funktionsprinzipien zulässt, wie jene des Marktes oder der Chancengleichheit. Nach welchen Normen eine Schule funktioniert, bzw. welche Kompromisse schulpolitischer Handlungslogiken und Rechtfertigungsordnung sich in konkreten Situationen der schulischen Selektion durchsetzen, gilt es dabei *empirisch* zu ermitteln (und nicht theoretisch vorauszusetzen).

Da eine Modellierung von Schule unter Berücksichtigung multipler Ordnungs- und Gerechtigkeitsprinzipien den auf die effiziente Welt fokussierten Organisationsbegriff der konventionellen Organisationssoziologie sprengt, gilt es diesen weiter zu fassen (oder zu ersetzen). Boltanski und Thévenot (2007: 36) haben denn auch eine neue Herangehensweise an Organisationen gefordert, die „nicht mehr als einheitliche (...) Entitäten angesehen werden, sondern als eine Montage von unterschiedlichen Welten angehörenden Arrangements". Erst solche auf Kompromissen gründende Arrangements ermöglichen es der mehrweltigen Schule, in ihrem historisch-lokalen Kontext zu überleben. An die Stelle des Verhältnisses der Organisation Schule zu ihrer institutionellen Umwelt, welches im Konzept der institutionellen Diskriminierung im Vordergrund steht (Gomolla/Radtke 2002: 257), tritt dabei in der Rechtfertigungstheorie der schulischen Selektion das Verhältnis einer hybriden, auf pluralen Welten basierenden Schule zu ihrem schulpolitisch befähigten und mitentscheidenden Publikum (Eltern, Kommunalpolitik, Medien etc.), vor welchem es die Selektionsentscheide im Eigeninteresse der Schule möglichst ohne Protestfolgen zu legitimieren gilt.

Die vorgeschlagene Heuristik der Schulwelten ermöglicht also zum einen ein konzeptionelles Verständnis der schulischen Produktion von Bildungsdisparitäten, das von multiplen Koordinations- und Gerechtigkeitsprinzipien ausgeht, die für Erhalt und Reproduktion der Schule als notwendig erachtet werden. Auf diesem Hintergrund ließen sich neben ethnischen und sozialen Disparitäten bei der Genese von Bildungsungleichheiten auch geschlechtertypische Grundschulempfehlungen analysieren, welche von der schulischen Organisationsforschung bisher praktisch gänzlich vernachlässigt wurden.

Zum anderen verweist die Heuristik auf praktische Implikationen in multiplen Schulwelten, um sozialen Bildungsungleichheiten vorzubeugen. Dabei sensibilisiert das präsentierte Selektionsmodell für das Protestpotential des schulpolitischen Publikums, dessen Interessen bei der Konzeption schulischer Interventionen berücksichtigt werden müssen. Inwiefern solche Interventionen ein wirksames Bildungs- und Integrationsmanagement ermöglichen, um der schulischen Benachteiligung von Migrantenkindern entgegenzuwirken, bleibt vorerst dahingestellt. Kritisch sei jedoch vermerkt, dass bereits das Vokabular einer derart geführten Schulentwicklungsdiskussion (‚wirksam', ‚Integrationsmanagement') unmissverständlich auf die effiziente Schulwelt als angemessener Interventionsort abzielt. Innovationen, welche die gegenwärtigen Mechanismen hinter der schulischen Negativselektion von Migrantenkindern grundlegend zu destabilisieren gestatten, dürften hingegen vor allem dann vielversprechend sein, wenn sie neben den organisatorischen Sachzwängen der Schule auch die Koordinationszumutungen der gemeinschaftsförmigen Schulwelt – unter anderem die Forderung an die Eltern, ihre Kinder schulisch mitverantworten zu müssen – ernsthaft in Frage stellen. Mit welchem ‚Kompromiss' sich die gemeinschaftsförmige Schulwelt nicht bloß ‚zum Wohle aller', sondern zuallererst im objektiven Interesse von Migrantenkindern ‚steuern' und ‚managen' lässt, ist dabei die entscheidende Frage.

Literatur

Bade, Klaus J./Bommes, Michael (Hrsg.) (2004): Migration – Integration – Bildung. Grundfragen und Problembereiche. IMIS-Beiträge 23. Osnabrück: Institut für Migrationsforschung und Interkulturelle Studien (IMIS), Universität Osnabrück

Ball, Stephen J./Youdell, Deborah (2008): Hidden Privatisation in Public Education. Brussels: Education International

Boltanski, Luc/Thévenot, Laurent (2007): Über die Rechtfertigung. Eine Soziologie der kritischen Urteilskraft. Hamburg: Hamburger Edition

Boltanski, Luc/Thévenot, Laurent (Hrsg.) (1989): Justesse et justice dans le travail. Noisy-le-Grand Cedex: presses universitaires de France

Brumlik, Micha (Hrsg.) (2007): Vom Mißbrauch der Disziplin. Antworten der Wissenschaft auf Bernhard Bueb. Weinheim/Basel: Beltz

Derouet, Jean-Louis (1989): L'établissement scolaire comme entreprise composite. Programme pour une sociologie des établissements scolaires. In: Boltanski et al. (1989): 11-42

Derouet, Jean-Louis (1992): Ecole et justice – De l'égalité des chances aux compromis locaux? Paris: Métailié

Eymard-Duvernay, François (2004): Économie politique de l'entreprise. Paris: Éditions La Découvert

Gomolla, Mechthild/Radtke, Frank-Olaf (2002): Institutionelle Diskriminierung. Die Herstellung ethnischer Differenz in der Schule. Opladen: Leske+Budrich

Haeberlin, Urs/Imdorf, Christian/Kronig, Winfried (2004): Von der Schule in die Berufslehre. Untersuchungen zur Benachteiligung von ausländischen und von weiblichen Jugendlichen bei der Lehrstellensuche. Bern: Haupt

Hormel, Ulrike/Scherr, Albert (Hrsg.) (2010): Diskriminierung. Grundlagen und Forschungsergebnisse. Wiesbaden: VS Verlag für Sozialwissenschaften

Imdorf, Christian (2010): Die Diskriminierung ‚ausländischer' Jugendlicher bei der Lehrlingsauswahl. In: Hormel et al. (2010): 197-219

Krüger, Heinz-Hermann/Rabe-Kleberg, Ursula/Kramer, Rolf-Torsten/Budde, Jürgen (Hrsg.) (2010): Bildungsungleichheit revisited. Bildung und soziale Ungleichheit vom Kindergarten bis zur Hochschule. Wiesbaden: VS Verlag für Sozialwissenschaften

Maaz, Kai/Baumert, Jürgen/Trautwein, Ulrich (2010): Genese sozialer Ungleichheit im institutionellen Kontext der Schule: Wo entsteht und vergrößert sich soziale Ungleichheit? In: Krüger et al. (2010): 70-103

Nohl, Arnd-Michael (2007): Kulturelle Vielfalt als Herausforderung für pädagogische Organisationen. In: Zeitschrift für Erziehungswissenschaft, 10(1). 2007. 61-74

Oester, Kathrin/Fiechter, Ursula/Kappus, Elke-Nicole (2005): Schulen in der transnationalen Gesellschaft. Segregation- und Integrationsprozesse am Beispiel Bern West. Forschungsbericht (Kurzfassung). Bern: Pädagogigsche Hochschule Bern

Otto, Hans-Uwe/Schrödter, Mark (Hrsg.) (2006): Soziale Arbeit in der Migrationsgesellschaft. Multikulturalismus – Neo-Assimilation – Transnationalität. Lahnstein: neue praxis

Perroton, Joëlle (2000): Les ambiguïtés de l'ethnicisation des relations scolaires. L'exemple des relations école-familles à travers la mise en place d'un dispositif de médiation. In: VEI Enjeux. 2000. 121, 130-147

Radtke, Frank-Olaf (2004): Die Illusion der meritokratischen Schule. Lokale Konstellationen der Produktion von Ungleichheit im Erziehungssystem. In Bade et al. (2004): 143-178

Radtke, Frank-Olaf (2005): Migration – eine Herausforderung für das bundesdeutsche Schulsystem. In: Kölnischer Kunstverein u. a. (Hrsg.): Projekt Migration. Köln. 2005. 454-465

Radtke, Frank-Olaf (2006): Politiknah und praxisverträglich. Der Beitrag der westdeutschen Erziehungswissenschaften zur Modellierung des Migrationsproblems. In Otto et al. (2006): 201-213

Radtke, Frank-Olaf (2007): Wiederaufrüstung im Lager der Erwachsenen. Bernhard Buebs Schwarze Pädagogik für das 21. Jahrhundert. In: Brumlik (2007): 204-242

Streckeisen, Ursula/Hänzi, Denis/Hungerbühler, Andrea (2007): Fördern und Auslesen. Deutungsmuster von Lehrpersonen zu einem beruflichen Dilemma. Wiesbaden: VS Verlag für Sozialwissenschaften

Sprachlich-kulturelle Differenz als Ideologiekonstrukt

Krassimir Stojanov

Einer der größten wissenschaftlichen Verdienste von Frank-Olaf Radtke ist, dass er eine differenzierte und fundierte gesellschaftstheoretische Perspektive zum Themenbereich „Bildung und Migration" entwickelt. Diese Perspektive ist im Rahmen der so genannten „Interkulturellen Pädagogik", die im deutschen Sprachraum meistens als für diesen Themenbereich maßgeblich zuständig betrachtet wird, selten vertreten. Vielmehr ist dieses pädagogische Spezialgebiet fast ausschließlich fokussiert auf die Formulierung von „praxisanleitenden" Maßnahmen für die bessere schulische „Integration" von Kindern und Jugendlichen „mit Migrationshintergrund" (z. B. Sprachförderungsmaßnahmen), oder für die schulische Anerkennung von „kultureller Differenz". Radtke hat als einer der ersten deutschen Wissenschaftler erkannt, dass dieser Ansatz für das Verständnis der Bildungslage von Kindern und Jugendlichen aus Migrantenfamilien wissenschaftlich unzulänglich ist, und dass er in politischer Hinsicht oft selbst – wenn auch unbeabsichtigt – zur Stigmatisierung dieser Kinder und Jugendlichen beiträgt.

Für Radtke ist der unterdurchschnittlichen Bildungsbeteiligung von Kindern und Jugendlichen aus Migrantenfamilien nicht in erster Linie mit gut gemeinten pädagogischen Maßnahmen zu begegnen, die auf die „Akkulturation" dieser Kinder und Jugendlichen, oder auf die Verbesserung der Fähigkeit zu Anerkennung „kultureller Differenz" bei ihren Lehrern abzielen. Vielmehr stellt sich für ihn an erster Stelle die genuin gesellschaftstheoretische Frage, wie die moderne spätkapitalistische Gesellschaft *von ihrer institutionellen Struktur her* soziale Ungleichheit durch kulturell kodierte Exklusionsmechanismen produziert, die unter anderem im Bildungssystem wirksam sind.

Radtke sucht nach einer konzeptuellen Antwort auf diese Frage vor allem durch den Begriff der institutionellen Diskriminierung, den er zusammen mit Mechtild Gomolla in den deutschsprachigen sozial- und bildungswissenschaftlichen Diskurs eingeführt, ihn gesellschaftstheoretisch begründet und zugleich auf den Umgang von Bildungsinstitutionen mit Kindern und Jugendlichen mit so genanntem „Migrationshintergrund" angewandt hat. Dabei zeigen Radtke und Gomolla überzeugend auf, wie die Konstruktion von sprachlich-kultureller Differenz zu einem Hauptmechanismus institutioneller Diskriminierung wird. Schulen bewältigen ihre eigenen strukturellen Probleme und Schwächen im Umgang mit Heterogenität, hier vor allem bezogen auf Kinder und Jugendliche mit „Migrationshintergrund" dadurch, dass sie die im Durchschnitt schlechteren Bildungszeugnisse dieser Kinder und Jugendlichen auf ihre vermeintlichen „kulturellen Identitäten" und/oder herkunftsbedingte Sprachdefizite zurückführen.

In diesem Beitrag unternehme ich einen Re-Konzeptualisierungsversuch dieses Konstruktionsvorgangs sprachlich-kultureller Differenz: Beschreiben ihn Radtke und Gomolla vorwiegend in systemtheoretischen Termini, entwickele ich hingegen im Folgenden eine ideologiekritische Perspektive auf die Konstruktion von sprachlich-kultureller Differenz. Ich sehe den Vorteil dieser dezidiert normativen Perspektive darin, dass sie im Unterschied zum systemtheoretischen Ansatz, der – wie ich unten ausführen werde – mit nicht-expliziten normativen Prämissen operiert, die Konstruktion von sprachlich-kulturellen Differenzen als *falsch* zu kritisieren und als unbegründet abzulehnen ermöglicht.

Bei dem genannten Re-Konzeptualisierungsversuch gehe ich wie folgt vor: Zuerst erläutere ich den Begriff der institutionellen Diskriminierung, wobei ich ausführe, warum dieser Begriff eines ideologiekritischen „Re-Framings" bedarf (1). Dann stelle ich den Entwurf einer (nicht-marxistischen) Neufassung der Ideologiekategorie dar (2). Schließlich zeige ich exemplarisch auf, wie „sprachlich-kulturelle Differenz" als Ideologieformel konstruiert wird, und wie sich diese Formel in gegenwärtig zentralen bildungspolitischen Diskurstopoi widerspiegelt (3).

1 Institutionelle Diskriminierung – ein systemtheoretischer Begriff?

Radtke und Gomolla führen den Begriff der institutionellen Diskriminierung in Abgrenzung zur „böswilligen Diskriminierung" ein (vgl. Gomolla/Radtke 2002: 12ff.), die absichtlich von Menschen und Menschengruppen gegen andere Menschen und Menschengruppen vollzogen wird. Demgegenüber komme institutionelle Diskriminierung unabhängig von subjektiven Intentionen durch Operationslogiken gesellschaftlicher Teilsysteme zustande, die auf Komplexitätsreduzierung ausgerichtet sind:

> „Es kommt darauf an, gerade die Form der institutionellen Diskriminierung zu untersuchen, die nicht, oder nicht entscheidend auf Böswilligkeit und abweichendes Verhalten zurückzuführen ist. Das Problem der Diskriminierung entsteht in dieser Perspektive erst, wenn Organisationen, die bemüht sind, ihre eigene Probleme zu lösen, von außen mit Forderungen konfrontiert werden, die sie in ihrer eigenen Operationslogik nicht ohne weiteres unterbringen können. Was, so lautet die Frage, tun Organisationen wie Firmen oder Banken, aber auch die Schulen, wenn sie Forde-

248

rungen nach Gleichheit und Gerechtigkeit mit ihrem Interesse an Komplexitätsverminderung und Komplikationsvermeidung in ihren Arbeitsabläufen vereinbaren müssen?" (ebd.: 21).

Nach Gomolla/Radtke lässt sich die Antwort auf diese Frage wie folgt zusammenfassen: Bildungsinstitutionen vermeiden die Komplexitätserhöhung für Unterricht und pädagogischen Umgang mit Kindern und Jugendlichen, die sich durch eine Abweichung vom Postulat des in einer Mittelschichtfamilie monolingual und im Einklang mit der „Leitkultur" sozialisierten „Normalschülers" ergeben würde, indem sie „Argumentationshaushalte" produzieren, welche „kulturelle" Ursachen für Bildungsmisserfolge von Kindern und Jugendlichen „mit Migrationshintergrund" behaupten (vgl. Gomolla/Radtke 2002: 257-262). Solche „kulturelle Ursachen" werden als „Integrationsunwilligkeit der Familien", „Identitätskonflikte", „Sprachdefizite", und sogar als „niedrigerer Intelligenzquotient" ausbuchstabiert (vgl. Lenzen 2005).

Systemtheoretisch gesehen erfüllen solche Argumentationshaushalte eine zentrale systemische Funktion, da sie das Teilsystem Schule durch Komplexitätsreduzierung stabilisieren, und es von Heraus- und Überforderungen entlasten. Insofern diese Argumentationshaushalte der Operationslogik des Teilsystems Schule entspringen, sind sie – systemtheoretisch gesehen – nicht als verzerrt, pathogen, oder gar falsch zu bewerten. Teilsysteme sind ja nicht als intentional handelnde Großsubjekte zu verstehen, die zwischen verschiedenen Handlungsalternativen wählen können. Vielmehr *geschehen* ihre Funktionsweisen einfach, und sie geschehen unabhängig von den Absichten ihrer Mitglieder. Diese Funktionsweisen, zu denen die erwähnten Argumentationshaushalte gehören, haben keine normative Dimension und keine normative Begründung. Und da nach dem systemtheoretischen Ansatz das gesamte soziale Universum ausschließlich aus Interdependenzen zwischen Funktionsabläufen von (Teil-) Systemen besteht, kann es in diesem Universum überhaupt keinen Raum für nichtfunktionalistische normative Bewertungsgesichtspunkte geben. Argumentationshaushalte sind demnach nicht als falsch oder wahr, verzerrt oder richtig, sondern lediglich als funktional oder dysfunktional anzusehen. Wenn Schulen Umweltstörungen bei ihrer auf Herstellung von Homogenität durch Selektion ausgerichteten Operationslogik durch den Argumentationshaushalt der institutionellen Diskriminierung neutralisieren – wobei sich die Umweltstörungen in Forderungen nach Gleichbehandlung und Chancengleichheit ausdrücken – so ist dieser Haushalt funktional. Wie kann man ihn dann überhaupt kritisieren? Aufgrund von welchen normativen Kriterien? Und vor allem: wie kann man diese Kriterien wissenschaftlich begründen? Diese Frage ist vor allem für diejenigen Lehrerinnen und Lehrer durchaus existentiell wichtig, die sich aufgrund ihres professionellen Selbstverständnisses gegen die Logik der institutionellen Diskriminierung sträuben und nach Artikulationsressourcen für ihr oft diffuses Unbehagen gegenüber dieser Logik suchen.

Gomolla und Radtke versuchen das so skizzierte Problem zu lösen, indem sie sich eines Kunstgriffes bedienen, der nicht mehr systemtheoretisch zu begründen ist, und der in epistemologischer Hinsicht klare eklektische Züge aufweist: Die Kritik an die institutionelle Diskriminierung soll aus einer *moralischen* Perspektive erfolgen, die als *extern* gegenüber den Teilsystemen der Bildungsinstitutionen bzw. als ausgehend von externen „Beobachtungsinstanzen" interpretiert wird (vgl. Gomolla/Radtke 2002: 13).

Wie begründet man jedoch eine solche extern-moralische Perspektive? Systemtheoretisch kann diese Perspektive ausschließlich mit ihrer Funktionalität begründet werden, genauer: mit ihrer Funktion, Verselbständigungstendenzen von Teilsystemen entgegenzuwirken (vgl. ebd.: 13). Dies bedeutet, dass Teilsysteme nicht danach bewertet werden, ob sie etwa gerecht sind; vielmehr werden allenfalls rhetorische Figuren von Gerechtigkeit bemüht, um eine dysfunktionale Verselbständigung von Teilsystemen zu verhindern. In diesem Fall handelt es sich um funktionalistisch ausgerichtete Interventionen, die „quasi-normativ" sind, und die z. B. darauf abzielen, eine Loslösung des Teilsystems der Erziehung von demjenigen der Politik, d. h. eine Abschottung von Schule gegenüber politischen Forderungen und Steuerungsansprüchen zu verhindern.

Wenn ich recht sehe, bezwecken Gomolla und Radtke jedoch, die Institutionen des Bildungssystems *normativ* mit einer Gerechtigkeitsvorstellung zu konfrontieren, die selbst nicht funktionalistisch ist (vgl. ebd.: 26). Sie lassen keinen Zweifel, dass institutionelle Diskriminierung ohne weiteres abzulehnen ist und überwunden werden muss und sie schlagen auch selbst diverse Interventionsmaßnahmen vor, die dazu beitragen können (vgl. ebd.: 281f.). Gomolla und Radtke lehnen ganz offensichtlich institutionelle Diskriminierung als ungerecht ab, *unabhängig* von der Frage, ob sie systemfunktional ist oder nicht. Damit operieren sie aber mit einem normativen Gerechtigkeitsbegriff, der nichtfunktionalistisch, und daher nicht kompatibel mit dem systemtheoretischen Ansatz ist. Epistemologisch gesehen stellt dies einen klaren Fall von Eklektizismus dar.

Wenn man sich von diesem Eklektizismus befreien, zugleich aber die kritisch-normative Perspektive auf institutionelle Diskriminierung beibehalten möchte, dann muss man auf eine systemtheoretische Herleitung und Begründung des Begriffs der institutionellen Diskriminierung letztlich vollständig verzichten. Stattdessen sollte man versuchen, diesen Begriff in einem alternativen konzeptuellen Rahmen „unterzubringen", der einerseits erlaubt zu beschreiben, welche sozialen Funktionen diskursive Zuschreibungen erfüllen, die institutionelle Diskriminierung vorbringen, *und* der zugleich ermöglicht, nicht-funktionalistische

Bewertungen solcher Zuschreibungen anhand von Normen vorzunehmen, die argumentativen Diskursen *immanent* sind. Und da es sich hierbei allem voran um die Norm des Wahrheitsbezugs handelt, sollten diese Zuschreibungen nach dem Kriterium bewertet werden, ob sie einen Wahrheitsbezug aufweisen, oder eben nicht. Indes muss man sich natürlich darüber im Klaren sein, dass der Begriff der Wahrheit alles anderes als einfach und eindeutig bestimmbar ist. Hilfreich ist hier, dass in den letzten Jahren insbesondere analytisch ausgerichtete philosophische Ansätze erheblich zur Klärung der Wahrheitskategorie beigetragen haben. Im nächsten Abschnitt werde ich einige von diesen Ansätzen kurz resümieren.

Wie es mir scheint, kann diese doppelte Aufgabe der Rekonstruktion der soziopolitischen Funktionen diskursiver Zuschreibungen *und* der Überprüfung ihres Wahrheitsbezuges nur auf der Grundlage eines ideologiekritischen Ansatzes konsistent gelöst werden. Denn vorausgreifend lassen sich Ideologien als Aussagekomplexe ohne Wahrheitsbezug bezeichnen, die bestimmte Funktionsweisen von gesellschaftlichen Institutionen und Interessen von Gruppen nachträglich zu legitimieren versuchen.

2 Ideologie und Ideologiekritik: Skizze eines Reaktualisierungsversuchs

Der Begriff der Ideologie war drei Jahrzehnte lang von der Agenda der Sozialwissenschaften nahezu komplett verschwunden. Erst in den letzten Jahren beobachten wir erste Versuche, diesen Begriff zu reaktivieren und ihn womöglich neu zu konzeptualisieren (vgl. Cooke 2006). Dabei hatte das Programm der Ideologiekritik noch bis hin in die 70er Jahre des letzten Jahrhunderts eine zentrale, strukturbildende Stellung innerhalb der Kritischen Gesellschaftstheorie inne (vgl. Apel 1971; Habermas 1971).

Der Hauptgrund für diese Entwicklung ist wohl, dass der Ideologiebegriff herkömmlich als eng verbunden mit dem marxistischen gesellschaftstheoretischen Ansatz angesehen wird, der sowohl aus systematischen Gründen wie auch vor allem durch die politischen Entwicklungen insbesondere in Osteuropa in den 80er und 90er Jahren inzwischen als weitgehend diskreditiert gilt.

In der Tat spielt der Ideologiebegriff im Werk von Marx und Engels eine zentrale Rolle, insbesondere in der Schrift „Die deutsche Ideologie". Dort wird Ideologie als eine spezifische Herangehensweise bei der Befassung mit (philosophischen) Ideen beschrieben, bei der diese an sich und für sich betrachtet werden, ohne ihre Genese aus der „materiellen Basis" d. h. letztlich aus der Produktionsweise der entsprechenden Gesellschaft zu berücksichtigen (vgl. Marx/Engels 1846 (1969): 18-26). Ideen können nach Marx und Engels jedoch keine selbständige Existenz haben, vielmehr sind sie lediglich Widerspiegelungen der jeweiligen Produktionsverhältnisse. Daher kann es streng genommen keine wahren oder falschen Ideen, genauer: es kann kein Wahrheitskriterium für Ideen geben, das über ihre Widerspiegelungsfunktion der „materiellen Basis" hinausgeht. Dies bedeutet, dass jeder Versuch etwa zwischen besser und schlechter argumentierten Ideen zu unterscheiden, selbst als Ideologie abgetan werden muss, denn er würde implizieren, dass Ideen als eigenständige Gegenstände betrachtet werden können – und nicht lediglich als Funktionen von Produktionsverhältnissen und damit verbundenen Klasseninteressen und -kämpfen.

Diese radikal funktionalistische Sichtweise muss unumgänglich dazu führen, dass „Ideologie" als Bezeichnung für jeden Versuch verwendet wird, ideelle Entitäten wie Begriffe und Prinzipien mit Anspruch auf transkontextuelle Gültigkeit zu artikulieren, die sich von den materiellen soziohistorischen Bedingungen ihrer Genese abhebt, oder solche Entitäten zu eigenständigen Analyseobjekten zu machen. So aufgebläht, wird der Ideologiebegriff ganz offensichtlich unscharf, unterdifferenziert und unterkomplex – und er verfehlt zentrale Bedeutungen, die heutzutage im diskursiven Gebrauch des Worts „Ideologie" impliziert sind. Wenn z. B. ein medienwirksamer Bildungsökonom den Anspruch erhebt, Prinzipien für die Verbesserung von Schulen „jenseits von Ideologien" „faktenbasiert" zu formulieren und wissenschaftlich zu begründen (vgl. Wößmann 2007: 17, 24, 160), so stützt er sich offensichtlich auf eine Unterscheidung zwischen wahren (im Sinne von empirisch begründeten) Ideen für Bildungspolitik einerseits und Ideologien andererseits, die lediglich partikulare Gruppeninteressen und -weltanschauungen auszudrücken und zu legitimieren versuchen. Dies ist eine Unterscheidung, die in der marxistischen Optik nicht erfasst werden kann, die aber von Jürgen Habermas bereits in den 80er Jahren in seinem Aufsatz „Die Idee der Universität" zum Ausdruck gebracht wurde. Demnach verkam die an sich universalistisch und egalitär ausgerichtete neuhumanistische Idee der Universität spätestens zu Beginn des 20. Jahrhunderts zur Ideologie eines Berufstandes von Gelehrten, da diese Idee für die Legitimierung der partikularprivilegierten Stellung dieses Berufsstandes sowie für sein unpolitisches, obrigkeitskonformes soziales Verhalten instrumentalisiert wurde (vgl. Habermas 1987: 86).

Dieses Beispiel legt die Annahme nahe, dass Ideologien dann entstehen, wenn Ideen im Zuge ihrer Instrumentalisierung zur nachträglichen Legitimierung von partikularen Interessen oder Meinungen pervertiert werden. „Pervertieren" lässt sich in einer ersten Annäherung als ein Zustand verstehen, bei dem die Ideen ihres Wahrheitsgehalts entleert werden, d. h. bei dem die Ideen nicht mehr wirkliche Erfahrungen und Erfahrungszusammenhänge zum Ausdruck bringen. Dies bedeutet, dass Aussagen dann als „ideologisch" und Aussagensysteme dann als „Ideologien" zu bezeichnen sind, wenn sie zwei Merkmale aufweisen: Erstens, wenn diese Aussagen und Aussagenkomplexe die Hauptfunktion haben, partikulare Interessen und/oder Positionen zu rationalisieren, d. h. diese „post-hoc" zu legitimieren, und zweitens, wenn sie sich durch Abwesenheit bzw. durch Verlust von Wahrheitsbezug auszeichnen. Es ist wohl offensichtlich, dass beiden Merkmale ausführlicherer Erläuterungen bedürfen. Dabei bietet es sich an, mit dem zuletzt erwähnten Merkmal der Wahrheitsbezugsabwesenheit zu beginnen, da in den letzten Jahren sehr einschlägige Analysen dazu erschienen sind.[1]

Ideologien als falsche Aussagenkomplexe

In einem beeindruckenden aktuellen Reaktivierungsversuch des Ideologiebegriffs knüpft Maeve Cooke an Adornos Behauptung an, dass Ideologie ein objektiv notwendiges und zugleich falsches Bewusstsein ist und sie interpretiert diese Behauptung so, dass es sich bei Ideologie um ein falsches Bewusstsein handele, das notwendig für die Erhaltung und die Reproduktion des modernen kapitalistischen sozioökonomischen Systems sei (vgl. Cooke 2006: 4). Diese Reformulierung erlaubt, zwischen epistemischem Gehalt und politischen Funktionen von Ideologie analytisch sauber zu unterscheiden (vgl. ebd.: 6).

In Bezug auf den epistemischen Gehalt stellt sich die zentrale Frage, worin sich denn das Falschsein von Ideologien genau äußert. Es ist offensichtlich, dass die Beantwortung dieser Frage ganz wesentlich davon abhängt, welche wahrheitstheoretischen Leitvorstellungen der ideologiekritischen Analyse zugrunde gelegt werden.

Nun ist hier sicherlich nicht der richtige Platz, sich mit dem philosophisch sehr komplexen wahrheitstheoretischen Diskurs zu befassen. Ohne an dieser Stelle auch nur annähernd auf die vielfältigen Widerstreitslinien zwischen Vertretern etwa von repräsentationalistischen, konsensualen, dekonstruktivistischen und vielen anderen Wahrheitstheorien eingehen zu können, möchte ich darauf hinweisen, dass es sich bei Ideologien um Konstruktionen handelt, die eng verwoben mit sozialen Praktiken sind. Daher bietet es sich an, solche wahrheitstheoretischen Ansätze als ideologiekritische Folie zu benutzen, die Wahrheit ebenfalls als sozialimmanente Entität, bzw. als eine regulative Idee sozialer Praktiken aufzufassen. Solchen sozial-pragmatischen bzw. diskursiven Ansätzen zum Wahrheitsbegriff liegt die generelle Annahme zugrunde, dass Aussagen dann als wahr zu bezeichnen sind, wenn sie durch die regelkonforme Teilnahme am „game of giving and asking for reasons" (vgl. Brandom 1994: 183, 188, 496-497, 590) zustande kommen. „Regelkonform" ist diese Teilnahme dann, wenn der

---

1   Die folgenden Ausführungen sind stark von Gesprächen mit Harvey Siegel und Richard Bernstein inspiriert und geprägt.

Sprecher seine Gleichstellung mit allen anderen Sprechern der Argumentations-
gemeinschaft anerkennt, die universalistisch entgrenzt ist, und wenn er von der
uneingeschränkten Kritisierbarkeit seiner Aussagen ausgeht, d. h. wenn er alle
reellen und virtuellen Einwände der anderen Teilnehmer dieser Argumentations-
gemeinschaft berücksichtigt, so dass seine Aussagen den Test der Universali-
sierbarkeit bestehen können. Kurzum, Aussagen sind dann als wahrheitsbezogen
zu bezeichnen, wenn sie als Sprechhandlungen charakterisiert werden können,
die sich durch Reziprozität der Sprecher, durch Dialogizität und Kritikoffenheit
sowie durch die Anerkennung lediglich der Macht des besseren Arguments auszeichnen (vgl. Habermas 1992: 28-32).

Daraus folgt, dass ideologische Aussagen sich notwendigerweise durch eine
Abwesenheit von Dialogizität bzw. durch Ignoranz gegenüber reeller oder möglicher argumentativer Kritik kennzeichnen lassen. Dies äußert sich unter anderem
in einer Nicht-Problematisierung und Nicht-Darlegung der eigenen Prämissen
sowie in einer Nicht-Beachtung von reellen oder möglichen Gegenargumenten,
die die Gültigkeit der Aussage in Frage stellen. So wird bei der – ideologischen –
Behauptung, dass Bildungsdefizite von Kindern und Jugendlichen „mit Migrationshintergrund" auf einen „Identitätskonflikt", oder auf einen schwierigen „Spagat zwischen den Kulturen" zurückzuführen seien (insbesondere dann, wenn sich
ihre Familien nicht assimiliert haben), von der stillschweigenden Prämisse ausgegangen, dass der Mensch grundsätzlich ein monokulturelles Wesen sei, oder
zumindest, dass die Identitätsbildung des Menschen eine monokulturelle Zugehörigkeit voraussetze. Diese Prämisse wird von den Proponenten der „Identitäts-
konflikt-These" als eine Selbstverständlichkeit behandelt, die keiner weiteren
Erläuterungen und Begründungen bedarf, und die daher eine Berücksichtigung
von Gegenpositionen und -argumenten nicht erfordert (vgl. Höhne/Kunz/Radtke
1999: 84; Stojanov 2006: 83-87).

Zugleich muss man allerdings beachten, dass, umgekehrt, nicht jede Aussage, die nicht-dialogisch und kritikabstinent ist, mit Notwendigkeit ideologisch
sein muss. Ideologische Aussagen dienen *darüber hinaus* der Rationalisierung
bzw. der nachträglichen Legitimierung von Meinungen und Positionen, die bestimmte institutionelle Funktionsweisen transportieren. Damit Ideologien der
politischen Ermächtigung dieser Meinungen und Positionen dienen können,
müssen sie wie geschlossene Weltbilder strukturiert werden, die sich nicht nur
jeder kritischen Reflexion entziehen, sondern die darüber hinaus darauf ausgerichtet sind, den Prozess der diskursiven Untersuchung der Fragestellungen insgesamt zu unterbrechen, zu denen sie eine Erklärung anbieten (vgl. Cooke 2006:
12). Ideologische Aussagen sind insofern naturalisierend, als sie beanspruchen
den faktischen Tatbestand abzubilden, der keiner weiteren Diskussionen bedarf:
Dass der Mensch eine „kulturelle Identität" braucht, und dass daher jeder, der

„zwischen zwei Kulturen" aufwächst, sich in einer prekären, anormalen und belastenden Lage befindet, wird eben ideologisch als ein Naturgesetz dargestellt.

Doch wie lässt sich die zentrale, strukturbildende Funktion von Ideologien genauer beschreiben, institutionell und machtpolitisch relevante Meinungen und Positionen nachträglich zu legitimieren?

Ideologien als post-hoc Legitimierungen

Im schon zitierten Aufsatz von Maeve Cooke behauptet sie, dass Ideologien der Erhaltung und der Reproduktion sozialer Verhältnisse der Unterdrückung dienen würden (vgl. Cooke 2006: 6, 15). Diese Behauptung mag in den allermeisten Fällen zutreffend sein, jedoch ist die Rechtfertigung von Unterdrückungsverhältnissen kein *notwendiges* Merkmal des Ideologiebegriffs. Denn es kann auch „progressive" oder „emanzipatorische" Ideologien geben: z. B. Ideologien, die die Arbeiterschicht als ein homogenes kollektives Subjekt politischen Handelns darstellen und so unter gewissen geschichtlichen Umständen zur Überwindung von Unterdrückung beitragen können. Aber auch bei solchen „progressiven", oder „emanzipatorischen" Ideologien haben wir es mit dem Mechanismus der post-hoc Legitimierung zu tun. Damit ist gemeint, dass Meinungen und Positionen, die den jeweiligen Ideologien zugrunde liegen, nicht als Ergebnis eines diskursiven Reflexionsprozesses der Abwägung zwischen Gründen für alternative Behauptungen, sondern als synthetische Ausdrücke von vorab existierenden und nach institutioneller Verwirklichung strebenden Gruppeninteressen und/oder Glaubensüberzeugungen zustande kommen. Damit diese institutionelle Verwirklichung mit politischen Mitteln erreicht wird, ist es vonnöten, dass die erwähnten Meinungen und Positionen nachträglich mit (quasi-) argumentativen Mitteln gerechtfertigt werden. Dabei handelt es sich allerdings um nicht-dialogische (Quasi-)Argumentationen, denn die zu begründenden Meinungen und Positionen werden nicht in Frage gestellt und sie werden nicht mit alternativen Meinungen und Positionen konfrontiert. Vielmehr werden sie als selbstverständliche und alternativlose Prämissen gehandhabt.

Die so aufgebauten Quasi-Argumentationen verleihen ideologischen Aussagen einen Anschein an Objektivität, wodurch der genetische Zusammenhang dieser Aussagen mit partikularen, institutionelle Macht anstrebenden Gruppeninteressen verdeckt wird (vgl. Cooke 2006: 6). Schulpolitiker, Schulrektoren, sowie viele Lehrerinnen und Lehrer projizieren die Ursachen für das schulische Versagen vieler Kinder und Jugendlichen auf ihre vor- und außerschulische Familiensozialisation und weichen so einem reellen oder möglichen Reformdruck auf die Institution aus, die sie beruflich mittragen. Diese Projektion wird getragen durch Positionen, die sich auf das Postulat einer deterministisch ausgedeuteten kulturellen Prägung stützen, oft als „kulturelle Basispersönlichkeit" verstanden, sowie – neuerdings verstärkt – auf die Behauptung, dass, wenn die „Umgangssprache" in den Familien der betroffenen Kinder von der „Unterrichtssprache" abweicht, dies zu schwerwiegenden Bildungsdefiziten führen muss. Die beiden Postulate werden als objektive Erkenntnisse dargestellt, die Sachverhalte korrekt widerspiegeln, wobei Kritiken an diesen Postulaten ignoriert werden. Dadurch verdecken die angesprochenen Schulpolitiker, Schulrektoren und viele Lehrer vor allem vor sich selbst, dass sie diese Postulate als Abwehrmittel gegen einen reellen oder möglichen Reformdruck auf die Institution Schule benutzen, von dem sie insofern betroffen wären, als er die althergebrachte und von ihnen internalisierte schulische Orientierung an homogenen Schülerklientelen in Frage stellen würde.

3 Sprachlich-kulturelle Differenz als Gegenstand von Ideologiekritik

Zusammenfassend ausgedrückt zeichnen sich Ideologien durch die folgenden Hauptmerkmale aus:

- Fehlende Dialogizität, hierbei insbesondere fehlende Offenlegung und Problematisierung der eigenen Prämissen
- Naturalisierungen, bei denen Behauptungen über soziale Sachverhalte als Widerspiegelungen von Naturgesetzen stilisiert werden
- Post-Hoc Rechtfertigungen von vordiskursiven Meinungen und Positionen, die Funktionen von Institutionen und/oder Gruppeninteressen transportieren und reproduzieren
- Verschleierung des genetischen Zusammenhangs der Rechtfertigungen mit den institutionellen Funktionen und Gruppeninteressen.

Gängige Konstruktionen von sprachlich-kultureller Differenz weisen tendenziell genau diese Merkmale auf. Das beste Beispiel jüngeren Datums hierfür ist nach meinem Kenntnistand das Jahresgutachten Bildungsgerechtigkeit 2007 des so genannten Aktionsrats Bildung.[2] Die Art und Weise wie dort sprachlich-kulturelle Differenz konstruiert wird, soll zum Abschluss exemplarisch und in

---

2 Der Aktionsrat Bildung wurde 2005 von der Vereinigung der Bayerischen Wirtschaft initiiert. Sein Vorsitz obliegt Dieter Lenzen. Der Aktionsrat Bildung setzt sich das Ziel, zu zentralen Themen des Bildungssystems ein Jahresgutachten zu erstellen, in dem relevante Ist-Zustände des Systems und Reformbemühungen analysiert sowie politische Handlungsempfehlungen formuliert werden. Mitglieder des Aktionsrates sind zum Zeitpunkt des Erscheinens des Jahresgutachtens 2007 Bildungsgerechtigkeit neben dem Vorsitzenden auch Hans-Peter Blossfeld, Wilfried Bos, Detlef Müller-Böling, Jürgen Oelkers, Manfred Prenzel und Ludger Wößmann (vgl. Vereinigung der bayerischen Wirtschaft 2007: 4-13).

Umrissen einer Ideologiekritik unterzogen werden, welche die aufgezählten vier zentralen Ideologiemerkmale aufgreift (vgl. im Folgenden auch Stojanov 2008: 516-521).

Im erwähnten Jahresgutachten wird ausgerechnet im Namen der Bildungsgerechtigkeit gefordert, dass „Migrantenkindern" eine „konsequente Akkulturation" zu gewährleisten sei (Vereinigung der bayerischen Wirtschaft 2007: 146). Dies ist nach den Vorstellungen des Aktionsrates Bildung durch restriktive Maßnahmen zu erreichen, wie etwa die Durchsetzung einer ausschließlichen Praktizierung der „Verkehrsprache Deutsch" im öffentlichen wie im privaten (!) Raum (vgl. ebd.: 146).

Diese Forderung ist Glied in einer Argumentationskette, die sich wie folgt zusammenfassen lässt: Gerechtigkeit sei grundsätzlich mit Freiheitseinbußen erkauft; die Verwirklichung von (Bildungs-)Gerechtigkeit erfordere freiheitseinschränkende Maßnahmen (vgl. ebd.: 21). „Bildungsgerechtigkeit" bezeichne einen Zustand, bei dem Bildungsinstitutionen und vor allem Schulen allein nach Leistungsfähigkeit, und nicht etwa nach Herkunft selektieren (vgl. ebd.: 12). Damit die Umstellung der Selektion von Herkunft auf Leistungsfähigkeit vollzogen werden kann – was übrigens zu einer ökonomisch wichtigen besseren „Ausschöpfung aller Begabungsreserven" führen würde (vgl. ebd.: 133) – müssen freiheitseinschränkende, vorwiegend vorschulische Maßnahmen ergriffen werden, die eine „nachteilige" Herkunft wie etwa die Zugehörigkeit zu einer bildungsfernen Schicht und/oder einen Migrationshintergrund (vgl. ebd.: 12) neutralisieren können. Es handelt sich hierbei vor allem um die oben angesprochene „konsequente Akkulturation", die im Wesentlichen als eine restriktive Sprachpolitik ausbuchstabiert wird.

Diese Argumentationskette stützt sich auf drei Prämissen, die allesamt nicht problematisiert und reflektiert werden:

1. Gerechtigkeit ist das Gegenteil von (individueller) Freiheit.
2. Selektion ist unumgänglich eine zentrale Funktion von Schule.
3. Aufwachsen in einer Migrantenfamilie und mit einer Nicht-Identität zwischen „Muttersprache" und „Verkehrssprache" ist ein Nachteil, der schon vor dem Schuleintritt neutralisiert werden muss.

Nun weisen diese drei Prämissen genau die Ideologiemerkmale auf, die zu Beginn dieses Abschnitts aufgelistet wurden. So ist das Ausspielen von Gerechtigkeit gegen Freiheit insofern als Ausdruck einer radikalen Abwesenheit von Dialogizität der Autoren zu werten, als sie in diesem Punkt den aktuellen Diskussionsstand des wissenschaftlichen Gerechtigkeitsdiskurses vollkommen ignorieren, in dessen Rahmen die Gewährleistung individueller Freiheit zum übergeordneten Gerechtigkeitsprinzip gerade von führenden Vertretern in diesem Diskurs, wie John Rawls und Ronald Dworkin, hervorgehoben wird (vgl. Stojanov 2008: 519f.). Dass Schule selektieren muss, wird wie eine Selbstverständlichkeit bzw. wie ein Naturgesetz dargestellt, das keiner Erörterungen und Begründungen bedarf. Dass eine multikulturelle Identität und eine zweisprachige Sozialisation, insgesamt das Aufwachsen in sprachlich-kulturellen Zwischenräumen (vgl. z. B. Bhabba 2000) auch Vorteile haben können, wird als eine Alternativposition zur Annahme eines naturgemäßen Defizits des „Migrationshintergrunds" und der Differenz zwischen „Muttersprache" und „Verkehrssprache" vollständig ignoriert.

Die Vermutung liegt nahe, dass diese Prämissen deswegen so stark durch zum Teil prominente Bildungsforscher essentialisiert und naturalisiert werden, damit sie möglichst effektiv (im Sinne von öffentlichkeitswirksam) die Funktion erfüllen können, freiheitseinschränkend restriktive, im Wesentlichen ökonomistisch auf die „Ausschöpfung von Begabungsreserven" ausgerichtete bildungspolitische Maßnahmen zu befördern. Da jedoch dabei Struktur und Operationslogik von Schule, die sich durch Selektion und Homogenitätsorientierung auszeichnen, nicht in Frage gestellt werden, müssen sich die angeforderten Maßnahmen ausschließlich auf den vorschulischen Bereich konzentrieren. Ihre Rechtfertigung vollzieht sich dann durch die naturalistische Annahme, dass das Migrantenkind kulturelle und sprachliche Defizite haben muss, da es „zwischen zwei Kulturen" aufwächst, und daher nicht genügend „akkulturiert" sei.

Dass die drei erwähnten Prämissen in ein quasitheoretisches Gerechtigkeitskonzept eingepackt werden, verschleiert indes, dass diese Prämissen Abbildungen der Operationslogik einer gouvernementalistischen, ökonomistisch ausgerichteten Politik sind, die gleichwohl bedacht ist, Interessen von machttechnisch bedeutsamen Berufsgruppen wie Schulleitern und Lehrern an der Beibehaltung der herkömmlichen Funktionsweise von Schule nicht wirklich in Frage zu stellen.

Dieses Beispiel zeigt, dass Ideologien nicht nur falsch, verzerrend, und verdeckt funktionalistisch, sondern dass sie darüber hinaus insbesondere durch ihre Naturalisierungen ausgrenzend sind. Daher ist Ideologiekritik nicht nur ein epistemologisches, sondern auch ein emanzipatorisches Unternehmen.

Literatur

Apel, Karl-Otto (1971): Szientistik, Hermeneutik, Ideologiekritik. Entwurf einer Wissenschaftslehre in erkenntnisanthropologischer Sicht. In: Hermeneutik und Ideologiekritik (mit Beiträgen von Karl-Otto Apel u. a.) (1971): 7-44. Frankfurt am Main: Suhrkamp

Bhabba, Homi K. (2000): Die Verortung der Kultur. Tübingen: Stauffenburg

Brandom, Robert (1994): Making It Explicit. Reasoning, Representing, and Discursive Commitment. Cambridge/London: Harvard University Press

Cooke, Maeve (2006): Resurrecting the Rationality of Ideology Critique: Reflections on Laclau on Ideology. In: Constellations, Vol. 13 (1). 2006. 4-20

Gomolla, Mechtild/Radtke, Frank-Olaf (2002): Institutionelle Diskriminierung. Die Herstellung ethnischer Differenz in der Schule. Opladen: Leske+Budrich

Habermas, Jürgen (1971): Der Universalitätsanspruch der Hermeneutik. In: Hermeneutik und Ideologiekritik (mit Beiträgen von Karl-Otto Apel u. a.) (1971): 120-159. Frankfurt am Main: Suhrkamp

Habermas, Jürgen (Hrsg.) (1987): Eine Art Schadensabwicklung. Kleine Politische Schriften VI. Frankfurt am Main: Suhrkamp

Habermas, Jürgen (1987): Die Idee der Universität. In: Ders.: (1987): 73-98

Habermas, Jürgen (1992): Faktizität und Geltung. Beiträge zur Diskurstheorie des Rechts und des demokratischen Rechtsstaates. Frankfurt am Main: Suhrkamp

Höhne Thomas/Kunz, Thomas/Radtke, Frank-Olaf (1999): Bilder von Fremden. Formen der Migrantendarstellung als der „anderen Kultur" in deutschen Schulbüchern von 1981-1997. Frankfurt am Main: Goethe Universität

Lenzen, Dieter (2005): „Wir brauchen eine massive Elternarbeit." Interview mit Tobias Miller. In: Berliner Zeitung von 15.Juli 2005 http://www.berlinonline.de/berliner-zeitung/archiv/.bin/index.fcgi?q=Dieter+Lenzen&autor=&ressort=&von=15.07.2005&bis=15.07.2005 (Stand 3.12.2009)

Marx, Karl/Engels, Friedrich (1846) (1969): Die Deutsche Ideologie. In: Marx, Karl/Engels, Friedrich (1969): Werke. Bd. 3. (1969): 9-532. Berlin: Dietz

Radtke, Frank-Olaf (2006): Politiknah und praxisverträglich. Der Beitrag der westdeutschen Erziehungswissenschaften zur Modellierung des Migrationsproblems. In: Neue Praxis, Sonderheft 8. 2006. 201-213 (Soziale Arbeit in der Migrationsgesellschaft. hrsg. von Hans-Uwe Otto und Mark Schrödter)

Stojanov, Krassimir (2006): Bildung und Anerkennung. Soziale Voraussetzungen von Selbst-Entwicklung und Welt-Erschließung. Wiesbaden: VS Verlag für Sozialwissenschaften

Stojanov, Krassimir (2008): Bildungsgerechtigkeit als Freiheitseinschränkung? Kritische Anmerkungen zum Gebrauch der Gerechtigkeitskategorie in der empirischen Bildungsforschung. In: Zeitschrift für Pädagogik, Heft 4. 2008. 515-530

Vereinigung der Bayerischen Wirtschaft (Hrsg.) [Wiss. Koordination D. Lenzen] (2007): Bildungsgerechtigkeit. Jahresgutachten 2007. Wiesbaden: VS Verlag für Sozialwissenschaften

Wößmann, Ludger (2007): Letzte Chance für gute Schulen. Die 12 großen Irrtümer und was wir wirklich ändern müssen. Gütersloh: Zabert Sandmann

Die Unwahrscheinlichkeit der Erziehung und die ‚Integration von Migrantenkindern'

Michael Bommes

Die Arbeiten von Frank-Olaf Radtke (FOR) im Bereich Migration und Erziehung beziehen einen erheblichen Teil ihrer Prominenz daraus, dass sie den normativen Bedürfnissen (nicht nur) der erziehungswissenschaftlichen Migrationsforschung entgegenkommen, ist doch ein Dauerthema das der *Diskriminierung*.[1] Dieser Prominenz standen zwar andere Arbeiten von FOR im Wege, in denen früh in den 1980er Jahren „die Obsessionen der Ausländerpädagogen" aufgespießt wurden oder später der Kulturalismus der Erziehung und der Erziehungswissenschaft wiederkehrend der Kritik unterzogen wurden. Aber Diskriminierung, sei es organisatorischer, kultureller oder sprachlicher Art, darin besteht der Dauerverdacht einer durch linken Sozialdemokratismus geprägten erziehungswissenschaftlichen Migrationsforschung, ist vor allem verantwortlich für das Abschneiden von Migrantenkindern und -jugendlichen im Bildungssystem und auf dem Arbeitsmarkt und es kommt in dieser Perspektive darauf an, die Schule zu verändern, sei es organisatorisch insbesondere durch die Abschaffung der Dreigliedrigkeit des Schulwesens, sei es durch die Umerziehung seines Personals, sei es durch eine veränderte, positiv diskriminierende Ressourcenausstattung der Schulen. Die Pointe in dieser Perspektive besteht darin, dass der Schule die primäre Verantwortung für die Resultate der Erziehung zufällt, nicht den Eltern oder Kindern – womit diese Art der Erziehungswissenschaft einen Teil ihrer Dynamik daraus bezieht, insistierend die Zurechnungsgewohnheiten der Schule zu konterkarieren.

Wie immer man zu diesen Zurechnungspräferenzen steht und welche Schlussfolgerungen man auch aus der Diskriminierungsthese goutieren mag, der problematische Modus der Prominenz dieser These ist jedenfalls von FOR selbst auf eine missverständliche Weise befördert worden. Diskriminierung, so scheint

---

1 Wann immer Diskriminierung in der deutschen Migrationsdiskussion vermutet wird, ist Standardreferenz das Buch von Mechthild Gomolla und Frank-Olaf Radtke: Institutionelle Diskriminierung. Die Herstellung ethnischer Differenz in der Schule. Wiesbaden 2007 (2. durchgesehene und erweiterte Auflage).

es, bezeichnet einen Dauerskandal, den es endlich abzustellen gilt.[2] Einschlägige mit Migration und ihren Folgen befasste Veranstaltungen sind entsprechend moralisch mobilisiert und tragen oben bezeichnete Forderungen wiederkehrend als (wenig überraschende) Resultate mit Nachdruck vor – ohne damit Schulen und Schulverwaltungen sonderlich zu beeindrucken.

Worin besteht das auch von FOR nicht immer hinreichend aufgeklärte Missverständnis? Die Ausgangsüberlegung des Projektes, aus dem das von Gomolla/Radtke veröffentlichte Buch zur „institutionalisierten Diskriminierung" hervorging und aus dem die Idee der Untersuchung diskriminatorischer Praktiken in der Schule resultierte, bestand darin, dass Schulen alltägliche Probleme organisierter Erziehung zu lösen haben und dass sie dazu brauchbarer Unterscheidungen bedürfen, die ihnen die genauere Bestimmung dieser Probleme, zugänglicher Mittel und Ressourcen und akzeptabler Lösungen erlauben. Die Beobachtung von Migrantenkindern in der Schule durch ihr pädagogisches Personal, ihre Unterscheidung, die Bestimmung ihrer Eigenschaften, ihre Definition als Erziehungsproblem ist als ein Bestandteil des alltäglichen ganz normalen organisierten Erziehens in der Schule aufzufassen und der Prozess ggf. des Unterscheidens von Migrantenkindern als besondere Kategorie von Schülern, ihre Bestimmung als Problem, der Mittel seiner Lösung sowie der angestrebten Ziele ist im Prinzip wie alles in Organisationen kontingentes Resultat von Entscheidungen. Die Karrieren von Migrantenkindern im Erziehungssystem sind das kumulative Ergebnis solcher Entscheidungsprozesse in Organisationen, die normativ betrachtet, ebenso zugunsten wie zuungunsten der Kinder ausfallen können – sie sind primär das Resultat von Lösungen für Probleme, die sich den Organisationen der Erziehung stellen. Schlechte wie gute Schüler sind genau besehen alltägliche Probleme organisierter Erziehung, sie bedürfen der angemessenen Handhabung, sie bezeichnen als solche kein primär normatives oder moralisches Problem der Erziehung. Diskriminierung als Unterscheidungspraxis ist Bestandteil des Alltagsgeschehens (nicht nur in Schulen), sie ist unvermeidbar, nichts, was man abstellen kann und sie geschieht gewissermaßen leidenschaftslos.

Normative Probleme resultieren primär aus einer von außen den Schulen angetragenen Beobachtungsweise, verankert in Gleichheitserwartungen, die den Schulen aufbürdet, Chancengleichheit zu gewährleisten. Deren Verfehlung wird

---

2   Dieses Missverständnis wird auch durch den Titel des Buches befördert, das von „institutioneller" Diskriminierung spricht statt in eher deskriptiver Manier von Diskriminierung in der Organisation Schule, denn es ist ja nicht ernsthaft gemeint, dass Diskriminierung in einem normativ verstandenen Sinne zur Schule als Institution gehört (sofern überhaupt ein Unterschied zwischen Organisation und Institution gemacht wird, was in öffentlichen Diskussionen ebenso wie in wissenschaftlichen Beiträgen oft genug nicht der Fall ist).

an der regelmäßigen Hervorbringung von „Bildungsversagern" aus eingrenzbaren sozialstatistischen Gruppen (Arbeiter, Migranten, Jungen etc.) festgemacht. FOR nimmt selbst immer wieder auch an dieser Skandalisierungspraxis teil und subventioniert damit die leidenschaftliche Lesart seiner Diskriminierungsthese. Systematisch (wenn auch nicht immer konsequent durchgehalten) ist diese aber theoretisch verankert in der Ausgangsannahme der Unwahrscheinlichkeit ausdifferenzierter Erziehung[3] in einem eigens dafür zuständigen Funktionssystem in der modernen Gesellschaft. Mit den nachfolgenden Bemerkungen möchte ich diese Annahme aufnehmen und in einigen Hinsichten ausführen. Dabei geht es mir darum, die (nicht nur) erziehungswissenschaftliche Migrationsforschung drauf hinzuweisen, dass ihre starken normativen Erwartungen an das Erziehungssystem, der Kontrolle bedürfen. Die systematische Vergewisserung über die Unwahrscheinlichkeit der Erziehung und der sozialen Voraussetzungen, unter denen sie immerhin bislang ersichtlich möglich war, kann dazu dienen, die Integrationsdebatten durch einen Bezugsrahmen zu disziplinieren, der in Erinnerung ruft, dass Gleichheit und Ungleichheit sowie Gleichheitserwartungen selbst Teil ihres Gegenstandes, also der gesellschaftlichen Dynamik sind, die die Turbulenzen hervorbringt, die in der Perspektive der „Integration" als Skandal registriert und als Probleme der Diskriminierung und Ungleichheit normativ gebrandmarkt werden.

I.

Das moderne Bildungssystem rückt aus soziologisch nicht schwer nachzuvollziehenden Gründen in der Perspektive (nicht nur) der Migrationsforschung primär in den Blick unter dem Gesichtspunkt der Herstellung von Chancengleichheit. Chancengleichheit ist empirisch nicht zu registrieren und die vorfindlichen wissenschaftlichen Analysen leben von dieser Abweichungsfeststellung, denn die Forschung richtet ihre Anstrengungen darauf, dies zu erklären. Die einen sehen die Ursachen auf Seiten der Schüler und ihrer Familien und die anderen eher auf Seiten der Schule – dies organisiert dann wiederum Lager, die sich wechselseitig nicht nur wissenschaftlich, sondern zumindest latent auch moralisch infrage stellen.

---

3 Unwahrscheinlich meint hier: strukturell gesehen unwahrscheinlich. Darin bestand die Provokation der Erziehungswissenschaften und Pädagogik durch das von Luhmann/Schorr 1979 veröffentlichte Buch „Reflexionsprobleme im Erziehungssystem". (Nicht nur) Die erziehungswissenschaftliche Migrationsforschung hat die Ergebnisse der daran anschließenden Diskussionen in den 1980er und 1990er Jahren weitgehend nicht zur Kenntnis genommen.

Gegenüber dieser Konstellation lässt sich Distanz gewinnen, wenn man zunächst einmal noch ganz jenseits der Migrationsdiskussion die Unwahrscheinlichkeit der Generalisierung von Bildung, sprich die Inklusion der Gesamtbevölkerung in organisierte Erziehungsprozesse in Erinnerung ruft: Die moderne Gesellschaft stützt sich in der Gegenwart in erstaunlicher, hochgradig voraussetzungsvoller und zugleich riskanter Weise auf organisierte Erziehung bzw. macht sich davon abhängig in dem Sinne, dass sie mehr und mehr die Karriere- und Lebenschancen aller Individuen an die Voraussetzung der zertifizierten Bildung bindet. Wie voraussetzungsvoll und erstaunlich dies ist, kann man sich mit wenigen Überlegungen klarmachen: In den letzten Jahrzehnten werden individuelle Karrieren in einem gesteigerten Maße von der Teilnahme an organisierten Erziehungsprozessen und dem Erwerb formaler Qualifikationen und Zertifikate abhängig gemacht. Mehr und mehr Individuen verbringen zwischen einem Viertel und einem Drittel ihres Lebens im Erziehungssystem. Sie selbst neigen dazu, das nicht für überraschend, sondern für selbstverständlich zu halten (wie man leicht in Gesprächen mit Studierenden herausfinden kann).

Dabei liegt die Generalisierung und institutionelle Untermauerung solcher Erwartungen historisch noch nicht so lange zurück. Ein Land wie die Bundesrepublik Deutschland, aber auch andere Länder haben die Rekrutierungsfähigkeit von Individuen für Leistungsrollen in Organisationen der verschiedenen Funktionssysteme bis vor wenigen Jahrzehnten keineswegs nahezu exklusiv davon abhängig gemacht, dass Individuen zuvor große Teile ihres Lebens im Erziehungssystem verbracht haben und entsprechende Zertifikate vorlegen können – das konnten sie in Europa schon allein deshalb nicht, weil bis in die Mitte des 20. Jahrhunderts individuelle Karrieren nicht zuletzt auch durch die Teilnahme an Kriegen, also durch die kalendarische „(Un)Gnade der Geburt" strukturiert waren.[4] Damit ging keineswegs ökonomische Erfolglosigkeit dieser Länder einher und an ihren meist aus den 1950er und 1960er Jahren stammenden Rentensystemen erkennt man, dass sie Lebensarbeitszeiten zugrunde legten, die weit kürzere Erziehungszeiten voraussetzten. Betrachtet man die Nachkriegsgeneration in Deutschland, dann gilt für diese, dass sie bei, von heute aus betrachtet, relativ geringen Zeiten der Teilnahme am Erziehungssystem im Weiteren erhebliche berufliche Aufstiegsprozesse durchlaufen und relativ hoch qualifizierte Positionen erreicht haben, ohne zuvor in der inzwischen generalisiert als erforderlich kommunizierten Art und Weise an formalen Bildungsprozessen teilgenommen zu haben. Man kann das auch als die Hypothese formulieren, dass den Individuen mehr Alternativen der Entwicklung von Karriere und beruflicher Biographie zur Verfügung standen und sie sich noch nicht mit der Nahezu-Monopolisierung

---

4 Weltweit besteht die Bedeutung von Kriegen für individuelleKarrieren und ihre Verläufe in zahlreichen Regionen fort bzw. sie nimmt zu.

der legitimen Pfade des Aufbaus von Inklusionskarrieren durch organisierte Erziehung konfrontiert sahen.

Mittlerweile gilt diese Monopolisierung als alternativlos und wird institutionell immer weiter abgesichert durch unterschiedliche Prozesse öffentlicher Kommunikation: durch eine Arbeitsmarktbeobachtung und -forschung, die regelmäßig in einschlägigen Berichten öffentlich in Erinnerung rufen, dass ohne Bildungszertifikate die Chancen von Individuen auf Arbeitsmärkten reduziert sind; durch eine sozialwissenschaftliche Forschung, die von „der Wissensgesellschaft" und in funktionalistischer Manier von der gesteigerten Bedeutung von Wissen und dem Ausbau von Bildung ausgeht. FOR hat in den letzten Jahren die Rolle der OECD und der EU in diesem Prozess wiederkehrend zum Thema gemacht – wir halten hier nur fest, dass aus dem Funktionalismus in der „Wissensgesellschaft" erstaunliche Prozesse der Mythenbildung hervorgehen, denen zufolge der „Reichtum der Nationen" zukünftig immer mehr von den im Erziehungssystem verbrachten Jahren und den durch insbesondere Hochschulen vergebenen Bildungszertifikaten abhängt. Der dabei zugrunde gelegte Bildungsnominalismus findet in den Versuchen seinen beredten Ausdruck, die Zahl der Hochschulabsolventen durch Verkürzung der Schul- und Hochschulbesuchsdauer und die Absenkung der Ansprüche zu steigern[5] – dies bezeichnet eine wesentliche Seite auch des Prozesses, der mit dem Namen „Bologna" versehen ist.

Selten wird thematisiert, dass ein solches funktional nahezu alternativlos erscheinendes Abhängigmachen des Anschlusses individueller Karrieren und ökonomischer Teilnahme vom Durchlauf formaler Bildungsprozesse hochgradig riskant ist. Es scheint, dass Bildung den Individuen gewissermaßen in jedem Falle gut tut – so rückt es jedenfalls mit der Kontingenzformel des Erziehungssystems, eben Bildung, in den Blick – aber die zunehmend exklusive Orientierung auf Teilnahme an formaler Bildung als Voraussetzung für Anschlussinklusionen ist mit einer Reihe von Risiken und Kosten verbunden. Diese rücken jedenfalls dann in den Blick, wenn man sich angewöhnt, auch im Bereich der Erziehung nicht nur auf vermeintlich evidente Gewinne („Wissen"), sondern auch auf anfallende Verluste und Schäden zu achten – wie dies ja im übrigen nicht nur im Falle von Risikotechnologien, sondern etwa auch im Bereich des Gesundheitssystems[6] üblich ist. Diese Schäden fallen auf Seiten der Individuen

---

5   In diesem Zusammenhang sieht man sich als Lehrender mit der erstaunlichen, genau besehen aberauch nur konsequenten Erwartung konfrontiert, dass für die Bewertung von Leistungen die Teilnahme an Studienveranstaltungen nicht mehr systematisch als Kriterium herangezogen werden darf und daher eine Kontrolle der Anwesenheit auch nicht zulässig sein soll.

6   Unterscheidet man Funktionssysteme nach ihren Bezugsproblemen, dann besteht die Gemeinsamkeit des Gesundheits- und des Erziehungssystems bekanntlich darin, dass sie mit den Problemen der personalen Umwelt sozialer Systeme befasst sind. Das Gesundheitssystem führt dabei seine Kontingenzformel – Gesundheit – ähnlich wie das „Bildungssystem" im Titel und

und auf Seiten der Gesellschaft und ihrer sozialen Systeme an. Genau besehen fallen eine Reihe von Bildungsschäden an, die sich an zahlreichen Erscheinungen festmachen lassen und unter den Prämissen der Institutionalisierung moderner Erziehung und des Glaubens, dass im Falle des Scheiterns von Erziehung eigentlich nur mehr Erziehung hilft,[7] kaum mehr auffallen.

1) Das Bildungssystem bringt in schöner Regelmäßigkeit funktionale Analphabeten in einem Ausmaß hervor, das je nach Land zwischen 10 und 20 Prozent liegt; eine hohe Zahl von Bildungsversagern bzw. Dropouts werden in Deutschland bis zur Erfüllung der formalen Schulpflicht in Organisationen wie Sonder- oder Hauptschulen verwaltet – andere nationale Bildungssysteme organisieren diese Verwaltung strukturell anders, handhaben aber damit die gleichen Phänomene.

2) Organisationen und Mitarbeiterstäbe der Sozialen Arbeit sind zu einem erheblichen Teil damit befasst, die Risiken der Monopolisierung der Vermittlung von Inklusionskarrieren durch Erziehung im Modus der Hilfe abzuarbeiten. Dieser besteht darin, den Individuen und der Gesellschaft vor Augen zu führen, dass scheiternde Inklusion Resultat individuellen Versagens (und das der Familien) ist – und insofern dunkelt die Semantik der Exklusion, wie sie in der Sozialen Arbeit nicht zuletzt mit sozial*pädagogischen* Mitteln ausgearbeitet wird, das Risiko moderner Erziehung wirksam ab. Das hat ersichtlich seinen Grund darin, dass diese Organisationen von der wirksamen Kommunikation der Hilfsbedürftigkeit leben und diese ihre politische Anschlussfähigkeit nicht zuletzt daraus bezieht, dass sie der Politik Soziale Arbeit erfolgreich als durch politische Entscheidung bewirkbare Mittel der Lösung „sozialer Probleme" vorzuführen vermag, deren Existenz weder erfolgreich bestritten, noch politische Zuständigkeit aussichtsreich in Abrede gestellt werden kann: Man kann öffentlich nicht anerkennungsfähig simplifizierend kommunizieren, dass bildungsversagende Jugendliche schließlich selber schuld sind, sondern muss im Modus der Sorge Maßnahmen ergreifen und beschließen, die ihnen (also „der Gesellschaft") dennoch „eine Zukunft" in Aussicht stellen – selbst wenn dies vielfach eine Zukunft in exklusionsverwaltenden Organisationen und Maßnahmen, also der stellvertretenden Inklusion in die Soziale Arbeit ist. Man sieht, dass die Riskanz der Erziehung und ihre anfallenden Schäden Anschlussmöglichkeiten der sozialen Strukturbil-

---

dunkelt damit seine regelmäßig anfallenden Schadensfälle (irreversible Verletzungen, psychische Beschädigungen, Tod, Menschenversuche, Organhandel, Apparatemedizin als Modus der Refinanzierung von Organisationen etc.) mit dem Versprechen der Gesundheit ab.

7   Es ist ein Standardthema entsprechender Kino- und Fernsehfilme von „Die Feuerzangenbowle" bis zu „Unser Lehrer Dr. Specht", dass das Scheitern von Erziehung seinen wesentlichen Grund darin hat, dass Kinder oder Jugendliche nicht auf ihre richtigen Erzieherinnen oder Erzieher getroffen sind, die sie in ihrem Handeln und Erleben richtig zu deuten vermögen.

dung eröffnet, nämlich erfolgreiche politische Entscheidungen zu treffen und ein Terrain der Ausdifferenzierung einer Organisationslandschaft der Sozialen Arbeit mit einem darauf beruhenden und in den letzten Jahrzehnten expandierenden Arbeitsmarkt.

3) Mit organisierter Erziehung ist die Abschirmung von Kindern und Jugendlichen im „sozialen Moratorium" Bildung in den formativen Jahren der ersten zwei Lebensjahrzehnte verbunden – mit der Folge eines diese kennzeichnenden Irrealismus, der seine Grundlage in einer generalisierten pädagogischen Kommunikation hat, die sie zugleich entmündigt und von Verantwortung freispricht: so führt diese Kommunikation nicht nur, wie Luhmann beobachtet hat, zur Verdopplung von Ablehnungsmotiven,[8] das ersichtlich vielfach erstaunliche Benehmen von Vorschul- und Grundschulkindern hat seine Grundlage in der gleichen Kommunikationsform, die auf *Erleben* und nicht auf *Handeln* zurechnet und daher mit erheblichen Skrupeln verbunden ist, das Verhalten von Kindern, aber auch Jugendlichen unter Gesichtspunkten von lautstarker Selbstplatzierung, Sequenzierung, Adressierung u. ä. als Handeln zu beobachten und zu korrigieren;[9] Jugendliche inszenieren sich im Modus von Jugendlichkeit und beanspruchen damit (Vor-) Rechte, die sie aus dem pädagogischen Modus ihrer Beobachtung und Behandlung durch Erwachsene ableiten.

4) Man kann keineswegs davon ausgehen – was man ja implizit tut, wenn man starke Gleichheitserwartungen an die Schule hat –, dass die gelingende Teilnahme an organisierter Erziehung wahrscheinlich ist. Dies ist an eine Reihe von sozialen Voraussetzungen gebunden, die Kinder und Jugendliche nicht wie selbstverständlich aus ihren familiären Konstellationen heraus und den dort durchlaufenen Sozialisationsprozessen zu erfüllen in der Lage sind. Familien erzeugen nicht aus sich heraus die Voraussetzungen zur Teilnahme an formaler Bildung. Schon vor diesem Hintergrund ist es problematisch, an die „Institutionen" oder Organisationen des Erziehungssystems allzu hohe Erwartungen zu adressieren. Es gilt wohl nach wie vor – hier sind die Arbeiten von Rita Süßmuth aus den späten 70er und frühen 80er Jahren aufschlussreich – dass das Erziehungssystem in Bezug auf Familien hochgradig über- und durchgriffig operiert, diese gewissermaßen für das Erziehungssystem dauermobilisiert[10] und damit auf

---

8   Man kann Kommunikationsangebote (wie stets) aus sachlichen, sozialen oder zeitlichen Gründen ablehnen, man kann sie aber auch ablehnen, weil sie ersichtlich Teil einer pädagogischen Absicht sind.

9   Dieser Sachverhalt begründet dann die Prominenz eines Autors wie Bueb, der in simplifizierender Umkehr auf das Erfordernis eines „Lobs der Disziplin" schließt.

10   Man denke nur an den alltäglichen Lebensrhythmus von Familien mit schulpflichtigen Kindern, in dem die Schule und ihre Zeitrhythmen in den Tagesablauf einer Familie in der fraglosen Erwartung eingreifen, dass ihre Vorgaben verbindliche Berücksichtigung in der Organisa-

Seiten von Familien eine Reihe von Dauerbeschädigungen durch die Mobilisierung für die organisierte Erziehung erzeugt – nebenbei gesprochen unter der Zusatzbedingung der aus internen Gründen ohnehin hohen Fragilität moderner Kleinfamilien. Erinnert sei daran, dass die Schule geradezu im Modus des double bind von den Familien erwartet, dass die Zuwendung, die die Kinder von ihren Eltern erfahren, einerseits von ihrer Disziplin und Leistungswilligkeit in der Schülerrolle abhängig gemacht wird, anderseits aber das Geliebt-werden der Kinder „um ihrer selbst willen" als Voraussetzung dafür gilt, dass die Kinder in der Schule erfolgreich sein können. Kurz: Man kann keineswegs evidentermaßen davon ausgehen, dass Familien wie selbstverständlich ausrichtbar sind auf die Voraussetzungen, die im Erziehungssystem gemacht werden, und dass die Operationsmodi von Familie und Schule fraglos wechselseitig aneinander anschließbar sind. Anders formuliert: Die strukturelle Kopplung von Schule und Familie bezeichnet ein zentrales Strukturproblem moderner Erziehung, das in seiner Verfassung nicht adäquat begriffen ist, wenn beide Seiten vor allem als Faktoren für Bildungserfolg bzw. -misserfolg begriffen und unter diesem Gesichtspunkt konzipiert werden.

5) Historisch betrachtet kann man registrieren, dass es insbesondere – grob gesprochen – die Mittelschichts- und Beamtenfamilien sind, die ihr Familienleben wirksam auf die Problemstellung des Bildungserfolgs ihrer Kinder ausrichten und umgekehrt den Erwartungshorizont der Organisationen der Erziehung auf die Sozialisationsbedingungen der Kinder in diesen Familien als Normalfall ausrichten. Damit ist ein wesentliches Terrain des „Klassenkampfes durch Bildung" bezeichnet: Es gehört zu den Standardgepflogenheiten in der Schule, nicht nur auf Seiten der Lehrer die mangelnde Einstellung der Erwartungen und Lebensführung der Familien versagender Schüler zu inkriminieren, sondern dies wird auch sorgenvoll von Eltern registriert, die schlechte Schüler aus sozial schwachen Familien oder eben aus Migrantenfamilien als potentielle Einschränkungen der Erfolgschancen ihrer eigenen Kinder beobachten. Wenig überraschend prallen in Deutschland daher auch alle leichtfüßigen Forderungen des kompletten strukturellen Umbaus des Bildungssystems unter dem Leitgesichtspunkt der Chancengleichheit wiederkehrend auf eine harte Wand – aus gut nachvollziehbaren Gründen: Chancengleichheit als Wert lehnt niemand ab, sobald dies aber operational die Bereitschaft zum Experimentieren mit den Erfolgschancen des eigenen Kindes bedeutet, ist vor dem Hintergrund der Erfahrungen mit Bildungsreformen in Deutschland als Dauerprozess der Verunsicherung struktureller Konservatismus zur rationalsten Möglichkeit geworden – was seinen

---

tion des Familienalltags und ihrer täglichen Zeiteinteilung finden. Man denke nur an den Terror der unerledigten Hausaufgaben, die am Abend noch erledigt sein wollen etc.

Rückhalt in den PISA-Studien findet, denn man kann das wiederkehrend erfolgreiche Abschneiden der Länder Bayern und Baden-Württemberg auch dem Sachverhalt zuschreiben, dass ihr politischer Konservativismus für die Schulen vor allem weniger Irritation und größere Sicherheit im alltäglichen Operieren hinsichtlich praktisch, also jenseits von kulturpolitischem talk zu beachtender erziehungspolitischer Entscheidungen, mit sich brachte.

Die Unablehnbarkeit des Wertes der Chancengleichheit bezeichnet dabei ein weiteres scharfes Strukturproblem des modernen Erziehungssystems; angesichts des Inklusionsuniversalismus der Funktionssysteme der Gesellschaft ist Ausschluss aufgrund von Abstammung und Herkunft, Rasse, Religion, politischer Überzeugung etc. illegitim. Da sich die Ausgangsbedingungen der Individuen aufgrund von Herkunft und Abstammung aber deutlich unterscheiden, bezeichnet die Ausgleichserwartung dieser ungleichen Ausgangsbedingungen durch organisierte Erziehung ein zentrales Versprechen und ein unabdingbares Strukturmerkmal der modernen Gesellschaft: Freiheit und Gleichheit als formale Voraussetzungen ihres Inklusionsuniversalismus können nicht vorausgesetzt werden, sie sind durch die Einrichtungen der Gesellschaft selbst zu gewährleisten.

6) Damit ist eine weitere unwahrscheinliche Voraussetzung moderner Gesellschaft identifiziert, dass sie nämlich die Bedingungen der Teilnahme von Individuen, ihrer Inklusion und Inklusionsfähigkeit aus sich selbst heraus hervorzubringen vermag. Faktisch, so scheint es, vermag zwar das moderne Erziehungssystem in den reicheren Regionen der Welt die Gesamtbevölkerung immer umfassender zu inkludieren[11], sie hebt damit aber nicht die sozialen Ungleichheitsverhältnisse auf: Dies gilt in dem Sinne, dass soziale Herkunft im Aggregat weiterhin relativ zuverlässige Prognosen sowohl über Erfolg im Bildungssystem als auch über beruflichen und ökonomischen Erfolg in der Zukunft erlaubt. Das kann eigentlich nur überraschen, wenn man den Selbst- und insbesondere politischen und auch (erziehungs)wissenschaftlichen Fremdbeschreibungen des Erziehungssystems glaubt.

Das Erziehungssystem ist mit Erwartungen konfrontiert, die doppelt artikuliert sind: Unter funktionalen Gesichtspunkten soll durch Teilnahme an Bildung gewährleistet werden, dass es den Individuen gelingt, auch an der übrigen Gesellschaft teilzunehmen; unter normativen Gesichtspunkten soll das Bildungssystem Erwartungen von hoher Bedeutung realisieren, nämlich Chancengleichheit. Chancengleichheit meint dabei, dass die chancengleiche Teilnahme an Bildungs-

---

11 Immer umfassender in dem Sinne, dass die Dauer der Erziehung, also der Zugriff auf Lebenszeit sich verlängert hat und immer mehr Individuen nicht nur Einrichtungen der Grundbildung durchlaufen.

prozessen die Voraussetzungen für die chancengleiche Teilnahme an Gesellschaft unter den Gesichtspunkten der Konkurrenzfähigkeit auf Märkten, der Beteiligung an politischen Interessensauseinandersetzungen, der Wahrnehmung und Durchsetzung von Rechten, der Wahrnehmung von Gesundheitschancen etc. schaffen soll. Dem Bildungssystem ist also gewissermaßen aufgetragen, einerseits die Individuen unter funktionalen Gesichtspunkten instand zu setzen, und andererseits die normativen Gleichheitserwartungen im Prozess der Erziehung und Bildung zu realisieren – letzteres sowohl mit dem Blick darauf, dass erfahrene soziale Ungleichheit zugerechnet werden kann auf individuelle Leistungsunterschiede im Bildungsprozess, als auch mit dem funktionalen Blick darauf, dass nach dem Durchlauf von Erziehung und Bildung im Falle des Erfolges um so weniger mit wohlfahrtsstaatlichen Mitteln nachgebessert werden muss im Hinblick auf eine am Ende doch fortbestehende soziale Ungleichheit – die ihrerseits um so weniger an Legitimität besitzt, wie sich moderne Erziehungssysteme faktisch als ungeeignet erweisen, die „Vererbung" sozialer Positionen aufzulösen und Zugänge zu sozialstrukturell hoch bewerteten Positionen zu öffnen.

Unwahrscheinlich ist der Ausgleich differenzierter Ausgangsbedingungen durch Erziehung, nicht ihre Reproduktion. Zugleich ist aber die Erwartung dieses Ausgleichs für das System selbst wie auch gesellschaftlich, vor allem politisch unverzichtbar: für die Erziehung selbst, so weit sie nicht darauf verzichten kann, alle relevanten Unterschiede im System auf sich selbst zurückzuführen; für die Gesellschaft aus den genannten Gründen betreffend ihren Inklusionsuniversalismus. Das begründet eine eigentümliche Überfrachtung der Erziehung mit Erwartungen der Gleichheitserzeugung und Zukunftsermöglichung, öffentlich artikuliert auf Bildungsgipfeln u. ä. Solch hohe Erwartungen an Schulen und ihr Personal sind eigentlich kaum realistisch zu erfüllen, sie erklären umgekehrt vielmehr die bestehende hohe Bereitschaft, dieses Personal zu verachten und zu beschimpfen, weil es ihm permanent misslingt, diese Art von Erwartungen zu erfüllen, zu registrieren an der Prominenz des Volkssports Lehrerbeschimpfung.

Auf Seiten der organisierten Erziehung setzt dies angesichts solcher Erwartungsüberfrachtung und öffentlicher Aufmerksamkeit die bekannten Mechanismen der Externalisierung frei, sei es die Inkriminierung des Versagens oder der kulturellen Fremdheit der Schülerfamilien, sei es die Pathologisierung selbst erzeugter Phänomene, reichend von der Dyskalkulie über die Legasthenie bis zum Generalausputzer ADHS (Aufmerksamkeitsdefizit-Hyperaktivitätsstörung), also das Einwinken eines erheblichen Teils der bildungsversagenden Individuen in die Zuständigkeit des Gesundheitssystems.

II.

Die Ausrichtung der modernen Gesellschaft auf die Erzeugung von Inklusions-karrieren der Individuen im Erziehungssystem ist hochgradig riskant, vorausset-zungsvoll und mit hier nur knapp umrissenen anfallenden individuellen und gesellschaftlichen Bildungsschäden verbunden. Diese hochgradige Vorausset-zungsfülle rückt unter Bedingungen von Migration gewissermaßen um so schär-fer ins Relief. Denn Migration und das Anwachsen der Zahlen von Kindern aus Migrantenfamilien auf 40-50 Prozent (je nach Schule auch mehr oder weniger) macht einige meist implizit bleibenden Voraussetzungen moderner Erziehung sichtbar: Migrantenkinder wachsen nicht selbstverständlich im Deutschen als Familiensprache auf und Deutsch als Schrift- und Verkehrssprache durchdringt (nicht nur) die Lebensverhältnisse ihrer Familien nicht; Migrantenfamilien sind nicht immer schon geeicht auf die Ausrichtung ihrer Kinder und ihrer biographi-schen Aussichten auf die Struktur und Erwartungen des Erziehungssystems,[12] Aufholen durch Bildung ist vermutlich nur für Teile der Migranten attraktiv und aussichtsreich; die Migrantenfamilien durchlaufen selbst strukturelle Wand-lungsprozesse im Verlauf von Migration und Niederlassung mit durchschlagen-den Effekten auf die Geschlechter- und Generationenbeziehungen, sie entspre-chen nicht selbstverständlich dem Bild der „modernen Kernfamilie";[13] die Trans-formation der Familien- und Geschlechterbeziehungen im Kontext funktionaler Differenzierung vollzieht sich nicht friktionsfrei und ihr Gelingen ist angesichts von Ketten- als Familienmigrationen keineswegs gewiss; Migrantenfamilien gelten als reguläre Dauerklientel der Sozialen Arbeit, was man u. a. an dem zu-nehmenden Einbau der Thematiken Migration, Integration und kulturelle Diffe-renz in die Denominationen ausgeschriebener Fachhochschulprofessuren seit den 1990er Jahren registrieren kann.

Was bedeutet die Unwahrscheinlichkeit organisierter Erziehung, die Riskanz der tendenziell monopolistischen Vermittlung der Inklusionspfade in der modernen Gesellschaft durch Bildung für die „Integration" der Migranten? Eu-ropa und insbesondere Deutschland setzen im letzten Jahrzehnt migrationspoli-tisch auf „Integration" und eine zentrale Stellung wird dabei „der Bildung" zuge-schrieben. Seinen beredten Ausdruck findet das nicht nur im „Nationalen Integ-

---

12 Selbst wenn Migrantenfamilien eine allgemeine Vorstellung davon haben, dass erfolgreiche Bildung für die weitere Karriere ihrer Kinder hoch bedeutsam ist, und entsprechende Aspirati-onen ausbilden, wie dies zuletzt wiederkehrend von Migrationsforschern wie Boos-Nünning und Karakaşoğlu herausgestellt worden ist, bedeutet dies nicht, dass sie selbst die Vorausset-zungen dafür zu schaffen in der Lage sind.

13 Deren Herausbildung und schnelle Transformation seit den 1950er Jahren in Deutschland von Familiensoziologen wie Peukert oder Nave-Herz wiederkehrend beschrieben und Soziologen wie dem Ehepaar Beck spektakulär zum Thema gemacht worden ist.

rationsplan", sondern nicht zuletzt in der Migrationsforschung selbst, die ihre Diskussionen (nicht nur) in Deutschland um die Erklärung des Bildungsversagens oder – politisch korrekter – der Bildungsbenachteiligung von Migrantenkindern zentriert. Dabei wird letztlich wiederkehrend mit Mitteln der Wissenschaft in eine gesellschaftspolitische Diskussion eingegriffen, die unter Prämissen geführt wird, die selbst der wissenschaftlichen Aufklärung bedürfen. Der Hinweis auf die Unwahrscheinlichkeit moderner Erziehung, wie er hier erfolgt ist, dient dazu darauf hinzuweisen, dass die Heftigkeit und Emphase, mit der diese Diskussionen über die „Integration" der Migranten geführt werden, auch damit zu tun haben, dass die Migranten und ihre Karrieren diese Unwahrscheinlichkeit in Erinnerung rufen. Sie stellen potentiell infrage, dass die funktional differenzierte Gesellschaft die Bedingungen des Gelingens der Inklusion von Individuen aus sich selbst heraus zu erzeugen und zu gewährleisten vermag.

Dieser Hinweis ändert nichts an der Unverzichtbarkeit des modernen Erziehungssystems. Er ruft aber in Erinnerung, dass diese funktionale und normative Unverzichtbarkeit moderner Erziehung sowie der an die Erziehungsorganisationen adressierten Erwartungen den strukturellen Hintergrund der Integrationsdiskussionen über Migranten und ihre soziale Karrieren sowie ihrer Dynamik und Konflikthaltigkeit bildet. Die Migrationsforschung nimmt an diesen Konflikten über „Integration" teil, sie ist nach wie vor engagiert und nicht distanziert, wie dies Treibel in den 1980er Jahren schon für die (damals noch) „Ausländerforschung" festgestellt hat, und versäumt es daher bislang weitgehend, über diese Konflikte und ihre Bedingungen aufzuklären. Dazu gehört auch, „die Benachteiligung von Migrantenkindern" ebenso wie die „Benachteiligung" irgendwelcher Kinder zu ertragen – alles andere wäre angesichts der Bedingungen moderner Erziehung in der funktional differenzierten Gesellschaft überraschend (wenn auch nicht unmöglich). FOR hat mit dem konzeptionellen Zugriff seiner Forschung zu demonstrieren versucht, wie Probleme der Unwahrscheinlichkeit der Erziehung in den Organisationen des Erziehungssystems praktisch gelöst werden – „Diskriminierung", unvermeidbare Unterscheidungspraktiken sind ein Teil der Herstellung der Bildungskarrieren von Migrantenkindern. Wie unterschieden wird, ist kontingent, dass unterschieden wird, wohl nicht. Die Semantik der Diskriminierung lockt zu stark auf das Terrain des Engagements, Diskriminierung, wenngleich unvermeidlich, kann normativ nicht ertragen werden. Mit FOR (aber gegen seine gelegentliche Praxis) ist daran festzuhalten, dass Distanz und Ironie es vielleicht erlauben, damit klarzukommen, dass „die Unwahrscheinlichkeit der Erziehung" die Erziehungsorganisationen nicht davon dispensiert, eine Antwort auf die Frage zu geben, was man dennoch tun kann, um „die Integration von Migrantenkindern zu verbessern" – im Wissen darum, dass Wünschbarkeit nicht selbstverständlich mit Können verbunden ist.

Die Erwartung der Realisierung von Chancengleichheit an das Erziehungs-system ist gesellschaftlich trotz aller Schwierigkeiten unaufgebbar – sie formuliert den Sisyphos-Charakter seiner Aufgabenstellung und verlangt der Profession der Lehrer ab, im Sinne von Camus Sisyphos als glücklichen Menschen zu imaginieren. Mit anderen Worten: Das Wissen um die Kontingenz auch der Erziehung und ihrer routinisierten Unterscheidungs-, also Diskriminierungsprakti-ken erlaubt die Einsicht, dass das, was in Erziehung (wie auch sonst in der Gesellschaft) geschieht, weder notwendig noch beliebig ist, sie erlaubt also Distanz. Wo die Wissenschaft aber diese schon in der Analyse vermissen lässt, kann zwischenzeitliche reflexive Distanz auf einem von Engagement belegten Feld von den Teilnehmern kaum erwartet werden.

„MachtRäume" und „RaumMächte"

Ein theoretisches Modell zur Analyse lokaler Bildungsräume[1]

Patricia Stošić

1 Einleitung

Aktuelle Diskussionen, die sich mit Fragen der Bildungsbenachteiligung oder der Bildungsgerechtigkeit beschäftigen, beziehen sich zumeist auf ungleiche Bildungserfolge von Schülergruppen, die nach Schichtzugehörigkeit und/oder nationaler/ethnischer Herkunft unterschieden werden. Doch die „Achsen der Bildungsungleichheit" verlaufen im deutschen Schulsystem auch entlang von räumlichen Grenzen. Beobachten lassen sich „regionale Bildungsdisparitäten", deren Differenzlinien zwischen Norden und Süden, zwischen Bundesländern und Regionen, innerhalb von Städten und sogar zwischen einzelnen Stadtteilen verlaufen (vgl. z. B. Weishaupt 1996; 2002, Schulz 2000, Deutsches PISA-Konsortium 2002, Kronig 2003, Ditton 2004; 2007, Radtke et al. 2005, Zymek et al. 2006, Klemm 2008). Die Wahrscheinlichkeiten des Bildungs(miss)erfolges hängen anscheinend auch mit dem *Ort* oder mit *lokalen Gegebenheiten* der Beschulung zusammen.

Die Ursachen für diese raumbezogenen Unterschiede werden in der regionalen Bildungsforschung entweder in angebotsorientierten oder in nachfrageorientierten Studien untersucht. Im ersten Fall stehen die räumliche Verteilung von Bildungseinrichtungen und deren Nutzung im Fordergrund; in nachfrageorientierten Studien sind es sozialräumliche Einflussfaktoren auf die Bildungsbeteiligung. Hierunter fällt auch die regionale Verteilung der Bevölkerung z. B. entsprechend ihrem formalen Qualifikationsniveau (vgl. Weishaupt 2002).

Mit Blick auf den zweiten Aspekt, den Sozialraum und die horizontale Verteilungsstruktur der Bevölkerung, geraten vor allem im städtischen Gefüge die so genannten „sozialen Brennpunkte" in den Fokus der Aufmerksamkeit. Als besonders problematisch gelten hier Kontexteffekte residentieller Segregation,

---

[1] Dieser Text basiert auf einem gleichnamigen Vortrag, der im Rahmen der Tagung der Kommission Professionsforschung und Lehrerbildung der DGfE: „Region und Profession – Chancen und Risiken veränderter Schulentwicklung" am 17./18. September 2009 in Schwäbisch Gmünd gehalten wurde.

denen ein benachteiligender Einfluss auf das Leben in den betroffenen Stadtgebieten, sowie auf die Situation der ansässigen Schulen zugeschrieben wird (vgl.
Die Bundesregierung 2007: 63). Aus benachteiligten Stadtteilen werden in dieser
Perspektive *benachteiligende* Stadtteile. In ihnen scheinen sich die Bildungsproblematik aber auch andere soziale Problemlagen – von der Armut, über die
Kriminalität bis zur ethnisch codierten Desintegration – regelrecht zu „verräum-
lichen". Das Quartier, der Stadtteil oder auch nur ein Straßenzug wird zum Problem – im schlimmsten Fall gilt das Gebiet als eine der gefürchteten „Parallelgesellschaften" (vgl. z. B. Heitmeyer et al. 1998).

Antworten auf diese räumlich verorteten, „multidimensionalen Problemlagen" werden aktuell im politischen Kontext überwiegend in sozialräumlichen
Konzepten und Ansätzen – in einer „räumlichen Sozialpolitik" (Werlen 2005:
19) – gesucht. Von der Schulentwicklung bis zur Integrationspolitik, über die
Kinder- und Jugendhilfe und die Stadtentwicklung lässt sich seit den 1990er
Jahren eine neue Orientierung an „lokalen Gegebenheiten" beobachten. Werlen
(2005) verweist hier auf eine „Verräumlichung der Weltdeutung", zu beobachten
sei eine „geographische Wende" (ebd.: 15), für die vor allem der Wechsel von
der Zielgruppenorientierung zur Sozialraumorientierung charakteristisch sei. Die
Kernidee einer räumlichen Sozialpolitik, wie sie beispielsweise im Bund-Länder-
Programm „Stadtteile mit besonderem Entwicklungsbedarf – Soziale Stadt"[2]
umgesetzt wird, ist, die Problemlagen „in" den betroffenen Quartieren durch ein
gebietsbezogenes vernetztes Vorgehen verschiedenster Institutionen und Akteure
sowie durch investive und nicht-investive Maßnahmen und Projekte zu „entschärfen".[3] Den Kommunen wird im Zuge dieser sozialraumbezogenen Umsteuerung eine zentrale Rolle zugewiesen, wie sie z. B. im Nationalen Integrationsplan unter dem Motto „Integration vor Ort" (vgl. Die Bundesregierung 2007)
oder im neu aufgelegten Programm des BMBF „Lernen vor Ort"[4] festgeschrie-
ben wurde.[5] Doch der Zugang zu sozialen und bildungspolitischen Problemstel-
lungen über die Kategorie „Raum" und vor allem der hier übliche Bezug auf ein
absolutistisches Raumkonzept ist keinesfalls unumstritten (vgl. z. B. Löw 2001,
Pott 2002, Projekt „Netzwerke im Stadtteil" 2005, Werlen 2005, Reutlinger
2005; 2009). Denn substantialistische Raumvorstellungen, wie sie dort vertreten

---

2   Vgl. die Internetseite des Programms unter der URL: http://www.sozialestadt.de/programm/
    (zuletzt aufgerufen am 14. 2. 2010)
3   Das Verb „entschärfen" verweist hier auf die Metapher der „Bombe", die in der Diskussion
    über die „Problemviertel" und die damit vermeintlich einhergehende Desintegration der dorti-
    gen (migrantischen) Bevölkerung des Öfteren verwendet wird (vgl. etwa Der Spiegel vom 14.
    4. 1997).
4   vgl. die Internetseite des Programms unter der URL: http://www.lernen-vor-ort.info/
5   zur neuen Rolle der Kommunen in der Integrationspolitik s. Bommes 1992; 2008, Radt-
    ke/Stošić 2008

werden, tendieren dazu, Raum auf Territorien zu verkürzen; sie verfolgen eine geodeterministische Perspektive. Diese naturalistische Sicht auf die Kategorie Raum bleibt jedoch blind für die nicht gegenständlichen, sozialen Dimensionen von Raum. Sie blendet aus, wie Raum als soziales Phänomen durch spezifische Bedeutungszuschreibungen erzeugt wird und dadurch eine eigenständige, auch machtvolle Bedeutung für die Wahrnehmung und das Handeln von Menschen erhält. Vernachlässigt wird mithin eine Betrachtung, die Raum unabhängig von Orten konzipiert und dessen Wirkung so über vordefinierte Gebiete hinaus im sozialen Kontext sichtbar machen könnte.

Diese Desiderate einer absolutistischen Raumvorstellung hat Martina Löw (2001) in ihrer Konzeption von Raum bearbeitet und in einem Gegenmodell ein *relationales* Verständnis von Raum entwickelt. Ausgehend von den Einwänden gegen absolutistische Raumkonzepte werde ich in diesem Aufsatz daher das Raumkonzept von Martina Löw (2001) für die erziehungswissenschaftliche Diskussion über „Raum und Schule" fruchtbar machen. Ich werde der Frage nachgehen, wie mit Löw eine alternative raumbezogene Betrachtung „lokaler Bildungsräume" zu begründen wäre und wie aus ihr eine geeignete Datengrundlage für eine integrative Schulentwicklung gewonnen werden kann. Dazu werde ich (1) die Kritik an absolutistischen Raumkonzepten skizzieren und aufzeigen, was ein alternativer Raumbegriff leisten müsste, um „lokale Bildungsräume als Teil des Bildungsproblems" beschreiben zu können. Anschließend werde ich (2) Martina Löws Raumbegriff erläutern. Ihre Raumtheorie werde ich anschließend (3) auf die Konstitution lokaler Bildungsräume übertragen. Dies geschieht illustrativ und im Rückgriff auf verschiedene Fallstudien, die im Kontext der wissenschaftlichen Begleitung zu dem Programm HEGISS (Hessische Gemeinschaftsinitiative Soziale Stadt) durchgeführt wurden. Ausgelotet werden soll dadurch die Ergiebigkeit des Löwschen Raumkonzeptes für eine empirisch gehaltvolle Rekonstruktion lokaler Bildungsräume. Abschließend fasse ich (4) verschiedene Zugänge zum Forschungsgegenstand noch einmal zusammen und zeige auf, wie deren Erforschung Ansatzpunkte für eine raumbezogene und insbesondere integrative Schulentwicklung bereitstellen kann.

2 Lokale Bildungsräume als Teil des Problems

Charakteristisch für eine absolutistische Raumkonzeption sind ein *territorialer* Raumbegriff, der eine „Verdinglichung von Räumen zu Territorien" (Löw 2001: 35) vornimmt, sowie eine Vorstellung von Raum als starrer erdräumlich-materieller Ausschnitt (Pott 2002) oder als „Behälterraum" (vgl. Werlen 2005). Raum wird hier als ontologisches, die Menschen umgebendes Gebilde verstan-

277

den (vgl. Löw 2001: 35). Vor allem in der Stadt- und Regionalsoziologie, die als eine der Spezialwissenschaften für Raumfragen gilt, wird auf verschiedene theoretische Schwachstellen des Konzepts hingewiesen; zusehends grenzt man sich dort sogar von einer räumlichen Bestimmung des Gegenstandes ab und fordert eine Trennung von Sozialität und Raum.[6] Tief greifend ist auch eine systematische Kritik an einem absolutistisch geprägten Sozialraumkonzept, die den *Konstruktionscharakter* von „Raum" betont und die Relevanz erdräumlicher Ausschnitte für soziale Dimensionen bezweifelt (vgl. z. B. Werlen 2005).

Dass zum Zwecke der sozial-politischen Bearbeitung vordefinierte Räume sozialen Konstruktionsprozessen unterlegen sind, zeigt sich schon darin, dass die administrativ-statistischen Zuschnitte der Gebiete beobachterabhängig – also kontingent sind. Deren soziale Bedeutsamkeit ist schon deswegen fraglich, da die Zusammensetzung der Bevölkerung in den betroffenen Sozialräumen keinesfalls homogen ist, sondern trotz einer Verdichtung von Problemlagen eine durchaus heterogene Bewohnerstruktur aufweist, die sich in verschiedensten Milieus, Lebenslagen und Lebenswelten zeigt. Auch kann der Wohnort nicht mit dem Lebensraum eines Individuums gleichgesetzt werden – relevante Andere befinden sich in der ganzen Stadt, und Menschen bewegen sich sowohl innerhalb als auch außerhalb ihres wohnörtlichen Nahraums (vgl. Radtke/Stošić 2008: 95; siehe auch van Santen/Seckinger 2005). Eine grundlegende Kritik an einem geodeterministischen Sozialraumkonzept findet sich auch in der Sozialgeographie:

> „Weil die räumlich beobachtbare Äußerungsform des Sozialen nicht der Grund oder gar die Ursache eines gesellschaftlichen Prozesses sein kann, darf sie auch nicht zum zentralen Element einer sozialen Erklärung gemacht werden. Ebenso wenig kann der Äußerungsort einer sozialen Problemlage das soziale Problem selbst sein. Dieser Zusammenhang müsste aber gegeben sein, wenn die Maßnahmen der Problembeseitigung – wie im Konzept >soziale Brennpunkte< – orts- und raumzentriert erfolgen sollen" (vgl. Werlen 2005: 18).

Diese Position verweist auf ein zentrales Strukturproblem der Verknüpfung von territorialen Räumen mit der sozialstrukturellen Ebene, das van Santen/Seckinger (2005) in Bezug auf die Kombination von Jugendberufshilfe und Sozialraumorientierung konkretisieren. Sie konstatieren, dass eine sozialraumorientierte Jugendberufshilfe ein „Hineintragen von Möglichkeiten der Integration [in den Ausbildungs-/ Arbeitsmarkt, PS] in den Sozialraum" (ebd.: 68) bedeuten würde. Und weiter heißt es: „Jugendhilfe kann aber keine Standortpolitik bezüglich Ausbildungs- und Arbeitsstellen machen" (ebd.). Die Befürchtung, dass die Be-

---

6   Eine umfassende Aufarbeitung des Raumbegriffs in der Stadt- und Regionalsoziologie findet sich bei Löw 2001: 44-58

arbeitung von grundlegenden Struktur- und Integrationsproblemen moderner funktional-differenzierter Gesellschaften gerade durch eine Verkürzung und Konzentration auf den Sozialraum verfehlt oder invisibilisiert werden und wohnraumbezogen auf die Klientel und Betroffenen abgewälzt werden könnte, ist für die Sozialraumkritik zentral. Und so wird vor einer „Containerisierung der Bevölkerung" (Werlen 2005) und vor einer „Verdinglichung des Sozialraums" (Reutlinger 2005) gewarnt; und wenn die einen von einer „Verräumlichung sozialer Probleme" in Stadtteilen oder Quartieren sprechen (vgl. z. B. Bruhns/Mack 2001), entgegnen andere, Raum würde *sozial* hergestellt und man habe schlicht *Klassen-* mit *Raum*effekten verwechselt. Man müsse sich wieder den sozialen Praxen und Ressourcen der Individuen zuwenden (vgl. Landhäußer et al. 2005: 8).

Doch es scheint einen Unterschied zu machen, ob man *hier* in die Schule geht oder *dort*. Die Wahrscheinlichkeit, auf eine Förderschule oder auf ein (bestimmtes) Gymnasium überwiesen zu werden, variiert teilweise so stark zwischen Schulen der gleichen Schulform in einem Stadtgebiet, bzw. zwischen verschiedenen Regionen, dass sie nicht mehr befriedigend mit dem Leistungs- oder Begabungskonzept erklärt werden können. Nachweisen lässt sich ein Zusammenhang zwischen dem bestehenden Schulangebot in administrativ definierten „Räumen" und den Schulbesuchsquoten (Weishaupt 2002: 187), so dass der Wohnort von Schülern im Kontext des Schulangebots als bedeutsamer Faktor für die Bildungsbeteiligung mitbedacht werden muss (vgl. Schulz 2000; Ditton 2004: 612). Schon Peisert (1967) wies darauf hin, dass eine ungleiche Verteilung der Gymnasien zwischen bürgerlichen und Arbeitervierteln sich benachteiligend auf die Bildungslaufbahnen von Arbeiterkindern auswirkt. Und so ist auch die Wahrscheinlichkeit, beispielsweise im Frankfurter Gallusviertel nach der vierten Klasse auf ein Gymnasium überwiesen zu werden gering – schlicht deshalb, weil es in diesem ursprünglichen Arbeiterviertel weder ein Gymnasium noch einen Gymnasialzweig (dafür drei Förderschulen) gibt.

Auf lokale Bildungsdisparitäten reagiert seit Mitte der 1990er Jahre eine regionale Schulentwicklung, deren Ziel die Herstellung eines lokal angemessenen Bildungsangebotes ist. Dazu müssten die erforderlichen Ressourcen so gelenkt werden, dass sie benachteiligten Schulen zur Verfügung stehen. Dies wäre allerdings eine input-orientierte Schulentwicklung. Die Schulentwicklungsplanung muss sich jedoch – wie die Integrationspolitik auch – derzeit in das allgemein vorherrschende Konzept der „Neuen Steuerung"[7] einordnen und verwickelt sich dabei in Widersprüchlichkeiten. Einerseits will man lokal und regional für gleiche Ausgangschancen auf der Angebotsseite sorgen, zugleich aber soll durch

---

7 Siehe zu diesem Thema auch Weiß, Manfred/Weishaupt, Horst (2000): Bildungsökonomie und Neue Steuerung. Frankfurt am Main: Lang

Output-Orientierung, Zielvorgaben und Zuständigkeitsverlagerung mehr Effizienz und Effektivität der Schulen erreicht werden. Ein nach den Prinzipien der Neuen Steuerung dereguliertes lokales Schulsystem tendiert aber dazu, dass „die lokalen und regionalen Rahmenbedingungen für Schulentwicklung – sowohl der einzelnen Schulen wie der regionalen Angebotsstruktur – erheblich differieren" (Zymek 2007: 280).

Doch auch eine Konzentration auf die schulische lokale und formal institutionalisierte *Angebotsstruktur* greift zu kurz, um die Komplexität lokaler Bildungsräume zu verstehen. Denn sie kann nicht alle Entstehungs- wie Wirkungsmechanismen spezifischer *lokaler Schulkonstellationen* erklären, bei denen es z. B. zur sozialen und ethnischen Entmischung der Schülerschaften kommt, die mitunter die Segregation der Wohnbevölkerung noch deutlich übertreffen kann. Einzelne Schulen scheinen im Zuge solcher Entmischungsprozesse („creaming") die „Integrationslast" eines gesamten Stadtteils oder sogar einer ganzen Stadt/Region zu tragen – ohne jedoch die notwendigen Ressourcen zugeteilt zu bekommen (vgl. Radtke et al. 2005). Die bildungspolitisch geführte Diskussion spitzt sich hier schließlich in der Rede über die so genannten „Brennpunktschulen" zu.

Gerade Prozesse einer (informellen) lokalen Ausdifferenzierung des Schulsystems, bei denen es auch zu Stigmatisierungen von „Brennpunktschulen" kommt, scheinen für die exklusiven Effekte lokaler Bildungsräume zentral zu sein. Doch sind diese immer in den *Relationen zu anderen Schulen* zu suchen und können nicht „in" einem behälterähnlichen Sozialraum verortet, alleine aus diesem heraus verstanden und auch nicht isoliert „in" ihm bearbeitet werden. Denn wirksam und sichtbar werden hier die Mechanismen eines *Wettbewerbs* (der schon ohne Institutionalisierung eines Quasi-Markts im Schulsystem beobachtet werden kann) im Zuge dessen Schulen um das aussichtsreichste Klientel und Eltern und Kinder um Plätze in erfolgversprechenden Schulen konkurrieren (vgl. z. B. Ball 2003, Weiß 2001, Radtke et al. 2005). Neben dem lokalen Schulangebot werden also auch Faktoren wie die Bildungsnachfrage oder Überweisungspraxen bei lokaler Relationenbildung zwischen Schulen wirksam. Als problematisch wären die *Exklusionsrisiken* zu bewerten, die für Schüler im Anschluss an ihre Schullaufbahn entstehen können, wenn sie unter den Bedingungen bestimmter lokaler Schulkonstellationen beschult werden, bei denen Angebots- *und* Nachfrageseite wechselseitig verstärkend aufeinander zurückwirken.

Lokale Bildungsräume können also durchaus als Teil des Bildungsproblems betrachtet werden – doch wie lässt sich „Raum" als relevanter Faktor für Schule und Bildung thematisieren, ohne sich in eine Diskussion zur „Containerisierung" zu verstricken – also ohne einem territorialen Raumbegriff zu folgen – und dabei trotzdem anzuerkennen, dass die Orte des Lebens und Lernens folgenreich sein können?

Martina Löws Raumkonzept leistet diesen Spagat. Sie befreit den Raum aus seinem kümmerlichen Dasein als starrer erdgebundener „Behälterraum" und verweist auf seine Bedeutung für die menschliche „Organisation des Nebeneinander" (vgl. Löw 2001: 66), auf die man anderorts schon verzichtet hatte. Denn beides scheint fatal: sowohl die Reduktion von Raum auf seine Materialität als auch der Verzicht auf die Kategorie in Folge einer Dekonstruktion, die die Relevanz der Orte, des „hier und dort" weder im oder für das Handeln noch als Folge von Handlungen zu berücksichtigen vermag.[8]

Dazu kommt, – für die spezielle Frage nach der Bedeutung von Raum für Schule und Bildung – dass Löws Raumkonzept auch dazu geeignet zu sein scheint, das Desiderat, auf das Hartmut Ditton (2004: 616) in seinem Aufsatz „Schule und sozial-regionale Ungleichheit" hingewiesen hat, theoretisch zu bearbeiten. Ditton konstatiert dort, dass es Ansätzen zur Erklärung des Bildungsverhaltens und der Bildungsbeteiligung bislang *nicht* gelungen sei, das Zusammenwirken „von individuellen, gruppenspezifischen und strukturellen Bedingungen in einem umfassenden Untersuchungsansatz abzubilden". Die Idee, die hier vorgestellt werden soll, versucht genau dies. In Anlehnung an Martina Löws (2001) Raumkonzept möchte ich einen theoretischen Beitrag zur Diskussion über lokale Bildungsräume und deren Entstehungs- wie Wirkungsmechanismen liefern. Mit Hilfe dieses Raumkonzepts als theoretischem Überbau wird es möglich, individuelle, gruppenspezifische und strukturelle Aspekte der Bildungsbeteiligung und des Bildungsverhaltens in einem Modell zu betrachten; das bedeutet auch, eine angebotsorientierte Perspektive mit einer nachfrageorientierten Perspektive regionaler Bildungsforschung zu kombinieren. Das Innovationspotential einer Übertragung des Löwschen Raumkonzeptes auf den Bildungsbereich liegt nun darin begründet, dass es eine Art „integrierende Klammer" um diese verschiedenen Faktoren legt. Lokale Bildungsräume können mit Bezug auf Löw sowohl als „MachtRäume", die Handlungen vorstrukturieren (Strukturebene), als auch als von „RaumMächten" abhängige Variable (Handlungsebene) konfiguriert werden. Sichtbar wird so auch, *wie* sich lokale Bildungsräume – auch unabhängig von konkreten Orten – herausbilden. Denn bislang scheint sich eine regionale Bildungsforschung noch stark an geodeterministischen Modellen zu orientieren. Sie setzt bestimmte Räume, Territorien voraus und untersucht das „dort" vorhandene Schulangebot und setzt dies bspw. in Bezug zu Schulwahlentscheidungen und zur Bevölkerungsstruktur (s. z. B. Ditton 2007; Teerporten

---

8 Ein handlungsorientiertes Verständnis von Raum wurde auch in der Sozialgeographie bspw. von Werlen (2005) konzeptualisiert, im Kontext raumbezogener Migrationsforschung vgl. Pott (2002).

2007). Der vorliegende Beitrag versucht diese Forschungsergebnisse und Ansätze einer regionalen Bildungsforschung *raumtheoretisch* zu *reformulieren* und einzuordnen. Das Ziel ist, ein theoretisch flexibles Modell zu entwerfen, mit dem verschiedenste Aspekte lokaler Bildungsräume (so auch lokale Bildungsungleichheiten) empirisch untersucht und miteinander verknüpft werden können. Analysen entlang dieses Raummodells sollten letztendlich eine (quantitative sowie qualitative) Datenbasis bereitstellen, auf deren Grundlage Ansatzpunkte für eine raumbezogene und integrative Schulentwicklung generiert werden können.

3 Martina Löw: Raumsoziologie. Frankfurt 2001

Löw bemängelt, dass in den meisten soziologischen Raumkonzeptionen unbeobachtet bleiben müsse, inwieweit die Entstehung von Räumen *selbst* soziale Prozesse darstellen. Sie schreibt:

> „Die Erwartung an einen soziologischen Grundbegriff „Raum" muss [...] sein, dass er den Prozess der Konstitution erfasst und nicht dessen Ergebnis, z. B. Behälter zu sein, schon voraussetzt" (Löw 2001: 270).

Diesem Dilemma, das Werlen (2005) auch als „Raumfalle" bezeichnet, kann man nach Löw nur entgegenwirken, indem man einen fundierten Raumbegriff konzipiert,

> „der nicht nur deskriptiv erhebbare Territorien erfasst, sondern auch die *materiellen* und *symbolischen* Aspekte der Produktion von Räumen durch die verschiedenen Akteurinnen sowie die institutionalisierten Raumkonstruktionen (darunter auch institutionalisierte Territorien) erfasst" (Löw 2001: 53; Herv. P.S.).

Damit sei jedoch ein Perspektivwechsel vorausgesetzt, der nicht mehr zwei verschiedene Realitäten (Raum und Handeln) unterstellt. Stattdessen seien Raumkonstitutionen als *prozesshafte, soziale Phänomene* zu verstehen, die in einer *Wechselwirkung zwischen Struktur und Handlung* entstehen (ebd.: 172). Mit dieser Idee geht Löw auch über Ansätze hinaus, die Raum zwar als konstruiert wahrnehmen, dabei jedoch immer nur vom Individuum und dessen raumkonstituierenden Handlungen ausgehen – nicht jedoch die Wirkung verschiedener Räume *auf das Handeln* rekonstruieren. Auch bezieht sie konkrete Orte in ihre Theorie mit ein, ohne jedoch Raum auf das materielle Substrat der Örtlichkeit zu reduzieren – denn sie unterscheidet zwischen *Raum* und *Ort*.

Löw definiert Raum als eine „relationale (An)Ordnung sozialer Güter und Menschen (Lebewesen) an Orten" (ebd.: 224). Sie grenzt sich mit ihrer Raumdefinition damit sowohl von *absolutistischen* als auch von *relativistischen* Raumvorstellungen ab,[9] stattdessen – bzw. beide synthetisierend – entwirft sie eine *relationale* Idee des Raumes. Diese geht zwar von einem relativistischen Standpunkt aus, der besagt, dass „Räume sich aus Anordnungen der „Körper" ergeben" (ebd.: 67), doch da Löw gleichzeitig die angeordneten Objekte als auch die *Relationenbildung* zwischen diesen Objekten betont, geht sie über eine rein relativistische Sicht auf Raum hinaus (ebd.: 156). Da die „Körper" hier sowohl als bewegte und bewegbare Objekte gedacht sind, fließen bei Löw, wie bereits angedeutet, auch das „Raumwerden" und das „Anordnen der Körper" in ihre Betrachtungen mit ein. Die Prozesse des Raumwerdens können dann wieder zu den Konstruktionen und Wahrnehmungen der Betrachter in Bezug gesetzt werden. Von (An)Ordnungen spricht sie, da sie sowohl das Anordnen der Körper (Handlungsdimension) aber auch die ordnungsbildende Kraft der Anordnung der Körper (Strukturdimension) berücksichtigt.

Raumkonstitution und Raumwahrnehmung gewinnen bei Löw Gestalt, indem sie davon ausgeht, dass sich Raum durch zwei analytisch zu unterscheidende, sich gegenseitig jedoch bedingende Prozesse konstituiert: das *„Spacing"* und die *„Syntheseleistung"* (vgl. ebd.: 158ff.). Mit Spacing bezeichnet Martina Löw das Anordnen der „Körper" an konkreten Orten. Sie verweist hier mit Bezug auf Kreckel (1992) darauf, dass diese „Körper" immer „soziale Güter" darstellen, da sie „Produkte gegenwärtigen und vor allem vergangenen materiellen und symbolischen Handelns" (Kreckel 1992: 77; zit. nach Löw 2001: 153) seien. Weiter könnten soziale Güter in primär materielle (Tische, Stühle, Häuser etc.) und primär symbolische (Lieder, Werte, Vorschriften etc.) differenziert werden. Doch die Tätigkeit des Anordnens bringe mit sich, dass hier immer von der Materialität der Güter ausgegangen werden müsse, die entstehenden Anordnungen könnten allerdings nur durch ihre symbolische Wirkung und Bedeutung verstanden werden. Neben primär materiellen Gütern können nach Löw auch Menschen (Lebewesen) positioniert werden, bzw. sich selbst positionieren. Sie verweist hier als Beispiel auf den Neuankömmling auf einer Feier, für den sich der Raum neben sozialen Gütern (Buffet, Sitzgelegenheiten etc.) auch durch die (An)Ordnungen der Menschen konstituiert (ebd.: 154). Menschen vermögen

---

9 Ein *absolutistisches* Raumkonzept versteht Raum als einen „von den Körpern selbständige Realität" (vgl. Löw 2001: 25). Raum wird hier als objektivistisch, etwa als Behälter vorgestellt, der Dinge, Lebewesen etc. umschließt. Löw weist darauf hin, dass Einstein diese Raumvorstellung 1960 mit der Kurzformel ‚container' verbildlichte, was in der deutschen Rezeption mit ‚Behälterraum' übersetzt worden sei (ebd.: 24). Hier wird deutlich, dass die heutige Kritik am Sozialraum sich genau gegen eine solche absolutistische Raumvorstellung wendet, wenn etwa vor einer ‚Containerisierung' und ‚Verdinglichung' des Raumes gewarnt wird. Ein *relativistisches* Raummodell dagegen betont die Position der Objekte zueinander, die je nach Theorie „im Raum" existieren oder, die in einer strikt relativistischen Theorie Raum als durch diese Beziehungen definiert verstehen.

nach Löw über Mimik, Gestik, Sprache, Bewegung etc. Raumkonstruktionen und die Wahrnehmung von Raum zu beeinflussen; aber auch soziale Güter entfalten eine Außenwirkung, z. B. über Gerüche oder Geräusche. Räume erhalten so „Atmosphären" (vgl. ebd.: 204ff.).

Löw spezifiziert den Prozess des Spacing und bezieht ihn auf die (An)Ordnung sozialer Güter und Menschen (Lebewesen) an konkreten Orten. Zur Verdeutlichung ein Beispiel: Durch das Positionieren von Ortsschildern wird ein bestimmtes Ensemble von sozialen Gütern und Menschen als *ein* Raum markiert: die Ortschaft oder auch ein Stadtteil. Ortschaften und Stadtteile können wiederum selbst Teil einer neuen (An)Ordnung werden, indem sie in Relation mit anderen raumkonstituierenden Elementen, z. B. mit anderen Ortschaften und Stadtteilen, gesetzt werden. Sie zusammen bilden etwa eine Stadt oder auch einen Kreis, Bundesländer etc. Löw schreibt dazu:

> „Dieses Prinzip, dass je nach Perspektive ein Mensch oder ein soziales Gut selbst ein Raum oder aber ein Element einer Raumkonstruktion ist, trifft auf alle sozialen Güter und auch auf alle menschlichen Körper zu. Eine Stadt, ein Zimmer, ein Schrank kann als ein soziales Gut für die Konstitution des Raums betrachtet werden, er/es kann aber auch selbst als Raum gesehen werden" (ebd.: 157).

Löw nennt als Beispiele für Spacing auch das Aufstellen von Ware im Supermarkt, das „Sich-positionieren" in Bezug auf andere Menschen oder das Vermessen von Grenzen. Spacing bezeichnet also das Errichten, Bauen und Positionieren. Um den Prozess des Spacings zu vollziehen, bedarf es jedoch nach Löw (die sich hier auf N. Elias bezieht) gleichzeitig der *Syntheseleistung*. Denn ohne eine *Vorstellung* vom Raum kann dieser nicht errichtet werden: Bevor das Ortsschild errichtet wurde, gab es eine Vorstellung dessen, welche Elemente an welchem Ort beispielsweise als „Dorf" markiert werden sollen. Andererseits werden über Wahrnehmungs-, Erinnerungs- und Vorstellungsprozesse soziale Güter und Menschen durch menschliche Syntheseleistungen zu Räumen verknüpft: so der Autofahrer, der das Ortsschild passiert und z. B. sein Tempo drosselt, weil er nun „in" eine Ortschaft fährt, er weiß um die symbolischen Bedeutungen des Schildes (evtl. ist es auch der ihm bekannte Blitzer und dessen Position, oder aber auch das Wissen um eine nahegelegene Schule, die ihn zum Abbremsen bewegen).

Verknüpfungsleistungen sind nach Löw durch gesellschaftlich präformierte Raumvorstellungen, institutionalisierte Raumkonstruktionen und einen klassen- und geschlechtsspezifischen Habitus vorstrukturiert. Differenzierter geprägt werde dieser Habitus auch durch Kategorien wie Alter, ethnische, religiöse Zugehörigkeit, mentale und körperliche Dispositionen. Zur Verdeutlichung: trotz gleichen Wohnortes synthetisieren männliche Jugendliche sehr wahrscheinlich andere soziale Güter, Menschen und Orte zu einem für sie relevanten Raum als ältere Damen (z. B. Plätze an denen man Skateboard fahren kann, Jugendzentrum, die Schule vs. die Bowlingbahn, ein bestimmtes Café, das Altersheim usw.). Umgekehrt wiederum ist dann auch davon auszugehen, dass unterschiedliche Gruppen in ihrem Handeln und in ihrer Wahrnehmung auch von unterschiedlichen Raumstrukturen beeinflusst werden.

Hier wird ein weiterer zentraler Aspekt in Löws Raumtheorie deutlich – ihre Unterscheidung zwischen *Raum* und *Ort* (vgl. ebd.: 198ff.). So können an einem Ort verschiedene Räume entstehen, die nebeneinander sowie in Konkurrenz zueinander existieren, bzw. in klassen- und geschlechtsspezifischen Kämpfen ausgehandelt werden. Eine Stadt als geographisch markierbarer Ort stellt dann für unterschiedliche Menschen oder Gruppen verschiedene Räume dar. Es gibt schicht-, alters-, geschlechtsspezifische Syntheseleistungen, die eine völlig differente Wahrnehmung von Raum ergeben können. Der Blick des Synthetisierenden (so auch der des Wissenschaftlers) ist demnach prägend für jede Raumkonstitution. Wie Raum als Gegenstand empirischer Forschung konstituiert wird muss daher im Forschungsprozess selbst reflektiert werden.

Eine Unterscheidung von sozialen und materiellen Räumen macht nun keinen Sinn mehr: Räume sind immer sozial, da sie im Handeln entstehen und auf Konstruktionsleistungen basieren, materiell sind lediglich platzierte Güter oder auch Menschen, welche zu Räumen verknüpft werden. Diese sind aber auch nicht „natürlich" sondern Ergebnis von tradierten, symbolischen Sinngebungen. Räume entstehen also im Handeln durch Verknüpfungen und Platzierungen. Im Alltag vollziehen sich diese beiden Prozesse zumeist in Routinen; über sich wiederholende Handlungen werden räumliche Strukturen rekursiv reproduziert. Dabei greifen wir nach Löw, die sich hier auf A. Giddens bezieht, auf das *praktische Bewusstsein* zurück, das uns ermöglicht, im Alltag zurechtzukommen. Wir denken nicht darüber nach, wie wir uns im Supermarkt bewegen, wir nutzen die dafür vorgesehenen Wege und krabbeln nicht über Regale auch können wir mit Irritationen (z. B. Straßensperren) umgehen. Und wir gehen selbstverständlich davon aus, dass andere unsere Raumwahrnehmung teilen. Löw spricht hier auch von der *Verallgemeinerbarkeit* der Räume oder auch von *institutionalisierten Räumen*; diese sind gegeben, „wenn (An)Ordnungen über das eigene Handeln hinaus wirksam bleiben und genormte Syntheseleistungen und *Spacing* nach sich ziehen" (ebd.: 164).

Der Begriff der (An)Ordnung verweist bei Löw neben der Handlungsebene auf diese strukturierende Dimension, auf die Ordnung, die durch Räume geschaffen wird. So weisen Räume wie Bahnhöfe, Fußgängerzonen, Supermärkte usw. unabhängig von Ort und Zeitpunkt immer wieder gleiche Anordnungen auf; das gilt auch für Anordnungen von Menschen, z. B. beim Empfang eines Staatsoberhauptes oder für die Sitzordnung bei Gericht. Der Raum wird hier zur Objektivation, er wird als gegenständlich erlebt.

Löws Verständnis räumlicher Strukturen (vgl. ebd.: 166ff.) speist sich daraus, dass diese nicht dem Gesellschaftlichen gegenübergestellt werden, sondern wie zeitliche oder juristische Strukturen, eine *spezifische Form des Gesellschaftlichen* darstellen. Mit Bezug auf Giddens Strukturbegriff kann nach Löw von räumlichen Strukturen die Rede sein, wenn „die Konstitution von Räumen, d. h. entweder die Anordnung von Gütern und Menschen oder die Synthese von Gütern und Menschen zu Räumen [...] in Regeln eingeschrieben und durch Ressourcen abgesichert ist, welche unabhängig von Ort und Zeitpunkt rekursiv in Institutionen eingelagert sind" (ebd.: 171). Räumliche Strukturen umfassen sowohl Ermöglichungspotentiale von Handeln wie auch dessen Verhinderung. Löw überträgt Giddens Konzept der Dualität von Struktur und Handlung auf die Dualität von Raum. Räume entstehen demnach in einer Wechselwirkung zwischen Struktur und Handlung, sie sind als räumliche Strukturen in Institutionen eingelagert und steuern so wieder das Handeln (zu „gegenkulturellen Räumen" ebd.: 183-191).

Mit Platzierungen von Objekten und Menschen werden nach Löw immer auch *Machtverhältnisse* ausgehandelt. Ganz deutlich wird dies etwa bei der Zuteilung von Sozialwohnungen oder auch in der Sitzordnung bei Gericht. Über Räume werden Verteilungsprinzipien, Einschlüsse und Ausschlüsse organisiert (vgl. ebd.: 194). Mit Verweis auf Foucaults Konzept der Heterotopien zeigt sie auf, dass Raum und Macht untrennbar miteinander verbunden sind. Löw bezieht sich hier auch auf Giddens und Elias und verweist auf die unterschiedlichen Möglichkeiten, Handlungschancen zu realisieren, die von den in einer Beziehung oder in einer Situation zur Verfügung stehenden Machtmitteln abhängen. Räume werden also nicht beliebig konstituiert, sondern sind sozial und materiell vorstrukturiert. Die Chancen, Räume zu konstituieren, betrachtet Löw auch im Kontext sozialer Ungleichheit. Sie nennt vier Dimensionen sozialer Ungleichheit distributiver Form, die für die Raumkonstitution relevant werden können: Reichtum, Wissen, Organisation und Assoziation. Diesen vier Dimensionen ordnet sie jeweils ein institutionalisiertes Tauschmittel zu: Geld, Zeugnis, Rang und Zugehörigkeit. Da der Zugang zu Raumkonstitutionen und deren Durchsetzung maßgeblich über die Verfügungsmöglichkeit dieser Güter organisiert ist – umgekehrt die Verfügungsmöglichkeit über Räume zur Ressource werden kann (vgl. ebd.: 218) –, sind nach Löw Räume oft Gegenstände sozialer Auseinandersetzungen. Sie schreibt:

> „Die Konstitution von Raum bringt Verteilungen zwischen Gesellschaften und innerhalb einer Gesellschaft hervor. In hierarchisch organisierten Kontexten sind dies zumeist ungleiche Verteilungen bzw. unterschiedliche Personengruppen begünsti-

gende Verteilungen. Die (An)Ordnungen haben Inklusions- und Exklusionseffekte." (ebd.: 217)

Für die *Analyse* von Raum ergeben sich nun verschiedene Implikationen. Auch Wissenschaft bildet nicht die Wirklichkeit des Raumes ab, sondern konstruiert Raum erneut. Der wissenschaftliche Zugang zu Raumkonstitutionen ist nach Löw aus zwei Perspektiven heraus möglich: einmal mit Ausgangspunkt auf den *Elementen* der Raumkonstitution, einmal mit Fokus auf die *Beziehungen* zwischen den Elementen. Die Autorin schreibt dazu:

> „Jede Konstitution von Raum, das ist besonders für die wissenschaftliche Analyse von Raum wichtig, ist bestimmt durch die sozialen Güter und Menschen einerseits und durch die Verknüpfung derselben andererseits. Nur wenn man beide Aspekte, also sowohl die Bausteine des Raums als auch deren Beziehung zueinander kennt, kann die Konstitution von Raum analysiert werden. Das bedeutet für das Verständnis von Raum als soziologischem Begriff, dass sowohl über die einzelnen Elemente als auch über die Herstellung von Beziehungen zwischen diesen Elementen Aussagen getroffen werden müssen" (ebd.: 155).

Löw zieht hieraus methodologische Konsequenzen (ebd.: 218ff.) und verweist auf die Notwendigkeit, sich in einer *Mehrperspektivität* dem Raum zu nähern und betont, dass das Wissen um die Perspektivenvielfalt die Voraussetzung für die Erforschung von Raumkonstitutionen sei. So wären z. B. einerseits in einer interaktiv/biographischen Perspektive die Motivationen und das Handeln von Individuen/Gruppen zu erforschen, mit denen sie Raum konstituieren. Andererseits könnten aber auch in einer strukturanalytischen Sicht die entstandenen Räume und deren Folgen (z. B das Verkehrsaufkommen in einer Stadt) untersucht werden. Löw nennt (in Anlehnung an Sturm 1997) vier Untersuchungsebenen des Raumes: (1) die Untersuchung sozialer Güter und Menschen in ihren Anordnungen, (2) die Analyse der Syntheseleistungen, (3) die Bearbeitung der Spacingprozesse, (4) die Erforschung räumlicher Strukturen. Verschiedene Perspektiven für die Analyse ergeben sich aber auch durch festgelegte Größendimensionen und Vergleichsgruppen. So kann man von einer bestimmten Personengruppe ausgehen und analysieren, wie diese Raum konstituiert. Anschließend verfügt man zwar über wichtige Information über diese Gruppe, allerdings weiß man dann nicht, wie andere Gruppen, die am gleichen Ort lokalisiert (z. B. wohnhaft) sind, Raum konstituieren. Folgt man wiederum unterschiedlichen Gruppen und ihren Raumkonstitutionen an einem konkreten Ort, so bleibt ungewiss, wie diese Gruppen an anderen Orten andere Räume entstehen lassen. Das gleiche gilt für geographische Dimensionen: Untersucht man Stadtteile, weiß man wenig über die allgemeine Konstitution des städtischen Raums. Erforscht man die Stadt, so entgehen einem wieder kleinere Raumeinheiten (vgl. ebd.: 219). Löws Konzeption ermöglicht also, sich aus vielfältigen Perspektiven heraus dem „Raum" zu nähern und bietet fruchtbare Ansatzpunkte für verschiedenste Fragestellungen und Forschungsdesigns – wie zu zeigen sein wird auch für die Analyse „lokaler Bildungsräume".

3.1 „MachtRäume" und „RaumMächte": Zur Konstitution lokaler Bildungsräume

Eine Definition von Räumen als „relationale (An)Ordnungen sozialer Güter und Menschen (Lebewesen) an konkreten Orten" und die verschiedenen Prämissen der Löwschen Raumtheorie machen nun denkbar, lokale Bildungsräume aus vielfältigen Perspektiven heraus – und nicht mehr nur aus dem Blickwinkel einer territorialen Sozialraumtheorie – zu betrachten und zu analysieren. Auch die Entstehung lokaler Bildungsräume wäre dann als Wechselwirkung von Struktur und Handlung zu deuten; auch lokale Bildungsräume wären dann Orte gesellschaftlicher Aushandlungen, die geprägt sind von Macht- und Verteilungskämpfen und deren (An)Ordnungen in den Modi von Spacing und Syntheseleistungen zu rekonstruieren wären.

Wie könnte nun ein lokaler Bildungsraum vor dem Hintergrund der Löwschen Raumtheorie beschrieben werden? Folgt man dem Vorschlag der Autorin und fragt in einem ersten Schritt nach den sozialen Gütern und Menschen in ihren Anordnungen an konkreten Orten, so kann ein lokaler Bildungsraum ausgehend von einem bestimmten Territorium (ein Stadtteil, eine Stadt, eine Region etc.) und den dortigen Anordnungen der Schulen untersucht werden. Dies wäre die klassische Variante, in der letztlich Informationen über das formale Schulangebot in einem bestimmten Gebiet vorliegen, die wieder mit anderen Gebieten verglichen werden können. Ergänzend kann dann die horizontale Verteilung der Bevölkerungsgruppen zu dem Schulangebot in Bezug gesetzt werden. Fragt man jedoch nach Spacingprozessen und Syntheseleistungen verschiedener Akteure, die an der Konstitution lokaler Bildungsräume beteiligt sind, so wären als Analyseeinheiten etwa Entscheidungsträger und Verwaltungsorgane zu berücksichtigen, die über die notwenigen Ressourcen, Räume und Macht verfügen, um beispielsweise im Kontext von Schulentwicklungsplanung soziale Güter und Menschen (Straßenzüge, Schulen etc.) zu administrativ definierten lokalen Bildungsräumen zusammenzufassen und schließlich rechtlich-formal zu institutionalisieren. Ergebnisse dieser Spacingprozesse (und natürlich den hier zugrunde liegenden Syntheseleistungen) wären dann allgemein anerkannte Bildungsräume, wie z. B. Schulbezirke, Schuleinzugsbereiche oder ebenfalls die lokale Schulstruktur (vgl. auch Reutlinger 2009: 128). Durch die administrativ vorgenommenen Raumkonstruktionen finden Positionierungen verschiedener sozialer Güter und Menschen im Verhältnis zu konkreten Orten statt. Gleichzeitig kommt es zu

Relationenbildungen zwischen den Objekten der Raumkonstitution.Die lokale Struktur des Schulangebots aber auch lokal unterschiedliche und institutionalisierte Regelungen des Schulbesuchs, welche die Verteilung von Schülern, Lehrern, Mittelzuweisungen etc. regeln, wären dann als Ergebnisse *bildungspolitischen Spacings* zu deuten. Die so entstehenden lokalen Bildungsräume enthalten bestimmte Regeln und Ressourcen,[10] die Spacing und Syntheseleistungen verschiedener Akteure, wie z. B. von Eltern, Lehrern und weiteren Entscheidungsträgern wiederum dauerhaft formen – sie können also als institutionalisierte Räume im Sinne Löws betrachtet werden. Lokale Bildungsräume stellen aus dieser Perspektive „MachtRäume" dar, da sie räumliche Strukturen bereitstellen, in denen sich, bzw. in deren Verhältnis zu anderen Bildungsräumen, bestimmte Verteilungen von sozialen Gütern und Menschen etablieren und die außerdem eine gesellschaftliche Ordnung hervorbringen, die das Handeln der Menschen strukturiert und sich so im Handeln auch immer wieder reproduziert.

Dabei sind die Anordnungen der sozialen Güter und Menschen, die sich in lokalen Bildungsräumen durchsetzen, bzw. aufrechterhalten werden, keineswegs zufällig. Es handelt sich um tradierte, auch klassenspezifisch geprägte, mächtige räumliche Strukturen. So finden sich, wie bereits angedeutet, die meisten Gymnasien auch heute noch in ursprünglich bürgerlichen Stadtgebieten, während sie in den traditionellen Arbeitervierteln nach wie vor seltener sind. Bis in die 1970er Jahre galt ein ländliches Umfeld als bildungsbenachteiligender Faktor – vor allem für „katholische Arbeitermädchen" (vgl. Dahrendorf 1965). Heute ist es der Migrantenjunge in der Hochhaussiedlung, der als Symbolfigur der neuen Bildungsbenachteiligung gelten kann (vgl. Radtke et al. 2005). Hier wird deutlich, dass die bisher übliche Konzentration auf das Stadt-Land-Gefälle den aktuellen Rahmenbedingungen, die sich für die Arbeit der Schulen im Kontext von Demographie, Mobilität, Migration und urbanem Wandel ergeben, nicht mehr gerecht wird. Deshalb erscheinen lokale Bildungsräume, vor allem in städtischen und segregierten Gebieten, zunehmend als Teil der zu bewältigenden Bildungsproblematik (vgl. Zymek 2007: 281).

An einem Fallbeispiel kann konkretisiert werden, was mit bildungspolitischem Spacing gemeint sein kann und welche Folgen sich aus den institutionalisierten (An)Ordnungen der Schulen, Ressourcen, Schüler etc. ergeben können. In einer Studie wurden verschiedene hessische Standorte des Programms „Hessische Gemeinschaftsinitiative Soziale Stadt" (HEGISS) im Hinblick auf das lokale Schulangebot untersucht (vgl. dazu Radtke et al. 2005). Dies geschah vor dem Hintergrund der These, „dass ein direkter Zusammenhang zwischen der „horizontalen" Verteilung der Schüler auf die Grundschulen in den Stadtteilen und

---

10   Zu regionalen Disparitäten in der kommunalen Schulfinanzierung in Nordrhein-Westfalen vgl. Schmidt (2007).

ihrer anschließenden „vertikalen" Verteilung auf die Schulformen des dreigliedrigen Schulsystems besteht" (ebd.: 76). Ein Ergebnis der Untersuchung war, dass die Aufteilung der Schulbezirke einen erheblichen Beitrag zur ethnischen Desintegration der Schülerschaft leistet. Abbildung 1 zeigt die Schulbezirke in einem der untersuchten Stadtteile in Darmstadt. Wie zu erkennen ist, liegen die 18. und 19. Grundschule in unmittelbarer Nachbarschaft. Sie weisen sogar ein ähnliches Profil auf, was die Betreuung und Förderung ausländischer Schüler anbetrifft. Doch sie unterscheiden sich deutlich hinsichtlich ihrer Ausländer- und vor allem ihrer Überweisungsquoten.

Von Anbeginn wurden die Zuschnitte der Schulbezirke offenbar nicht als Instrument zur Integration genutzt. Im Gegenteil: In dem Gebiet um die Wilhelm-Hauff-Schule wurde seit den 1960er/1970er Jahren vielmehr ein exklusives Milieu geschaffen, das durch die Vergabepraxis von Wohnungen, die gezielte Ansiedlung von Aussiedlern und schließlich durch die Zuschneidung der Schulbezirke stetig sozial homogenisiert wurde. Verstärkt wird dieser Effekt auf lokaler Ebene – wie in allen untersuchten Standorten festgestellt wurde, durch das Schulwahlverhalten der *Eltern* in Form von Gestattungen und vermutlich durch schichtspezifische Wahlen des Wohnortes, also durch residentielle Segregation. Auch gibt es wahrscheinlich Eltern, die die Bildungslaufbahn ihres Kindes antizipieren und diese Überlegungen bereits in ihre Wohnortwahl mit einbeziehen. Hier wäre also zu fragen, wie bestimmte Gruppen, Bildungsräume synthetisieren und durch eigene Spacingprozesse (Schulwahl, Wohnortwahl etc.) sich selbst, aber auch andere in Relation zu sozialen Gütern und Menschen bringen und so Positionierungen vornehmen, die einen lokalen Bildungsraum prägen.

Die Charakteristik lokaler Bildungsräume resultiert also nicht nur aus der materiell sichtbaren und formal institutionalisierten Anordnung der Schulen oder Schulbezirke durch „raummächtige" Akteure aus der Politik. Sie ergibt sich auch durch Selektions- sowie Wahlentscheidungen – getroffen durch Schulen und Eltern. Besonders in Bezug auf die Wettbewerbssituation zwischen Schulen wird in der aktuellen Bildungsdebatte zur Schulautonomie wiederholt darauf hingewiesen, dass sich massive Benachteiligungen für diejenigen Kinder ergeben, die von profilierten Schulen als weniger aussichtsreiche Kandidaten eingestuft und abgelehnt werden. In diesem Zusammenhang wurde auch auf das „unvermarktbare Kind" (Ball 2003: 67) hingewiesen. Der Aspekt des Wettbewerbs richtet den Blick auf die Beziehungen, die Relationen, die zwischen Schulen gebildet werden und die maßgeblich einen lokalen Bildungsraum konstituieren. Besonders (informelle) Konkurrenz- aber auch Kooperationsbeziehungen zwischen einzelnen Schulen (evtl. sogar zwischen schulischen und vorschulischen Einrichtungen) in einem Gebiet sind für eine Analyse lokaler Bildungsräume daher von entscheidender Bedeutung. Hier wäre dann auch die Rekonstruktion so genannter „informeller Profilbildungen" von Schulen (Sikorski 2007) einzubeziehen.

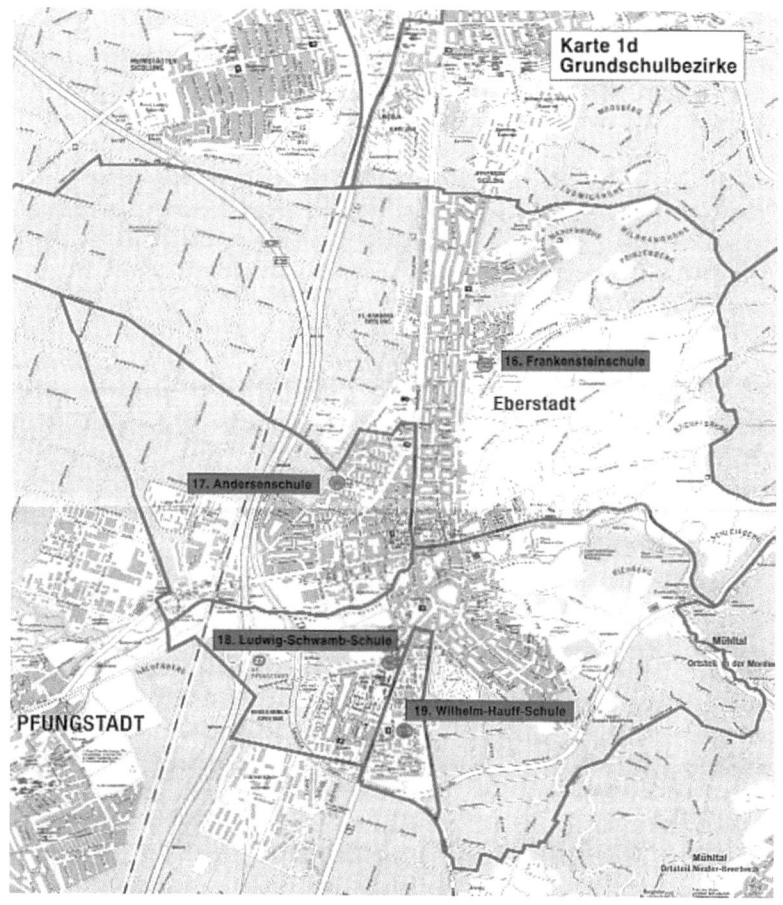

Abbildung 1: Schulkonstellation Darmstadt-Eberstadt
Quelle: Radtke et al. 2005: 79

In Großstädten gibt es demnach nicht *die* Hauptschule, Grundschule etc., sondern jede Schule übernimmt über ihre Schulformzugehörigkeit *hinaus* in den spezifischen und sozialräumlichen Kontexten je besondere Funktionen und Aufgaben. Grundschulen können demnach „Zubringer" zu Hauptschulen oder Gymnasien sein. Hauf (2007) bezeichnet diese Konstellationen als „versäulte Grundschullandschaften". Diese inoffiziellen Lösungsansätze machen nach Sikorski vor allem die *lokalen Vernetzungszusammenhänge* zwischen verschiedenen Schulen deutlich (Sikorski 2007: 295).

Ein lokaler Bildungsraum lässt sich also nicht allein mit „ortsbezogenen" und „territorialen" Raumbegriffen greifen. Die Relationen und Beziehungsformen zwischen den Schulen bilden einen zentralen Ansatzpunkt und müssen im Verhältnis zur Gesamtstadt oder einer Region betrachtet werden. Unter einem lokalen Bildungsraum wären dann etwa alle Schulen zu synthetisieren, die entweder in Konkurrenz- oder Kooperationsbeziehung zueinander stehen. Denn oft finden sich Schulkonstellationen, bei denen prestigeträchtige Gymnasien im ländlichen Umfeld einer Stadt gelegen sind und die für städtische Gymnasien eine große Konkurrenz darstellen. Im Fall eines Standortes, der im Rahmen der Begleitforschung zum Programm HEGISS einer genaueren Analyse unterzogen wurde, ergab sich durch ein solches Konkurrenzverhältnis sogar die Schließung des Gymnasialzweigs an einer IGS. Bei der Frage nach den Relationen zwischen einzelnen Schulen spielt daher die Institutionalisierung oder Simulation so genannter *Quasi-Märkte* eine wichtige Rolle (vgl. Weiß 2001). Im Modus der sogenannten „Neuen Steuerung" soll dieser Bildungsmarkt durch das Entscheidungsverhalten der Eltern, die nun als Kunden in Erscheinung treten, reguliert werden. Dadurch möchte man erreichen, dass Schulen künftig für ihre Ergebnisse – ihre „Produkte" – haftbar gemacht und zur Verantwortung gezogen werden können. Gute Schulen sollen so gestärkt und schlechte dazu gezwungen werden, sich zu verbessern oder sogar zu schließen (vgl. van Ackeren 2006: 303).

Ob die gewünschten Effekte tatsächlich eintreten, ist bislang empirisch noch offen. Nebenwirkungen allerdings sind zu erkennen. Wo Eltern Schulen wählen und stark nachgefragte Schulen Schüler auswählen können, kommt es zu einer Entmischung von Schulpopulationen. Gerade in sogenannten „Brennpunkten" werden Mittelschicht-Eltern Schulen mit hohem Migrantenanteil zu vermeiden suchen, während Schulen mit hohem Migrantenanteil sich gezwungen sehen, ihr Profil auf diese Zielgruppe auszurichten. In Bezug auf die Folgen der Aufhebung der Pflicht zur wohnortnahen Einschulung in Hamburg im Jahr 2001 stellen Mack/Schroeder (2005) fest, dass „zahlreiche Eltern [...] ihre Kinder aus Kindergärten, Grundschulen und weiterführenden Gesamtschulen „mit hohem Ausländeranteil" abgemeldet [haben; P.S.]" (ebd.: 348; Herv. Im Orig.). Und weiter heißt es: „[Vorwiegend; P.S.] Mütter fahren im Privatauto ihre Kinder in andere Stadtteile, teilweise sogar zu Schulen in Schleswig-Holstein" (ebd.). Hier wird deutlich, wie erkenntnisreich eine Analyse sein kann, die über territoriale Grenzen hinweg die Relevanz der Orte und die über sie erreichbaren Bildungsräume rekonstruiert.

Denn die gezielt separate Beschulung von beispielsweise ausländischen Schülern auf Schulen, die ein spezifisches Profil in diesem Förderbereich entwickelt haben, bezeichnet Sikorski als „umstrittenen ethnischen Homogenisierungsprozess" (2007: 295). Zudem sei es wenig realitätsnah, „das Problem der Durchlässigkeit und der Schulformwechsel durch Appelle an die Schulen zur individuellen Förderung von Schülern lösen zu wollen" (ebd.). Eine Lösung der Problematik, dass einzelne Schulen in den so genannten „sozialen Brennpunkten" mitunter die gesamte Integrationslast eines Stadtteils oder gar einer Stadt zu tragen haben, liege *nicht* in pädagogisch begründeten Strategien. Diese, so die Befürchtung, könnten die lokal wirksamen Segregationsmuster etwa durch Profilbildung im schlechtesten Fall sogar verstärken (ebd.: 295).

In einer Übersicht über internationale Erfahrungen in Ländern, die schon länger mit freier Schulwahl arbeiten, und in einer Sichtung über weltweite Forschungsergebnisse zu diesem Thema kommt Ball (2003) zu dem Ergebnis, dass weder Leistungszuwächse noch der Abbau von bildungsbezogenen Ungleichheiten durch Schulwahlfreiheit erreicht würden – im Gegenteil. Auch van Ackeren konstatiert nach einem Ländervergleich, dass sich tendenziell „verstärkte Segregationseffekte in der Folge von geschaffenen Wahlmöglichkeiten" (2006: 306) zeigten. Sie weist darauf hin, dass es im Zuge der Installierung des Marktprinzips im Schulbereich zu einer leistungsbezogenen, sozialen und kulturellen Entmischung der Schülerschaft gekommen sei, die sich v. a. in Städten bemerkbar mache (s. auch Ditton 2007).

Zu untersuchen wäre also, welche Konsequenzen die informellen Relationen zwischen Schulen für bestimmte Schülergruppen haben, die bzw. deren Eltern sich in der Konkurrenz um die begehrten Plätze (nicht) durchsetzen können. Auch kann es sein, dass Eltern den lokalen Bildungsraum so synthetisieren, dass sie bestimmte Bildungsorte/Schulen gar nicht in ihr Raumverständnis integrieren, da sie z. B. aufgrund schichtspezifischer Syntheseleistungen gar nicht annehmen, dass ihr Kind dort gut untergebracht wäre oder umgekehrt – eine Chance hätte. Vielleicht fehlen ihnen aber auch die Informationen, das Wissen (z. B. über die Schulstruktur, die einzelne Schule), Kompetenzen (z. B. Recherche-/Sprachfähigkeiten) oder Ressourcen (z. B. Mobilität, Geld) die notwendig wären, um ihr Kind an einem bestimmten Bildungsort unterzubringen. Umgekehrt gibt es aber auch Eltern, die sich einer bestimmten Raumordnung entziehen, z. B., wie gezeigt wurde, durch Mobilität oder indem sie Gestattungsanträge stellen, so Schuleinzugsbereiche umgehen und für ihre Kinder Anschlüsse an alternative, evtl. aussichtsreichere Bildungsräume ermöglichen. Oder sie verfügen über die notwendigen Ressourcen, sich bereits bei ihrer Wohnortwahl an Schulangeboten oder an Schulbezirksgrenzen zu orientieren. Auch das Privatschulwesen spielt hier mitunter eine wichtige Rolle, da dieses in Konkurrenz zu staatlichen Einrichtungen gedacht werden kann und mitunter sozialen Entmischungstendenzen, sowie einer Unterschichtung des Bildungssystems Vorschub leistet. Der Blick würde sich dann auf eine Mikroebene richten. Rekonstruiert werden könnte, wie bestimmte Gruppen/Individuen lokale Bildungsräume konstruieren und konstituieren. Und wie sich durch Spacingprozesse und Syntheseleistungen von Eltern verschiedene Bildungsräume an einem Ort herausbilden. Auch wäre hier interessant, wie „Atmosphären" von einzelnen Schulen entstehen und wie diese von verschiedenen Gruppen wahrgenommen werden, bzw. ein schichtspezifisches Bildungsverhalten evozieren.

Um das Zusammenspiel zwischen Angebot und Nachfrage umfassend zu verstehen, müsste die Konstitution lokaler Bildungsräume hier jedoch auch auf der Mesoebene verortet werden. Angenommen werden kann, dass die Kooperationsbeziehungen zwischen Schulen auch aus einem organisatorischen Kalkül resultieren, sofern die Organisation Schule vor allem an Bestandserhalt, Komplexitätsreduktion und Krisenvermeidung interessiert ist. Es gilt das zur Verfügung stehende Platzangebot in Schulen aufrecht zu erhalten und zu verteilen, sowie Homogenität und die Problemvermeidungen durch „schwierige" Schüler durchzusetzen. Durch eingeschliffene Überweisungspraxen, die sich auch als die „versäulten Grundschullandschaften" rekonstruieren lassen, entstehen Ungleichverteilungen der Bildungchancen in Form der Übergänge auf die weiterführenden Schulen. Dabei ist nicht von direkter Diskriminierung auszugehen, sondern von Mechanismen institutioneller Diskriminierung, die sich in einem Zusammenspiel aus administrativen Raumzuschnitten und Schulverteilungen, Schulbehörden, Eltern und den relevanten Übergangsentscheidungen der Schulen ergeben (vgl. Gomolla/Radtke 2002; Radtke et al. 2005). Trotzdem hier von Mechanismen institutioneller Diskriminierung auszugehen ist, könnte auch – wieder auf der Mikroebene – die Wahrnehmung der Lehrer in Bezug auf lokale Bildungsräume aufschlussreich sein. Zu fragen wäre, wie diese durch Übergangsentscheidungen Schüler(gruppen) im Bildungsraum positionieren, welche Rechtfertigungen sie dabei anführen und welche Rolle Raum – die (An)Ordnungen der Schulen an konkreten Orten – in diesen Praxen einnimmt.[11]

---

11   Vgl. hierzu auch den Beitrag von Imdorf in diesem Band.

4 Lokale Bildungsräume als Forschungsgegenstand und als „Teil der Lösung"

Im Folgenden möchte ich die verschiedenen Analyseebenen, die den Zugang zum Forschungsgegenstand „lokale Bildungsräume" markieren, noch einmal kurz nachzeichnen und zusammenfassen:

Mit der Raumkonzeption von Martina Löw wäre die Entstehung und Wirkung lokaler Bildungsräume als Resultat eines Zusammenwirkens von Strukturen und Handlungen zu verstehen. Dabei können sowohl konkrete Orte als auch individuelle wie gruppenspezifische und strukturelle Bedingungen des Schulsystems in die Analyse ein und aufeinander bezogen werden. In dieser Perspektive wird Raum zum relevanten Faktor für die Organisation von Bildung, dessen Wirkung und Reproduktion von der Ebene der (nationalen/regionalen/städtischen etc.) Schulstruktur über die Beschulung von bestimmten Schülergruppen bis hin zu einzelnen Bildungsbiographien zu verorten wäre. Dies geschieht, ohne sich auf einen territorialen Raumbegriff zu reduzieren und trotzdem in Anerkennung dessen, dass die Orte des Lebens und Lernens folgenreich zu können.

Lokale Bildungsräume sind institutionalisierte „MachtRäume". In ihren Anordnungen schreiben sich klassenspezifische und ungleiche Verteilungsstrukturen ein, die Handlungen von Individuen dauerhaft strukturieren. Relevant sind in dieser Perspektive die jeweiligen Angebote, Wahl- und Handlungsoptionen, die spezifische „Orte" und die über sie erreichbaren „Bildungsräume" für bestimmte Gruppen/Individuen bieten. Neben der Schulangebotsstruktur wären hier auch die Ausstattung/Atmosphären der Schulen, Überweisungsroutinen und Kooperations-/Konkurrenzbeziehungen zwischen Schulen, sowie informelle Profilbildungen zu rekonstruieren.

Umgekehrt wäre der Blick auch auf „RaumMächte" zu richten. Im Fokus stünden dann vor allem Syntheseleistungen und Spacingprozesse von Entscheidungsträgern, Lehrern, Eltern und auch von Schülern. Zu ermitteln wäre, wie die verschiedenen, mit unterschiedlichen Ressourcen ausgestatteten und an der Raumkonstitution beteiligten Institutionen, Organisationen, Gruppen und Individuen lokale Bildungsräume konstituieren, synthetisieren oder auch legitimieren (z. B. über das Leistungsprinzip).

Letztendlich würde es darum gehen, Inklusionsmöglichkeiten, sowie Exklusionsrisiken für Individuen/Schülergruppen abzuwägen, die von lokalen Bildungsräumen ausgehen. Der Fokus kann dabei entweder auf die *Elemente* der Raumkonstitution wie auch auf die Relationen, die *Beziehungsformen* zwischen den Elementen gelegt werden. Lokale Bildungsräume können dabei von verschiedenen Ausgangspunkten her betrachtet und definiert werden – je nach dem, welches Erkenntnisinteresse man verfolgt. Möglich ist, von einer einzelnen

Schule, einem vordefinierten Gebiet oder einer bestimmten Schüler-/Elterngruppe auszugehen. Es können aber auch die Relationenbildungen zwischen Schulen und zwischen verschiedenen Gruppen bezüglich ihrer Positionierung in Bildungsräumen untersucht werden. Hier bilden dann z. B. alle konkurrierenden/kooperierenden Schulen – auch unabhängig von konkreten Orten – den lokalen Bildungsraum usw.

Besonders ergiebig für die Analyse lokaler Bildungsräume scheint Löws Raumkonzept vor allem deshalb zu sein, weil diese Heuristik Analysen erlaubte, welche die Dynamik und Komplexität „lokaler Bildungsräume" sowohl in ihrer Entstehung als auch in ihrer Wirkung zu erfassen vermögen. Eine Verortung „lokaler Bildungsräume" im Wechselspiel zwischen Struktur und Handlung erforderte deren empirische Untersuchung auf verschiedenen Ebenen . Eine kreative Kombination verschiedener Forschungsmethoden erlaubte den kubistischen Charakter dieser Raumkonstrukte einzufangen. Denkbar ist, in einer mehrperspektivischen Analyse lokaler Bildungsräume z.B. mit ethnographischen Beschreibungen, mit qualitativen Interviews und auch mit quantitativen Erhebungen (das Platzangebot in Schulen, Überweisungsquoten etc.) zu arbeiten.

Denn für eine raumbezogene integrative Schulentwicklung bedürfte es differenzierter Daten im Hinblick auf einzelne Schulen in ihrem lokalen und regionalen Bedingungsgefüge (vgl. Zymek 2007: 280, Weishaupt 2009). Es gelte, die „informellen Profile einzelner Schulen zukünftig in lokale Analysen" einzubeziehen (vgl. Sikorski 2007: 296). Die Lenkung der Schülerströme im Kontext lokaler Schulkonstellationen unter Einbeziehung der (schulischen) Situation in der Gesamtstadt/Region wäre zu rekonstruieren und könnte als Ausgangspunkt für eine gezielte und integrative Restrukturierung lokaler Bildungsräume genutzt werden. Schulen, die z. B. besonders mit migrationsbedingten Aufgaben umzugehen haben, müssten dann zumindest die Mittel zugeteilt bekommen, die sie zur Erfüllung ihrer Integrationsfunktion im Stadtgefüge brauchen (s. auch Ditton 2007: 34). Bildungseinrichtungen wären dann als „Teil einer sozialen Infrastruktur" zu verstehen, die ein „Versorgungsnetz" bilden (Weishaupt 2009: 197). In diesem Zusammenhang steht auch die Debatte über geeignete Datengrundlagen für einen „Sozialindex" für Schulen (vgl. Weishaupt 2009). In Anlehnung an den Weimarer Grundschulkompromiss von 1920, bei dem eine schichtübergreifende Grundschulpflicht eingeführt wurde, wäre das Ziel aber letztlich eine *Entpolitisierung* lokaler Bildungsräume durch eine Angleichung schulischer und pädagogischer Qualität, so dass Schulen erst gar nicht mehr als Aushandlungsort sozialer Machtkämpfe herhalten müssten (vgl. Radtke/Stošić 2009). Denn Desintegration ist vor allem ein Effekt der Macht, der in modernen Gesellschaften besonders im urbanen Kontext sichtbar wird. Bisher hat die Politik die schwierigen Fragestellungen, die sich auf der strukturellen Ebene des Schulsystems ergeben, zugunsten von Förderlogiken vernachlässigt (vgl. auch Ditton 2004: 620), die das Symptom am Kind korrigieren wollen. Integrationskonzepte, die auf individuelle und gruppenspezifische Defizite verweisen, sind politisch leichter zu vermarkten, verwischen jedoch die strukturellen und machtabhängigen Mechanismen, die hinter den Exklusionsrisiken von Minderheiten stehen (vgl. Ball 2003). Damit lokale Bildungsräume zu einem Teil der Lösung werden, kann der Fokus also weder auf ein bestimmtes Gebiet noch alleine auf das Kapital von Individuen oder Gruppen gelegt werden, die „in" einem benachteiligten Sozialraum leben. Das Resultat wäre ein Nullsummenspiel, da erneut die Konkurrenz um begehrte Plätze an bestimmten Schulen – diesmal auf Kosten Anderer – das Geschehen dominieren würde. Um eine *win-win-Situation* einrichten zu können, müssten *Barrieren*, wie die Angebotsstruktur der lokalen Schulsysteme, sowie deren Entscheidungs- und Selektionstradition durchbrochen werden. Damit Änderungen auf dieser strukturellen Ebene jedoch vollzogen werden können, bedarf es Erkenntnisse über diejenigen Mechanismen, die dazu führen, dass lokale Bildungsräume zum Exklusionsrisiko für Schüler werden. Mit der Übertragung von Martina Löws Raumtheorie auf „lokale Bildungsräume" steht diesem Erkenntnisinteresse ein theoretisches und integratives Modell zur Verfügung.

Um lokale Bildungsdisparitäten auflösen zu können, müssten letztendlich Indikatoren für die Schulen verbindlich gemacht werden, die sich an einem integrativen Schulsystem orientieren (vgl. Radtke et al. 2005). Transparenz und Rechtfertigungsdruck bezüglich der Entscheidungsstrukturen wären notwendig, um ein lokales Qualitätsmanagement im Sinne eines integrativen Schulsystems zu befördern. Dazu braucht man aber nicht nur Wissen sondern auch einen politischen Willen.

Literatur

Ackeren van, Isabell (2006): Freie Wahl der Grundschule? Zur Aufhebung fester Schulbezirke und deren Folgen. In: Die deutsche Schule, Jg. 98, Heft 3. 2006. 301-310
Ball, Stephen J. (2003): Urbane Auswahl und urbane Ängste: Zur Politik elterlicher Schulwahlmöglichkeiten. In: Widersprüche. Zeitschrift für sozialistische Politik im Bildungs-, Gesundheits- und Sozialbereich, Heft 89, 23. Jg. 2003. 59-74
Böhme, Jeanette (Hrsg.) (2009): Schularchitektur im interdisziplinären Diskurs. Territorialisierungskrise und Gestaltungsperspektiven des schulischen Bildungsraums. Wiesbaden: VS Verlag für Sozialwissenschaften
Böhm-Kasper, Oliver/Schuchart, Claudia/Schulzeck, Ursula (Hrsg.) (2007): Kontexte von Bildung. Erweiterte Perspektiven in der Bildungsforschung. Münster: Waxmann
Bommes, Michael/Krüger-Potratz, Marianne (Hrsg.) (2008): Migrationsreport. Frankfurt am Main: Campus

Bommes, Michael (2008): »Integration findet vor Ort statt« – über die Neugestaltung kommunaler Integrationspolitik. In: Bommes et al. (2008): 159-194

Bommes, Michael/Kolb, Holger (Hrsg.) (2006): IMIS Beiträge, Heft 28, Themenheft: Integrationslotsen für Stadt und Landkreis Osnabrück: Universität Osnabrück

Bommes, Michael (2006): Einleitung: Kommunen als Moderatoren sozialer Integration. In: Bommes et al. (2006): 11-24

Bruhns, Kirsten/Mack, Wolfgang (2001): Aufwachsen und Lernen in der sozialen Stadt. Kinder und Jugendliche in schwierigen Lebensräumen. Opladen: Leske+Budrich

Deutsches PISA-Konsortium (Hrsg.) (2002): PISA 2000. Die Länder der Bundesrepublik im Vergleich. Opladen: Leske+Budrich

Die Bundesregierung: Der Nationale Integrationsplan. Neue Wege – neue Chancen. 2007. Zu finden unter: http://www.bundesregierung.de/Content/DE/Publikation/IB/Anlagen/nationaler-integrationsplan,property=publicationFile.pdf (zuletzt aufgerufen am 1. 3. 2010)

Ditton, Hartmut (2007): Schulwahlentscheidungen unter sozial-regionalen Bedingungen. In: Böhm-Kasper et al. (2007): 21-38

Ditton, Hartmut (2004): Schule und sozial-regionale Ungleichheit. In: Helsper et al. (2004): 605-624

Gomolla, Mechthild/Radtke, Frank-Olaf (2002): Institutionelle Diskriminierung. Die Herstellung ethnischer Differenz in der Schule. Opladen: Leske+Budrich

Hauf, Thomas (2007): Innerstädtische Bildungsdisparitäten an der Übergangsschwelle von den Grundschulen zum Sekundarschulsystem. In: Zeitschrift für Pädagogik, 53. Jg., Heft 3. 2007. 299-313

Heitmeyer, Wilhelm/Dollase, Rainer/Backes, Otto (1998): Die Krise der Städte. Frankfurt am Main: Suhrkamp

Helsper, Werner/Böhme, Jeanette (Hrsg.) (2004): Handbuch der Schulforschung. Wiesbaden: VS Verlag für Sozialwissenschaften

Kessel, Fabian/Reutlinger, Christian/Maurer, Susanne/Frey, Oliver (Hrsg.) (2005): Handbuch Sozialraum. Wiesbaden: VS Verlag für Sozialwissenschaften

Klemm, Klaus (2008): Bildungschancen in der Stadt? Sozialräumliche Segregation und selektives Bildungssystem. In: Die Deutsche Schule, Heft 3. 2008. 272-280

Kronig, Wilfried (2003): Das Konstrukt des leistungsschwachen Immigrantenkindes. In: Zeitschrift für Erziehungswissenschaft, 6. Jg., Heft 1. 2003. 126-141

Landhäußer, Sandra/Otto, Hans-Uwe/Ziegler, Holger (2005): Informelles Lernen in benachteiligten Stadtteilen. In: Regiestelle E&C (Hrsg.): Orte der Bildung im Stadtteil. Dokumentation des Fachforums der Regiestelle E&C: „Orte der Bildung im Stadtteil" am 16./17. Juni 2005 in Berlin. S. 6-9: http:// www.uni-bielefeld.de/paedagogik/agn/ag8/ff_orte_bildung.pdf (zuletzt aufgerufen am 15. 2. 2010)

Löw, Martina (2005): Raumsoziologie. Frankfurt am Main: Suhrkamp

Mack, Wolfgang/Schroeder, Joachim (2005): Schule und lokale Bildungspolitik. In: Kessel et al. (2005): 337-353

Oelkers, Jürgen (Hrsg.) (2001): Zukunftsfragen der Bildung. Zeitschrift für Pädagogik, 43. Beiheft. Weinheim und Basel: Beltz

Peisert, Hansgert (1967): Soziale Lage und Bildungschancen in Deutschland. Studien zur Soziologie. Bd. 7. München: Piper

Pott, Andreas (2002): Ethnizität und Raum im Aufstiegsprozess. Eine Untersuchung zum Bildungsaufstieg der zweiten türkischen Migrantengeneration. Opladen: Leske+Budrich

Projekt „Netzwerke im Stadtteil" (Hrsg.) (2005): Grenzen des Sozialraums – Kritik eines Konzepts. Perspektiven für die Soziale Arbeit. Wiesbaden: VS Verlag für Sozialwissenschaften

Radtke, Frank-Olaf/Hullen, Maren/Rathgeb, Kerstin (2008): Lokales Bildungs- und Integrationsmanagement: Bericht der wissenschaftlichen Begleitung im Rahmen der Hessischen Gemeinschaftsinitiative Soziale Stadt (HEGISS). Frankfurter Beiträge zur Erziehungswissenschaft. Forschungsberichte 6. Frankfurt am Main

Radtke, Frank-Olaf/Stošić, Patricia (2008): ›Sozialraum‹ und ›Netzwerke‹ – Semantiken kommunaler Integrationspolitik. In: Bommes et al. (2008): 77-112

Radtke, Frank-Olaf/Stošić, Patricia (2009): Lokale Bildungsräume: Ansatzpunkte für eine integrative Schulentwicklung. In: geographische revue, Jg. 11, Heft 1. 2009. 34-51

Reutlinger, Christian (2005): Gespaltene Stadt und die Gefahr der Verdinglichung des Sozialraums – eine sozialgeographische Betrachtung. In: Projekt „Netzwerke im Stadtteil" (2005): 87-106

Reutlinger, Christian (2009): Bildungslandschaften: Eine raumtheoretische Betrachtung. In: Böhme (2009): 119-139

Schulz, Andreas (2000): Grundschule und soziale Ungleichheiten. Bildungsperspektiven in großstädtischen Regionen. In: Die Deutsche Schule, Jg. 92, Heft 4. 2000. 464-479

Schmidt, Claudia (2007): Regionale Disparitäten in der kommunalen Schulfinanzierung in Nordrhein-Westfalen. In: Böhm-Kaspar et al. (2007): 109-129

Schroeder, Joachim (2002): Bildung im geteilten Raum. Schulentwicklung unter Bedingungen von Einwanderung und Verarmung. Münster: Waxmann

Sikorski, Sandra (2007): Differenzierungsprozesse in städtischen Schullandschaften: Das Beispiel der Hauptschulen. In: Zeitschrift für Pädagogik, Jg. 53, Heft 3. 2007. 284-298

Terpoorten, Tobias (2007): Geografie der Bildungschancen. Geografische Informationssysteme als Planungsinstrument für eine sozialraumorientierte Schulentwicklung. In: Die Deutsche Schule, 99. Jg.Heft 4. 2007. 468-479

Tippelt, Rudolf (Hrsg.) (2009): Steuerung durch Indikatoren. Methodologische und theoretische Reflektionen zur deutschen und internationalen Bildungsberichterstattung. Opladen. Farmington Hills: Barbara Budrich

Tippelt, Rudolf (Hrsg.) (2002): Handbuch Bildungsforschung. Wiesbaden: VS Verlag für Sozialwissenschaften

van Santen, Eric/Seckinger, Mike (2005): Sozialraumorientierung ohne Sozialräume? In: Projekt „Netzwerke im Stadtteil" (2005): 49-71

Weishaupt, Horst (2002): Bildung und Region. In: Tippelt (2002): 185-200

Weishaupt, Horst (2009): Indikatoren für eine regionale Bildungsberichterstattung. In: Tippelt (2009): 189-200

Weishaupt, Horst (1996): Innerstädtische Disparitäten des Schulbesuchs. In: Die Deutsche Schule. Jg. 88, Heft 1. 1996. 56-65

Weiß, Manfred (2001): Quasi-Märkte im Schulbereich. Eine ökonomische Analyse. In: Oelkers (2001): 69-86

Werlen, Benno (2005): Raus aus dem Container! Ein sozialgeographischer Blick auf die aktuelle (Sozial-)Raumdiskussion. In: Projekt „Netzwerke im Stadtteil" (2005): 15-36

Zymek, Bernd et al. (2006): Die Transformation regionaler Bildungslandschaften. Vergleichende Analysen lokaler und regionaler Schulangebotsstrukturen in den Städten Münster, Recklinghausen, Bochum und dem Kreis Steinfurt 1995-2003. In: Jahrbuch der Schulentwicklung 14. 2006. 195-216

Zymek, Bernd (2007): Einführung in den Thementeil. Die Aktualität der regionalen Schulentwicklung als Gegenstand der empirischen Bildungsforschung. In: Zeitschrift für Pädagogik, Jg. 53, Heft 3. 2007. 279-284

Irritationen schulischer Routine: Praxen der Vielsprachigkeit

Ein exemplarischer Blick in polylinguale Chat-Kommunikation

Volker Hinnenkamp

1

Ich möchte mit einer Aufgabenstellung aus einer Fortbildungsveranstaltung für Lehrerinnen und Lehrer zum Thema „Mehrsprachigkeit in der Schule" beginnen. Ziel der Veranstaltung war es, im Sinne des „Europäischen Portfolio der Sprachen" (EPS) für verschiedenste Formen der Mehrsprachigkeit zu sensibilisieren. Denn dort heißt es

> „Erklärtes Ziel des EPS ist es Mehrsprachigkeit zu fördern und zwar auf den unterschiedlichen Ebenen der individuellen, der gesellschaftlichen und der schulischen Mehrsprachigkeit. Daher kann es auch kein EPS geben, das nur für eine (Fremd-) Sprache (z. B. Englisch oder Französisch) entwickelt wurde. Vielmehr müssen in der Konstruktion des EPS Vorkehrungen getroffen sein, dass alle Sprachen, über die die jeweilige Person verfügt, erfasst werden können. Das schließt auch die Sprachen ein, die in Familien gesprochen werden und die möglicherweise nicht zum Curriculum des staatlichen Bildungssystems gehören."[1]

Meine Einstiegsaufgabe an die Teilnehmer(innen) war experimentell. Ich wollte von Anfang an auch Praxen der Vielsprachigkeit ins Spiel bringen, die denen des EPS zudem nicht nur der Form des *Neben*einander, sondern auch der des *In*einander von Sprachen entsprechen:

> „Sie haben die Aufgabe, alle Ihnen zur Verfügung stehenden Sprachen und Dialekte in einer kleinen einseitigen Abhandlung über die Frage „Eine Sprache für Europa?" zu verwenden. Achten Sie dabei auf Folgendes: (1) Je mehr Sprachen und Dialekte Sie verwenden, umso besser; (2) Je mehr und intensiver Sie die Sprachen und Dialekte mischen, umso gelungener; (3) Je grammatischer Sie dabei bleiben, umso perfekter!"

---

[1] Vgl. „Europäisches Portfolio der Sprachen", Stichwörter zum Europäischen Portfolio der Sprachen, Mehrsprachigkeit;
http://www.learn-line.nrw.de/angebote/portfolio/info/seite_m.html; Stand 8.3.2010

Hier waren also nicht nur Fremdsprachenkenntnisse und die Verschriftlichung von Dialekten angesagt, sondern eben auch ein bislang ungewohntes Vermischen von Sprachen und Sprachvarietäten als *best practice*. Die Ergebnisse waren nur zum Teil originell. Eine Kollegin verpackte die Sprachalternationen in einen dialogischen Sprecherwechsel. Eine andere Kollegin, die zweisprachig groß geworden ist, verfasste einen grammatikalisch kohärenten zweisprachigen deutsch-griechischen Text – aber eben zweisprachig, nicht vielsprachig. Bei allen Lösungen wurde fast nie innerhalb eines Satzes gemischt – wenn doch im Sinne von „viele languages", „in a Europa unité" etc. Komplexe grammatische Einheiten kamen so gar nicht erst in Konflikt.

Pate für dieses kleine Experiment stand mir einerseits Diego Maranis konstruierte Mischsprache „Europanto", die alle Amtssprachen der Europäischen Union umfasst. Für Marani ist „Sprache nichts Heiliges, im Gegenteil, wir sollten mit ihr spielen." Seiner eigenen Aussage nach war Europanto ursprünglich als Witz gemeint und weniger eine Sprache als eher eine „Sichtweise, wie wir Europäer uns besser verständigen und verstehen können".[2]

Andererseits – und das war auch das eigentliche Thema der Fortbildungsveranstaltung – ging es mir um die Sensibilisierung für lebensweltliche Mehrsprachigkeitsformen ihrer Schülerinnen und Schüler, insbesondere um die ganze Spannbreite von Vielsprachigkeiten, die – mit Norman Jørgensen (2008) gesprochen – zwischen den Polen einer „doppelseitigen Einsprachigkeit" und dem „polylingual languaging" rangiert. Isabell Diehm und Frank-Olaf Radtke sprechen in ihrer Einführung „Erziehung und Migration" mit Bezug auf die sog. Seiteneinsteiger auf dem Hintergrund des Homogenisierungszwangs, dem die Organisation Schule unterliegt, von der „Irritation der Routine" (1999: 118). Genauso wie die „Seiteneinsteiger" stellen auch sichtbar Vielsprachige eingeübte Praxen auf unterschiedlichen Ebenen der Organisation in Frage und werden als Störer einer auf Einsprachigkeit basierenden Unterrichtsordnung wahrgenommen.

‚Sichtbar' ist Vielsprachigkeit in vielerlei Weise: durch Kommunikationen in einer anderen Sprache als Deutsch, die als Unterrichtssprache nicht vorgesehen ist, durch den Wechsel zwischen Sprachen; aber auch aufgrund des nichtnormativen Sprechens und Schreibens, das auf die Interferenz von Anderssprachigkeit zurückgeführt wird.[3] Bekanntlich ist eine der diskursiven Reaktionsfor-

---

2 Quelle: http://de.wikipedia.org/wiki/Europanto; 14.02.2010. Originalton: „De Europanto Bricopolitik. Als consequence des results van de switsche referendum over die bilaterale agreements mit Europe, der Europanto Instituto van Bricopolitik, in collaboratione mit der Zürcher Zoo, organize zum test zum verify if swisseros esse pronto por join der Europese Unione." (Vgl. ebd.)

3 „Interferenz" ist dabei nicht allein im linguistisch-technischen Sinn zu verstehen, als „negativer Transfer", sondern als Ein- und Vermischung von Sprachen und Sprachgewohnheiten und -

men auf diese vielstimmige Herausforderung die Abqualifizierung von Schülerinnen und Schülern mit Migrationshintergrund als „doppelseitig halbsprachig". Nicht dass Phänomene, auf die diese plakative Beschreibung passt, gänzlich inexistent sind, aber die Attribuierung gilt ja nicht etwa orthografischen und ausdrucksmangelhaften Sprachdefiziten in der Schülerschaft an sich, sondern grundsätzlich einer panethnischen (aber immer noch andersethnischen!) und sozialen Gruppe (eben über Migrationshintergrund definiert), die damit kategorial unterscheidend erfasst wird. Diese Unterscheidung ist mehrfach indexikalisch: Sie verweist immer gleich auf ein Ensemble von linguistischer, ethnischer, kultureller, identitärer und schließlich sozialer Zugehörigkeit inklusive deren Bewertung als defizitär, als letztlich der Integration hinderlich.[4] Dasselbe gilt für Schulversagen:

> „Sprachdefizite sind die bevorzugte Variable, auf die mangelnder Schulerfolg von Migrantenkindern auch der dritten Generation bis heute zugerechnet wird. Im Begründungshaushalt der Schulen wie der kommentierenden Publikumsmedien findet sich die Argumentationsfigur der 'doppelten Halbsprachigkeit', die den Sachverhalt imaginiert, dass Migrantenkinder weder ihre Herkunftssprache noch die Zielsprache des Aufnahmelandes hinreichend beherrschen. Wiewohl der These schon früh widersprochen wurde, hält sie sich hartnäckig"

so Frank Olaf Radtke (2005) im Editorial zur sowi-onlinejournal-Ausgabe „Transnationalismus und sprachliche Hybridität".

2

Längst hat sich eine heftig geführte sprachenpädagogische und sprachenpolitische Debatte um die Rolle von Vielsprachigkeiten in der Einwanderungsgesellschaft entwickelt, die sich vor allem um den Stellenwert von bestimmten Sprachigkeitskonstellationen für und wider den Integrationsprozess dreht: Das Verhältnis von mitgebrachten Sprachen bzw. Herkunftssprachen zur Mehrheitensprache Deutsch ist ein leidenschaftlich und höchst kontrovers diskutiertes Thema, gar ein „Streitfall Zweisprachigkeit" (Gogolin/Neumann 2009). Auf der einen Seite stehen die Verfechter einer Sprachpolitik, in der Mehrsprachigkeit über die reine Anerkennung hinaus auch ein wichtiges funktionales Potenzial für die Integration von Migranten zugeschrieben wird (z. B. Meyer 2008), das im

---

modi; so ‚interferieren' etwa auch jugendsprachliche Elemente ständig in den Unterrichtsdiskurs hinein. Es ist somit oft eine konfliktuöse und spannungsgeladene Interferenz, die indexikalisch für differente und sich widersprechende lebensweltliche Räume steht.

4   Es sei darauf verwiesen, dass „Migrationshintergrund" indexikalisch Ähnliches leistet – wenn auch stärker einem semantischen und damit indexikalischem Wandel unterliegt.

Rahmen einer einsprachig fixierten Gesellschaft systematisch an seiner Entfaltung gehindert werde;[5] auf der anderen Seite stehen die Proponenten einer forcierten Eingliederungspraxis vor allem über die Förderung der Mehrheitensprache, wobei Herkunftssprachen als hinderlich bzw. keinesfalls als „Kapital" gesehen werden:

> „In keinem Fall gibt es für die ‚multiple Inklusion' im Vergleich zur ‚Assimilation' eine Prämie auf dem Arbeitsmarkt ... Die zur Zweitsprache zusätzliche Beherrschung der Muttersprache bei der Bilingualität bringt auf dem Arbeitsmarkt offenbar so gut wie nichts" (Esser 2009: 84).[6]

Als typischer Vertreter einer erklärenden Soziologie, dem es um die statistische Verallgemeinerbarkeit und die systematische Prüfbarkeit kausaler Zusammenhänge geht, rekurriert Esser zur Begründung seiner Position auf die jährlich erhobenen Daten des SOEP (Socioeconomic Panel) (Esser 2006). Gogolin und andere wiederum greifen sprachenpolitische und Bildungstraditionen auf, setzen sich mit Ideologien, Interessen und Machtkonstellationen von „Sprachigkeit" auseinander, blicken auf Modellversuche und Fallanalysen.

Man könnte zur Debatte um die Rolle der Mehrsprachigkeit zunächst die weniger instrumentelle oder effektivitätsorientierte Frage stellen, über welches scheinbar so exzeptionelle Gut eigentlich disputiert wird. Denn mit Blick auf die Sprachigkeitszustände unseres Globus ist Mehrsprachigkeit erst einmal der Normalfall (vgl. Bhatia/Ritchie 2004: Part IV; Lewis 2009)

3

Ein soziolinguistisches Interesse an gesellschaftlicher Mehrsprachigkeit geht u. a. der Frage nach, welche Sprache als Nationalsprache dienen soll oder welche Sprachen institutionell gefördert werden sollen. In Gesellschaften mit vielen Sprachgruppen steht die Frage zwischen zu fördernder Mehrsprachigkeit oder der Aufgabe zu Gunsten der Mehrheitensprache an. Die Soziolinguistik erforscht die gesellschaftlichen und interaktiven Funktionen von Mehrsprachigkeit, die man in der Frage „Wer spricht wann wem gegenüber welche Sprache und zu welchem Zweck"[7] zusammenfassen kann. Dies bezieht sich sowohl auf Individuen als auch auf gesellschaftliche Gruppen. In der neueren Forschung zur

---

5 Vgl. neben vielen Beiträgen in Gogolin/Neumann (2009) auch Gogolin/Krüger-Potratz et. al. (2005) sowie weitere Schriften aus der Reihe „Interkulturelle Bildungsforschung".

6 Mit „multipler Inklusion" meint Esser das jeweils gleichzeitige Auftreten ethnischer und aufnahmelandbezogener Eigenschaften wie Bilingualität oder ethnisch gemischte Identitäten (Esser 2009: 82).

7 Erweiterte Fassung nach Fishman 1970.

Sprachwahl in der Interaktion stehen Fragen zur lokalen Funktion der jeweils verwendeten Sprache bzw. Sprachvarietät im Vordergrund sowie nach dem Zusammenhang von Identität und Sprachwahl – um nur einige soziolinguistische Forschungsgebiete zur Mehrsprachigkeit zu nennen (z. B. Auer 1998).

Der dänische Soziolinguist Jørgensen (2008) ist der Ansicht (und mit ihm viele andere), dass die vorherrschenden sprachpolitischen Auffassungen allesamt ein viel zu kurz greifendes Konzept zu Mehrsprachigkeit zu Grunde legen, nämlich einen Maximalismus à la Bloomfield, dass wahrer Bilingualismus "a native-like control of two languages" bedeute (Bloomfield 1933: 55). Jørgensen bezeichnet diese herkömmliche Auffassung in Anlehnung an die problematische Etikettierung einer „doppelseitigen Halbsprachigkeit" (Hinnenkamp 2005) als die *doppelte Monolingualismusnorm*: "persons who command two languages will at any given time use one and only one language, and they use each of their languages in a way that does not in principle differ from the way monolinguals use the same language" (Jørgensen 2008: 163). Nur einer kleinen privilegierten Bildungsschicht in der Welt ist das möglich. Dies bei Menschen zum Maßstab zu erheben, die z. B. durch Migration oder Flucht gezwungen sind, Sprachen dazu zu lernen, ist vermessen.

Eine adäquatere Auffassung sieht Jørgensen in dem, was er *integrierte Bilingualismusnorm* nennt: "persons who command two languages will employ their full linguistic competence in two different languages at any given time adjusted to the needs and the possibilities of the conversation, including the linguistic skills of the interlocutors" (Jørgensen 2008: 163). Dies geht ein auf die Realität von face-to-face Interaktionen, in denen mehrsprachige Akteure aus denselben soziolinguistischen Gründen, mit denen sie auch ein einsprachiges Gespräch führen, die unterschiedlichen Sprachen zum Einsatz bringen. D. h. zum Beispiel, ein Gespräch kann in unterschiedlichen Sprachen geführt werden: ein Code-Switching zwischen Sprachen ist genauso legitim wie etwa ein Wechsel zwischen unterschiedlich starken Dialekteinflüssen und standardsprachlichen Varietäten.

Die *Polylingualismusnorm* schließlich geht noch einen Schritt weiter:

> "language users employ whatever linguistic features are at their disposal to achieve their communicative aims as best they can, regardless of how well they know the involved languages; this entails that the language users may know – and use – the fact that some of the features are perceived by some speakers as not belonging together" (Jørgensen 2008: 163).

Dieser Norm (oder eigentlich Antinorm) unterliegt kein präskriptiver Sprachbegriff, sondern sie repräsentiert eine Sprachigkeit, die man in der deutschen Übertragung vielleicht am ehesten mit vielsprachigen Basteleien und Improvisationen in Verbindung bringen kann.

Mehrsprachigkeit in dieser Konzeptualisierung umfasst demnach ein weites Spektrum von Kompetenzen oder besser: *Sprachigkeitskonstellationen*. Festschreibungen, explizit wie implizit, wie eine nützliche oder effektive Mehrsprachigkeit auszusehen habe, sind demnach artifiziell. Ein Teil der soziolinguistischen Mehrsprachigkeitsforschung arbeitet im Rahmen der Kommunikationsethnografie oder der Interaktionalen Soziolinguistik (Hinnenkamp 1998, Gumperz 1999, Keim 2006). Diese „richtet sich auf die Erfassung des engen Zusammenspiels zwischen Sprache, Gesellschaft, Kultur und kommunikative Verschiedenheit" (Keim 2006: 70) und ihr Ziel ist aufzuzeigen, wie die Akteure Sprachigkeit verwenden "to achieve their communicative goals in real life situations by concentrating on the meaning making processes and taken-for-granted background assumptions that underlie the negotiation of shared interpretations" (Gumperz 1999: 454). Zwei Aspekte sind besonders hervorzuheben: "real life situations", also eine Empirie situierter Sprachverwendung, und "negotiation", das interaktive Aushandeln von Bedeutungen. Diese Aushandlungsprozesse finden auf allen Ebenen der komplexen Interaktionsstruktur statt. Sie sind zumeist implizit und schaffen die jeweilig relevanten Handlungskontexte, auf die sich die Akteure ja irgendwie abstimmen müssen, um sich zu verstehen. Die Verwendung von verschiedenen Sprachen, Sprachvarietäten und Elementen von Sprachen und Sprachvarietäten sind Teil dieses Aushandlungsprozesses:

> "Every time we say something in one language when we might just as easily have said it in another, we are reconnecting with people, situations and power configurations from our history of past interactions and imprinting on that history our attitudes towards the people and languages concerned. Through language choice, we maintain and change ethnic group boundaries and personal relationships, and construct and define 'self' and 'other' within a broader political economy and historical context" (Li Wei 2000: 15).

Damit wäre ein eher makrostruktureller Rahmen des Code-Switchings abgesteckt. Aber polylinguales Sprechen verweist darüber hinaus auf weitere Aspekte; so stoßen wir auch auf hybride Kreationen und Improvisationen, deren Indexikalitäten mitunter schwer erfassbar sind.

4

Ich habe an verschiedenen Stellen über gemischtsprachige Praxen insbesondere von vielsprachigen Jugendlichen berichtet und deren hybride Sprachigkeitskonstellationen in den Zusammenhang ihrer spezifischen Migrations- und Identitätsgeschichten gestellt (v. a. Hinnenkamp 2005, 2008). Ich habe aufgezeigt, dass diese Sprechweisen nicht aus der linguistischen Not heraus entstehen, sondern aus dem Potenzial über verschiedene Sprachen verfügen zu können. Entsprechend wird diese Sprechweise denominiert. Sie bekommt einen eigenständigen Namen wie „gemischt sprechen" o. ä. An dieser Stelle will ich ähnlich der Aufgabenstellung an meine in der Vielsprachigkeitssensibilität fortzubildenden Lehrerinnen und Lehrer ebenfalls auf schriftliche Produkte von vielsprachigen Jugendlichen zurückgreifen – allerdings aus einer außerschulischen Kommunikationsarena, und zwar einer den Jugendlichen höchst vertrauten Kommunikationsform, dem Chatten.

Der Chat – als Überbegriff für alle möglichen Formen der kopräsenten schriftlichen Online-Kommunikation – erfordert ganz spezielle kommunikative und linguistische Techniken, die dem spezifischen Kommunikationskanal und seiner Potenziale geschuldet ist. In Kürze: (1) Der Teilnehmerkreis ist potenziell offen und unbegrenzt. (2) Das Kommunikationsmedium ist prinzipiell schriftlich und dialogisch; (3) daraus folgt der Imperativ der Schnelligkeit, der Kürze, der Unaufwändigkeit und der Mit-Chatter-Bezogenheit. (4) Dies erfordert besondere Koordinations- und Kooperationstechniken, etwa Partnerselektion, Differenzierung von Adressaten und Rezipienten sowie die Abstimmung von Modalitätsindikatoren (witzig, ernst, ironisch etc.). – Der Effekt ist eine Mischung aus Mündlichkeit und Schriftlichkeit, die nicht mehr von außen gesetzten Normen von orthografischer oder grammatischer Korrektheitsmaßstäbe folgt, sondern sich nach kanal-, mediums- und aufgabenspezifisch inhärenten Potenzialen richtet.

Im Folgenden präsentiere und analysiere ich eine kleine Sequenz aus einem Chatforum von Jugendlichen mit sog. Migrationshintergrund.

„Deutschstunde"[8]

01 \<Tinimini>   wo dise shad sayn?

                   (Wo ist dieser shad (= Teilnehmername))

02 \<SHiZoFReN>   nix gekomen

03 \<Harun-_>   shad is noch arbeit

04 \<Tinimini>   der is da

05 \<Harun-_>   in is yeri

                   (am Arbeitsplatz)

---

8   Fremdsprachige und bedeutungsmäßig undurchsichtige Zeilen erhalten eine in Klammern gesetzte Übersetzungshilfe. Besonderer Dank für die Hilfe bei Datensammlung und Datenverständnis geht an Feray Yıkılmaz-Şahın.

06	\<Tinimini\>	kriegts maul ned auf
07	\<Tinimini\>	Nayn
08	\<|rApId|\>	lam Harun-_ egal ben edicem sen dinliycen
		(lam Harun-_ egal ich werd weitermachen, du wirst zuhören)
09	\<Tinimini\>	der isch da
10	\<Harun-_\>	der schafft
		(der arbeitet)
11	\<Harun-_\>	yuch agam ben küfür müfür dinlemem
		(nein mein Herr ich hör mir dein Gezeter und so nicht an)
12	\<Tinimini\>	I wissen aber chatet von arbeit waisch
13	\<SHiZoFReN\>	Tini, zol isch auf deutsch ein satz ein bauen?
14	\<SHiZoFReN\>	sag ja
15	\<Tinimini\>	jaaaaaaaaaaaaaaaaaaaaaaaaaaaaaaaaaaaaaaaaaaa
16	\<Harun-_\>	jach genauswissen tinimininininin
		({Ja/ nein} Tinimini weiß es genau)
17	\<SHiZoFReN\>	ok
18	\<Tinimini\>	ich liben dayne sats
		(ich liebe deinen Satz)
19	\<SHiZoFReN\>	Meine fater, hat eine doner imbiss
20	\<{emibi}\>	klar
21	\<deli\>	SıZOFREN gel seninle arkadas olalım
		(ShiZoFReN komm lass uns Freunde sein)
22	\<{emibi}\>	was sonst?
23	\<SHiZoFReN\>	soll ich des jetzt umwandeln zu eine fragesatz ?

24	<{emibi}>	:))
25	<Tinimini>	mach mal
26	<|rApId|>	Mein Vater hat einen Imbiss, in dem er doener verkauft heisst des SHiZoFReN
27	<deli>	kanka olalım
		(lass uns Blutsbrüder (kankardeş) sein)
28	<SHiZoFReN>	Meine fater, hat eine doner imbiss, weisst du
29	<SHiZoFReN>	huaahahahahauaha
30	<|rApId|>	lern mah döytsch lam
		(Lern mal Deutsch, Mann)
31	<Tinimini>	Hehehehehehehe
32	<deli>	lam rapit benim dilimden yaz
		(Mann, Rapit, schreib in meiner Sprache)
33	<deli>	ibranice yazma olmum
		(schreib nicht Hebräisch, Mann)
34	<Tinimini>	rapid lams paranoyamin doycuna laf yok:)
		(Rapid, Mann, kein Wort gegen Paranoyas Deutsch (Paranoya = SHiZoFReN))
35	<Harun-_>	ih sait yah alle düm
		(ihr seid ja alle dumm)
36	<[Shad]>	Saiti karistirmayin lam
		(Lass Sait aus dem Spiel, Mann)
37	<Tinimini>	harun ich kaufe dir eine tüte doyc:)
38	<[Shad]>	herif napti size?
		(Was hat der Kerl mit dir gemacht?)

39	<Tinimini>	shad lam
		(Shad Mann)

39   <Tinimini>   shad lam
                                (Shad Mann)

40   <Tinimini>   du nix doyc oder

41   <[Shad]>   he

42   <SHiZoFReN>   rapid, mach mir kein fuss du kuu

43   <Tinimini>   diese nix sait

44   <[Shad]>   nayn

45   <Harun-_>   tinimminininin ... ih möhte auh ein ais

46   <|rApId|>   heyyyyttttt vertaaayyylttt euuucch uleeennn
                                (hey (=Ausruf) verteilt euch Leute)

47   <Tinimini>   harun wenn du machs gute log ich kaufen dir

48   <SHiZoFReN>   Was kuckst du Lan!!!!!!

49   <SHiZoFReN>   Was kuckst du kollege

50   <{emibi}>   burda herkesin doitsch´u birebir nedense
                                (hier scheint jede/r die gleiche Art Deutsch zu sprechen)

51   <SHiZoFReN>   ist hier tanzen bear ?

52   <Harun-_>   ok tiniiininininin is geponkkggkktt

53   <|rApId|>   muahha

Diese kleine Sequenz ist eine unter Hunderten aus meinem Chatkorpus. Wie immer es mit dem Nachvollzug dieser Sequenz bestellt ist, es wird schnell deutlich, dass es sich um polylinguale Praxen handelt. Diese Art von *bricolage* ist allerdings weniger als fertiges Produkt, sondern vielmehr als Resultat eines stetig kollaborativ ausgehandelten Prozesses unter den Mit-Chattern anzusehen. Es finden sich zum einen klar identifizierbare Sprachen und Sprachelemente wie Deutsch und Türkisch, aber darin ebenfalls Spuren von umgangssprachlichen, jugendsprachlichen, regionalen, medialen und stilisierten Varietäten. In der vorliegenden Passage gibt eine klare Dominanz des Deutschen – zumindest oberflächlich, denn viele deutsche Items bekommen eine türkische „Verpackung".

Die eine Verpackung betrifft die Orthografie. Eine Anzahl deutscher Wörter wird Türkisch oder dem Türkischen angenähert geschrieben. Beispiele:

01	wo dise shad sayn → wo diese shad sein
07	nayn → nein
13	zol → soll
18	ich liben dayne sats → ich lieben deine satz
19/28	meine fater → meine vater
35	ih sait yah alle düm → ihr seid ja alle dumm
40	du nix doyc → du nicht deutsch
45	ich möhte auh ein ais → ich möchte auch ein eis

Türkisch unterscheidet nicht zwischen kurzen und langen Vokalen wie in "dise" vs. "diese" (01) oder "liben" vs. "lieben" (18); darüber hinaus gibt es im Türkischen zwar keine Diphtonge wie im Deutschen, aber Vokalkombinationen, die dem deutschen Diphtong "ei" /aɪ/ als "ay" (bei Arabisch beeinflussten Wörtern auch „ai") nahe kommen, so auch "eu" /ɔɪ/, das dem türkischen "oy" entspricht. Beispiele sind "nayn" (07), "dayne" (18), "sait" (35) und "ais" (45); "oy" findet sich in "doyc" (40). Das "c" in "doyc" resultiert aus der Tastatur-bedingten Reduktion des türkischen "ç", das dem deutschen "tsch" entspricht. Im Türkischen würde gleichfalls das /f/ wie in "Vater" als "f" wie in Zeile 19 und 28 realisiert werden – aber es kann auch ganz einfach der konventionalisierten Chat-Schreibe geschuldet sein. Das initiale "j" im Deutschen wird als "y" (35) retranskribiert; und stimmhaftes wie stimmloses "ch", /X/ and /ç/, wird chatschriftsprachlich hier zu "h" (45). Auch das stimmhafte „s" wie in „sollen" wird türkisch verpackt zum „z" (zol) (13). Und die Nicht-Gemination des „l" korrespondiert mit dem Kurzvokal (18). Diese Verpackungsvarianten werden zum Teil wortkonsequent (sayn, doyc, zol), zum Teil aber auch nur silbisch (dayne) oder einzellautlich (liben, auh) eingesetzt.[9]

Eine weitere türkische Verpackung findet sich auf der phraseologischen Ebene, so in Log[10] 42 wenn <SHiZoFReN> anmerkt „rapid, mach mir kein fuss

---

9   Es gibt auch deutsch-orthografische Verpackungselemente im Türkischen; allerdings in wesentlich geringerem Umfang und zudem meist auch einer anderen Tastatur als der türkischen geschuldet. So werden die meisten türkischen Sonderzeichen ersetzt durch die deutschen: „ı" → „i"; „ç" → „c"; „ş" → „s".

10 Ich spreche im Folgenden nicht von „Zeile", sondern verwende „Log", wie es die Chatter selbst nennen (vgl. in 'Zeile' 47 „harun wenn du machs gute *log* ich kaufen dir". Ein(e) Log ist ein Protokoll. Es stammt aus dem Englischen und wird in vielerlei Weise verwendet. Allen bekannt ist „Log in" bzw. „Log out".

du kuu". Es handelt sich um eine wörtlich aus dem Türkischen übernommene Redewendung „ayak yapmak", was so viel heißt wie „jmd. ärgern, aufziehen etc.". Zudem kreiert <SHiZoFReN> hier natürlich eine lautharmonische Spontanalliteration von drei aufeinander folgenden Silben mit postkonsonantalen /u:/-Lauten. Ähnlich ist auch die Übertragung im Log 51 „ist hier tanzen bear ?". Im Türkischen besagt die Redewendung "ayı oynatmak", wörtlich "den Bären tanzen lassen" so etwas wie „Aufmerksamkeit erheischen", "eine Show abziehen" u. ä.

Ein letzter Verpackungstyp aus dem Türkischen in deutschem Gewand findet sich noch in Log 46, wenn <|rApId|> den Befehl auszuschreien scheint „heyyyytttttt vertaaaayyyltttt euuuuch uleeennn" (*Hey, verteilt euch Leute*), wo der/die Zitierte die Stimme eines berühmten türkischen Schauspielers imitiert. Gleichzeitig soll es den militärischen Befehlston karikieren, sich für die angesprochene Portion „ais" anzustellen.

Darüber hinaus gibt es eine Anzahl von Hybridformen, die nur teilweise den orthografischen Systemen des Deutschen und Türkischen geschuldet ist wie „waisch" (12), „döytsch" (30), „yah" (35), „kuu" (42) und „doitsch" (50). Orthografische Konventionen dienen zunächst einmal als schriftsprachliche Ressourcen. Über ihre Kombinationsmöglichkeiten ist damit noch nichts ausgesagt. Festzuhalten ist, dass wir allerdings mit unterschiedlichen Schreibkonventionen konfrontiert sind, die gemeinsam haben, dass sie (a) nicht der Standardnorm entsprechen, und (b) die Kenntnis unterschiedlicher orthografischer Systeme voraussetzen.

5

Aufgrund der begrenzten Teilnehmerzahl ist diese Sequenz übersichtlich, zudem können wir ein Thema ausmachen, das bestens in unsere eigenen Gegenstandsbereich zu passen scheint, nämlich Anforderungen an die korrekte Ausführung des Deutschen. In Log 13 eröffnet <SHiZoFReN> das Thema mit der Frage "Tini, zol isch auf deutsch ein satz ein bauen?" Und nach begeisterter Annahme geht es sozusagen in den Wettbewerb des schönsten und korrektesten deutschen Satzes: „Meine fater, hat eine doner imbiss" (19) und in Log 26 erfolgt die vorgeblich korrekte Form als <|rApId|>s fremdinitiierte Fremdkorrektur: „Mein Vater hat einen Imbiss, in dem er doener verkauft heißt des SHiZoFReN". Es scheint, dass <SHiZoFReN> auf seiner Variante beharrt "Meine fater, hat eine doner imbiss, weisst du" (28), gefolgt von einem "Huaahahahahauaha" (29) was als ironisches Lachen gedeutet werden könnte. <|rApId|> kontert mit einem Korrekturimperativ: „lern mah döytsch lam" (30).

Parallel zu dieser „Deutschdebatte" tut sich eine zweite Sprachdebatte auf: die nach der Legitimität der verwendeten Sprache. Zeitgleich mit der – stilisierten – Auseinandersetzung um die korrekte Satzvariante mischt sich <deli> mit dem personifizierten Vorschlag ein: „SıZOFREN gel seninle arkadas olalım" (21) und etwas weiter unten „kanka olalım" (27). Beide Aufforderungen sind entgegen der ratifizierten Sprachvariante ausdrücklich in Türkisch formuliert und verwenden im Gegensatz zu allen anderen Mit-Chattern in diesem Abschnitt das türkische ungepunktete „ı".[11] Auch der Nick des/der Angeredeten wird verändert.[12] <SHiZoFReN> geht allerdings auf beide Anfragen nicht ein. Sein/ihr Interesse gilt immer noch dem „korrekten" deutschen Satz. <|rApId|>s Mahnung in Log 30 „Lern mah döytsch lam" könnte also auch eine Replik auf <deli> sein, die Sprachspielregeln einzuhalten, die an dieser Stelle eben „döytsch" lauten – und das heißt weder „Deutsch" noch „Türkisch". <deli> jedenfalls fordert explizit zum Sprachwechsel auf „lam rapit benim dilimden yaz, ibranice yazma olmum" (*Mann, rapit, schreib in meiner Sprache, schreib nicht Hebräisch, Mann*) (32f.). Die ratifizierte Variante wird also als „Hebräisch" bezeichnet – offensichtlich <deli>s Denomination für eine Sprache, die er/sie entweder nicht versteht oder die seines/ihres Erachtens illegitimer Weise Verwendung findet – sei es als prinzipiell andere Sprache oder als Mischsprache. Man könnte antisemitische Anklänge in der Wahl von „Hebräisch" als generellen Stellvertreter einer illegitimen Sprache sehen. Auch dieser Einwurf scheint vollständig ignoriert zu werden, denn <Tinimini> wendet sich mit "rapid lams paranoyamin doycuna laf yok:)" (*rapid, Mann, kein Wort gegen Paranoyas Deutsch*) (34) direkt an <|rApId|>. Die Umbenennung von Shizofren in „Paranoya" könnte allerdings auch auf <deli>'s falsche Verwendung anspielen und auf ein besonderes Insiderwissen und lexikalisches Wissen (die Verwandtschaft von *Paranoia* und *Schizofrenie*) verweisen. Die Deutsch-Debatte geht auf jeden Fall weiter, angeführt von <[Tinimini]> und dem Angebot „harun ich kaufe dir eine tüte doyc:)" (37).

Mit dem Eingreifen des vorher gesuchten <[Shad]> entwickelt sich ein Wortspiel um <Haruns-_>s Schreibweise von „seid" in „ih sait yah alle düm" (35), das <[Shad]> sofort als Eigennamen aufgreift „Saiti karistirmayin lam" (*Lass Sait aus dem Spiel, Mann*) (36).[13] Auch <[Shad]>s nächster Beitrag „herif napti size?" bezieht sich wohl auf „Sait". <[Shad]> hat damit zwei Beiträge in

---

11 Das ungepunktete „ı" – in etwa ausgesprochen wie englisch „fir"ohne „r" – macht die türkische Vokalharmonie erforderlich, hier die Harmonisierung „hinterer Vokale". Auf der türkischen Tastatur ist es an der Stelle, wo bei der deutschen Tastatur das „i" liegt.

12 Jedenfalls entspricht <deli>s Schreibweise von „SıZOFREN" nicht der türkischen Schreibweise.

13 In türkischer Schreibweise „Said'i karıştırmayın".

Türkisch geliefert und führt <[Tinimini]> direkt zu ihrer Nachfrage „shad lam / du nix doyc oder" (39/40). Natürlich ist diese Nachfrage mehrdeutig. Aber es ist offensichtlich, dass es an dieser Stelle um den Aushandlungsprozess einer Sprachvarietät geht, die eben nicht Türkisch und auch nicht Deutsch ist, sondern „doyc", „döytsch" oder „doitsch", wie <{emibi}> bemerkt. „burda herkesin doitsch'u birebir nedense" (*hier scheint jede/r die gleiche Art Deutsch zu sprechen*) (Zeile 50).

Die betrachtete Sequenz beinhaltet also auf unterschiedlichen Ebenen eine Auseinandersetzung mit und um Sprache. Die vielen Stimmen, die in dieser kurzen Passage auftauchen, werde ich weiter unten noch kommentieren. Wenn wir allein die Denominationen von Sprache betrachten, wird die Auseinandersetzung deutlich: Es gibt auf der einen Seite „deutsch" (vgl. Log 13; „zol isch auf deutsch ein satz ein bauen") und den korrekten Modellsatz (26) „Mein Vater hat einen Imbiss, in dem er doener verkauft". Groß- und Kleinschreibung, Abtrennung des Nebensatzes mit Komma, Akkusativobjekt – alles ist grammatikalisch stimmig in diesem Satz. Die Schreibweise „doener" könnte als hyperkorrekt angesehen werden.

„Deutsch" und dessen korrekte Version konkurriert mit anderen Sätzen, die Charakteristika der Varietät des „Türkendeutsch" bzw. der „Kanak Sprak" aufweisen,[14] wie Log 19 und 28: „meine fater, hat eine doner imbiss, (weisst du)". „Kanak Sprak" wird von vielen Jugendlichen mit Migrationshintergrund als auch in stilisierter Weise von Jugendlichen ohne Migrationshintergrund verwendet (siehe unten). Mit <Tinimini>s Verteidigung von <SHiZoFReN>s Versionen formuliert sie den entscheidenden Satz: „rapid lams paranoyamin doycuna laf yok:)" (*Rapid, Mann, kein Wort gegen Paranoyas Deutsch*). Die korrekte Übersetzung müsste eigentlich „doyc" beibehalten, denn es geht eben nicht um „Deutsch" bzw. dessen türkische Übersetzung „almanca" , sondern um die Varietäten (bzw. das Varietätenbündel, den Stil) dieser Chatter: ihre Sprache hier ist eben weder Deutsch, noch Türkisch. <deli> (32) spricht von seiner Sprache als

---

14 Kanak Sprak (oder Kanaksprak) stellt einen sog. stilisierten Ethnolekt dar (vgl. Rampton 1995; Androutsopoulos 2007). Es gibt mittlerweile einige Untersuchungen zu dieser Varietät. Kern & Selting haben diese Varietät systematisch erforscht. Die Terminologie dieser Varietät ist m.E. etwas unglücklich. Zum Beispiel könnte man Auers "Türkenslang"-label (Auer 2003) als in zweifacher Weise problematisch ansehen: (1) Slang ist zumeist negativ konnotiert; (2) Selbstbezeichnungen seiner Verwender werden nicht berücksichtigt. Kern & Selting's "Türkendeutsch" (2006) suggeriert als fixes Kompositum dies sei *das* Deutsch der Türken in Deutschland. Wiese (2010) spricht von „Kiezdeutsch" und ent-ethnisiert damit gleichzeitg. Der Begriff „Kanak Sprak" hat das Flair aus der einschlägigen Benutzerszene zu stammen (vgl. Zaimoglu 1995, Pfaff 2005). Man könnte den Begriff als Reusurpation des xenophobischen Schimpfwortes „Kanacke" betrachten, dessen „ck" mit einem „k" ausgetauscht wurde. „Sprak" is die Verballhornung von Sprache. An diesem Begriff kann man bereits die Programmatik der Manipulation von deutscher Standardorthografie erkennen.

„benim dilimden" und meint seine – für ihn/sie – legitime Sprache Türkisch. Aber auch die Sprache der Mit-Chatter besitzt ein legitimes Possessiv, so in Log 34 „paranoyamin doycu"[15] und Log 50 „herkesin doitsch'u". „Herkes" heißt „jedermann; jede/r", mit angefügtem Genitiv „-in" folgt der Possessiv „herkes-in doitsch-u": „jedermanns Deutsch-sein/-ihr" – das Deutsch, das allen Mit-Chattern eigen ist.

6

Ein letzter Blick auf das vorliegende Chat-Segment soll ein synoptischer sein. Polylinguales Sprechen umfasst eine Vielzahl von „Stimmen", von Varietäten und Elementen aus ganz verschiedenen lektalen Bereichen. Hier ein paar Beispiele:

Synopse: Auswahl an „Stimmen"

(03)	shad is noch arbeit *Ethnolektales Deutsch (Kanak Sprak)*		
(04)	der is da *Umgangsdeutsch*		
(05)	in *Deutsch*	is yeri (iş yeri) *Türkisch*	
(06)	kriegts maul ned auf *Schwäbisch*		
(07)	nayn *deutsch-türkische Hybridform (türkische Orthografie)*		
(08)	lam Harun-_ *umgangssprachliche türkische Anredeform*	egal *Deutsch*	ben edicem sen dinliycen *umgangssprachliches Türkisch*

---

15   „doyc-u-n-a" – wie es in der Log heißt – umfasst folgende (weiteren) Suffixe: -u = Possessiv (sein/ihr); -n- ist Bindesuffix; -a = Dativ.

(09)	der isch da		
	Schwäbisch oder Ethnolekt (vgl. 03)		

(10)	der schafft
	Schwäbisch

(11)	yuch agam ben küfür müfür dinlemem
	Umgangssprachliches Türkisch

(12)	i wissen	aber chatet von arbeit	waisch
	Pidgin-Deutsch	*ethnolektales Deutsch*	*Hybridform: ethnolektale Anhängselfrage; orthografisch abweichend, Schwäbisch*

(40)	du nix	doyc	oder
	Pidgin-Deutsch	*Hybridform: deutsch mit türkischer Orthografie*	*Deutsch*

(42)	rapid, mach mir kein fuss du kuu
	Hybridform: umgangssprachliche Orthografie deutsch und wörtlich übersetzte türkische Redewendung

(43)	diese nix sait
	Pidgin-Deutsch

(46)	heyyyytttttt vertaaayyyltttt euuucch	uleeennn
	Hybridform: Imitation eines türkischen Filmstars in Deutsch	*Umgangssprachliches Türkisch*

(47)	Harun wenn du machs gute log	ich kaufen dir [ein Eis]
	Hybridform: ethnolektales und umgangssprachliches Deutsch	*Pidgin-Deutsch*
(48)	Was kuckst du	Lan!!!!!!
	Zitat eines TV-medialen Comedy-Titels (deutsch-türkischer Comedian Kaya Yanar)	*Türkische und auch ethnolektale Anredeform*

(50)	Burda herkesin	doitsch´u	birebir nedense
	Türkisch	*Hybridform: deutsches Wort mit abweichender Orthografie und mit türkischem Suffix*	*Türkisch*
(51)	ist hier tanzen		bear? (Bär)
	Hybridform: Pidgin-Deutsch und und wörtlich übersetzte türkische Redewendung		*Tastatur-Artefakt oder Englisch*

Zu einigen Elementen habe ich bereits etwas gesagt. Die ethnolektale „Kanak Sprak" umfasst in der gesprochenen Sprache bestimmte phonologische, morpho-syntaktische, lexikalische und topologische Eigenschaften. Einige davon können auch in den Logs nachvollzogen werden. Log 03, „shad is noch arbeit" zum Beispiel unterschlägt Artikel und Präposition („Shad ist noch auf/bei der Arbeit". Auch die schibilante Aussprache von Sibilanten (s → sch) der Kopula „ist" als „isch" (09 & 13) ist typisch; so auch die Anhängselfrage „waisch" (12). Irgendwo zwischen stilisiertem Gastarbeiterpidgin und Kanak Sprak ist auch das feminine Einheitsgenus anzusiedeln wie in Log 19 und 28 „meine fater"/ „eine doner imbiss". Ein wirklich prominentes topologisches Muster sind Vor- und Nachstellungen bestimmter Konstituenten, zumeist Temporaladverbiale oder Objekte (vgl. Kern and Selting 2006). Da diese Hervorhebungen in der Regel auch prosodisch markiert sind, müssen sie im Schriftlichen anderweitig hervorgehoben werden: In Log 19 und 28 setzt <SHiZoFReN> dafür ein Komma, um das Subjekt „meine fater" syntaktisch abzusetzen. Derselbe Chatter benutzt in Log 23 eine Nachstellung: So wird anstelle von „soll ich des jetzt zu eine fragesatz umwandeln?" der adverbiale Teil „zu eine fragesatz" nachgestellt. In Log 47, relo-ziert <Tinimini> das Objekt nach dem Verb: „wenn du machs gute log" anstelle von „wenn du gute log machs".

„Pidgin-Deutsch"-Formen wie „i wissen", „du nix", „ich kaufen dir" u. a. nehmen deutliche Anleihen beim sog. „Gastarbeiterdeutsch" der Elterngenerati-on.[16] Sie bilden grammatikalisch und lautlich stark typifizierte Formen ab wie Infinitive oder die Vereinfachung und Auslassung von Konsonantengruppen. Pidgin-Deutsch kann aber auch den „Foreigner Talk" (Xenolekt) der einheimi-schen Sprecher gegenüber Nichtmuttersprachlern andeuten, die ja oft in ähnliche Formen verfallen und deswegen auch „Pseudo-Pidgin" genannt werden (vgl. Hinnenkamp 1982, 1989).

Auffällig sind noch die „Schwabismen", wie in den Logs 06, 09, 10, 12 – mitunter nicht zu unterscheiden von den ethnolektalen Stilisierungen. Eine wei-tere Stimme bilden schließlich die medialen Zitate wie das berühmte „Was kuckst du" in Log 48 (vgl. dazu Kotthoff 2004) oder wie in Log 46 das Zitieren des türkischen Filmstars. Die meisten türkischen Passagen sind stark umgangs-sprachlich eingefärbt.

Jede dieser Stimmen ist indexikalisch: Sie verweisen auf regionale und so-ziale Zugehörigkeiten, auf implizites soziohistorisches und soziolinguistisches Wissen über Sprachformen der ersten Einwanderergeneration, unter Umständen auf Foreigner Talk, dem Xenolekt von Einheimischen gegenüber Nichtmutter-sprachlern; auf jugendsprachlichen Ingroup-Talk,[17] auf Kenntnis medialen In-Talks;[18] sie verweisen aber auch auf Kenntnisse von Normen und normativen Ansprüchen der Mehrheitsgesellschaft, vom Bewusstsein nicht-normativen Spre-chens und Schreibens. Weiterhin verweisen sie auf die integrative Kenntnis von zwei orthografischen Systemen: Wo sind diese integrierbar, wo nicht? Wo sind idiomatische Ausdrücke übertragbar? Dann gibt es Verweise auf poetische For-men wie in der Alliteration. Es gibt sicherlich auch Verweise, die man unter „mangelnder Kompetenz" subsumieren könnte. Allerdings reichen die in dem vorliegenden Chat-Ausschnitt sprachlichen Evidenzen noch keinesfalls aus für ein Kompetenzurteil, denn fast jeder Akteur in diesem Ausschnitt zeigt standard-sprachliche Ausdrucksformen an anderer Stelle.

---

16   „Pidgin" ist in der Kontaktsprachenlinguistik etabliert; vgl. das Gebiet der Pidgin- und Kreol-sprachenforschung, auch „Kreolistik" genannt (siehe z. B. Sebba 1997).
17   Vgl. Neuland 2008.
18   Vgl. Androutsopoulos 2007.

Die Lehrerinnen und Lehrer, die im Rahmen der zu Beginn geschilderten Fortbildungsveranstaltung die Aufgaben des kräftigen und grammatikalisch kohärenten Mischens aufgetragen bekommen haben, sahen vor der Arbeit mit polylingualen Texten (aus mündlichen Ingroup-Situationen als auch aus Chat-Kommunikationen) keinen Zusammenhang zwischen ihrer Aufgabe und den polylingualen Kenntnissen ihrer Schülerinnen und Schüler. Erste Reaktionen auf die polylingualen Texte von Jugendlichen waren (defizitäre) Kompetenzzuschreibungen. Dies änderte sich erst im Laufe der Fortbildung durch die soziolinguistische Arbeit an polylingualen Materialien.

Das Bewusstsein von Potenzialen, die lebensweltliche Ressourcen außerhalb der Schule bieten, ist nicht selbstverständlich. Es ist auch äußerst schwierig, Potenziale der diskutierten Art in den Schulalltag zu integrieren. Das Klassenzimmer bietet weder einen Ort polylingualen Sprechens noch des polylingualen Chattens. Dennoch war die Auseinandersetzung mit den sprachlichen Materialien für alle Beteiligten beeindruckend und Polylingualität gewann zunehmend Hochachtung angesichts der Vielfalt von Sprachen und Varietäten und deren Indexikalitäten. Auch die Schnelligkeit, mit der zwischen Sprachen, Dialekten und Varietäten hin und her gewechselt werden kann, imponierte. Anerkennung ist immer ein wichtiger Schritt. Auch wenn mit individueller Anerkennung noch keine organisationalen Veränderungen einhergehen.

Je mehr Forschungsdaten aus mikrosoziolinguistischen oder interaktionalsoziolinguistischen Untersuchungen auch in den Fokus schulischen Handelns geraten, je mehr gelebte kommunikative Welten *lebensweltlicher Mehrsprachigkeit* mit dem Schulalltag verknüpft werden, umso mehr verlieren unkontrollierbare Irritationen, starre Begrifflichkeiten und variablenabhängige Kausalzusammenhänge ihre Bedeutung und es treten differenzierte, interaktionsbezogene Beurteilungskriterien an ihre Stelle. Die vorgestellte Polylingualität könnte dann durchaus auch als „funktional" bezeichnet werden, wenn sie *situativ* aufgaben- und kompetenzspezifisch eingesetzt wird. Dies impliziert auch eine nicht-essentialistische Sicht auf Sprache und auf Mehrsprachigkeit bzw. Mehrsprachigkeiten, die vielen Arten der Mehrsprachigkeit. Der österreichische Linguist und Mehrsprachigkeitsforscher Mario Wandruszka hat bereits vor über 30 Jahren folgende Erkenntnis dazu gehabt:

„Für den Menschen gibt es weder eine vollkommene Beherrschung seiner Sprache noch eine völlig homogene Sprachgemeinschaft. Es gibt nie und nirgends ein perfektes, homogenes Monosystem, immer und überall nur *unvollkommene heterogene Polysysteme*. Das Verhältnis des Menschen zu seiner Sprache ist nicht das der vollkommenen Einsprachigkeit, sondern im Gegenteil das der *unvollkommenen Mehr-*

sprachigkeit und der *mehrsprachigen Unvollkommenheit*" (Wandruszka 1979: 313; Hervorhebungen V.H.).

Es scheint ein langer Weg zu sein, diese Erkenntnis entgegen abstrakte Maximalismen zur Grundlage von schulsprachpolitischen Erwägungen und Forderungen zu machen.

Im Grundgesetz (Art. 3) heißt es: „Niemand darf wegen (...) seiner Sprache (...) benachteiligt oder bevorzugt werden." Wenn wir nun auf den Streitfall Zweisprachigkeit schauen, können wir mit Blick auf die kritische und differenzierte Sichtweise von Mehrsprachigkeit wohl kaum Deutsch als einzigen anerkennungswürdigen Dreh- und Angelpunkt für die Förderung von Integration und Mobilität innerhalb der bundesrepublikanischen Gesellschaft betrachten. Auch wenn dies vielleicht im Sinne der deutschsprachigen Mehrheitsbevölkerung, der Bildungsinstitutionen und eines Großteils des Arbeitsmarktes wäre, so entspräche es weder einem grundgesetzlich festgeschriebenen politischen Ethos noch der Anerkennung von Rechten jenseits eines vordergründigen Nutzenkalküls. Zudem bleibt ein Aspekt bislang völlig unterbewertet: Potenziale von Mehrsprachigkeit sind bislang immer nur in einem direkten Abbildungsverhältnis zu seinen unmittelbaren Verwendungszwecken betrachtet worden, aber so wie es nach Erkenntnissen der Neurobiologie einen Zusammenhang zwischen dem Erklettern von Bäumen und dem Verstehen von mathematischen Aufgaben gibt, so könnten auch vielsprachige, polylinguale Kompetenzen ganz andere Potenziale beinhalten. Anerkennung von vielsprachigen Realitäten, wie immer *unvollkommen,* kann also auch den Weg für neue, bislang ungedachte Zusammenhänge eröffnen.

Literatur

Ammon, Ulrich/Mattheier, Klaus J./Nelde, Peter H. (Hrsg.) (2006): Perspektiven der Soziolinguistik. (= Sociolinguistica 20). Tübingen: Niemeyer

Androutsopoulos, Jannis (2007): Ethnolekte in der Mediengesellschaft. Stilisierung und Sprachideologie in Performance, Fiktion und Metasprachdiskurs. In: Fandrych, et al. (2007): 113-155

Auer, Peter (Hrsg.) (1998): Code-Switching in Conversation: Language, Interaction and Identity. London: Routledge

Auer, Peter (2003): ‚Türkenslang' – ein jugendsprachlicher Ethnolekt des Deutschen und seine Transformationen. In: Häcki-Buhofer (2003): 255-264

Bhatia, Tej K./Ritchie, William C. (Hrsg.) (2004): Part IV: Global Perspectives and Challenges: Case Studies, in: The Handbook of Bilingualism. Oxford [u. a.]: Blackwell

Bloomfield, Leonard (1933): Language. New York: Henry Holt & Co

320

Diehm, Isabell/Radtke, Frank-Olaf (1999): Erziehung und Migration. Eine Einführung. Stuttgart: Kohlhammer Urban

Esser, Hartmut (2006): Sprache und Integration. Die sozialen Bedingungen und Folgen des Spracherwerbs von Migranten. Frankfurt a. M./New York: Campus

Esser, Hartmut (2009): Der Streit um die Zweisprachigkeit: Was bringt die Bilingualität? In Gogolin et al. (2009): 69-88

Fandrych, Christian/Salverda, Reinier (Hrsg.) (2007): Standard, Variation und Sprachwandel in germanischen Sprachen/Standard, Variation and Language Change in Germanic Languages. Tübingen: Narr

Fishman, Joshua (1970): Sociolinguistics: a brief introduction. Rowley, Mass: Newbury House

Gogolin, Ingrid/Neumann, Ursula (Hrsg.) (2009): Streitfall Zweisprachigkeit – The Bilingualism Controversy. Wiesbaden: VS Verlag für Sozialwissenschaften

Gogolin, Ingrid/Krüger-Potratz, Marianne et. al. (Hrsg.) (2005): Migration und sprachliche Bildung, Münster: Waxmann

Gumperz, John J. (1999): On Interactional Sociolinguistic Method. In: Sarangi et al. (1999): 453-471

Häcki-Buhofer, A. (Hrsg.) (2003): Spracherwerb und Lebensalter. Kolloquium anlässlich des 60. Geburtstags von Harald Burger, Basel. Tübingen: Francke

Hinnenkamp, Volker (1982): *Foreigner Talk* und *Tarzanisch*. Eine vergleichende Studie über die Sprechweise gegenüber Ausländern am Beispiel des Deutschen und des Türkischen. Hamburg: Buske

Hinnenkamp, Volker (1998): Interaktionale Soziolinguistik und Interkulturelle Kommunikation. Gesprächsmanagement zwischen Deutschen und Türken. Tübingen: Niemeyer

Hinnenkamp, Volker (2005): Semilingualism, Double Monolingualism and Blurred Genres – On (Not) Speaking a Legitimate Language. In: Radtke, Frank-Olaf (Hrsg.): Migration (= sowi-onlinejournal, Journal für Sozialwissenschaften und ihre Didaktik /Journal of Social Science Education, 2005. 1), http://www.sowi-onlinejournal.de/ 2005-1/index.html

Hinnenkamp, Volker (2008): *Deutsch, doyc* or *doitsch*? Chatters as Languagers – the Case of a German-Turkish Chat Room. In: International Journal of Multilingualism, Vol. 5 (3). 2008. 253-275

Hinnenkamp, Volker/Meng, Katharina (Hrsg.) (2005): Sprachgrenzen überspringen. Sprachliche Hybridität und polykulturelles Selbstverständnis. Tübingen: Narr

Hörning, Karl/Reuter, Julia (Hrsg.) (2004): Doing culture. Neue Positionen zum Verhältnis von Kultur und sozialer Praxis. Bielefeld: Transcript

Hymes, Dell (1979): Soziolinguistik. Zur Ethnographie der Kommunikation. Frankfurt am Main: Suhrkamp

Keim, Inken (2006): Interaktionale Soziolinguistik und kommunikative, soziale Stilistik. In: Ammon et al. (2006): 70-91

Kern, Friederike/Selting, Margret (2006): Einheitenkonstruktion im Türkendeutschen: Grammatische und prosodische Aspekte. In: Zeitschrift für Sprachwissenschaft 25. 2006. 239-272

Kotthoff, Helga (2004): Overdoing culture. Sketch-Komik, Typeninstilisierung und Identitätskonstruktion bei Kaya Yanar. In: Hörning et al. (2004): 184-201

Jørgensen, Jens Normann (2008): Introduction: Polylingual Languaging Around and Among Children and Adolescents. In: Jørgensen, J. Normann (Hrsg.): Polylingual Languaging Around and Among Children and Adolescents (= International Journal of Multilingualism, 5. Jg., Nr. 3): 161-176

Lewis, M. Paul (Hrsg.) (2009): Ethnologue: Languages of the World (16. Auflage). Dallas, Tex.: SIL International. Online http://www.ethnologue.com/

Li Wei (Hrsg.) (2000): The Bilingualism Reader. London/New York: Routledge

Li Wei (2000): Dimensions of Bilingualism. In: Li Wei (2000): 3-25

Meyer, Bernd (2008): Nutzung der Mehrsprachigkeit von Menschen mit Migrationshintergrund. Berufsfelder mit besonderem Potenzial, BAMF; http://www.integration-in-deutschland.de/cln_101/nn_282954/SharedDocs/Anlagen/DE/Integration/Publikationen/Sonstige/ExpertiseMehrsprachigkeit.html

Neuland, Eva (2008): Jugendsprache. Eine Einführung. Tübingen: A. Francke (UTB Bd. 2397)

Pfaff, Carol (2005): „Kanaken in Alemannistan": Feridun Zaimoglu's representation of migrant language. In: Hinnenkamp et al. (2005): 195-225

Radtke, Frank-Olaf (2005): Editorial: Transnationalismus und sprachliche Hybridität − Neue theoretische und empirische Herausforderungen für den pädagogischen Umgang mit „Ethnizität" in der modernen Einwanderungsgesellschaft. In: Radtke, Frank-Olaf (Hrsg.): Migration (= sowi-onlinejournal, Journal für Sozialwissenschaften und ihre Didaktik/ Journal of Social Science Education, 2005, 1), http://www.sowi-onlinejournal.de/2005-1/index.html

Rampton, Ben (1995): Crossing. Language and Ethnicity among Adolescents. London/ New York: Longman

Romaine, Suzanne (1986): Sprachmischung und Purismus: Sprich mir nicht vom Mischmasch. In: Zeitschrift für Literaturwissenschaft und Linguistik (LiLi), Heft 62. 1986. 92-107

Sarangi, Srikant/Roberts, Celia (Hrsg.) (1999): Talk, work and institutional order: Discourse in medical, mediation, and management settings. Berlin: Mouton de Gruyter

Sebba, Mark (1997): Contact Languages. Pidgins and Creoles. Houndsmill/London: MacMillan

Wandruszka, Mario (1979): Die Mehrsprachigkeit des Menschen. München: dtv

Wiese, Heike (2010): Kiezdeutsch. München: C.H. Beck (im Erscheinen)

Zaimoglu, Feridun (1995): Kanak Sprak. 24 Misstöne vom Rande der Gesellschaft. Hamburg: Rotbuch

Integration fördern und fordern

Vom „Gastarbeiter" zur „Integrations-Ich-AG"

Thomas Kunz

1 Vom Zuwanderungs- zum Integrationsdiskurs

Zu den Bildern, die sich eine Gesellschaft von „ihren" MigrantInnen bzw. Menschen mit Migrationsgeschichte[1] macht, zählen – neben homogenisierenden Konstruktionen kultureller Andersartigkeit – nicht zuletzt auch normative Vorstellungen über die Bemühungen dieser Menschen um gesellschaftliche Teilhabe. Begrifflich materialisieren sich diese Vorstellungen in Gestalt der Rede von Leistungen, die diese Menschen für „ihre" Integration zu erbringen hätten. Die öffentliche Etablierung dieser Vorstellung von Integration setzt selbige als Normalerwartung. Sie bringt folgelogisch auch die Möglichkeit der Abweichung hervor und zieht die Unterscheidung von gelungener und misslungener Integration nach sich. Besondere Aufmerksamkeit gebührt in diesem Kontext der Verwendung des Reflexivpronomens „sich": Sich zu integrieren oder sich integrieren zu müssen besagt nicht nur, dass derjenige der integriert und derjenige, der integriert wird, ein und dieselbe Person sind. Das Reflexivpronomen macht die Zurechenbarkeit von Verantwortung für den Verlauf des Integrationsprozesses überhaupt erst möglich. Eine erfolgreiche oder nicht erfolgreiche Integration kann dann vorherrschend den Willensentscheidungen und Anstrengungen der zu Integrierenden zugerechnet werden, die in Folge dessen als integrationswillige oder -unwillige Personen erscheinen und mit positiven oder negativen Werturtei-

---

[1] Die Termini „mit Migrationshintergrund" bzw. „mit Migrationsgeschichte" werden im Text alternierend verwendet. Mangels anderer Begriffe und da es in diesem Beitrag ja gerade um die Art der Thematisierung und Beschreibung relevanter Bevölkerungsteile in Deutschland geht, geschieht diese Verwendung der Begrifflichkeiten *trotz* durchaus kritikwürdiger Implikationen, die jene Etikettierungen mit sich bringen. An dieser Stelle soll lediglich darauf verwiesen werden, dass es sich bei dem mittlerweile zu einer gewissen Berühmtheit gelangten Migrationshintergrund zum einen *nicht* um eine Kategorie der Selbstbeschreibung handelt, sondern um eine fremdbeschreibende und dass sie zum anderen hinsichtlich ihrer sozialen Lage, ihres aufenthaltsrechtlichen Status und ihrer Staatsangehörigkeit völlig unterschiedliche Individuen zu einer scheinbar homogenen Gruppe aggregiert – und hierüber als (sozial-) politisch bearbeitbares Objekt überhaupt erst konstruiert. Hierauf wird an späterer Stelle noch einmal zurückgekommen. Zur weiteren Kritik siehe auch Hamburger/Stauf 2009.

len belegt werden. In den Vordergrund rücken nun Migranten-Individuen, die als selbstverantwortlich für „ihre" Integration konstruiert und – frei nach Radtke (2009: 628) – mittels einer gewissermaßen marktsimulierenden Integrationspolitik unter Wettbewerbsdruck gesetzt werden, um sie entweder als integrationswillige MitbürgerInnen mit Migrationshintergrund zu akzeptieren oder als bedrohlich-integrationsunwillig Parallelvergesellschaftete abzulehnen.

Beide Urteilsausprägungen fundieren wesentlich den weiteren gesellschaftlichen Umgang mit dem damit identifizierten Teil der Bevölkerung und legitimieren letztlich mögliche Sanktionen gegen jene, die als Integrationsunwillige benannt werden.

Besagte Vorstellungen sind keineswegs neu, sondern durchziehen den Migrationsdiskurs seit jeher – wenn auch in unterschiedlicher Intensität und Ausprägung. Mit Blick auf die jüngere Zu- bzw. Einwanderungsgeschichte lassen sich schon seit der Anwerbung sog. Gastarbeiter zu Beginn der 1950er Jahre Diskursfragmente entdecken, die auf Integrationssemantiken abheben. Jedoch ist zu betonen, dass zu Beginn jener Anwerbephase (bis hinein in die 1970er Jahre) zum einen der dauerhafte Verbleib, d. h. die auf Dauer angelegte Verlagerung des Lebensmittelpunktes der zugewanderten Menschen weder aus deren Perspektive noch aus der der sog. Aufnahmegesellschaft anvisiert war (vgl. hierzu auch Bade 2007: 33). Integration im Sinne einer dauerhaften und politisch gesteuerten Eingliederung von zugewanderten Menschen war in Folge dessen über lange Zeit kein maßgebliches Thema des Zuwanderungsdiskurses, auch wenn verschiedentlich in diese Richtung pointierende Ansätze formuliert wurden, wie beispielsweise im Jahr 1979 das sog. Kühn-Memorandum[2] (vgl. ebd.: 34). So betrachtet kann festgehalten werden, dass in der Vergangenheit zwar keine explizite Integrationspolitik formuliert wurde (vgl. Michalowski 2008: 3), Deutschland sich aber „schon früh mit Fragen der Integration von Zuwanderern beschäftigt hat" (ebd.) bzw. Integrationspolitik in Gestalt unsystematischen und dezentralen Handelns im Sinne eines „pragmatischen Improvisierens" (ebd.) durchaus ein Thema war.

---

2   Bei besagtem Memorandum handelt es sich um die Überlegungen und Vorschläge des ersten „Bundesbeauftragten für die Integration der ausländischen Arbeitnehmer und ihrer Familien" und ehemaligen nordrhein-westfälischen Ministerpräsidenten, Heinz Kühn, die im Jahr 1979 unter dem Titel „Stand und Weiterentwicklung der Integration der ausländischen Arbeitnehmer und ihrer Familien in der Bundesrepublik Deutschland" (Kühn 1979) der Öffentlichkeit präsentiert wurden. (Vgl. Motte/Ohliger 2009: 3ff.) Bis heute gilt das Memorandum als wegweisend, seine umfassenden und weitreichenden Forderungen muteten damals teils visionär an – und blieben bis heute unerfüllt: „ Es war, nicht nur für seine Zeit, ein wegweisendes und modernes Konzept. Selbst die Ziele heutiger, oft vager Integrationskonzepte fallen inhaltlich gelegentlich immer noch hinter die Absichten des sehr konkreten Plans aus dem Jahr 1979 zurück." (Ebd.: 4)

Die sich an diese Einschätzung anschließende These, die in diesem Beitrag entwickelt und untermauert werden soll, lautet: Mit dem Eintritt in eine neue historische Phase, die in dem parteiübergreifenden Eingeständnis, Deutschland sei ein Einwanderungsland, ihre Formel fand, hat sich der Zuwanderungsdiskurs in einen Integrationsdiskurs transformiert. Erst mit der politischen Akzeptanz des Faktums der dauerhaften Anwesenheit von ehemals Zugewanderten und deren Nachkommen in der Bundesrepublik als einer nicht mehr zu leugnenden Tatsache, gewann die Auseinandersetzung darum, ob und wie bestimmte Bevölkerungsteile mit Migrationsgeschichte in Deutschland gesellschaftlich integriert seien, jene besondere Relevanz. Die Rede von der Integration avancierte zu einer dominanten rhetorischen Figur in der öffentlichen Auseinandersetzung zum Thema Migration und kann ohne weiteres als *der* tragende Topos des gegenwärtigen Migrationsdiskurses bezeichnet werden. Diese Geltungszunahme der Thematisierung von Integration vollzog sich zunächst unsystematisch und relativ unkoordiniert, hat aber in den vergangenen Jahren massiv an Bedeutung gewonnen, so dass man inzwischen auch von der Etablierung eines sog. Integrationsregimes[3] sprechen kann (vgl. Castro Varela 2008; vgl. auch Ha o. J.)

Das vielfach bemühte Statement „Deutschland ist ein Einwanderungsland" legt zwar die Vermutung nahe, dass Menschen mit Migrationshintergrund inzwischen als selbstverständlicher Teil der Bevölkerung anerkannt seien. Vieles spricht jedoch dafür, dass dem nicht so ist und dass dies weniger mit den als Migranten bezeichneten Menschen zu tun hat, als mit dem im Kern immer noch auf einer Phantasie von nationaler Homogenität aufruhenden Selbstverständnis der sog. Mehrheitsgesellschaft. Zu konstatieren ist einerseits, dass Integration nicht mehr im selben Maße – wie etwa zu Zeiten der Rede von der sog. mulikulturellen Gesellschaft – als „Problem" kultureller Andersartigkeit gesehen wird. Andererseits zeigt sich aber auch, dass Fremdheit als Argument für Zugehörigkeit bzw. Nicht-Zugehörigkeit innerhalb des Integrationsregimes keineswegs seine Geltung verloren, sondern subtilere Formen angenommen hat. Exemplarisch lässt sich diese Veränderung am Beispiel der Verwendung des neoliberalen

---

3 Unter Bezugnahme auf foucaultsche Interpretationsansätze lässt sich ein Integrationsregime fassen als „ein Bündel (sozial-) politischer Maßnahmen, welche für die hiervon Regierten ein beständiges Mehr an Ausschluss und Kontrolle bedeuten. Integrationspolitik kann daher als ,Normalisierungs- und Disziplinierungsregime' beschrieben werden, das all jenes, welches sich nicht in eine Vorstellung des ,Normalen' und mithin ,Richtigen' fügen lässt, ausschließt und/oder marginalisiert." (Castro Varela 2008: 79) Hierzu zählen freilich nicht nur staatliche Maßnahmen und Akteure, sondern ein vielfältiges Setting gesellschaftlicher Praktiken institutioneller wie nichtinstitutioneller Akteure, die tagtäglich all jene Wahr- und Gewissheiten hervorbringen und reproduzieren, wie und wer die zu integrierenden „anderen" (im Sinne von *den* MigrantInnen) in Abgrenzung von „uns" sind und wie im Weiteren mit „ihnen" umzugehen sei.

Mantras vom „Fördern und Fordern" im Integrationsdiskurs verdeutlichen, das im Kontext der Agenda 2010 und der Hartz-Gesetzgebung seine spezifische Bedeutung gewonnen hat. Der vorliegende Beitrag möchte verdeutlichen, dass Zugewanderte im Integrationsregime zwar in das Kollektiv der vom Fördern-und-Fordern Betroffenen, nicht aber in das der sog. Mehrheitsgesellschaft eingemeindet werden. Im Gegenteil, die Förder- und Forder-Rhetorik adressiert an diesen Personenkreis eine besondere Erwartung, deren Erfüllung zum Maßstab für deren Integrationswilligkeit gemacht wird, weil das Scheitern der Maxime vom Fordern und Fördern nicht nur zum Beurteilungskriterium für die Zuweisung von Sozialleistungen, sondern eben auch als Zeichen eines womöglich fehlenden Willens zur Integration gedeutet wird. Und als das hierüber hergestellte Kollektiv der zu Integrierenden lassen sich Menschen mit Migrationshintergrund semantisch von der sog. Mehrheitsgesellschaft separieren. In diesem Beitrag geht es insofern nicht um eine allgemeine Geschichte des Begriffes Integration, sondern vielmehr um die Frage, inwieweit der Begriff „Integration" in den letzten Jahren eine spezifische Aktualisierung erfahren hat. Es steht zu vermuten, dass er in Zeiten der Agenda 2010 entsprechend re-kodiert wurde und im herrschenden Integrationsregime eine bedeutende Funktion eingenommen hat. Re-Kodierung meint insofern nicht bloß eine semantische „Anpassung" an mit jener Agenda verbundene Leitsätze. Es geht vielmehr auch um die Frage, wie sich diese terminologische Umstellung auf die mit den Integrationsforderungen konfrontierten Bevölkerungsteile *mit* Migrationsgeschichte rückblickend auswirkt. Es deutet sich an, dass diese weitreichender ausfallen, als es die unbestreitbar einschneidenden Folgen der Agenda 2010 und der Hartz-Gesetzgebung für die Bevölkerung *ohne* Migrationshintergrund tun. In einem ersten Schritt wird zunächst aufgezeigt, inwieweit sich im Zuge der Etablierung der Einsicht „Deutschland ist ein Einwanderungsland" die herrschende, neoliberale Integrationsrhetorik herausbildete und hierbei gleichwohl Anleihen an den frühen Migrationsdiskurs genommen wurden. Dann wird verdeutlicht, wie sehr die Bilder des Förderns und Forderns als Aktualisierungen bisheriger Fremdheitsbilder zu interpretieren sind. Am Beispiel der Verwendung der Einbahnstraßen-Metapher im Kontext von Integration werden diese Überlegungen schließlich an einem prominenten Beispiel weiter ausgeführt und konkretisiert, inwieweit auch die Rede vom „Fördern und Fordern" im Integrationsdiskurs spezifische Positionierungen hervorbringt, die der geläufigen dichotomen Gegenüberstellung von „uns" und „ihnen" entsprechen. Mit Blick auf die Konjunktur von Integrationsindikatorenansätzen wird abschließend veranschaulicht, wie sich das Erfordernis der Messbarkeit von Integration und die Perspektive individueller Zurechenbarkeit von Integrationserfolgen bzw. -defiziten verschränken bzw. ergänzen.

2 Vom Holen und Für-sich-arbeiten-lassen zum Fördern-und-Fordern

Historisch betrachtet ist mit Blick auf die seinerzeitige Anwerbung ausländischer Arbeitskräfte nach Deutschland als sog. Gastarbeiter deren „Hinübergleiten in einen echten Einwanderungsprozess" (Bade 2007: 33) zu konstatieren. Vor dem Hintergrund eines zunächst nur als vorübergehend intendierten, d. h. auf bestimmte Zeit angelegten Aufenthaltes hat sich mit den Jahren ein Wandel vollzogen: „ein Wandel von der Arbeitswanderung über Daueraufenthalte mit offenem Zeithorizont zu einer echten Einwanderungssituation, mithin ein Wandel von einer Zuwanderer- zu einer Einwandererbevölkerung" (ebd.).

Die damit verbundene programmatische Feststellung, Deutschland sei ein Einwanderungsland, zählt mittlerweile zum *Common sense*, wird gar parteienübergeifend verwendet.[4] Fraglich ist jedoch, ob mit dieser Erkenntnis auch gesellschaftliche Selbstbeschreibungen einher gehen, die im Sinne einer Orientierung an einer maßgeblich von Einwanderungs- bzw. Zuwanderungsgeschichte geprägten Bevölkerungsstruktur angemessener zu sein scheinen, als bisherige. Aktuelle Auseinandersetzungen und Deutungskämpfe legen zwar nahe, dass hierum zumindest eine Auseinandersetzung geführt wird. Deren Ausgang ist indes offen.[5]

Folglich kann auch nicht konstatiert werden, dieser Wandel ginge mit einer Abnahme von Symbolisierungen von Fremdheit und kultureller Differenz einher. Im Gegenteil: Debatten wie z. B. die Ende 2009 um das sog. Minarett-Verbot und Anfang 2010 zum Thema Verschleierung – ebenfalls als Verbotsdiskurs geführt – belegen dies.[6]

---

4   Im Übrigen ist diese Feststellung höchst ambivalent. Sie ist begrüßenswert in dem Sinne, dass mit ihr endlich anerkannt wird, dass die Bundesrepublik Deutschland von Beginn ihrer Geschichte an durch Zu- bzw. Einwanderung, d. h. Zu-/Einwandernde und von diesen erbrachten Leistungen ganz wesentlich beeinflusst, mitgestaltet und miterbaut worden ist. Der Begriff ist hingegen ein Euphemismus, als er nahelegt, die Bundesrepublik sei ein Land, welches Zu-/Einwanderung leicht mache, gar befördere. Das Gegenteil ist der Fall: Begrenzung, Selektion, Abwehr, Erschwerung und Illegalisierung sind Stichworte, welche viel eher das herrschende Zuwanderungsregime charakterisieren. So betrachtet erscheint die Bezeichnung „widerwilliges Einwanderungsland" (Bade 2007: 33) angemessener.

5   So zeigt beispielsweise die seit Mitte 2009 stattfindende Frankfurter Debatte um den Entwurf für ein neues kommunales Integrations- und Diversitätskonzept, welches wesentlich auf die Begriffe Vielfalt und Milieu zurückgreift, inwieweit die demographische Entwicklung den nationalen Homogenitätsmythos irritiert und entsprechend Revisionsbedarfe oder eben ein aktualisiertes Darauf-Beharren anregt. (Vgl. Kunz 2010) Auch die kritische Diskussion des vermeintlich unproblematischen oder gar unhinterfragt als innovativ geltenden Begriffes „Migrationshintergrund" (vgl. hierzu Hamburger/Stauf 2009) weist daraufhin, dass aktuell ein gesellschaftliches Ringen um Konzepte für ein neues Selbstverständnis von dem, was Mehrheitsgesellschaft eigentlich sei bzw. sein soll, zu beobachten ist.

6   Diskursive Ereignisse, welche die Debatte in Deutschland anstießen, waren Auseinandersetzungen in anderen europäischen Staaten: die Abstimmung zum Minarett-Verbot in der Schweiz

Es entsteht der Eindruck, dass in gleichem Maße, wie das Thema Migrati-on/Zuwanderung in Gestalt des Attributes "mit Migrationshintergrund" demo-graphisch in der Bevölkerung „angekommen" zu sein scheint, um so heftiger die Zurückweisungen erfolgen, welche jenes sich auflösende und seit jeher fragile Phantasma nationaler Homogenität stabilisieren und zu verteidigen suchen.

Mit der Agenda 2010, als einem Konzept zur sog. Reform des deutschen Sozialsystems und Arbeitsmarkts, welches von der rot-grünen Bundesregierung in der Zeit zwischen 2003 und 2005 weitestgehend umgesetzt wurde, ist auch die Rede vom Fördern und Fordern eng verbunden. Heute, d. h. im Jahr 2010, ist zu beobachten, dass jene Rede insbesondere auch im Integrationsdiskurs angekom-men ist. Sie betitelt förmlich politisch-institutionelle Vorstellungen von Integra-tion. So ist das Kapitel 9 des Jahresberichtes der Bundesregierung 2007/2008, welches dem Thema Integration gewidmet ist, überschrieben mit „Fördern und Fordern" (Bundesregierung 2009: 77ff.). Und auch das 2005 in Kraft getretene zentrale Gesetzeswerk, das „Zuwanderungsbegrenzungsgesetz" (Barth 2005), formulierte bereits: „Die Integration von rechtmäßig auf Dauer im Bundesgebiet lebenden Ausländern in das wirtschaftliche, kulturelle und gesellschaftliche Leben in der Bundesrepublik *wird gefördert und gefordert*." (AufenthG §43 (1)); Hervorh. TK;). Zwar ist hier die Rede vom Fördern und Fordern der Integration, jedoch geht mit der rhetorischen Figur des „Fördern und Forderns" die Subjekti-vierung dessen einher, was zu fördern und zu fordern ist. Das heißt, nicht die Gesellschaft oder gesellschaftliche Strukturen im Allgemeinen werden in erster Linie in den Blick genommen, es sind vielmehr Individuen, d. h. der/die Einzel-ne, welche in den Mittelpunkt von Fördern und Fordern rücken. Und nicht nur das: Es scheint im Umkehrschluss so, dass das Nicht-Fördern und Nicht-Fordern dieser Individuen gleichbedeutend wäre mit deren Nicht-Integration. Das För-dern und Fordern unterstellt demnach das Herantragen des Integrationsgedan-kens an diesbezüglich bisher scheinbar untätige, passive AdressatInnen. So be-trachtet beabsichtigt es „Aktivierung".

Schon der Begriff vom sog. aktivierenden Sozialstaat in einem allgemeinen Sinne und dessen Stoßrichtung veranschaulichen dies. Hierbei handelt es sich zunächst gar nicht um eine auf die Integration von MigrantInnen abzielende Aktivierung. Im Zuge der sog. Hartz-Gesetze bedeutet Aktivierungspolitik:

---

sowie die Überlegungen zu einem sog. Burkaverbot in Frankreich. Die Beispiele zeigen zwei-erlei: Zum einen, dass der bundesdeutsche Integrationsdiskurs eingebettet ist in einen europäi-schen. Zum anderen, dass dieser – auch in anderen Ländern – vor allem auf Problemkonstruk-tionen rekurriert, welche insbesondere auf Religion (hier: Islam) zurückgreifen, um Integrati-onshemmnisse bzw. Integrationswilligkeit oder -fähigkeit zu inszenieren.

„Schritt für Schritt werden die sozialpolitischen Instrumente fürsorglicher Betreuung und einer ‚generösen' Versorgung (d. h. einer Versorgung ohne Gegenleistungen) um Härteklauseln erweitert und arbeitsmarktpolitischen Kriterien untergeordnet. Parallel dazu findet ein Ausbau Druck ausübender, aufsichtsführender und kontrollierender sozialstaatlicher Funktionen statt, die eine aktive ‚Anpassung' der vom Arbeitsmarkt Ausgegrenzten an eben diesen befördern sollen. Einher geht dieser institutionelle Wandel der Sozialpolitik mit der Etablierung einer individualisierenden Philosophie der Ursachen sozialer Ausgrenzung: Diese wird entweder als direkte Folge eines ineffektiven wohlfahrtsstaatlichen Arrangements gedeutet, das die Inanspruchnahme von Sozialhilfe oder Arbeitslosenunterstützung fördert und als individuell rationales Verhalten erscheinen lässt oder als Folge ungenügender persönlicher Flexibilität und Anpassungsfähigkeit der Ausgegrenzten selbst angesehen; dauerhafte Ausgrenzung wird damit zum positiven Einrichten in der sozialstaatlich konstruierten ‚Hängematte' uminterpretiert" (Wohlfahrt 2008: 3f.; vgl. auch Lanz 2009: 111f.).

Damit einher gehen Verlagerungen weg von staatlichen Angeboten und staatlicher Verantwortung, hin zur Inanspruchnahme und Betonung individueller Anstrengungen und Anpassungsleistungen: „Aktivierungspolitik ist eher verhaltens- als verhältnisorientiert und betont stark die Eigenverantwortung" (Wohlfahrt 2008: 4). Diese Sachverhalte lassen sich auch – entsprechend variiert – im Kontext von Integrationspolitik beobachten, mit entsprechenden Folgen für die Wahrnehmung von MigrantInnen.

Zugleich ist das Faktum anzuerkennen: Die Begriffe Fördern und Fordern sind selbst nichts Neues im Integrationsdiskurs – im Gegenteil. Waren es doch „zunächst die Arbeitsmigrantinnen und Arbeitsmigranten der 1950er, 1960er und 1970er Jahre selbst [...], die ‚Integration' im Sinne von Teilhabechancen und -rechten einforderten" (Hess/Moser 2009: 14). Offensichtlich kam es in der jüngeren Vergangenheit zu einem Aufgreifen und zu einer Umwertung des Begriffes. In diesem Sinne lässt sich die im Zuge der Agenda 2010 zu beobachtende Besetzung des Forder-Begriffs durch die institutionellen Akteure des Integrationsregimes ohne weiteres auch als eine Form der Enteignung von Protestgeschichte, Unsichtbarmachung migrantischer Beteiligung an zurückliegenden Verteilungskämpfen und ein Absprechen oder zumindest Relativieren historisch beobachtbarer, vielfältiger Eigenbemühungen von MigrantInnen deuten, die selbst gerade auch als eine Form von Integration angesehen werden können.[7]

---

7 Diese Wahrnehmung prägt offensichtlich nicht nur rückblickende, sondern auch gegenwärtige Beurteilungen. Auf das Unterschätzen, Kleinreden wenn nicht gar weitgehende Negieren besagter Anstrengungen in Folge der Dominanz jener Passivitätsunterstellung im Hinblick auf Integration, weisen auch neuere Untersuchungen hin, die unter Bezugnahme auf den Sinus-Milieuansatz festhalten: „Das Bild der passiven Integrationsverweigerung ist verzerrt. Migranten wollen sich mehrheitlich aktiv einbringen. Sie zeigen einen ausgeprägten Leistungsethos, der stärker ist als in der Mehrheitsbevölkerung" (vhw 2010: 1; vgl. auch Kunz 2010).

Mehr noch: Hieran zeigt sich, wie aktiv und selbsttätig MigrantInnen eigentlich immer schon waren, freilich in einer aus behördlicher Perspektive eigensinnigen, ungesteuerten (und insofern: unkontrollierten) Weise. Diese Einschätzung lässt sich durch die Beobachtung bekräftigen, dass gelungene Prozesse zur gesellschaftlichen Teilhabe in erster Linie eben nicht der in der Vergangenheit „weitgehend konzeptionslosen deutschen Integrationspolitik" (Bade 2007: 34) zu zu rechnen sind, sondern eher der „alltäglichen Integrationsbereitschaft der Zuwandererbevölkerung zu verdanken" (ebd.) sind, „was in publizistischen und vor allem politischen Diskursen aber kaum Anerkennung fand" (ebd.).

Das Nichtanerkennen bzw. das Ignorieren und Relativieren dieser Leistungen bekräftigt die Annahme, dass im Integrationsdiskurs offensichtlich auch der Aktivierungsbegriff umgedeutet und neubesetzt wurde. Jenes Ignorieren und Umwerten ist Voraussetzung dafür, jene ehemaligen ArbeitsmigrantInnen und ihre Nachkommen hinsichtlich ihres Integrationsprozesses überhaupt erst als vermeintlich passive, wenn nicht gar integrationsresistente Objekte erscheinen zu lassen, die es im Zuge heutiger Integrationspolitik erst einmal zu aktivieren gelte. Umgekehrt erscheint die staatlich vorgetragene Forderung nach Integration somit nicht als – wenn auch ordnungspolitisch-dirigistisch überformte – verspätete, längst überfällige Reaktion auf in der Bundesrepublik bereits frühzeitig artikulierte, teils organisiert, teils unorganisiert vorgetragene migrantische Forderungen und der Kampf um Bürgerrechte (vgl. Bojadžijev 2005; vgl. auch Karakayalı 2005). Man kann sogar davon ausgehen, dass

> „die sogenannte ‚Gastarbeitergeneration' in der neu gegründeten Bundesrepublik Deutschland deutliche Demokratisierungsprozesse in Gang gesetzt hat – indem sie etwa gewerkschaftlich aktiv war oder sich auch in ‚wilden Streiks' gegen Ungerechtigkeiten am Arbeitsplatz zur Wehr setzte." (Castro Varela 2008: 82)

Statt diese Anstrengungen und sozialen Kämpfe jedoch anzuerkennen inszeniert sich Integrationspolitik als Kontrollkomponente, die aus einer Einsicht heraus notwendig erscheint, nach der MigrantInnen vorherrschend als defizitbeladene Problemgruppe zu gelten haben, die zum Zwecke ihrer Integration und vor allem zur Stabilisierung der sozialen Kohäsion der Mehrheitsgesellschaft aktiviert und gesteuert werden müssten. Wobei – der Logik des Förderns und Forderns folgend – fortan jeweils der Einzelne Ansatzpunkt ist, der in die Verantwortung genommen wird und auf den gesellschaftlicher Erwartungsdruck unter Androhung von Sanktionen ausgeübt wird. In der gesellschaftlichen Auseinandersetzung darum, wie Integrationsprozesse ausgestaltet werden könnten, setzte sich diese spezifische, integrationstechnokratische Top-down-Perspektive durch, die einerseits vom neoliberalen Mainstream inspiriert war, andererseits in ihrer aktuellen Ausprägung auf diesen wieder verstärkend zurückwirkt. So

3„bewirkte der so genannte neoliberal turn [...] eine Dominanz integrationspoliti-scher Konzepte, die dem Modell des aktivierenden, Welfare durch Workfare erset-zenden Sozialstaates folgen: Integration wird so nicht mehr aus einer sozialpoliti-schen Perspektive betrieben, sondern als Investition in das unternehmerische Subjekt ‚Einwanderer' verstanden" (Lanz 2009: 106).

3 Bilder von Fremden als Bilder des Förderns und Forderns

Die Mechanismen und Diskursfiguren des Fremdmachens, der Zuweisung von Nichtzugehörigkeitspositionen verschieben sich also lediglich auf die neue Ent-wicklungsstufe jener – in Anlehnung an Bade – widerwilligen Einwanderungs-gesellschaft, passen sich an, aktualisieren sich. So betrachtet folgen die Kon-struktionsprozesse den veränderten demographischen Gegebenheiten. Es erfolgte im Migrationsdiskurs (der im Kern aktuell ein Integrationsdiskurs ist; s. o.) eine semantische Umstellung. Die bisher dominanten Markierungen von sog. Ausländer-Innen als kulturell Anderen wurden in Zuweisungen transformiert, welche den faktisch hier Geborenen, insofern Eingeborenen, vor allem und zunächst durch das Etikett Migrationshintergrund einen Status zuweisen, der faktisch die Fortsetzung des Ausländischseins nur mit anderen Worten leistet. Sie mögen staatsbürgerrechtlich zwar zugehörig sein – kraft ihrer bevölkerungsstatistischen Separierung sind sie es doch wieder nicht. Der Appendix „mit Migrationshin-tergrund" weist jenen deutschen Staatsangehörigen im Grunde eine Staatsange-hörigkeit zweiter Klasse zu. Doch damit nicht genug. Zum immer noch qua kul-turalisierenden Zuschreibungen unterfütterten Anders-Sein tritt im Zuge des neoliberal angepassten Integrationsdiskurses verstärkt das Absprechen bzw. pauschale Infragestellen von Integrationswillig- bzw. -fähigkeit hinzu. Die Palet-te an möglichen Zugehörigkeitspositionen wird zugleich diversifiziert. In Anleh-nung an Analysen zum schweizerischen Integrationsdiskurs lässt sich festhalten, dass das oben umrissene Integrationsregime

> „eine neuartige Zäsur hervorbringt, die die Migrantinnen hinsichtlich der Einheimi-schen neu positioniert. In der Kategorie der Bevölkerung finden sich die integrierten beziehungsweise zu integrierenden Migranten gemeinsam mit den Einheimischen zu einer neuen Einheit" (Piñeiro/Haller 2009: 164).

Diese Einheit ist jedoch keine harmonische. Vielmehr wird nun im Innen das Außen markiert. Die Administrierung und Ausgestaltung von Integration (als politischem Steuerungsobjekt) im *Workfare*-Staate

> „generiert [...] genau diejenige Kategorie, die es zu verhindern gilt und schafft mit dem ‚inneren Off' eine grundsätzliche Prekarisierung des Migrantinnenstatus. Denn

mit der neuen Differenzbestimmung gilt: Sofern Migrantinnen sich integrieren, sich also in soziokulturellen und sozioökonomischen Bereichen um die eigene Integration kümmern, werden sie als integrierte [besser: sich integrierende; TK] Bevölkerung rationalisiert und genießen dadurch Aufenthaltssicherheit und politische Anerkennung. Im gegenteiligen Fall kehrt sich die Programmatik radikal um: Als ,Schwellen-Migranten' riskieren sie die eigene Exkludierung. Sie riskieren letztlich, Teil des Offs zu werden" (Piñeiro/Haller 2009: 166).[8]

Die Diversifizierung zugewiesener Positionen und die stärkere Konturierung der Zielgruppe der zu Integrierenden (vgl. Castro Varela 2008: 77), die sich der Integrationsforderung ausgesetzt sieht, erfolgt – wie eine andere Einschätzung nahelegt – auch dahingehend, dass zwischen brauchen, sollen und müssen unterschieden werden kann:

„Franzosen und Französinnen, Spanier(innen) oder US-Amerikaner(innen) *brauchen* nicht integriert zu werden, Flüchtlinge *sollen* nicht integriert werden, während türkische Migrant(inn)en integriert werden *müssen* – und dafür müssen sie sich integrierbar zeigen" (ebd.: 77f.; Hervorh. i. Orig.).

Damit einher geht auch eine Veränderung der Beobachtungsperspektive. Auf was und wen wird geschaut, wenn es um die Analyse und Bewertung von Integrationsprozessen geht? In dem Maße, wie sich die Einsicht durchsetzt, Migrations- und Integrationspolitik stellten „Zentralbereiche der Gesellschaftspolitik" (Bade 2007: 32) dar, was über Jahrzehnte Forderung und Feststellung von ExpertInnen und WissenschaftlerInnen war, verschiebt sich der Diskurs hin zur Thematisierung und Beobachtung von Integrationswillen und Integrationsfähigkeit. Willen und Fähigkeit wohlgemerkt *nicht* der sog. Aufnahmegesellschaft, sondern in erster Linie derjenigen Menschen mit Migrationshintergrund, die zum Teil bereits seit Jahrzehnten in Deutschland leben und arbeiten.

Es ist spannend festzustellen, dass, bevor von Integration gesprochen wurde, die Routinen des Fremdmachens insbesondere auf kulturelle Differenz und staatsbürgerrechtlich manifestierbare Unterschiedlichkeit abhoben. Nunmehr, da die dauerhafte und fortdauernde Anwesenheit sog. Menschen mit Migrationshin-

---

8   Als ein aktuelles Beispiel, welches jene Prekarisierung illustriert, kann der Fall eines von Abschiebung bedrohten Jura-Studenten an der Frankfurter Goethe-Universität gelten, der als erster Stipendiat eines neugegründeten Stiftungsfonds benannt wurde. Einerseits hob die Stiftung hervor: „Wir brauchen mehr junge Menschen aus Familien mit Migrationshintergrund, die sich für herausgehobene Positionen in allen Bereichen der Gesellschaft qualifizieren. Wir brauchen jeden klugen Kopf, der bereit ist, Verantwortung in unserer Gesellschaft zu übernehmen." (Goethe-Universität 2010) Die prekäre Position dokumentiert sich genau darin, dass selbst die erfolgreiche Anstrengung um Integration in soziokulturelle und sozioökonomische Bereiche (hier: im Bildungsbereich) und der Bestätigung diese Sachverhaltes durch Dritte (hier: die Begründung der Stiftung) keine Garantie für Aufenthaltssicherheit und politische Anerkennung ist.

tergrund in der Bundesrepublik eine nicht mehr zu ignorierende Tatsache ist, diese so gesehen in der Gesellschaft und dem gesellschaftlichen Bewusstsein *angekommen* sind, wird jenes Ankommen bzw. die Fähigkeit, Ankommen zu können, mehr oder weniger wieder zur Diskussion gestellt.

Diese Konjunkturen des Absprechens und In-Zweifel-Ziehens sind insofern weniger ein Indiz für tatsächliche umfängliche Integrationsschwierigkeiten oder Integrationsverweigerung auf Seiten der damit belegten MigrantInnen, als vielmehr ein Hinweis auf die Resistenz und die Nichtakzeptanz jenes als paternalistisch zu charakterisierenden Integrationsverständnisses, demzufolge die sog. Mehrheitsgesellschaft sich entgegen aller demographischen Tatsachen an ihre nationalhomogene Fixierung klammert, um so zumindest aus einer Position der Überlegenheit und moralischen Rechtfertigung heraus ihr Integrationsansinnen formulieren zu können, welches sich im Kern als Assimilationserwartung erweist: Es ist klar, wer sich an wen anzupassen habe.

Die angesprochenen Aspekte und Positionierungen verdichten sich in der Metapher von der Integration als Straße, die in der Negation „Integration ist keine Einbahnstraße" recht populär geworden ist.

4   Integration (k)eine Einbahnstraße? Oder: wer sagt, wo's lang geht?

Die Metapher „Integration ist keine Einbahnstraße" erfreut sich parteiübergreifender Beliebtheit (vgl. Tietze 2008: o. S.). Die Betonung der aktuell unterschiedlich vorfindbaren Fahrtrichtung und die AdressatInnen der Ermahnung, diese Einseitigkeit doch zu beenden, korreliert – je nach parteipolitischer Couleur – sowohl mit einem eher differentiellen als auch einem eher diversitären Integrationsdiskurs.[9] Nicht nur CDU und SPD greifen auf das Sprachbild zurück, auch die Grünen:

---

9   Diese Unterscheidung erscheint an dieser Stelle angebracht, um die Verwendung der Einbahnstraßenmetapher in Bezug auf Integration sowohl bei Parteien des rechten wie auch des eher linken politischen Spektrums einzuordnen. Beide Begriffe leiten sich aus Untersuchungen zum Berliner Integrationsdiskurs ab (vgl. Lanz 2009). In diesem wurde zum einen ein sog. differentieller Integrationsdiskurs identifiziert, der sich dadurch charakterisieren lässt, dass er „ein ethnokulturelles Eigenes und das Andere als getrennte Einheiten konstruiert" (ebd.: 106). Dazu zählt auch, die Verantwortung für ein „Scheitern von Integration [...] an Kultur und Verhalten der betroffenen Gruppen" (ebd.) zu delegieren, wodurch „diese als potenziell gefährliche, sich vorgeblich in räumlichen ‚Parallelgesellschaften' abschottende Klassen [erscheinen]. Der differentielle Integrationsdiskurs steht so in Kontinuität zu einem in Deutschland historisch dominanten Konzept, das Immigranten primär als Gefahrenpotenzial für die innere Sicherheit oder den sozialen Frieden fokussiert." (Ebd.: 107) Demgegenüber gründet der diversitäre Integrationsdiskurs „auf der Vorstellung einer fundamentalen gesellschaftlichen Diversität, nimmt keine natio-ethnokulturellen Konstruktionen (Mecheril 2004) zwischen ‚Wir' und ‚Nicht-Wir' vor

„Für Integration braucht es gleiche Rechte. Integration ist aber keine Einbahnstraße. Integration bedeutet eine Herausforderung für alle. Auf allen Seiten ist die Bereitschaft zu Dialog und Veränderung notwendig. Dabei ist klar: Bei der Akzeptanz der Grundrechte, der Demokratie und der Freiheit anderer gibt es keinen kulturellen Rabatt." (Bündnis 90/Die Grünen 2009: 148)

Insofern verhält sich der „differentielle" ebenso wie der „diversitäre Integrationsdiskurs" (Lanz 2009) funktional zur Durchsetzung des neoliberalen Regimes. Im Dispositiv des Förderns und Forderns machen beide MigrantInnen und Nicht-MigrantInnen nur scheinbar gleich. Vielmehr werden bestehende Asymmetrien und Nichtzugehörigkeitszumutungen fortgeschrieben. Mehr noch: die bisherigen Unterschiede verhalten sich funktional, da die beispielsweise im differentiellen Integrationsdiskurs bislang als „anders" Markierten nun mit Blick auf Integrationsangebote als widerständig oder unwillig wahrgenommenen MigrantInnen das an sie herangetragene Forder-Ansinnen quasi ebenso benötigen wie verdienen.

Die Rede vom „Fördern und Fordern" ist nicht nur im Kontext ihrer klassischen Domäne, der Neoliberalisierung des Sozialstaates von einem Welfare- zu einem Workfare-State zu beobachten, sondern auch und gerade im Kontext der Metapher „Integration sei keine Einbahnstraße". Die Metapher selbst scheint an sich nicht gerade neu, wie Bade konstatiert: Demnach würden

„Stichworte, die wir seit den späten 1970er und frühen 1980er Jahren in die Debatte geworfen haben, beherzt neu entdeckt. So werden etwa von mir stammende Formulierungen wie ‚Integration ist keine Einbahnstraße', ‚Integrationsförderung als Gesellschaftspolitik' oder ‚Integration als gesellschaftlicher Prozess auf Gegenseitigkeit' bzw. ‚als intergenerativer Kultur- und Sozialprozess' heute gern von Prominenten in der Politik verwendet..." (Bade 2007: 36).

Und auch die Lektüre des bereits erwähnten Kühn-Memorandums zeigt, dass die Einbahnstraßen-Metapher im Integrationsdiskurs schon früh angelegt war:

„Dem müssen allerdings auch entsprechende Verhaltensweisen auf seiten der ausländischen Bevölkerung hinzutreten, denn Integration kann kein einseitiges Angebot sein, sondern setzt ein Aufeinanderzugehen und eine gegenseitige Verständnisbereitschaft voraus" (Kühn 1979: 52).

---

und bricht so grundlegend mit dem historisch hegemonialen Konzept der deutschen Nation als Abstammungs- und Kulturgemeinschaft." (Ebd.: 109) Im diversitären Integrationsdiskurs „hat die Redeweise eines ökonomischen und gesellschaftlichen Potenzials der Einwanderer die traditionelle Problemoptik abgelöst. Er tendiert entsprechend dazu, sie utilitaristisch in brauchbare und eher störende Gruppen zu spalten" (Ebd.: 110). Er variiert demgemäß seine Integrationsvorstellungen und -forderungen, in dem der „Zugriff auf Einwanderer [...] noch stärker in einem wirtschaftsgemeinschaftlichen Integrationskonzept [erfolgt]." (Ebd.) Beide Konzepte verbindet – ungeachtet der benannten Unterschiede – das Modell des aktivierenden Sozialstaates (vgl. ebd.: 111).

Den unmittelbaren Zusammenhang zwischen der Feststellung „Integration sei keine Einbahnstrasse" und dem Grundsatz des „Förderns und Forderns" illustriert sehr anschaulich eine Aussage der Unionspolitiker Reinhard Grindel und Hans-Peter Uhl aus dem Jahr 2009, die anlässlich der Vorstellung einer Integrationsstudie des Berlin-Instituts für Bevölkerung und Entwicklung (s. a. die Ausführungen weiter unten) feststellen:

> „Integration ist keine Einbahnstraße. Noch nie haben Bund, Länder und Gemeinden so viele Integrationsangebote gemacht wie heute. Die Angebote müssen von den Migranten türkischer Herkunft auch angenommen werden. Unser Grundsatz beim Thema Integration lautet ‚Fördern und Fordern'" (Grindel/Uhl 2009: o. S.).

Interessant darüber hinaus ist, dass die AdressatInnen des Integrationsansinnens vorherrschend die Gruppe der Menschen mit sog. Migrationshintergrund sind. Die Rede von der Integration oder einem Integrationsprozess, welcher keine Einbahnstraße sei, sondern immer beide Seite einbezöge, d. h. Menschen *mit* und Menschen *ohne* Migrationshintergrund gleichermaßen adressiere, erweist sich somit als hohle Floskel, als bloß rhetorische Figur, die implizit die nationalhomogene Zusammensetzung einer sog. Aufnahmegesellschaft als der sog. Mehrheitsgesellschaft postuliert, der gegenüber ein scheinbar ebenso homogenes Kollektiv derer mit Migrationshintergrund zu positionieren möglich sei.

Zwar ist zu beobachten, dass die sog. Mehrheits- oder Aufnahmegesellschaft in diesen Prozess einbezogen wird. Diesbezügliche Forderungen werden allerdings zumeist recht verhalten und allgemein formuliert, wie auch nachfolgende Analyse festhält:

> „Mühsam und erst schrittweise verbreitet sich die Einsicht, daß Integration ein gesellschaftlicher Prozeß auf Gegenseitigkeit ist, also keine einseitige Bewegung der Zuwandererbevölkerung auf die ‚Aufnahmegesellschaft' hin. Nötig ist dazu auch die Akzeptanz-, Lern- und Veränderungsbereitschaft der Mehrheitsgesellschaft insgesamt" (Bade 2005: 7).

Interessanter erscheint allerdings die im politischen Diskurs zu beobachtende Umwertung/Retorsion, welche die Straßenmetapher und ihre Stoßrichtung vornehmen: Zentrale Aussage des Bildes ist, es gäbe derzeit nur eine beobachtbar eingeschlagene Fahrtrichtung, was, da es sich bei Integration gerade nicht um eine Einbahnstraße handele, falsch und folglich abzustellen sei. Die Straßenmetapher leistet Mehrfaches: Sie gibt zwar vor, die Betrachtung von Integration zu erweitern, da ja eine weitere Fahrtrichtung eingefordert wird. Tatsächlich jedoch reduziert sie die Wahrnehmung komplexer gesellschaftlicher Integrationsprozesse auf die Binarität zweier Fahrtrichtungen, von denen derzeit lediglich eine genutzt werde.

Des Weiteren korrespondiert sie, in Gestalt der scheinbar progressiven Forderung, dass die „Straße der Integration" endlich auch in *Gegen*richtung befahren werden müsse, mit einer dichotomen Gegenüberstellung von Aufnahmegesellschaft und MigrantInnen. Denn die Metapher überführt lediglich die im Diskurs bereits etablierte Fiktion zweier sich kulturell diametral gegenüberstehender Gruppen (wir/sie) in das Bild zweier zueinander entgegengesetzt verlaufender Fahrtrichtungen. Die Straßenverkehrsmetapher evoziert die Notwendigkeit von Verkehrsregeln und legt nahe, was aus deren Nichtvorhandensein oder auch Nichteinhaltung folgt: der (Verkehrs-) Unfall zweier aufeinander zufahrender Fahrzeuge. Sie transportiert hierdurch subtil prominente Konfliktszenarien wie den sog. *Clash of civilization* à la Huntington in einen – um im verkehrstechnischen Bild zu bleiben – potentiellen (Verkehrs-) *Crash of civilization*. Folgt man dieser Interpretation, scheint die Metapher besonders anknüpfungsfähig an einen differentiellen Integrationsdiskurs (Lanz 2009), der den prinzipiellen Unterschied zwischen sog. Einheimischen und sog. Zugewanderten konstruiert und vorherrschend auf einen statischen Kulturbegriff bzw. kulturelle Differenz als Grundannahme seines Gesellschaftsbildes zurückgreift (vgl. ebd.: 106).

Die implizite Kritik am bisherigen Integrationsgeschehen, die mittels dieser Metapher geäußert wird, lautet also: Der Integrationsprozess verlaufe einseitig. Wobei die Einseitigkeit aktuell darin bestehe, dass die Seite der sog. Mehrheitsgesellschaft umfänglich und ausreichend Integrationsangebote unterbreite, welche aber von den Zugewanderten nicht entsprechend wahrgenommen werden würden. Es ist insofern die moralische Unterfütterung einer Bringschuld, welche die MigrantInnen zu erbringen hätten, zumal Deutschland seinen Teil bereits geleistet habe. Da die Integrationsangebote als positiv dargestellt werden, erscheint die unterstellte Nichtinanspruchnahme als Zurückweisung, d. h. als Integrationsverweigerung. Darüber hinaus wird der Eindruck erweckt, der bereits getane erste Schritt sei von der Mehrheitsgesellschaft ausgegangen, nun sei es folglich an den Zugewanderten, das ihrige zur Integration beizutragen. Letzteres ignoriert die jahrzehntelang unternommenen individuellen Aktivitäten und eigensinnigen Integrationsanstrengungen in die Bundesrepublik eingereister (Arbeits-) MigrantInnen, die in Ermangelung systematischer Angebote erbracht wurden (und auf die an anderer Stelle bereits hingewiesen wurde).

Die zitierte Äußerung der CDU/CSU-Bundestagsabgeordneten Reinhard Grindel und Hans-Peter Uhl, welche die Verwendung der Einbahnstraßenmetapher illustrierte, stand im Zusammenhang mit der Präsentation der Studie „Ungenutzte Potenziale. Zur Lage der Integration in Deutschland" (Woellert et al. 2009; vgl. hierzu auch Kunz 2009), welche Anfang 2009 der Öffentlichkeit vorgestellt wurde. Gerade sie steht exemplarisch für weitere steuerungstechnische Konsequenzen, die sich integrationspolitisch aus der Hegemonie des Förder-und-

Forder-Prinzips ergeben: Es geht nämlich auch darum, wie und in welcher Form die individualisierten Anforderungen überhaupt beobachtbar gemacht und abgebildet werden (können). Die Frage nach der Verantwortung für den Verlauf des Integrationsprozesses erscheint im herrschenden Diskurs hegemonial als Frage von Eigenverantwortung: „ob sie sich in Richtung Integration oder Exklusion bewegen, haben die Migrantinnen und Migranten als Unternehmerinnen ihrer selbst zu verantworten" (Piñeiro/Haller 2009: 166). Folgelogisch rücken mit jener Frage deshalb MigrantInnen zunehmend in den Blick von Analysen, Studien und Beobachtungsverfahren, welche den Erfolg oder Misserfolg eines nun individuell zurechen- und dokumentierbaren Integrationsprozesses festzustellen versuchen.

5   Jeder ist seines Integrationsglückes Schmied?

Unter Berufung auf die o. g. Studie „Ungenutzte Potenziale. Zur Lage der Integration in Deutschland" (Woellert et al. 2009) titelte die Presse u. a. „Für immer fremd" (Spiegel Online 2009). Gerade dieses Beispiel zeigt, wie die Positionszuweisung „fremd" im Integrationsregime ausgestaltet wird. Ergebnisse, wie sie besagte Studie lieferte, werden prominent herangezogen, um endlich empirisch abgesichert über Integrationsdefizite bestimmter Zuwanderergruppen raisonnieren zu können. Deutlich wird, wiebei der Thematisierung sog. Integrationsprobleme vorherrschend MigrantInnen in den Blick genommen werden, um darüber zu befinden, ob *sie* es geschafft hätten, *sich* zu integrieren oder eben nicht. Integration erweist sich nicht als sozialwissenschaftliche Kategorie, sondern als alltagspolitisch dehnbarer Begriff, der sich in das neoliberale Mantra einreiht, welches Eigenbemühen und Eigenverantwortung betont – sei es nun bei Arbeitslosen oder eben Menschen mit Migrationshintergrund.[10] Es geht darum, ob und

---

10   Es ist ertragreich, bei der Deutung des Integrationsdiskurses den Blick auch noch einmal auf den Umgang mit sog. (Langzeit-) Arbeitslosen zu lenken bzw. auf die aktuelle Hartz IV-Diskussion, wie insbesondere die jüngsten Äußerungen des Außenministers Westerwelle zu sog. Hartz IV-BezieherInnen zeigen. Im Vergleich beider Diskurse zeichnet sich eine interessante Analogie bezüglich des zugrunde gelegten Menschenbildes ab. Am Umgang mit der Gruppe der (Langzeit-) Arbeitslosen lassen sich zunächst allgemeine Tendenzen des neoliberalen Argumentes vom Fördern und Fordern deutlich zeigen. Auf sie wurde es vor allem und in der bekannten Form erstmals bezogen. Gerade hier wurde und wird mit pauschalen Unterstellungen der Eindruck von massenhafter Arbeitsscheu und Sozialbetrügereien erweckt. Aber auch im Integrationsdiskurs lassen sich solch homogenisierende und pauschalierende Negativurteile entdecken. Letztlich wird darüber in beiden Fällen eine Umstellung von Vertrauen auf Verdacht begründet und – infolge dessen – eine Notwendigkeit für Instrumente der Kontrolle und Sanktion. So gesehen etablieren beide Diskurse eine im Kern negative Anthropologie: In Bezug auf Arbeit wird der Mensch als faul und arbeitsunwillig konstruiert, worauf mit Druck

„wie gut bestimmte Migrantengruppen [...] angekommen sind" (Woellert u. a. 2009: 5). Die Rede ist davon, „besonders problematische Gruppen zu identifizieren" (ebd.). Formulierungen wie „missglückte Integration" (ebd.: 29) oder „noch immer nicht angekommen" (ebd.: 36) lenken die Aufmerksamkeit auf individuelle Kompetenzen, auf Gewinner und Verlierer. Fortan scheint jeder Migrant seines Integrationsglückes Schmied zu sein. Es geht weniger um problematische Bedingungen, als vielmehr um problematische Gruppen.

Im ersten Moment erscheint diese Bezugnahme auf Gruppenkonstruktionen mit Blick auf die bisher thematisierte Individualisierungsdynamik beim Beobachten von Integrationsprozessen durchaus als widersprüchlich: individuell zurechenbare Integrationserfolge oder –mißerfolge einerseits und zugleich die Geltendmachung nationaler oder sog. ethnischer Kollektivgruppenzugehörigkeiten andererseits. Integrationserfolge werden in jedem Fall als den Menschen mit Migrationshintergrund zurechenbare Erfolge eigener Bemühungen identifiziert. Oder im gegenteiligen Fall als Mißerfolg oder mangelndes Bemühen, teils gar als Folge einer Verweigerungshaltung (vgl. ebd.: 85). Diese Sichtweise hat umgekehrt Entlastungscharakter. Die Ansätze symbolischer Politik in den letzten Jahre, wie der Integrationsgipfel im Kanzleramt, die Islamkonferenz oder die unverbindlichen und nur gering quantifizierten Absichtserklärungen des Nationalen Integrationsplanes, die eher Publizitätserfolge als konkrete Integrationsmaßnahmen sind, werden als Belege dafür angeführt, dass die Aufnahmegesellschaft ihrerseits zwar nicht alles Nötige, aber doch schon eine Menge unternommen habe (vgl. ebd.: 5). Demgegenüber können nun Menschen mit Migrationshintergrund um so mehr und guten Gewissens in die (Integrations-) Pflicht genommen werden, wenn bspw. davon gesprochen wird, „von ihnen verlangen [zu] können, dass sie sich auf [...] Angebote einlassen und ihrer Bringschuld zur Integration nachkommen" (ebd.: 8).

Mit der Orientierung am Förder-und-Forder-Prinzip, seiner Betonung individueller Verantwortung und Zurechenbarkeit korrespondieren auch Interessen und Versuche der Indizierung und Leistungsmessung von auf solche Art subjektivierten sog. Integrationsanstrengungen: Die Integrationsindikatorenfrage hat Konjunktur. Für die Ableitung von Integrationsindikatoren ist seit geraumer Zeit eine Vielzahl an Bestimmungsversuchen zu beobachten. Zahlreiche Akteure auf kommunaler, auf Bundesebene aber auch auf europäischer Ebene arbeiten seit Längerem grundlagenorientiert und praktisch daran, vergleichbare Kennzahlen für einen jeweiligen Integrationsstand zu benennen bzw. zu entwickeln. Hier lässt sich eine Vielzahl elaborierter und zum Teil auch durchaus kritisch-

---

und Arbeitszwang zu reagieren sei. In Bezug auf Integration erscheint der Mensch als widerständig und integrationsunwillig, worauf ebenfalls mit Druck und Integrationszwang geantwortet werden müsse.

reflexiver Ansätze identifizieren (vgl. bspw. Filsinger 2008; vgl. auch Halisch 2008; Beauftragter des Senats von Berlin 2007; Niessen u. a. 2007). Gerade auch auf nationaler Ebene liegen – wenn auch kontrovers diskutierte – Ansätze vor (vgl. Bundesregierung 2008; o. N. 2008). Es liegt nahe zu vermuten, dass diese Versuche der Messung von Integrationsleistung, ungeachtet durchaus bestehender Differenzen zwischen den unterschiedlichen Ansätzen nicht nur, aber auch in Gestalt einer eher kritischen oder stärker affirmativen Orientierung am Mainstream gesellschaftlicher Integrationsvorstellungen, im Zusammenhang mit der Etablierung des Förder-und-Forder-Gedankens zu betrachten sind. Denn: Die Verantwortungszurechnung von sog. Integrationsleistung und -verweigerung erfordert Belege und entsprechende Berechnungsansätze. Sie weckt das Interesse institutioneller Akteure an Zahlen, die es ermöglichen, ihr integrationspolitisches Handeln, der Planungs- und Steuerungslogik jener Akteure folgend, als wirkungsvoll und erfolgreich inszenieren zu können. Gerade solche Ansätze, die auf Indikatorenbildungen abheben, welche versuchen individuelle oder vermeintlich nach Nationalitätengruppen unterscheidbare Integrationsverläufe zu differenzieren und zu bewerten, sind ein essentieller weiterer Baustein der Etablierung jenes eingangs angesprochenen Integrationsregimes. Die einseitige und individualisierte Zurechenbarkeit von Integrationsbedarfen und -erfolgen ist Voraussetzung für damit korrespondierende Aktivierungsideologien und -praktiken. Sie rückt Migranten als „betroffene" Einzelne in den Fokus und unterbewertet dadurch strukturelle Bedingungen, institutionelle Hemmnisse und den Anteil der sog. Mehrheitsgesellschaft an diesen sozialen Prozessen.

6   Schluss

Die bisherigen Überlegungen zeigen, wie wichtig es ist, bei der Analyse und Kritik gesellschaftlicher Fremdheitsbilder perspektivisch auch davon vermeintlich unabhängige Positionszuweisungen, wie sie sich im Förder-und-Forder-Diskurs manifestieren, einzubeziehen. Es gilt, nicht nur aufmerksam und kritisch zu verfolgen, wie die gesellschaftliche Bildproduktionsmaschine das Fremd- und Andersmachen in Gestalt der Zuweisung beispielsweise von zweitklassiger Staatsangehörigkeit (die durch das Anhängsel „mit Migrationshintergrund" drohen kann) oder der pauschalen Zuweisung und Betonung kultureller Andersartigkeit hervorbringt. Es gilt eben auch in den Blick zu nehmen, wie solche Wahrnehmungen durch eine vorherrschend einseitig auf Migranten ausgerichtete Beobachtung und Gültigmachung von individualisierter Verantwortungszuweisung für Integrationsverhalten etabliert wird. Hierin lässt sich eine Widersprüchlichkeit innerhalb des vorgetragenen Integrationsansinnens selbst entdecken, als einer Forderung, die von „uns" an „sie" adressiert wird. Selbst und gerade in dem Falle, dass Personen, die Integrationsanforderungen im Sinne einer erbrachten Assimilierungsleistung erfüllen, werden sie – sofern sie überhaupt thematisiert werden – als positive Einzelbeispiele hervorgehoben und zur Schau gestellt und zu etwas Besonderem gemacht.

Insofern relativiert das neoliberale Förder-und-Forder-Motiv nicht eine diskursive Konjunktur und Geltung sog. kultureller Differenz, sondern ergänzt und überformt diese praktisch. Es dokumentiert hierüber zugleich die konservativen Implikationen des im Integrationsdiskurs wohlfeilen und häufig bemühten Satzes, Integration sei keine Einbahnstraße. Die als solche immer weniger eindeutig bestimmbare, weil selbst von Vielfalt und Zuwanderungsgeschichte und -biographien geprägte und durchzogene sog. Mehrheitsgesellschaft versucht sich mittels solcher Zuweisungspositionen ihrer prekär gewordenen und verblassenden Homogenitätsphantasien noch einmal zu versichern, diese gleichermaßen trotzig zu beschwören.

Denn das „Fördern und Fordern" der parallel dazu weiterhin als kulturell anders Markierten erscheint just durch die hergestellte Andersartigkeit in doppelter Weise gerechtfertigt: Das „Andere" erfordert die Förderung von und Forderung nach Integration, hält „sie" in ihrem Anderssein gefangen und macht „sie" beobachtbar, weil die Routinen und Settings des Integrationsdispositivs letztlich eine Art diskursives Gefängnis der Andersartigkeit bilden.

Das neoliberalisierte Integrationsregime erbringt hierbei eine funktionale Differenzierungsleistung: MigrantInnen werden in die Förder- und Forder-Gemeinschaft, in das Kollektiv der Selbstverantwortlichen inkludiert. Gleichwohl haben sie darin eine doppelt prekäre Position. Sie tragen nicht nur die Unwägbarkeiten der Eigenverantwortung die alle im Workfare-Staat betreffen; ihre Unwägbarkeit bzw. ihr Zugehörigkeitsrisiko erstreckt sich zentral auch auf die Frage, ob eine Zugehörigkeit zur Mehrheitsgesellschaft überhaupt möglich ist:[11]

> „Das Prinzip ‚Fördern und Fordern' konstituiert die entsprechenden Migrantenkategorien implizit mit: die Nicht-zu-Integrierenden (Exkludierten), die Nicht-Integrierbaren oder Nicht-Integrationswilligen (‚Schwellen-Migrantinnen'). Sie sind das eigentliche Gegenprogramm des unternehmerischen Migrantenselbst, die Nicht-Bevölkerung und das (potentielle) Außen der Integrationsgesellschaft also, das bereits im Inneren zu lokalisieren ist" (Piñeiro/Haller 2009: 167).

---

11   Bezieht man in diese Überlegungen ein, dass im Integrationsdiskurs nicht selten die Dimension der sog. identifikatorischen Integration angesprochen wird, nach der es darum gehe, inwieweit Menschen mit Migrationshintergrund ein persönliches Zugehörigkeitsgefühl zur sog. Aufnahmegesellschaft entwickeln, stellt sich die Frage, inwieweit die beschriebenen Prozesse eine solche Identifikation nicht gar verunmöglichen bzw. eine abgefragte Nichtidentifikation just wieder den Migranten als Verweigerung ihrer eigentlich überfälligen Identifikation mit dieser Gesellschaft, mit Deutschland o. ä. anlasten.

Umgekehrt erbringt die Perspektive, der Blick auf die MigrantInnen und deren Integrationsverhalten auf der Grundlage des Förderns und Forderns eine Selbstvergewisserung und Kohäsionsleistung der Mehrheitsgesellschaft im Sinne der Staatsbürgergemeinschaft: „Wir" sind diejenigen, die „ihnen" (umfänglich und ausreichend) Integrationsangebote unterbreiten (Fördern) und zugleich die Wahrnehmung dieser Angebote erwarten (Fordern).

Der angesprochene Prozess der Subjektivierung gesellschaftlicher Integrationsprozesse und ihrer institutionellen Aus- und Überformungen in Gestalt der Aktivierung des Einzelnen durch die Ideologie des Förderns und Forderns vollzieht sich bei MigrantInnen ähnlich der Verinnerlichung und dem Abverlangen sog. unternehmerischen Denkens bei lohnabhängig Beschäftigten.[12] Analog zu diesem Kernpunkt neoliberalisierter Arbeitswelt, wird im Integrationsregime der mehrheitsgesellschaftlich ausformulierte Integrationsgedanke zum intrinsisch motivierten Wunsch der zu integrierenden Objekte, d. h. der MigrantInnen transformiert, so dass deren Integration zum einen als Eigenleistung erwart- und moralisch einklagbar ist und zum anderen die als Integration bezeichnete Assimilationserwartung der Mehrheitsgesellschaft als eigener Wunsch der Assimilierten erscheint: Jeder Migrant ist eine Integrations-Ich-AG.

---

12 Hiermit ist keine grundsätzliche Unterscheidung von MigrantInnen einerseits und Lohnabhängigen andererseits intendiert. Selbstverständlich umfasst die Gruppe der lohnabhängig Beschäftigten sowohl Personen mit als auch ohne Migrationshintergrund – und umgekehrt. Vielmehr geht es an dieser Stelle darum, eine Analogie aufzuzeigen, die zwischen dem Fördern und Fordern im Kontext arbeitsmarkt- und wirtschaftspolitischer Steuerungsansinnen und dem Fördern und Fordern im Kontext von integrationspolitischen Steuerungsansinnen besteht.

Literatur

Andresen, Sabine/Casale, Rita/Gabriel, Thomas et al. (Hrsg.) (2009): Handwörterbuch Erziehungswissenschaft. Weinheim und Basel: Beltz

Bade, Klaus J. (2005): Nachholende Integrationspolitik. Vortrag gehalten am 6. Juni 2005 auf der Veranstaltung „Die neue Integrationspolitik des Zuwanderungsgesetzes – eine Zwischenbilanz" des Gesprächskreises Migration und Integration der Friedrich-Ebert-Stiftung und der Arbeiterwohlfahrt Bundesverband e.V., Berlin (http://www.kjbade.de/bilder/fes.pdf; Datum: 14. Dezember 2009)

Bade, Klaus J. (2007): Versäumte Integrationschancen und nachholende Integrationspolitik. In: Aus Politik und Zeitgeschichte, Nr. 22-23. 2007. 32-38

Barth, Wolfgang (2005): Zuwanderungsbegrenzungsgesetz verabschiedet: Wie geht es weiter mit der Integration? In: Migration und Soziale Arbeit, Heft 2. 2005. 107-115

Beauftragter des Senats von Berlin für Integration und Migration (Hrsg.) (2007): Indikatoren zur Messung von Integrationserfolgen. Berlin

Bojadžijev, Manuela (2005): Bürgerrechte und die Perspektive der Migration. In: Kölnischer Kunstverein et al. (Hrsg.): Projekt Migration. Köln. 2005. 246-247

Bundesregierung (2009): Für ein modernes und menschliches Deutschland. Jahresbericht der Bundesregierung 2007/2008. Berlin

Bundesregierung, Presse- und Informationsamt (2008): Bundesregierung will Integrationsfolge wissenschaftlich messen. Pressemitteilung Nr. 201 vom 4. Juni 2008

Bündnis 90/Die Grünen (Hrsg.) (2009): Bundestagswahlprogramm 2009. Berlin

Castro Varela, María do Mar (2008): ‚Was heißt hier Integration?' Integrationsdiskurse und Integrationsregime. In: Stelle für interkulturelle Arbeit der Landeshauptstadt München (Hrsg.): Dokumentation der Fachtagung „Was heißt hier Identität? Was heißt hier Integration? Alle anders – alle gleich?". München, 2008. 77-87

Diehm, Isabell/Gomolla, Mechtild et al. (Hrsg.) (2009): Schüler 2009.Migration. Wissen für Lehrer. Seelze: Friedrich

Filsinger, Dieter (2008): Bedingungen erfolgreicher Integration – Integrationsmonitoring und Evaluation. Expertise im Auftrag der Friedrich-Ebert-Stiftung. Bonn

Grindel, Reinhard/Uhl, Hans-Peter (2009): Integration ist keine Einbahnstrasse. Unser Grundsatz beim Thema Integration lautet ‚Fördern und Fordern' (http://www.cducsu.de/Titel__Pressemitteilung_Integration_ist_keine_Einbahnstrass e/TabID__6/SubTabID__7/InhaltTypID__1/InhaltID__11960/Inhalte.aspx; Datum: 14. Januar 2010)

Ha, Kien Nghi (ohne Jahr): ‚Integration' als Disziplinierungs- und Normalisierungsinstrument. Die kolonialisierenden Effekte des deutschen Integrationsregimes (http://www.rosaluxemburgstiftung.de/cms/fileadmin/rls_uploads/pdfs/Veranstaltun gen/2007/Antirassismus_Migration/ha_integrationsregime.pdf; Datum: 14. Januar 2010)

Halisch, Judith (2008): Frankfurter Integrationsstudie 2008, Frankfurt am Main: AMKA

Hamburger, Franz/Stauf, Eva (2009): ‚Migrationshintergrund' zwischen Statistik und Stigma. In: Diehm et al. (2009): 30-31

Hess, Sabine/Binder, Jana/Moser, Johannes (Hrsg.) (2009): No Integration?! Kulturwissenschaftliche Beiträge zur Integrationsdebatte in Europa. Bielefeld: Transcript

Hess, Sabine/Moser, Johannes (2009): Jenseits der Integration. Betrachtungen einer Debatte. In: Hess et al. (2009): 11-25

Hüttner, Bernd/Oy, Gottfried/Schepers, Norbert (Hrsg.) (2005): Vorwärts und viel vergessen. Beiträge zur Geschichte und Geschichtsschreibung neuer sozialer Bewegungen. Neu-Ulm: AG SPAK Bücher

Johann Wolfgang-Goethe Universität (2010): Pressemitteilung v. 21. Januar 2010 ‚Wir brauchen jeden klugen Kopf!' Von Abschiebung bedrohter palästinensischer Jura-Student, Hassan Khateeb, ist erster Stipendiat des ‚Rudolf Steinberg Stiftungsfonds' (http://www.muk.uni-frankfurt.de/pm/pm2010/0110/012/index.html; Datum: 30. Januar 2010)

Karakayalı, Serhat (2005): Lotta Continua in Frankfurt, Türken-Terror in Köln. Migrantische Kämpfe in der Geschichte der Bundesrepublik. In: Hüttner et al. (2005): 121-134

Kühn, Heinz (1979): Stand und Weiterentwicklung der Integration der ausländischen Arbeitnehmer und ihrer Familien in der Bundesrepublik Deutschland. Bonn

Kunz, Thomas (2009): Integrationsstudie ‚Ungenutzte Potenziale' – verpasste Chance. In: Zeitschrift für Migration und Soziale Arbeit, Heft 2. 2009. 149-152

Kunz, Thomas (2010): Von der (Multi-)Kultur zur (Super-)Vielfalt – der Milieuansatz als Erfolgsrezept? In: Zeitschrift für Migration und Soziale Arbeit, Heft 1. 2010. 45-50

Lanz, Stefan (2009): In unternehmerische Subjekte investieren. Integrationskonzepte im Workfare Staat. Das Beispiel Berlin. In: Hess et al. (2009): 105-121

Michalowski, Ines (2008): Integrationsmodelle in europäischen Nachbarländern. Vortrag auf dem Kongress des Deutschen Caritasverbandes „Integration verpflichtet – Die Beiträge der Caritas" vom 24. bis 26. September 2008 in Berlin, hrsg. vom Deutschen Caritasverband e. V., Freiburg (http://www.caritas-uelzen-luechow-dannenberg.de/aspe_shared/form/download. asp?nr=226765&form_typ=115&ag_id =1081&action=load; Datum: 12. Januar 2010)

Motte, Jan/Ohliger, Rainer (2009): Rückblick: 30 Jahre Kühn-Memorandum. In: Newsletter Migration und Bevölkerung, Nr. 7, 2009: 3-5 (hrsg. vom Netzwerk Migration in Europa e. V., Berlin)

Niessen, Jan/Huddleston, Thomas/Citron, Laura (2007): Index Integration und Migration. Die rechtliche Situation von Migrantinnen und Migranten in Europa (MIPEX). Brüssel

o. N. (2008): Unausgegorener Schnellschuss. Laschet rügt Böhmers Integrations-Messplan. In: Frankfurter Rundschau vom 6. Juni 2008. 6

Piñeiro, Esteban/Bopp, Isabelle/Kreis, Georg (Hrsg.) (2009): Fördern und Fordern im Fokus. Leerstellen des schweizerischen Integrationsdiskurses. Zürich und Genf: Seismo

Piñeiro, Esteban/Haller, Jane (2009): Neue Migranten für die Integrationsgesellschaft. Versuch einer gouvernementalen Gegenlektüre des Prinzips ‚Fördern und Fordern'. In: Piñeiro et al. (2009): 141-170

Radtke, Frank-Olaf (2009): Ökonomisierung. In: Andresen et al. (2009): 621-637

Spiegel Online (2009): Für immer fremd.
(http://www.spiegel.de/spiegel/0,1518,druck-603321,00.html; Datum: 29. Januar 2009)

Tietze, Klaudia (2008): Integration und Zuwanderung in Landtagswahlprogrammen 2008. Analyse der Landtagswahlprogramme 2008 der SPD, CDU, FDP und Grünen und der Linke [sic!] aus Hessen und Niedersachsen. Hrsg. vom Bonner Institut für Migrationsforschung und interkulturelles Lernen (BIM) e.V.
(http://www.migrapolis-deutschland.de/fileadmin/Dokumente/Politik/Microsoft_ Word_-_Landtagswahlen_2008.pdf; Datum: 3. Januar 2010)

vhw – Bundesverband für Wohnen und Stadtentwicklung e. V. (2010): Integration und Stadtentwicklung. Thesen des vhw
(http://www.vhw.de/fileadmin/user_upload/Download-Dokumente/vhw-Thesenpapier_zu_Integration_und_Stadtentwicklung.pdf; Datum: 10. April 2010)

Woellert, Franziska/Kröhnert, Steffen/Sippel, Lilli/Klingholz, Reiner (2009): Ungenutzte Potenziale. Zur Lage der Integration in Deutschland. Berlin-Institut für Bevölkerung und Entwicklung. Berlin

Wohlfahrt, Norbert (2008): Aktivierender Staat – Vom Welfare- zum Workfare-System.
(http://www.efh-bochum.de/homepages/wohlfahrt/pdf/voltairevortrag.pdf; Datum: 14. Januar 2010)

Zu den Herausgebern

Dr. S. Karin Amos ist Professorin für Allgemeine Pädagogik an der Eberhard Karls Universität Tübingen mit den Arbeitsschwerpunkten International Vergleichende und Interkulturelle Erziehungswissenschaft. Forschungsschwerpunkte: Internationalisierung von Erziehung und Bildung; Pädagogischer Umgang mit Heterogenität und Diversität

Neuere Publikationen:

- Governance and governmentality: relation and relevance of two prominent social scientific concepts for comparative education 'Governança e governabilidade: relação e relevância de dois conceitos científico-sociais proeminentes na ducação comparada'. In: Educação & Pesquisa, Vol. 10 (2010)
- Diversity in Unity. Challenges of European Education Since the Fall of Berlin Wall. European Education, Vol. 41 (2010) 4 (Guest editor)
- Perspektiven auf die US-amerikanische Erziehungswissenschaft: historischer Rückblick und aktuelle Entwicklungen. Jahrbuch für Historische Bildungsforschung, Band 15. Bad Heilbrunn 2009, 71-100

Dr. Wolfgang Meseth, Wissenschaftlicher Mitarbeiter an der Goethe Universität Frankfurt. Z. Zt. Vertretung einer Professur für Schulpädagogik an der Johannes Gutenberg Universität Mainz. Forschungsschwerpunkte: Theorie der Erziehung und Bildung, Erziehungswissenschaftliche Interaktions- und Unterrichtsforschung, Erinnerungspädagogik, politisch-moralische Erziehung in schulischen und außerschulischen Lernkontexten

Neuere Publikationen:

- Schulisches und außerschulisches Lernen im Vergleich. Eine empirische Untersuchung über die Vermittlung der Geschichte des Nationalsozialismus im Unterricht, in außerschulischen Bildungseinrichtungen und in Gedenkstätten. In: kursiv. Journal für politische Bildung, 12 (2008) 1, 74-83
- Die Pädagogisierung der Erinnerungskultur. Erziehungswissenschaftliche Beobachtungen eines bisher kaum beachteten Phänomens. In: Zeitschrift für Genozidforschung, 8 (2007) 2, 96-117
- Mind the Gap. Holocaust Education in Germany between pedagogical intentions and classroom interaction. In: Prospects. Quarterly Review of Comparative Education, 40 (2010) 2, (mit M. Proske)

Dr. Matthias Proske ist Professor für Allgemeine Didaktik und Schulforschung an der Universität zu Köln. Forschungsschwerpunkte: Empirische Schul- und Unterrichtsforschung, Theorien des Unterrichts und der Erziehung, Politisch-historisches Lernen und Erinnerungspädagogik, Erziehung und Migration

Neuere Publikationen:

- Das soziale Gedächtnis des Unterrichts. Eine Antwort auf das Wirkungsproblem der Erziehung? In: Zeitschrift für Pädagogik, 55 (2009) 5, 796-814
- Moralerziehung im Geschichtsunterricht. Zwischen expliziter Vermeidung und impliziter Unvermeidlichkeit. In: J. Hodel/B. Ziegler (Hrsg.): Forschungswerkstatt Geschichtsdidaktik 07, Bern 2009, 44-53
- Mind the Gap. Holocaust Education in Germany between pedagogical intentions and classroom interaction. In: Prospects. Quarterly Review of Comparative Education, 40 (2010) 2, (mit W. Meseth)

Zu den Autoren

Dr. Micha Brumlik lehrt als Professor für Allgemeine Erziehungswissenschaft an der Goethe-Universität Frankfurt „Theorien der Bildung und Erziehung" und forscht auf dem Gebiet der Bildungs- und Religionsphilosophie sowie auf dem Feld moralischer Sozialisation.

Neuere Veröffentlichungen:

- Aus Katastrophen lernen? Grundlagen zeitgeschichtlicher Bildung in menschenrechtlicher Absicht. Berlin 2004
- Sigmund Freud. Der Denker des 20. Jahrhunderts. Weinheim/Basel 2006
- Das Elternbuch, Hrsg. (mit S. Andresen u. C. Koch) Weinheim/Basel 2006

Dr. Volker Hinnenkamp, Professor für Interkulturelle Kommunikation an der Hochschule Fulda; Forschungsschwerpunkte: Interkulturelle Kommunikation; Mehrsprachigkeit/Sprachkontakt; Interaktionale Soziolinguistik

Wichtige Publikationen:

- Migrations-und Integrationsforschung in der Diskussion. Biografie, Sprache und Bildung als zentrale Bezugspunkte. Wiesbaden 2008, [2., aktualisierte Auflage 2010] (mit G. Hentges u. A. Zwengel, Hrsg.)
- Sprachgrenzen überspringen. Sprachliche Hybridität und polykulturelles Selbstverständnis. Tübingen 2005 (mit K. Meng, Hrsg.)
- Mißverständnisse in Gesprächen. Eine empirische Untersuchung im Rahmen der Interpretativen Soziolinguistik. Opladen/Wiesbaden 1998

Dr. Oliver Hollstein, wissenschaftlicher Mitarbeiter am Fachbereich Erziehungswissenschaft der Johannes Gutenberg Universität in Mainz. Forschungsschwerpunkte: Hermeneutisch-rekonstruktive Unterrichtsforschung, Theorien pädagogischen Verstehens

Wichtige Publikationen:

- Nationalsozialismus im Geschichtsunterricht. Beobachtungen unterrichtlicher Kommunikation, Frankfurt am Main 2002 (mit W. Meseth, C. Müller-Mahnkopp, M. Proske, F. O. Radtke)
- Zwischen distanzierter Textanalyse und moralischer Verurteilung. – Ein Auszug aus „Mein Kampf" im Geschichtsunterricht. In: Pädagogische Kor-

respondenz. Zeitschrift für kritische Zeitdiagnostik in Pädagogik und Gesellschaft 29 (2002), 70-88

- Zwischen Verstehen und Verständigung. Die erziehungswissenschaftliche Beobachtung einer pädagogischen Denkform, Frankfurt am Main 2009 (unveröffentlichte Dissertation)

Dr. Christian Imdorf, Assistent am Institut für Soziologie der Universität Basel Forschungsschwerpunkte: Übergänge von der Schule in Ausbildung und Arbeit, betriebliche Ausbildungsplatzvergabe

Neuere Veröffentlichungen:

- Die Diskriminierung ,ausländischer' Jugendlicher bei der Lehrlingsauswahl. In: U. Hormel/A. Scherr (Hrsg.), Diskriminierung. Grundlagen und Forschungsergebnisse. Wiesbaden 2010, 197-219
- Wie Ausbildungssysteme Chancen verteilen – Berufbildungschancen und ethnische Herkunft in Deutschland und der Schweiz unter Berücksichtigung des regionalen Verhältnisses von betrieblichen und schulischen Ausbildungen. Kölner Zeitschrift für Soziologie und Sozialpsychologie 61 (2009) 4, 595-620 (mit H. Seibert u. S. Hupka-Brunner)

Dr. Jochen Kade, Professor für Erziehungswissenschaften an der Goethe-Universität Frankfurt. Forschungsschwerpunkte: Erziehungswissenschaftliche Zeitdiagnose; Lebenslanges Lernen; Umgang mit Wissen; Bildungsbiographien; videobasierte Kurs- und Interaktionsforschung; Pädagogik der Medien

Neuere Veröffentlichungen:

- Serielle Bildungsbiographien – Auf dem Weg zu einem qualitativen Bildungspanel zum Lebenslangen Lernen. In: Zeitschrift für Pädagogik 56, H. 3 (2010) (mit Chr. Hof u. M. Fischer)
- Umgang mit Wissen. Recherchen zur Empirie des Pädagogischen. Opladen: Barbara Budrich 2007 (mit W. Seitter, Hrsg.)
- Ungewissheit. Pädagogische Felder im Modernisierungsprozess. Weilerswist: Velbrück 2003 (mit W. Helsper u. R. Hörster, Hrsg.)

Dr. Karen Körber ist Soziologin und wissenschaftliche Mitarbeiterin im DFG-Projekt „Transnationale Familiarität" am Institut für Europäische Ethnologie/Kulturwissenschaft an der Philipps-Universität Marburg. Sie beschäftigt sich mit Fragen von Migration, Identität und Ethnizität, einen besonderen Schwerpunkt bildet darin die Einwanderung russischsprachiger Juden nach Deutschland und der Wandel der hiesigen jüdischen Gemeinschaft.

Veröffentlichungen:

- Juden, Russen, Emigranten. Identitätskonflikte jüdischer Einwanderer in einer ostdeutschen Stadt. Frankfurt am Main/New York 2005
- Bilder einer schwierigen Ankunft. In: F. Sutterlüty/P. Imbusch (Hrsg.): Abenteuer Feldforschung. Soziologen erzählen. Frankfurt/New York 2008, 73-80
- Puschkin oder Thora? Der Wandel der jüdischen Gemeinden in Deutschland. In: J. Brunner/Sh. Lavi (Hrsg.): Juden und Muslime in Deutschland. Recht, Religion, Identität. Tel Aviver Jahrbuch für deutsche Geschichte 37. Göttingen 2009, 233-254

Dr. Fritz-Ulrich Kolbe war seit 2000 Professor für Erziehungswissenschaft mit dem Schwerpunkt Schulpädagogik an der Johannes Gutenberg-Universität Mainz. Seine Forschungsinteressen lagen im Bereich der Schultheorie, der lehrerbezogenen Professionsforschung, der Schulentwicklungsforschung und schulbezogenen Interaktionsforschung.

Wichtige Publikationen:

- Grundlagenforschung und mikrodidaktische Reformansätze zur Lehrerbildung. Bad Heilbrunn 2004 (mit B. Koch-Priewe u. J. Wildt, Hrsg.)
- Lernkultur: Überlegungen zu einer kulturwissenschaftlichen Grundlegung qualitativer Unterrichtsforschung. In: Zeitschrift für Erziehungswissenschaft, 11 (2008), 125-143 (mit S. Reh, T. S. Idel, K. Rabenstein)
- Ganztagschule als symbolische Konstruktion. Fallanalysen zu Legitimationsdiskursen in schultheoretischer Perspektive. Wiesbaden 2009, (mit S. Reh, B. Fritzsche, T.-S. Idel, K. Rabenstein, Hrsg.)

Fritz-Ulrich Kolbe ist am 10. 2. 2010 plötzlich und unerwartet verstorben. Wir drucken seinen Text „Institutionalisierung ganztägiger Schulangebote – eine Entgrenzung von Schule?" mit freundlicher Genehmigung des Reinhardt-Verlages wieder ab.

Dr. Thomas Kunz ist seit 2008 Vertretungsprofessor für Soziale Arbeit mit Kindern und Jugendlichen in einer Gesellschaft kultureller Vielfalt an der Fachhochschule Frankfurt am Main. Forschungsschwerpunkte: Migration und Soziale Arbeit, Integrationspolitik, Monitoring, Evaluation und Indikatorenbildung von Integrationsprozessen, Analyse gesellschaftlicher Fremdheitsbilder, Rassismusforschung

Wichtige Publikationen:

- When Ayse goes Pop. In: Baros, W./Hamburger, F./Mecheril, P. (Hrsg.): Zwischen Praxis, Politik und Wissenschaft. Die vielfältigen Referenzen Interkultureller Bildung. Berlin 2010, 155-169
- Integrationskurse auf kommunaler und auf Bundesebene: Eine kritische Auseinandersetzung mit einem neuen Steuerungsinstrument. In: Baringhorst, S./Hunger, U./Schönwälder, K. (Hrsg.): Politische Steuerung von Integrationsprozessen. Intentionen und Wirkungen. Wiesbaden 2006, 175-193
- Bilder von Fremden. Was unsere Kinder aus Schulbüchern über Migranten lernen sollen. Frankfurt am Main 2005, (mit Th. Höhne u. F.-O. Radtke)

Dr. Marcelo Parreira do Amaral, M. A. studierte Pädagogik und Amerikanistik an Goethe Universität Frankfurt am Main. Überlegungen zur Konzeptionalisierung und Theoretisierung neuer Formen von Governance im Bildungs- und Erziehungssystem sowie methodische Fragen der International Vergleichenden Erziehungswissenschaft stellen zurzeit seine wichtigsten Forschungsinteressen dar.

Neuere Veröffentlichungen:

- Regime Theory and Educational Governance: The Emergence of an International Education Regime. Manuskript angenommen zur Publikation in Amos, S. K. (Hrsg.): International Education Governance. Vol. 11, Oxford, UK (erscheint Herbst 2010)
- The Research University in Context: the Examples of Brazil and Germany. (Zusammen mit S. Karin Amos und Lúcia Bruno) 2008. In: Baker, D./Wiseman, A. (Hrsg.): The Worldwide Transformation of Higher Education, Vol. 9. In: International Perspectives on Education and Society. Oxford, 111-158
- Regimeansatz – Annäherungen an ein Weltweites Bildungsregime. In: Tertium Comparationis, 13, 2 (2007), 157-182

Dr. Sabine Reh, Professorin für Allgemeine und Historische Erziehungswissenschaft an der TU Berlin, Arbeitsschwerpunkte: Schulentwicklungsforschung, Lehrerforschung/Berufsbiographie/Professionalisierung, Sozialgeschichte pädagogischer Institutionen und Berufe, Grundlagentheoretische und methodologische Probleme rekonstruktiver Sozialforschung

Neuere Veröffentlichungen:

- Unterricht als Interaktion, Bad Heilbrunn 2010, (mit K. Rabenstein und C. Schelle)
- Ganztagsschule als symbolische Konstruktion. Fallanalysen zu Legitimationsdiskursen in schultheoretischer Perspektive. Wiesbaden 2009, (mit F.-U. Kolbe, B. Fritzsche, T.-S. Idel. u. K. Rabenstein)
- Vom „deficit of moral control" zum „attention deficit". In: Kelle, H./Tervooren, A. (Hrsg.): Ganz normale Kinder. Weinheim und München 2008, 109-125

Dr. Gita Steiner-Khamsi ist Professorin für Erziehungswissenschaft am Teachers College der Columbia University, New York. Ihre Forschungs- und Arbeitsschwerpunkte beziehen sich auf Fragen der Globalisierung und Internationalisierung von Erziehung und Bildung und auf internationale Bildungspolitik.

Neuere Veröffentlichungen:

- How NGOs React. Globalization and Education Reform in the Caucasus, Central Asia and Mongolia. Greenwich, CT 2008, (mit I. Silova, Hrsg.)
- Educational Import, Local Encounters with Global Forces in Mongolia. New York 2006, (mit I. Stolpe)
- The Global Politcs of Educational Borrowing and Lending. New York 2004, (Hrsg.)

Dr. Krassimir Stojanov ist Professor für Bildungstheorie und Bildungsphilosophie an der Universität der Bundeswehr München. Studium der Philosophie, Pädagogik und Soziologie an der Universität Sofia und der Universität Hannover. Lehr- und Forschungstätigkeit unter anderem an der Goethe Universität Frankfurt, New School for Social Research New York, New Bulgarian University Sofia, Universität Oulu. Zentrale Forschungsschwerpunkte: Anerkennungstheorien, Bildungsgerechtigkeit, Ideologiekritik, biographische Bildungsprozesse

Neuere Veröffentlichungen:

- Intersubjective Recognition and the Development of Propositional Thinking. In: Journal of Philosophy of Education Vol. 41, 2007, No. 1, 75-93
- Die Kategorie der Bildungsgerechtigkeit in der bildungspolitischen Diskussion nach PISA. Eine exemplarische Untersuchung. In Zeitschrift für Qualitative Forschung, Jg. 9, 2008, H. 1-2, 209-230
- Bildung und Anerkennung. Soziale Voraussetzungen von Selbst-Entwicklung und Welt-Erschließung. Wiesbaden 2006.

Patricia Stošić, Wissenschaftliche Mitarbeiterin an der Goethe-Universität Frankfurt am Main
Forschungsschwerpunkte: Migration, lokale Bildungsräume

Wichtige Publikationen:

- „Kinder mit Migrationshintergrund" – Zum Verhältnis von Wissenschaft und Öffentlichkeit. In: geographische revue, Jg. 11, 2009, H. 2, 46-52
- Netzwerke und Sozialraumbezug als Instrumente der Integrationspolitik. In: M. Bommes/M. Krüger-Potratz (Hrsg.): Migrationsreport 2008. Frankfurt am Main
- Lokale Bildungsräume. Ansatzpunkte für eine integrative Schulentwicklung. In: geographische revue, Jg. 11, 2009, H. 1, 34-51 (mit F.-O. Radtke)

Sally Tomlinson war Professorin für Bildungsforschung, Erziehungswissenschaft und Bildungspolitik und Management an der Universität von Lancaster, England, an der University of Wales, Swansea und am Goldsmiths College der Universität London. Seit 1999 ist sie Emeritierte Professorin am Goldsmiths College und Senior Research Fellow am Institut für Erziehungswissenschaft der Universität Oxford. Im Jahr 2009 wurde sie mit einem Leverhulme Emeritus Fellowship ausgezeichnet. Ihre Themenfelder: Ethnizität und Bildung, Bildungspolitik, Heilpädagogik und Beziehung zwischen Elternhaus und Schule

Ausgewählte Publikationen:

- Multicultural Education in the United Kingdom. In: James Banks (Ed.) (2009): The Routledge International Companion to Multicultural Education. London and New York: Routledge: 121-133
- Race and Education: Policy and Politics in Britain. Berkshire 2008
- Education in a Post-Welfare Society. Berkshire 2005